벽광나치오

벽광나치오

한 가지 일에 미쳐 최고가 된 사람들

안대회 지음

Humanist

지은이의 말

'무리와 다른 짓 하는 놈'들을 만나는 즐거움
18세기 조선의 '벽광나치오' 세계

1

이 책은 우리 역사에서 가장 역동적이고 매력적인 시기로 분류되는 18세기의 문화 인물을 발굴 조명한다. 이백여 년 전, 남들은 뭐라 하든 눈치 보지 않고 어떤 거리낌도 없이 자기가 잘할 수 있고 잘하고 싶은 분야를 선택하여 드높은 새 경지를 개척한 열한 사람이 주인공들이다. 그 시대에 숭상하고 선호하던 것과는 딴판인 직업이나 분야에서 두각을 나타냈지만, 우리가 흔히 보고 배운 이른바 '위대한 인물의 계보'에서는 거의 접할 수 없는 전혀 새로운 캐릭터들이다.

21세기를 사는 우리는 그들을 전문가 또는 프로라고 부른다. 마니아나 기인(奇人)이라고도 부를 수도 있다. 하지만 그 시대에는 이 같은 인간을 가리키는 적절한 말이 없었다. 벽(癖, 고질병자), 광(狂, 미치광이), 나(懶, 게으름뱅이), 치(痴, 바보), 오(傲, 오만한 자)라는 표현이 그들을 따라다녔을 뿐이다. 고질병을 못 고치고, 어딘가에 미쳐 있으며, 게으르고 바보 같으며 오만한 자들, 그들이 바로 18세기 조선을 뒤흔든 '벽광나치오'들이었다. 그 시대는 이들을 "여행에 고질병이 든 자", "꽃에 미친 놈", "책에만 빠져 사는 바보"처럼 칭찬이나 부러움을 담아서 부르기보다는 비아냥거림과 매도하는 말로 무시해버렸다. 평범하지 않아서 남들의 눈에는 기행을 일삼는 기인으로 보였던 그들을, 옛 사람들은 '벽광나치오'라고 표현했다.

그러나 이들은 18세기 조선사회가 우리가 막연히 짐작하듯 그리 단조롭지만은 않았다는 것, 오히려 역동적이었음을 보여주는 흥미로운 존재들이다. 디지털 세상에서는 폐인(廢人)이라고까지 표현되는 '벽광나치오'들은 그 시대에도 새로운 문화와 커뮤니티를 만들어간 문화적 리더들이었다. 규격화되고 획일화된 직업, 생각, 취미에서 벗어나 자기가 좋아하는, 그것도 광적일 정도로 좋아하여 남의 눈에는 이상하게 보일 정도로 한 가지 일에 몰두한 사람들이다. 마니아는 어느 시대 어느 사회에서나 존재하게 마련이지만, 그것이 우리 사회에서 의미 있는 존재로 부각되고 사회 발전의 한 동력으로까지 작용한 시기의 기원을 따지면 아마도 18세기일 것이다. 18세기의 시대정신이라고도 조심스럽게 말할 수 있다. 이 책에서는 그렇게 시대정신을 창조해나간 각 분야 리더들을 새롭게 발굴하여 세상 밖으로 끌어낸다.

2

전통사회는 전문가와 마니아를 양성하거나 계발할 조건을 충분히 갖추지 못했다. 아니 어쩌다 그런 인물이 등장해서 끼를 발산하면 그 길을 막고 방해했다. 신분의 제약이 엄격했고 의식이나 지향이 획일적이었으며 직업까지 제한받았다. 그 분위기 아래서는 새 분야를 개척해 그 분야에서 일가를 이룬다는 것이 보통의 용기와 집념으로는 불가능하다. 이 책에서 집중적으로 파헤친 인물들은 그런 역경을 이겨낸 용기와 집념의 화신이다.

전라도 보성에 살던 이름 없는 평민 소년 정운창은 조선시대 최고의 국수로 발돋움했다. 경상도 사대부 출신 정란은 양반 가문의 보수적 분위기를 벗어던지고 여행가로 명성을 떨쳤다. 천민 이단전은 노비라는 신분을 딛고서 십 년이나 밤을 새워 문장을 지어 마침내 저명한 시인이 되었다. 문과에 급제한 양반 정철조는 읽고 싶은 서양 서적을 구하기 위해서라면 당파가 다른 집안에라도 반드시 선을 넣어 책을 빼냈다. 이런 행위는 남다른 일을 한다는 것이 얼마나 어려운 일인지를 여실히 보여준다. 최고의 기술과 예술적 능력을 발휘한 것은 천재적 능력이나 좋은 가문이라는 배경을 소유한 덕분이 아니라 피나는 노력의 결실이었다.

그들은 한 가지 일에 고질병(癖)이 든 사람이요, 그 일에 빠진 미치광이(狂)였고, 그것밖에 모르는 바보 천치(痴)였다. 하고 싶은 일에 몰입하다 보니 하고 싶지 않은 다른 일에는 마냥 심드렁해져 게으름뱅이(懶)가 될 수밖에 없고, 자기가 성취한 수준에 자부심과 자긍심이 지나치게 강하다 보니 오만한 자(傲)가 될 수밖에 없다. 달리 방법이 없었다.

자부심과 자의식은 그들에게 당연한 것이었다. 과학자 최천약은 "칼을 잡으면 무슨 물건이든지 그대로 새기지 못하는 것이 없다"며 만능의 조각 솜씨를 자부했고, 책장수 조신선은 "천하의 책이란 책은 모두 내 책이지요. 책을 아는 천하사람 가운데 나보다 나은 사람이 없을 게요"라며 떠벌렸다. 광기와 오기는 종이 한 장 차이다. 최북은 원치 않는 그림을 그리느니 차라리 제 눈을 송곳으로 찔렀고, 김성기는 원치 않는 연주를 하지 않으려고 권력자를 향해 악기를 던져 부숴버렸다.

 최북이나 정철조, 이단전의 이야기에서 보듯이 '벽광나치오'들의 치열한 추구와 열정적 삶은 때로는 자기 몸과 인생을 갉아먹는다는 진실을 보여준다. 그때나 지금이나 처세의 달인들은 앞서 나가는 자를 보면 거꾸러뜨리고 싶어한다. 현실의 냉혹함은 '벽광나치오'들에게 좌절과 시련을 안기고 그래서 그들은 승승장구하기보다는 곧잘 무너진다. 감당하기 힘든 광기를 종종 그들은 술로 풀었다. 폭음은 오만한 그들의 끼니였고, 그런 그들은 남들 눈에 미친놈, 오만한 자, 게다가 술꾼으로 비치기 일쑤였다. 그러나 균형이 아니라 불균형이, 평범함이 아니라 기이함이 삶과 사회를 역동적으로 이끄는 힘임을 그들에게서 발견할 수 있다.

3

이 책 《벽광나치오―한 가지 일에 미쳐 최고가 된 사람들》은 조선 후기의 전문가 열한 사람의 치열한 삶 속으로 파고든다. 열한 개 분야에서 선택된 이 전문가들의 면면을 들여다보면 우리가 그동안 보아온 역사 인물들과는 아주 다름을 알 수 있다. 기존에 역사 인물이라고 하면 대개가 정치가나 학자, 아니면 문인과 예술가였다. 국가를 경영하고 학문을 발전시켜 크고 작은 역사책에 자기들의 발자국을 남긴 이들이다. 그도 아니면 인정받은 저서나 예술품으로 자기들의 위대함을 증명했다. 우리가 역사 지식으로 알고 있는 위인들은 대부분 그런 사람들이고 우리는 그들을 배우려 한다. 당연히 그분들 가운데도 전문가가 많다.

그러나 이 책에서는 기왕의 역사가 주목하지 않은 분야에서 색다른 인간을 찾고자 노력했다. 여행가, 프로 바둑기사, 춤꾼과 무용가, 조각가이자 만능 과학자, 책장수, 원예가, 노비 출신 시인, 기술자, 탈춤꾼 등등 역사 교과서는 물론이고 흔히 접하는 역사책에는 한 줄도 등장하지 않는 분야와 인물들을 담았다. 화가와 시인을 예술사에서 다루기는 하지만 이단전 같은 천민 시인에게는 관심이 없다. 그 시대에도 사람들은 대개 정치와 교육, 경제 따위에만 관심이 쏠렸던 탓이다. 대중의 관심권 바깥 분야에 종사한다는 것은 현대인의 예상보다 훨씬 어려운 일이었을 것이다. 남들이 하지 않는 일을 하는 그들에게 돌아온 말은 "무리와 다른 짓 하는 놈!"이란 비난뿐이었다. 지금까지의 역사도 이들을 그런 시각으로 보아온 것은 아닐까?

하지만 진정 우리가 배우고 싶고 알고 싶은 것이 무얼까 생각하고 나아가 세상을 구성하는 다양한 폭을 생각한다면, 우리의 시선을 좀 더 확대해야 한다. 넓어진 그 눈으로 18세기 조선을 다시 들여다보면, 전문 여행가와 원예가를 통해 당대 사회의 생활과 사람들의 취미가 더 잘 보인다. 책장수와 춤꾼을 통해서는 지식사회와 시장의 소란스런 일상이 우리 눈앞에 환하게 드러난다. 역사가 정치나 제도와 같은 공식적이고 중요한 것만 다룬다면 인간의 진실한 삶과 문화는 어디서 찾을까? 거시적 이해로부터 일상의 삶과 인간의 문화로 시각을 넓혀야 한다. 이 책은 그런 의도로 쓰였다.

4

책을 보면 바로 알아차리겠지만 이 책의 주인공들 가운데 그 시대의 지배층은 거의 없다. 번듯하게 세속적 성공을 거둔 이로는 정철조 한 사람을 겨우 꼽을 수 있다. 중인이나 평민, 심지어 천민이나 기생도 있다. 이들은 신분이나 지역 등 여러 면에서 불리함을 안고 출발했으면서도 나중에는 최고의 자리에 올랐다. 영조 시대의 제일가는 기술자 최천약은 부산 동래의 평민으로서 오로지 과학기구 제작기술과 조각 능력을 군주에게 인정받아 한 시대의 거장으로 명성을 날렸다. 경상도 밀양의 기생 운심, 악공 김성기, 천민 시인 이단전, 바둑기사 정운창도 그렇다. 양반이 주도하는 문화에 무작정 휩쓸리기를 거부하고 자기만의 영역을 개척한 조선의 프런티어들이다.

그 시대 주류는 누가 뭐라 해도 선비였다. 과거에 급제하여 높은 벼슬을 하거나 학자가 되는 게 그들의 인생 목표였다. 하지만 이 책의 주인공들은 선비의 삶이 가진 무미건조함에 싫증을 내고 다른 인생을 택했다. 사대부 정란은 선비의 길을 걷다가 여행가의 길로 돌아서 평생을 여행으로 마쳤고, 정철조는 벼루 조각가로서 취미를 살리는 한편, 천문학과 수학에 이십 년 젊음을 바쳤다. 여성들이나 하는 자수에도 일가견이 있었다. 유박은 일생을 원예가로 살았다. 이 책 속에서는 선비들마저 색다른 영역을 개척하고 새로운 삶을 살고자 했다.

김성기는 활을 만드는 기술자였으나 음악의 끼를 주체하지 못하고 그것에 전념하여 한 시대 최고의 악사가 되었다. 종친이나 선전관 같은 높은 신분에 있는 사람들이 그의 제자가 되었다. 무인 집안 출신으로 검객이었던 탁문한은 천민들이나 하던 탈춤판에 직접 뛰어들어 당대 최고의 탈춤꾼이 되었다. 집안이 반대하고 세상 사람들이 손가락질을 해도 아랑곳하지 않고 자신에게 주어지지 않았던 낯선 길을 선택해 당당하게 걸어갔다.

5

이 책은 오래전에 기획되었다. 옛 사회가 이름난 역사 인물들에 의해서만 진전되지 않았다는 것과 현재와 미래를 기획하는 데 힘을 줄 만한 사람들을 우리의 옛 사람들에게서 찾아보자는 의도였다. 대부분은 조선 후기 인물이기에 두루 살펴본다면 그동안 막연했던 18세기의 진면목이 이전보다 잘 드러나리라 생각한다. 18세기 우리 문화의 상이 이들에 의해 구체적으로 드러날 수 있지 않을까 감히 기대한다.

또한 이 책에서 선보이는 사람들은 대부분 새로 발굴해 소개한 것이다. 학계에서도 거의 논의되지 않던 인물들이다. 학계에서 단편적으로 소개된 사람들도 새 자료를 발굴해 전모를 드러내려 애썼다. 그러기 위해 곳곳에 흩어져 있던 문헌을 섭렵하여 이들의 조각난 삶을 복원하고자 노력했다. 그 과정에서 참으로 의미 있는 새 자료들을 많이 만날 수 있었다. 상상과 추정의 힘을 빌려 인물의 삶을 가공하지 않고 오로지 문헌을 근거로 그들의 삶과 행위를 조사하고 해석했는데, 그 과정과 노력은 뒷면에 실린 참고문헌과 주석으로 제시했다.

오 년 전 《조선의 프로페셔널》이라는 제목으로 출간했는데, 그동안 새로 발굴한 자료들이 많아 그 자료를 분석한 성과를 바탕으로 내용을 수정하고 보완했다. 특히 탈춤꾼 탁문한을 새롭게 추가했음을 밝힌다.

2011년 2월 명륜동 연구실에서
안대회

차례

지은이의 말 4

1장 　**백 가지 기술을 한 몸에 지닌 만능 지식인**　　17
　　　　과학자, 정철조
　　　　■다재다능형 인간 ■선비, 예술가, 과학자, 기술자 ■벼룻돌에 미친 바보 ■정선과 어깨를 겨룬 화가 ■천문학자, 지도학자 ■호방한 술꾼의 돌연한 죽음 ■저서를 남기는 것조차 우습게 여긴 선각적 지성인

2장 　**세상의 모든 것은 내 붓끝에서 태어난다**　　57
　　　　화가, 최북
　　　　■술주정뱅이, 환쟁이, 미친놈 ■붓끝에서 모든 존재가 태어난다 ■송곳으로 제 눈을 찌른 광인 ■절대로 굽히지 않는 오만함과 무모함 ■거기에 산다 ■김홍도 이전의 가장 뛰어난 화가 ■최산수 또는 최메추라기 ■"몸은 얼어 죽었으나 이름은 사라지지 않으리"

3장 　**검무로 18세기를 빛낸 최고의 춤꾼**　　97
　　　　무용가, 운심
　　　　■박제가, 운심을 기록하다 ■'마음 심' 자에 담긴 뜻 ■검무, 무예이자 예술 ■18세기 공연예술의 절정 ■춤이 끝나니 온 좌석이 텅 빈 것같이 고요하여 ■화려한 춤 속에 감추어진 내면 ■당대의 서예가와 사랑에 빠지다 ■약산동대 벼랑에 몸을 던진 호방함 ■역대의 유명 기녀 넷 중 하나

| 4장 | 세상의 책은 모두 내 것이니라 | 135 |

책장수, 조신선

■서쾌·책쾌, 조선시대의 출판마케터 ■조선의 지식 생산과 유통 ■"책쾌 조씨가 왔다" ■뛰어다니는 인생 ■나라 안 책장수가 모두 죽게 된 사건 ■"책이 있는 한 책을 팔러 다니겠다" ■정약용도 궁금해하던 조신선의 나이 ■'신선'이라 불린 책장수

| 5장 | 세속의 소란을 잠재운 소리의 신 | 173 |

음악가, 김성기

■이슬 같은 소리의 운명 ■거문고와 비파, 퉁소 연주자 ■배움의 갈증, 도둑 공부 ■굴레 벗은 천리마 ■마포 강가의 낚시꾼 ■물욕을 벗어던진 신선의 풍모 ■새로운 음악, 시조를 만들다 ■황진이와의 인연 ■권력과 맞서다 ■손끝의 묘기로 사람들을 감동시킨 음악의 거장 ■제자를 위한 마지막 레슨

| 6장 | 자명종 제작에 삶을 던진 천재 기술자 | 209 |

기술자, 최천약

■바늘을 수입한 조선 사회 ■천대받은 기술자 ■동래부 출신 무인 ■영조 임금이 인정한 자명종 제작기술 ■칼을 잡으면 무엇이든지 새긴다 ■시계 전문가 ■최천약이 본래 왜인이라고? ■위대한 조각가 ■한 시대의 표준 도량형을 만들다 ■국가 기술자 ■"최천약 같은 자를 어떻게 구해 오겠습니까?"

7장 | 승부의 외나무다리를 건너   251
반상의 제왕에 오르다
바둑기사, 정운창

■ 조선 바둑계의 계보 ■ 전설이 된 조선의 국수 ■ 전라도 보성이라는 곳 ■ 두문불출 십 년 ■ 조선 제일의 고수와 한판 승부 ■ 새로운 영웅의 탄생 ■ 더 깊고 오묘한 세계를 만나다 ■ 조선왕조 최고의 기사는? ■ 새 시대의 개막 ■ 바둑의 길, 프로의 길

8장 | 천하 모든 땅을 내 발로 밟으리라   293
여행가, 정란

■ 조선 최초의 전문 산악인 ■ 세속적 출세에는 관심이 없어 ■ "무리와 다른 짓 하는 놈!" ■ 산수에 고질병이 깊어…… ■ 사마천의 길이냐, 주자의 길이냐 ■ 아침에는 백두산, 저녁에는 한라산 ■ 산과 예술의 결정체 《불후첩》 ■ "나는 아직 힘이 있어" ■ "이제 한라산만 남았다" ■ 먼저 죽은 아들의 묘지명을 이용휴에게 부탁하다 ■ 유람으로 한평생을 소진한 선비

9장 | 번잡한 세상을 등진 채 '꽃나라'를 세운 은사   333
원예가, 유박

■ 조화옹이 부린 장난기는 꽃에서 가장 심하다 ■ 언제나 화병의 꽃에 기대어 ■ 완물상지의 경계를 넘어 ■ 사공들아, 유박의 꽃은 운임을 받지 말라 ■ 꽃 박물관, 백화암을 짓다 ■ "매화가 나고 내가 매화다" ■ '화목품제'로 연 꽃 품평회 ■ 학문적 경지에 오른 불멸의 원예가

10장 "그래, 나는 종놈이다" 외친 천재 문인   369
시인, 이단전

■당대 최고 작가와 천민 시인의 만남 ■내 이름은 '진짜 하인놈' ■애꾸에 곰보, 어버버한 말씨 ■그 스승에 그 제자 ■과부가 밤에 곡하듯 ■기발한 착상, 비유의 명수 ■불청객으로 떠돌다 ■광인과 자유인 ■술에 취해 객사하다 ■처절한 삶을 맑고 고고한 시로 남기다

11장 신분의 경계를 뛰어넘은 희대의 공연예술가   405
탈춤꾼, 탁문한

■이름 없는 존재로 남아야 했던 조선의 대중예술가 ■사대부로부터 낮게 평가되던 연희 공연 ■최고의 연희패 수령으로 떠오른 탁문한 ■광대의 끼를 타고난 한양 양민 ■검술 기량이 탁월한 직업군인 ■천인이나 하는 연희패에 뛰어들다 ■누구도 따라갈 수 없는 경지에 오른 탈춤꾼 ■공연 도구의 장인 ■정2품에 오른 도변수 ■1784년 11월, 나례청에서 일어난 사건들 ■한밤중 방포 소동 ■국기일에 춤추고 노래 부르다 ■가중처벌을 받은 탁문한 ■산대도감 나례를 책임진 마지막 도변수

주 444

참고문헌 473

찾아보기 478

백 가지 기술을 한 몸에
지닌 만능 지식인

과학자
정철조

"벼루의 제보에는 새 작품을 첨가하고 지도는 옛것을 보완했네. 청주와 탁주를 가리지 않는다며 소주고 막걸리고 곧장 취해버렸네. 그림은 되는 대로 질탕하게 그리고 취한 붓으로 휘둘러댔네. 비단 귀퉁이에 도장도 남기지 않고 용 그림에 눈동자는 일부러 더디 칠했네. 백 가지 기술을 몽땅 한 몸에 갖추었거니 삼절(三絶)을 그 누구에게 비교할까?"

— 임천상

◉── 백 가지 기술을 한 몸에 지닌 만능 지식인 · 정철조

다재다능한 사람이 보여주는 온갖 재능에 경탄하는 일이 종종 있다. 지난 역사 속에서는 여러 분야에서 독보적 자취를 남긴 천재적 인물을 더 자주 만난다. 어느 분야든 자기 발자취를 남기기란 몹시 어렵다. 그런데 하나도 아니고 여러 분야에서 자기 존재를 확연히 드러낸 사람은 대체 어떻게 된 자일까? 가장 두드러진 사람을 꼽는다면 레오나르도 다빈치가 걸맞을 것이다.

조선 후기를 살았던 정철조(鄭喆祚, 1730~1781)라는 인물 또한 그 부류에 드는 사람이 아닐까 생각한다. 지금은 그 이름을 아는 이가 거의 없지만 영조와 정조의 시대에는 명성이 드높았다. 그는 한 인간에게서 찾기 어려운 다양한 캐릭터를 한 몸에 다 지닌 인물이다. 처음에는 유명한 화가라 해서 흥미를 갖고 들여다보았는데, 그 뒷면에선 수학자이자 천문학자로서도 명성을 날린 색다른 모습이 보였다. 게다가 유명한 지리학자로서 몇 손가락 안에 꼽히는 지도제작자이기도 했다. 거기에만 그치지 않았다. 천문기계를 비롯하여 농

기구까지 직접 만든 기술자의 면모도 빠트릴 수 없다. 그런가 하면 벼루제작자로서 한 시대에 그를 능가하는 사람이 없었다.

이 정도의 이력만 들어도 혀를 내두르게 된다. 그렇게 다양한 분야에서 재능을 발휘한 정철조는 또 한편으로는 문과에 급제하여 사간원 정언(正言)과 사헌부 지평(持平)이란 핵심 요직을 지낸 관료였다. 그러니 세속적 출세까지 해본 사람이다. 그렇다고 세속적 출세욕에 사로잡혔던 사람은 결코 아니다. 관계를 일찍 떠났고, 자주 폭음을 일삼은 술꾼이었다. 조선시대의 선비에게선 기대하기 어려운 색다르고 독특한 정체성을 지닌 인물이다.

다재다능형 인간

정철조는 명문가 출신의 양반 사대부로, 1730년에 태어나 1781년에 죽었다. 본관은 해주(海州)요, 자는 성백(誠伯), 호는 석치(石痴)다. 마흔다섯 살 때인 1774년 문과에 급제했다. 6대조는 야담에 자주 등장하는 정효준(鄭孝俊)이다. 그의 집안은 조부 정필녕(鄭必寧), 부친 정운유(鄭運維, 1704~1772), 숙부 정운기(鄭運紀), 그리고 정철조까지 3대가 모두 문과에 급제했다. 그의 백부 정운경(鄭運經, 1699~1753)은 제주도 표류민을 상세하게 기록한 《탐라문견록(耽羅聞見錄)》의 저자다. 특히, 부친 정운유는 영조의 신망이 두터워서 대사간을 비롯한 요직을 두루 거치고 공조판서까지 지냈다. 사도세자가 뒤주에 갇혀 죽을 때 정언으로 재직하면서 간언을 하고 그 뒤에는 세손이 사도세자에게 배알해야 한다고 주장하여 충신으로 인정받았다. 정조 시대의 정승 채제공(蔡濟恭)이 쓴 묘지명과 심낙수(沈樂洙)가 지은 〈순충전(純忠傳)〉에 자세한 행적이 기록되어 있다.

정철조의 윗대만 혁혁했던 것이 아니다. 동복형제 역시 명망가들이었다. 아우 정후조(鄭厚祚)는 유명한 지리학자고, 여자형제 둘은 첫째는 박우원(朴祐源)에게, 둘째는 이가환(李家煥)에게 시집갔다. 이가환은 정조 시대를 대표하는 천재 학자이자 정치가다.

정철조의 집은 서울의 집거동(集巨洞)에 있었다. 당파는 소북(小北)이다. 그는 교우관계나 행동반경에서 당파에 찌든 행보를 보이지 않았다. 매형 박우원은 소론이었고, 이가환은 남인이었으며, 정철조 자신은 노론의 대표 학자인 김원행(金元行)으로부터 배웠다. 더욱이 그는 이가환과 처남 매부 사이이면서 동시에 노론 강경파인 박지원과 젊은 시절부터 절친한 벗으로 지냈다. 한마디로 당파로 인해 편을 가르는 행보와는 거리가 먼 사람이었다.

조부와 부친이 문과에 급제한 명문가에서 태어난 만큼 정철조는 가학(家學)의 연원이 깊었다. 가학을 바탕으로 하면서도 거기에 매몰되지 않고 다방면에 깊은 관심을 쏟아 새로운 학문의 영역을 만들어갔다. 당시에는 이렇게 다방면에 해박한 지식을 습득하는 것이 서울 명문 사대부가의 지적 풍토였다. 그의 학문과 인간됨은 주변 학자들에게 천천히 알려졌다. 전라도에서 올라온 시골 학자 황윤석(黃胤錫, 1729~1791)의 귀에 정철조가 포착되었다.

1766년 2월 29일 황윤석은 정철조의 내사촌 윤곤(尹琨) 형제로부터 다음과 같은 말을 들었다.

외사촌 정철조는 경술생으로 과거 문장을 잘하면서도, 역상산수(曆象算數)의 학문을 전문적으로 공부하여 그 방면에 정통하지요. 마테오리치가 남긴 학문을 종지(宗旨)로 삼은 지 지금 이십여 년이 되었습니다. 거처하는 방 하나에는 그가 모은 서양서가 실내를 가득 채우고 있습니다. 아우라 할지라도 그 방에 들어오는 것을 허락하지 않습니다. 스스로 해시계를 제작하여 해 그림자를 측량합니다. 벼룻돌을 잘 다루고 또 그림을 잘 그립니다. 남의 집에 서양서가 있다는 소문을 들으면 안면이 없는 재상 판서라도 반드시 선을 넣어 빌려서 빼내 온답니다.[1]

정철조가 추구하는 학문과 관심의 윤곽을 간결하게 소개하고 있다. 내사촌이 자랑 삼아 하는 말이지만, 다른 사람을 언급한 것과 비교해볼 때 과장 섞인 말은 아니다. 그의 말을 종합하면, 과거시험 문장을 잘했고, 마테오리치가 소개한 서양의 수학과 천문학을 이십 년째 연구했으며, 서양서를 전문적으로 수집해 이미 그 양이 많고, 스스로 관측기구를 제작했으며, 벼루를 잘 조각하고 그림을 잘 그렸다. 내사촌이 전하는 프로필만 봐도, 상식적인 조선 지식인과는 현저하게 다른 풍모를 지니고 있다. 수학과 천문학을 전공으로 하던 황윤석이 귀를 쫑긋 세울 수밖에 없다.

선비, 예술가, 과학자, 기술자

정철조의 이러한 독특한 지적 취향은 점차 사람들에게 알려졌다. 박제가(朴齊家)가 당시에 저명한 명사 육십 명의 프로필을 묘사한 회인시(懷人詩)에도 그의 이름이 올라 있다. 그 시는 이렇다.

"동전 삼백만 생기면 술꾼노릇 해야지.
죽은 뒤에 문장을 남기는 건 우스워 죽겠네."
서양인의《의상지(儀象志)》²를 들춰보고 나서는
창가에 앉아 해어도(海魚圖)를 모사하시네.

青銅三百酒人乎　身後文章笑殺吾
繙罷洋人儀象志　閒窓偶得海魚圖³

이 시는 1777년을 전후해서 썼으므로 정철조 생전에 쓴 작품이다. 사후 명성을 아랑곳하지 않고 돈만 생기면 술집으로 달려가는 술꾼이 정철조의 일면이라면, 서양 천문서를 공부하고 그림을 잘 그리는 화가도 그의 진면(眞面) 가운데 하나임을 드러냈다. 자유분방한 품성과 일반 사대부와는 다른 학문 교양을 지닌 지식인으로 묘사한 것이, 황윤석이 들은 내용을 요약한 듯하다.

이처럼 정철조를 묘사한 기록들을 보면, 그는 학식이 풍부하고 교양 있는 선비이면서 빼어난 예술적 재능을 소유한 예술가이자 수학과 천문학에 재능을 발휘한 과학자요 물건까지 잘 만든 기술자였다. 상식적으로 잘 어울리지 않는 재능을 한 몸에 지녔다. 흥미로운 정철조의 지식 편력을 구체적으로 살펴보자.

벼룻돌에 미친 바보

정철조는 호가 석치(石痴)다. 석치란 글자를 풀이하면 돌 석에 바보 치로, 돌에 미친 바보란 뜻이다. 여기서 돌은 벼룻돌이다. 그러므로 벼루를 깎아 만드는 데 미친 바보다. 정철조는 벼루 깎는 것을 취미와 예술로 삼은 최초의 한국 사람이 아닌가 한다. 생전에는 말할 나위 없고, 죽은 지 수십 년이 지난 뒤에도 벼루를 잘 깎은 명사로서 그의 호가 인구에 회자되었다. 그의 예술적 감각이 당시에 유명했다는 징표다.

19세기 학자 조재삼(趙在三)이 저술한 백과사전《송남잡지(松南雜識)》에는 '석치로 호를 삼다(石癡爲號)'라는 조항이 독립된 항목으로 올라 있다. 거기서 "우리 동방에는 정필조(鄭弼祚)라는 사람이 있는데 벼루에 못 말리는 고질병이 있어서 사람들이 그를 벼룻돌에 미친 바보라고 불렀다. 그는 그것을 아예 자신의 호로 삼았다"라고 했다.[4] 여기서 정필조는 정철조의 오식이다. 수십 년이 흐른 뒤 저명한 백과사전에 벼룻돌에 미친 바보로 올라 있을 만큼, 그는 쉽게 마멸될 수 없는 마력을 지닌 존재였다. 이를 입증이라도 하듯이 벼루에 미친 정철조를 기록한 자료가 적지 않게 전한다.

당시 벼루는 가장 중요한 문방구의 하나였다. 문인이라면 벼룻돌에 애착을 가지지 않을 수 없었다. 이전에도 그랬지만 18세기 이후에는 유득공(柳得恭)과 신위(申緯)처럼, 멋진 벼루를 수집하는 우아한 취미를 뽐내며 자신의 연벽(硯癖)을 토로하는 선비가 많았다. 이렇게 벼루를 애호하고 수집하는 분위기가 성숙되던 시기에 그런 풍조를 선도해 주목의 대상이 된 인물이 바로 정철조였다.

그렇다면 정철조가 제작한 벼루는 어떠한 특징과 가치를 지녔을까? 18세기의 명사와 전문인을 체계적으로 서술한 《병세재언록(幷世才彦錄)》에는 그가 화가의 한 사람으로 당당히 들어가 있다. 거기서는 그를 이렇게 묘사했다.

정언 정철조는 호가 석치인데 대와 바위, 산과 물을 잘 그렸으며, 벼룻돌을 깎는 고질병이 있었다. 벼루를 깎는 사람은 으레 칼과 끌을 갖추고 있는데 이를 각도(刻刀)라고 한다. 그런데 정철조는 패도(佩刀)만 가지고 벼루를 깎는데 마치 밀랍을 깎아내는 것 같았다. 그는 돌을 보기만 하면 품질을 따지지 않고 곧 깎기 시작하여 순식간에 완성해냈다. 벼루를 책상에 가득 쌓아두곤 달라는 사람이 있으면 곧 줘버렸다.[5]

여기 묘사된 조각가의 모습은 대단히 인상적이다. 벼룻돌을 깎는 기예에 몰입하여 돌만 보면 칼을 들이대는 특이한 취미의 소유자다. 그는 남들이 그러듯이 명품 벼룻돌을 이용해 고급품만 만들어내지 않았다. 벼룻돌의 재질과 품격을 따지지 않았다. 벼루 깎는 전용 도구도 없이 차고 다니는 평범한 패도만으로 깎되, 순식간에 멋진 벼루를 완성했다.

그렇게 만든 정철조의 벼루는 선비라면 누구나 하나쯤 갖고 싶어하는 멋진 물건이었다. 단순한 상품이 아니라 품격이 있는 예술품으로 인정받았다. 그는 벼루 제작 기법부터가 남달랐는데 그 기법이 꽤 알려졌다. 한두 가지만 살펴보자.

조선 벼루의 계보를 정리하여 《동연보(東硯譜)》를 지을 정도로 벼루를 사랑한 유득공은 우연히 정철조의 벼루 깎는 솜씨를 예찬한 일이 있다.[6] 유득공의 숙부 유금(柳琴)이 1776년 청나라에 갔을 때 이조원(李調元)으로부터 최고의 벼룻돌인 단계연(端溪硯)을 선물받았다. 그 벼루에 얽힌 사연을 유득공은 〈기하실 유금 선생이 지닌 단계연 노래(幾何室藏端硯歌)〉에서 이렇게 묘사했다.

안동의 마간석은 붉은 흙색이요
남포의 화초석은 벌레 먹은 모양이지.
삼한의 솜씨 없는 장인은 둔하기 짝이 없어
온 나라가 모두 풍자식(風字式)만 사용하네.
근래에 석치라는 명사가 나타나
국화와 귀뚜라미를 즐겨 새겼지.
홍주(洪州)의 아전이 그 법을 터득하여
천연의 돌 모양을 조금만 꾸몄네.
죽서(竹西) 사는 서씨(徐氏)는 좋은 품질이라며
유유히 사각사각 언제나 먹을 가네.

安東馬肝赭土色　藍浦花艸蟲蛀蝕
韓之鈍工鈍如鑿　遍國皆用風字式
邇來名士有石癡　喜刻秋花兼促織
洪州小吏得其法　因石天成略加飾
竹西徐氏號善品　悠悠忽忽恒磨墨

유득공이 사용했던 벼루, 20.5×12.7×1.5cm, 고 이병직 구장.
두만강 돌로 만든 벼루로, 단순하면서도 품위가 있다. 유득공의 연벽(硯癖)과 조예로 보아, 정철조나 김도산에게 부탁하여 제작했을 가능성이 높다. 이 운지연(雲池硯)의 뒷면에는 유득공 자신이 쓴 연명 (硯銘)이 새겨져 있다. "이 두만강 돌은 쇳소리가 나고 미끄럽기는 하나 먹을 거부하지 않는다. 동파 (東坡)의 풍미연(風味硯)과 동일한 제품이 아닐까? 특이하구나! 고운(古芸) 쓰다." 고운은 유득공의 호다.

풍자식 벼루, 고려시대, 국립중앙박물관 소장.
1916년 개성 부근에서 출토된 벼루다. 고려시대 이래 한국에서는 풍자식 벼루가 널리 사용되었다.

고려시대 이래로 바람 풍(風) 자 모양의 평범한 벼룻돌을 답습해오던 벼루 제작법에 정철조는 큰 변화를 일으켰다. 상투적 디자인에 변화를 주어 국화나 귀뚜라미 같은 문양을 새겨 넣어 디자인 요소를 가미했다. 벼루를 그저 먹을 가는 도구로만 내버려두지 않고 모양과 장식을 바꿈으로써 멋진 예술품으로 살려낸 것이다. 벼루 양식에서 큰 변화가 아닐 수 없다. 예술적 벼루를 깎을 때 그가 견지한 태도는 돌이 본래 가진 모양을 훼손하지 않고 살리는 방향이었다. 이는 조선 예술의 기본 취지에 부합한다.

그런 정철조의 벼루 제작법을 전수받은 사람이 나타났다. 벼룻돌 명산지 남포와 가까운 충청도 홍성의 아전 김도산(金道山)이란 장인이었다. 김도산 역시 정철조의 방식을 따라 천연 그대로 모양을 살려 돌을 깎았다. 벼루를 만드는 솜씨가 뛰어난 김도산은 각지를 떠돌다가 한양에 흘러들어와 살게 되었다. 사대부들이 다투어 그를 불렀다. 그렇게 해서 평생 만든 벼루가 천 방(方)을 상회했다. 유득공 역시 그에게 검은색과 청색의 벼루 두 방을 만들게 했다. 그 사연이 유득공의 저작《고운당필기(古芸堂筆記)》권3의〈조선 벼루(東硯)〉조에 나온다. 유득공은 벼룻돌을 접하고서 당시 벼루 제작을 선도하던 정철조와 김도산의 이야기를 꺼내지 않을 수 없었다.

황윤석 역시 정철조의 벼룻돌 취미에 관해 벼루 애호가인 강세황(姜世晃)으로부터 다음 이야기를 들었다.

강세황이 또 말해주었다. "정철조는 갑오년에 벌써 문과에 급제하였습니다. 그 사람의 벼루 제작 솜씨는 우리 시대 최고입니다. 그는 서화와 수학에 뛰어난 데 그치지 않습니다. 그 사람이 또 일찍이 이런 말도 하더군요. '벼루가 부서지면 그저 보리풀로 붙이기만 해도 됩니다. 왜냐하면 돌의 결은 물이 새지 않기 때문이지요. 나무의 결이 물을 끌어당기는 것과는 다릅니다'라고요."7

부서진 벼루를 수리해서 쓰는 법을 정철조가 가르쳐주었다며 전해준 이야기다. 이런 이야기까지 예술가들 사이에 떠돈 것은 벼루에 관한 정철조의 언급이 남들로부터 신뢰를 얻었고 또 관심사가 되었음을 말한다.

정철조가 만든 벼루는 많은 사람이 앞 다투어 소장할 만큼 애호되었다. 인기가 높았던 정철조 벼루를 심로숭(沈魯崇)은 인상적으로

강세황이 소장했던 미초연(薇艸硯), 창덕궁 소장.
고사리 화석 무늬를 그대로 살려서 만들었다. 이 벼루 뒷면에는 이용휴(李用休)가 쓴 발문이 있다. 이용휴, 강세황, 정철조의 깊은 친분으로 볼 때, 정철조가 제작했을 수도 있다. 《명연전(名硯展)》에 실려 있다.

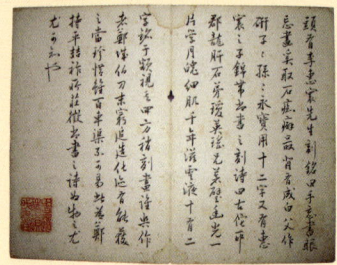

박영철(朴榮喆, 1879~1939)이 소장하던, 정철조가 만든 벼루를 이한복(李漢福, 1897~1940)이 그림으로 그리고 박영철이 설명문을 붙였다. 벼루 앞에는 이용휴의 이름이 새겨졌고, 뒷면에는 "성백보(정철조의 자)가 벼루를 만들었으니 자자손손 영원히 보물로 사용하라(成白父作硯, 子子孫孫, 永寶用)"는 열두 글자가 새겨졌다. 그 뒤에는 정철조의 처남 이가환의 시가 새겨졌다. 수경실(修絅室) 소장.

기록해놓았다.

> 석치 정씨의 벼루는 근세에 명성이 드높아서 예술을 안다는 사람은 그의 벼루 하나쯤 가지지 못하면 부끄럽게 여겼다. 나도 젊어서 석치의 벼루를 가지고 있었는데 이사를 다니다가 잃어버려 몹시 애석해했다. 언젠가 그 이야기를 강이문(姜彛文, 강세황의 손자)에게 했더니 그가 이렇게 말했다.
> "우리 집에는 옛날부터 석치가 만든 벼루가 있었지요. 언젠가 그분이 선조 묘문(墓文) 글씨를 부탁하면서 벼루로 사례를 했답니다. 우리 조부께선 늘 '천여 종의 벼루를 보았지만 이것이 가장 낫다'고 하셨습니다. 한번 보시겠습니까?"
> 나는 기쁜 마음으로 그러자고 부탁했다. 벼루가 안산(安山)에 있어서 강이문이 나를 데리고 갔다. 벼루는 풍자형(風字形)으로 깎았는데 돌의 본성을 잘 살려서 작은 요철을 그대로 놔두고 아주 정교하게 자르고 간 것이었다. 사람의 솜씨로 보이지 않았다. 석치가 사례품으로 주었고 또 표암이 극찬한 물건이므로 대단히 기이한 작품임을 알 수 있다. 내가 간절히 빌리자고 청하자 강이문이 허락했다. 실물이 그 명성에 부합해 몹시 기뻤다.[8]

심로숭이 쓴 〈정석치 벼루에 부친 작은 글〉이다. 정철조의 벼루가 당시 예술가들이 소장하려고 욕심내던 작품임을 분명하게 밝혀주었다. 안목이 높은 강세황이 자기가 본 벼루 가운데 최고라고 칭찬했고, 사람이 만든 작품으로 보이지 않는다고 심로숭이 극찬한 것을 보면, 대단한 솜씨임을 인정해야 하지 않을까? 강세황이 받은 벼루는 밋밋한 디자인인 풍자형이긴 했지만, 돌의 본성을 잘 살려 원형을 훼손하지 않으면서 제작하는 그 독특한 미학을 실현한 작품이었다.

이렇게 많이 제작되어 문방구의 총아로 이용되던 그의 벼루가 실물로 남은 건 현재까지 발견되지 않았다. 하지만 어딘가에 반드시 남았을 것이다. 실물은 아니지만 정철조가 새겨서 사돈어른이자 당대 최고의 문사인 이용휴에게 준 벼루 그림이 현존한다. 그 벼루에는 "손은 쓰기를 잊고 눈은 그리기를 잊었다. 이 돌에서 무엇을 얻어선가? 바보스러움(痴)과 고질병(癖)이 으뜸이다(手忘書, 眼忘畵. 奚取石, 痴癖最)"라는, 이용휴가 쓴 명문(銘文)이 새겨 있다.

그림조차 남아 있지 않지만, 이용휴는 또 그가 소장한 석치의 벼루에 "내 이름이 갈아 없어지지 않는 건 네가 갈아지기 때문이다. 이것이 너를 통해 내 명성을 영원하게 하려는 석치의 뜻이 아니겠느냐!(我名之不磨, 繇爾之磨也. 此石癡子以爾壽我之意耶)"라는 연명(硯銘)을 새겨 넣었다. 정철조가 제작한 벼루에 열심히 먹을 갈아 글을 씀으로써 문인의 명성을 후세까지 전하게 만들어주니 고맙다는 의미를 담았다.

정선과 어깨를 겨룬 화가

정철조는 다양한 분야에서 예술적 재능을 발휘했다. 《흠영》에는 그가 자수에도 능했다는 기록이 있는데, 이로 보아 만능 예술가였다고 말해도 좋을 법하다.⁹ 그 예술적 재능이 잘 발휘된 분야가 바로 회화다. 작품 벼루를 깎는 것이 그의 취미였다면, 화가로서 누린 명성은 정통 예술가로서 그의 성가(聲價)를 입증한다. 현존하는 그의 그림이 확인되지 않으므로, 남은 기록으로 솜씨를 짐작할 수밖에 없다.

무엇보다《정조실록》5년(1781년) 9월 4일 기사에 임금의 초상을 모사할 때 영의정 서명선(徐命善)이 차자(箚子)를 올려, 사간원 정언의 자리에 있는 정철조를 참여시킬 것을 요청한 사실이 나온다. 이날 그는 화가 강세황, 서예가 조윤형(曺允亨)과 함께 창덕궁 영화당(映花堂)에 실제로 들어가 참여했다. 임금의 초상을 모사하는 중대사에 참여할 정도로 명성과 실력을 공인받은 것이다.

그림 솜씨를 예찬한 기록 역시 적지 않게 전한다. 시대를 대표하는 화가만을 명단에 올린《연려실기술》에선 정선, 김홍도를 비롯한 대가들과 함께 이름이 실렸다. 이덕무는《청비록(淸脾錄)》에서 산수를 묘사한 어떤 시인의 시를 읊고는 "운치가 있고 조리가 있으며 담백하기도 하고 정밀하기도 하여 석치나 겸재, 현재의 절묘한 필치로 부채 머리에 묘사해보고 싶다"라고 했다.¹⁰ 멋진 시경(詩境)을 그림으로 표현할 화가로 정선, 심사정과 함께 정철조를 떠올린 것이다. 조선을 대표하는 화가들과 어깨를 나란히 하고 있다.

또 윤재덕(尹在德)이란 선비가 공평이라며 당시의 화가를 평한 자리에도 그가 등장한다. 그는 정선에 의해 조선 그림이 창시된 이래로 심사정이 제일이고, 정선이 두 번째이며, 최북과 강세황이 그 다음으로 모두 대가의 고품(高品)에 속한다고 평했다. 그 밖에 유덕장(柳德章)의 대나무, 유묵지(柳默之)의 매화, 윤덕희(尹德熙)의 승려와 말, 이인상(李麟祥)의 지초(芝草)와 연꽃은 모두 특수한 분야의 명가라고 한 다음, 정철조는 근세의 연소한 화가 가운데 그림을 잘 그리기로 손꼽히지만 약간 생경한 솜씨라고 평했다.[11] 젊은 축의 화가 가운데 가장 두각을 나타낸 자로 본 것이다.

이렇듯 당시 사람들에 의해 높이 평가받은 정철조의 그림을 감상할 수 없는 것이 아쉽다. 다만 이용휴, 채제공, 정약용, 성대중, 성해응, 박규수 등이 그의 그림을 보고 평한 제발문(題跋文)이 남아 있다. 그런 자료를 통해 그가 즐겨 그린 소재나 화풍을 대강 짐작할 수 있다. 이용휴는 산수화와 특이한 새를 그린 그림을 보고 터럭 하나도 어긋나지 않음을 칭찬했고,[12] 채제공은 잉어를 그린 병풍 그림을 보고 "자세히 보니 물고기 아니라 그림이라 / 그린 것이 핍진하니 귀신도 걱정하겠네"라며 너무도 핍진하게 그려 물고기가 진짠 줄 착각했다는 소감을 펼쳤다.[13] 성대중은 사슴을 그린 그림을 보고 그 사슴을 타고 금강산과 단양팔경을 오르고 싶다는 평을 달았다.[14] 정철조는 죽기 한두 해 전에 금강산을 여행하면서 내외 금강산과 관동 아홉 개 군의 진경(眞境)을 그리기도 했다.[15] 여러 평문으로 볼 때, 그는 사실적인 그림에 장기가 있었던 화가로 보인다.

성해응(成海應)은 〈정석치의 그림 뒤에 부친 글〉에서, 석치가 그린 금강산 마하연 한 폭과 개, 잉어, 사슴 그림이 각각 한 폭인데 사슴을 그린 그림이 특히 오묘하다고 말했다.

정철조 그림의 특징을 누구보다 분명하게 지적해낸 사람은 아마도 다산 정약용일 것이다. 용 그림에 붙인 시에서 다산은 이렇게 묘사했다.

> 요즘 화가의 용 그림은 귀신을 그린 듯해
> 도깨비 머리에 뱀 꼬리를 제멋대로 그리지.
> 용을 본 자 드물어서 그런 줄로 믿다 보니
> 구름 속에 들어간 듯 몽롱하게 현혹되네.
> 정공(鄭公)이 성을 내어 핍진하게 그리고자
> 비늘 하나, 눈 하나 모두가 참모습일세.
> 꿈틀꿈틀 지붕 뚫고 솟구칠까 걱정되고
> 뛰어올라 사람을 치받을까 겁이 나네.
> 이런 그림 얻기는 옥구슬보다 어렵건만
> 밀실에서 몰래 그려 남의 눈을 피한다네.
> 누설 말란 당부에도 내가 굳이 드러내는 건
> 그림이 작은 기예나 세속을 바로잡고자 해서지.[16]

정약용은 정철조의 용 그림을 보고 사실적인 강점을 들었다. 용 그림은 근본적으로 사실적이기 어렵지만 그는 보통의 화가들이 상투적으로 그려내는 것과 다르게 의욕적으로 비늘 하나, 눈동자 하나도 용의 실상에 부합하게 그려서 생동하는 실물감을 살리려고 노력했다. 젊은 시절의 정약용이 견지한 사실주의에 정확하게 부합하는 화가였다.

정약용이 용 그림을 높이 평가한 건 정철조가 용을 잘 그리는 화가로 널리 알려진 것과 무관하지 않다. 그는 남들이 아무리 용 그림을 그려달라고 해도 들어주지 않다가 내키기만 하면 요구를 받지 않아도 스스로 그렸다. 언젠가는 친구의 시골집에 갔다 친구가 술을 차리고 측리지(側理紙)를 내놓은 다음 용 그림을 그려달라고 하자, 붓을 잡고 한참을 노려보다가 문득 고목 위에 앉은 큰 송골매를 그린 다음 '개세영웅(蓋世英雄, 세상을 압도하는 영웅)'이라고 써놓았던 일화도 전한다.[17]

정철조의 사실적 화풍과 관련하여 또 다른 기록을 검토해보자. 구한말의 저명한 회화사가 오세창(吳世昌, 1864~1953)은 서양화법으로 그림을 그린 최초의 화가 이희영(李喜英)이 정철조로부터 그림을 배웠고, 실제로 정철조의 그림을 본떠 그린 그림을 남기기도 했다고 말했다.[18] 정철조가 서양서에 깊이 탐닉했다는 점과 그가 사실적 화풍을 견지했다는 점을 놓고 볼 때 이 지적은 아주 적절하다. 내 판단으로는, 정철조 스스로가 서양화법을 시도했거나 남에게 권유했을 가능성이 충분히 있다. 서양화법이 조선에 수용되는 과정에서 그가 상당히 중요한 기여를 했을 것이다. 이 가설은 서양 과학을 연구하는 데 깊이 빠진 그의 학문적 경력을 놓고 볼 때 타당성이 있다.

한편 박지원의 손자 박규수(朴珪壽, 1807~1876)도 정철조의 그림을 보고 평을 남겼다. 그가 쓴〈이호산장도가(梨湖山莊圖歌)〉에는 정철조가 그린〈연암산장도(燕岩山莊圖)〉를 묘사한 대목이 나온다.

우리 집에도 산장도(山莊圖)가 있거니
산장은 할아버지 연암 선생께서 지으셨네.
고반정(考槃亭)은 계곡을 내려다보고

이희영의 〈견도(犬圖)〉와 위창(葦滄) 오세창이 쓴 발문, 숭실대 기독교박물관 소장.

하당(荷堂)과 죽각(竹閣)은 연못 뒤에 있네.
별처럼 널리고 바둑알처럼 놓여 면면이 새로워
단청을 칠하지 않았어도 산골짜기에 찬란하지.
석치 정공께서 〈산장도〉를 그려주시니
빈풍(豳風, 《시경》의 작품명)의 시에 망천(輞川, 당의 화가 왕유)의 그림 인 듯.
실오라기 하나, 털끝 하나 나눠 그려 눈에 어른어른하고
참된 경물은 파려축경(玻瓈縮景) 그림보다 더 오묘하네.
나뭇잎 짙은 속에 꾀꼬리 숨어 있고

백 가지 기술을 한 몸에 지닌 만능 지식인·정철조 **37**

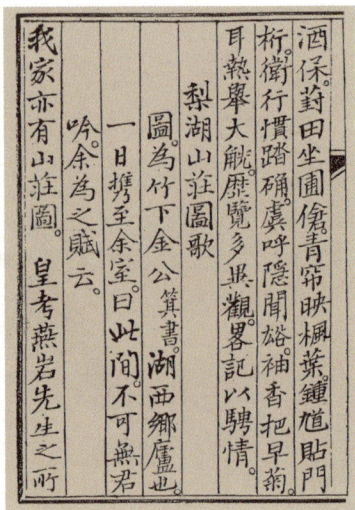 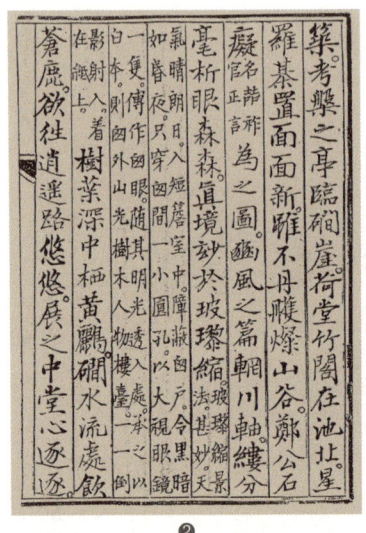

박규수, 〈이호산장도가(梨湖山莊圖歌)〉, 《장암시집(莊菴詩集)》 권1,
경기문화재단 소장 필사본.

계곡물 흐르는 곳에 사슴이 물 마시네.
가서 소요하고 싶지마는 길이 너무 멀어
대청에 펼쳐놓고 마음만 달려가네.
정공이 비록 그림에 정통하다 하나
그림 밖 풍경까지 집안에 끌어들이지 못하고
정공이 비록 그림에 정통하다 하나
눈 내린 겨울 풍경과 장마철 여름 풍경을 한 폭에는 못 담아내지.[19]

　　김기서(金箕書)가 보여준 〈이호산장도〉를 보고 집안에 전해오는 〈연암산장도〉를 자랑 삼아 묘사한 시다. 시를 통해 알 수 있듯이,

〈연암도(燕巖圖)〉.
후손 박영은 씨가 소장했으나 현재 소재를 알 수 없다. 이가원 선생의 《연암소설연구》에 수록되어 있다. 박지원이 직접 그린 것으로 알려졌으나 정철조가 그린 〈연암산장도〉일 가능성도 배제하지 못한다. 연암은 정철조의 그림을 여러 폭 소장하고 있었다.

박지원의 집인 연암산장을 정철조가 사실적으로 그려주었다. 그 그림을 박규수가 소장하고는 늘 감상했다. 박규수는 그림이 "실오라기 하나, 털끝 하나 나눠 그려 눈에 어른어른하고 / 참된 경물은 파려축경 그림보다 더 오묘하다"고 했다. 파려축경은 카메라 옵스큐라로 그린 것을 뜻한다. 그림이 실제 풍경을 마주본 듯하고, 카메라 옵스큐라로 재현한 듯하다는 것이다.[20] 정철조가 실제로 카메라 옵스큐라 기법을 사용해 그림을 그렸을까? 단정하기는 이르지만 서양과학에 몰입한 지적 경향으로 볼 때 충분히 가능하다.

앞에 놓인 여러 기록을 통해 정철조 그림의 사실성을 거듭 확인할 수 있다.

천문학자, 지도학자

박지원의 아들 박종채가 쓴 《과정록(過庭錄)》에선 아버지 친구 정철조가 이렇게 평가된다.

> 석치는 학문과 교양을 지녔고 기예에 빼어난 재능을 가지고 있었다. 그리하여 무거운 물건을 들어 올리는 인중(引重), 물건을 높이 들어 올리는 승고(升高), 회전하는 물레인 마전(磨轉), 물을 퍼 올리는 기구 취수(取水)와 같은 각종 기계를 마음으로 연구하여 손으로 직접 만들었다. 모두 옛 제도를 본떠 지금 세상에 쓰이도록 시도했다.[21]

선비에게 요구되는 문아(文雅)의 측면은 말할 것도 없고, 다양한 기예에 골고루 빼어난 재능을 소유했다고 밝혔다. 심지어는 여러 가지 기계까지 직접 제작했다고 했다.

당시 일반 선비의 사유방식이나 인생관을 볼 때 그의 재능에 놀라지 않을 수 없다. 과거시험 문장에도 뛰어나 문과에 급제했다는 건 당시 지배층이 요구하는 규범에 잘 적응했다는 말인데, 그는 거기에 안주하지 않은 것으로 드러난다. 그는 사대부들이 선호하는 전통적 학문의 범주에 포함되지 않은 수학과 천문학, 지도학에 매진했다. 더욱이 평민 이하 사람들이나 하는 일인 기술에도 뛰어났다.

앞서도 말했듯이 정철조는 전통적인 선비와는 다른 학문의 길을 택했다. 그는 천문학과 수학, 지도에 관심이 깊었다. 정밀하고 세심한 자세가 요구되는 한편, 서양의 학문적 세례를 깊이 받은 영역에 종사한 것이다.

18세기 서울에서는 일부 학자가 서양의 신학문을 전문적으로 공부했다. 그들은 청나라를 통해 들어온 서양 학문에 급속하게 빠져들었다. 서울 한복판에서 지식 변혁이 진행되고 있었다. 지식의 패러다임이 급속도로 변화하는 중심에 정철조가 있었다. 새로운 경향은 젊고 유능한 지식인을 매료시켰다. 이덕무는 "근래에 서울 안에는 서학(西學)과 수리(數理)를 전문적으로 연구하는 사람들이 있는데 서명응(徐命膺)과 그 아들 서호수(徐浩修)가 그들이다. 또 이벽(李檗)이 있는데 무인인 이격(李格)의 아우다. 과거 공부를 그만두고 밖에 나오지 않는데 사람됨이 고결하다. 현재 저동(紵洞)에 산다. 또 정후조가 있는데 문관(文官) 정철조의 아우다. 천하지도(天下地圖)

의 학문에 전념하고 있다"²²라고 했다. 그는 서명응과 이벽, 정철조의 집안을 신흥 학자 가문의 사례로 들었다.

가학이 기반이 되어 학문이 전개되던 당시 상황에서 서양 학문을 적극 추구한 집안에 정철조의 집안이 포함된다. 더욱이 그의 학문은 매제인 이가환까지 연결된다. 이들은 모두 북학을 바탕으로, 중국에서 들어온 서양서 번역서를 적극 수입해 연구한다는 공통점이 있다. 예를 들어 당시에 수학을 공부하기 위해서는《기하원본(幾何原本)》과《수리정온(數理精蘊)》을 기본으로 보아야 했는데, 뒤의 책이 서울의 서명응, 이맹휴, 홍계희 그리고 이름을 알 수 없는 사람의 집에 각각 소장되어 있었다. 당시에 수학과 천문학의 전문가로 이름난 이가환은 그 희귀한 책을 모두 소장했다.

다시 정철조의 사연으로 돌아오면, 그는 황윤석에 앞서서 이미 위에 소개된 책을 열람했다.《이재난고》에는 1768년경 황윤석이 정철조와 만나 수학과 천문학 서적에 대해 정보를 교환하는 장면이 아주 세밀하게 그려진다. 그 일부를 추려보면 이렇다.

황윤석은 이윤보(李潤父)에게 이용휴·이가환 부자로부터《기하원본》을 구해달라고 간곡하게 부탁했다. 이가환을 찾아간 이윤보는 그 책을 처남 정철조에게 빌려서 한 달 동안 보고 돌려주었다는 말을 들었다. 이윤보가 다시 정철조의 집을 방문하니 그 책은《기하원본》이 아니고《수리정온》이었다. 정철조는 그 책이 관상감(觀象監) 관원 이덕성(李德星)의 소유로 오랫동안 빌려서 보는 중이라고 말했다. 정철조 역시 황윤석의 명성을 들었던 터라 한번 만나 수리(數理)를 논하고 싶다고 했다. 이윤보는 이덕성이 문광도(文光道)와 함께 지평경위의(地平經緯儀)라는 천문기기를 제작하는 중인데 사실은 정철조가 그 제작을 주도하고 있다고 황윤석에게 전했다.

드디어 황윤석은 1768년 8월 23일 이윤보와 함께 정운유의 집을 방문하여 맏아들 정철조와 만나 토론을 벌였다. 거기서 정철조는 현재 관상감 관원 조홍규(趙鴻逵)와 힘을 합쳐 지평경위상한의(地平經緯象限儀)를 새로 제작 중이고, 아울러 관성반(觀星盤)도 만들고 있는데 모두 나무를 사용한다고 밝혔다. 또 지도학자로 유명한 정항령(鄭恒齡)의 집에 사람을 보내 조홍규와 함께 만든 간평의(簡平儀)를 가져다 보여주었다. 1760년대에 서양 천문서를 바탕으로 다수의 천문기기를 제작하는 일에 관상감 관원을 비롯한 몇몇 지식인이 참여했는데[23] 그 중심에 정철조가 버티고 있다. 틀림없이 그는 18세기 후반 천문학 연구에서 핵심적 역할을 한 학자였다.

황윤석은 정철조가 평생 서양 역상학(曆象學)을 전공했다고 말했다. 나중에 황윤석은 정철조에게 편지를 보내, 마테오리치(Matteo Ricci)가 중국에 와서 만난 서광계나 이지조에 비교할 만한 고명한 학자라고 그를 치켜세웠고 그가 만든 천문기기는 매우 정교하여 훗날 역사책에도 기록될 것이라며 높이 평가했다.[24] 이어서 두 학자는 수학과 천문학, 지도학 등을 주제로 본격적인 대화를 주고받았다. 그들이 진지하게 대화하는 모습은 가슴 뭉클한 감동을 던져준다.

현대의 학자 정인보 선생은 황윤석의 대표적 수학·천문학 저서인 《이수신편(理數新編)》의 역산(曆算)에 관한 학설은 정철조로부터 나온 것이 많다는 의견을 밝혔다. 저와 같은 진지한 대화를 통해 새로운 학문적 관심사를 공유했기에 가능한 일이었다. 후에도 이들은 편지를 주고받으며 수학과 지도학에 관해 의견을 나누었다.

이렇게 수학과 천문학을 비롯한 새로운 학문에 관심을 기울이던 대표적 학자인 황윤석과 이가환은 모두 정철조와 깊은 관련을 맺고 있다. 물론 이들만 그런 건 아니다. 역시 수학자인 이벽, 유금(柳琴), 서호수 등이 서로서로 밀접한 인맥관계로 연결되어 있다. 이들 모두가 서양 학문을 빠르게 수용한 학자다.

더욱이 정철조는 천문학자로 유명한 홍대용(洪大容)과도 친분이 깊었다. 박지원이 북경의 관상대를 구경하는 자리에서 예전에 홍대용과 정철조가 서로 만나 천문을 논하던 장면을 떠올리는데, 두 과학자의 친분이 다음과 같이 생생하게 재현된다.

대 위에 진열한 기계들은 아마도 혼천의(渾天儀)나 선기옥형(璿璣玉衡) 같아 보였다. 뜰 한복판에 놓인 것들도 내 벗인 정석치의 집에서 본 물건과 같았다. 석치는 전에 대나무를 깎아 여러 가지 기계를 직접 만든 적이 있는데, 이튿날 보러 갔을 때에는 벌써 부숴 없앤 뒤였다. 언젠가 홍덕보(洪德保, 홍대용)와 함께 석치의 집을 찾아갔는데, 두 친구가 서로 황도와 적도, 남극과 북극을 화제로 대화를 나누었다. 머리를 가로젓기도 하고 고개를 끄덕이기도 하는데, 나는 대화가 모두 까마득히 알기 어려워서 나는 잠이나 자고 듣지 않았다. 그러나 두 친구는 새벽까지 흐릿한 등잔을 마주 대하고 앉아 있었다.[25]

대단히 인상적인 장면이다. 지적 열망이 충만한 두 과학자의 형형한 안광을 느낄 수 있다. 그렇듯 정철조는 당대의 가장 뛰어난 천

홍대용이 만든 혼천의, 숭실대 기독교박물관 소장.

문학자이자 천문기기 제작자였다. 지금은 홍대용과 황윤석만이 인정을 받고 정철조의 존재는 까맣게 잊혔지만.

    정철조가 진행한 과학 연구의 결과 가운데 족적이 남아 있는 것은 지도다. 조선 지도학의 계보를 잇는 아주 중요한 제작자의 한 사람이 바로 그다. 그의 비중은 조선시대 지도학의 최고 수준을 보여준 김정호(金正浩)가 《청구도(靑邱圖)》 범례에서, 참조할 만한 가장 우수한 지도로 정철조, 황엽(黃燁), 윤영(尹鍈)의 지도를 들고 있다는 사실로도 입증된다.[26] 이규경 역시 《오주연문장전산고》에서 윤영, 정철조, 황엽의 《여지도(輿地圖)》가 제일가는 지도라고 평했다.[27]

    지도학은 실은 정철조 집안의 가학이었다. 정일녕(鄭一寧)과 정운유 부자, 정철조와 정후조 형제는 모두 지도에 깊은 관심과 조예가 있었다. 정운유의 형제인 정운경은 《탐라문견록》과 《귤보(橘譜)》 같은 제주도의 인문지리를 다룬 저술을 남겼다. 그 가운데 명성이 높았던 사람이 정후조다. 그는 천하와 조선의 산천과 군현, 도로를 훤하게 아는 지리학자로 유명했다. 형제의 지도는 정상기의 지도를 발전시켜 19세기의 김정호로 이어지도록 가교 역할을 했다. 정철조 집안은 가학의 전통, 남인 학자의 지도 제작 전통, 그리고 서양 지도학의 양분을 섭취하여 지도 제작에서 일가를 이루었다.

황윤석이 자신의 집을 방문했을 때 정철조는 《동국팔도지도(東國八道地圖)》를 보여준 일이 있다. 백리척(百里尺)으로 만든 이 지도는 정항령의 아버지 정상기(鄭尙驥)가 제작했고, 왕명으로 신경준(申景濬)이 새로 제작하고 정철조가 증보한 것이었다. 정철조가 황윤석에게 더욱 정교하게 개정하려 한다는 의견을 토로했다.

이 채색지도는 현재 규장각에 소장되어 있다. 함경북도 부분의 여백에는 정항령의 아버지인 정상기가 그린 지도를 정철조가 교감하고 보완한 것이라는 설명이 달려 있다. 그 글에서 역학과 서화에 뛰어난 재능을 가진, 정철조의 아우 정후조가 정상기의 지도를 증보하여 그보다 나은 지도를 그렸다고 평했다. 자신은 미처 정후조의 지도를 참조하지 못했다는 사실까지 밝혔다.

정철조와 그의 집안에서 만든 동국지도와 지리에 관한 의견은 이후 국가에서 만든 백과사전인 《동국문헌비고》에 정식 학설로 채택되었다. 당시 지식인 사회에서 이들의 지리학 지식이 인정받았음을 가늠하게 하는 증거다. 한편 《이재난고》에는 신경준이 《동국문헌비

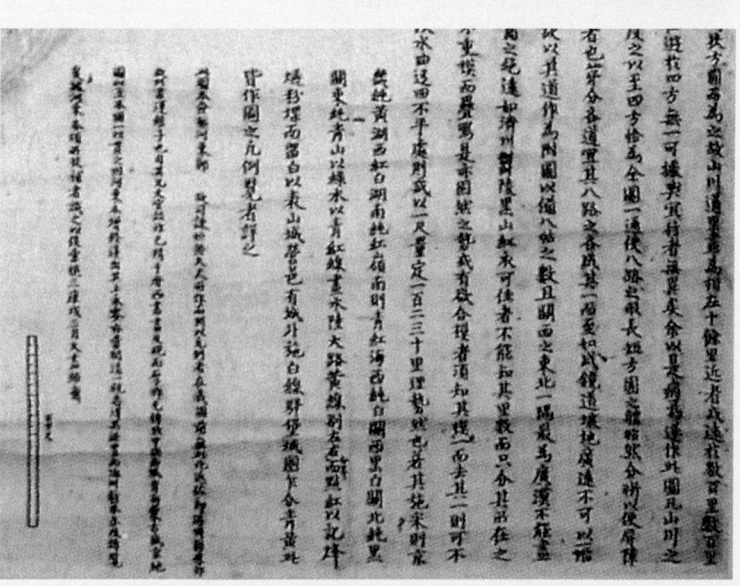

《동국팔도지도》의 함경도 부분, 규장각 소장 채색지도.
황윤석은 오른쪽 하단의 설명하는 글에서 정철조가 이 지도를 교감하고 보완한 사실을 밝히고 있다.

고》의 지리 부분을 서술하면서 정철조 집안과 안정복의 지리학 관련 논고를 채택했는데 안정복의 학설임을 전혀 밝히지 않아 그가 크게 화를 냈다는 소식을 전하고 있다.[28]

호방한 술꾼의 돌연한 죽음

뛰어난 예술가이자 천문학자요, 수학자이자 지도학자인 정철조는 불행하게도 서둘러 죽고 만다. 병석에 눕지도 않았는데 어느 날 갑자기 죽었다. 그는 자식 하나 두지 못하여 양자를 들였다. 그가 사망한 날은 1781년(정조 5) 12월 초닷새로 그의 나이 쉰둘이었다.[29]

그의 죽음을 접하고, 황윤석은 담담하게 사망 소식을 일기에 남겨놓는 데 그쳤으나 박지원은 기발한 제문을 지었다. 이 제문이 걸작이다.

살아 있는 석치라면 함께 모여 곡도 하고, 함께 모여 조문도 하며, 함께 모여 욕도 해대고, 함께 모여 비웃기도 하련마는.
몇 섬의 술을 마시고 서로들 벌거숭이가 되어 치고받으면서 고주망태가 되도록 크게 취해 함부로 이놈 저놈 부르다가 먹은 것을 게워내고 머리가 지끈지끈 아프고 속이 뒤집히고 눈이 어질어질하여 거의 죽을 지경이 되어서야 그만두련만.
이제 석치는 진정 죽었구나!
석치는 죽었다. 시신을 에워싸고 곡을 하는 이들은 석치의 처첩과 형제, 자손과 친척들이니 정녕코 함께 모여 곡하는 이가 적지 않다.

그들의 손을 부여잡고, "귀한 가문의 불행입니다. 훌륭한 분께서 어찌 이런 일을 당하셨단 말입니까?"라며 위로한다. 뭇 형제와 자손들은 절을 하고 일어나 머리를 조아리며, "저희 집안이 흉화(凶禍)를 입었습니다"라며 대꾸한다. 그러면 이 친구 저 친구 이 벗 저 벗 서로서로 탄식하면서 "이 사람은 참으로 쉽게 얻을 수 없는 사람이라네"라며 한마디씩 한다. 그러니 정녕코 함께 모여 조문하는 이가 적지 않다.

석치에게 원한이 있는 이들은 "석치 이놈, 병들어 뒈져라!"라고 사납게 욕설을 퍼붓던 터라, 석치가 죽었으니 욕설하던 자들의 원한은 벌써 갚은 셈이다. 죗값을 치르는 벌로 죽음보다 더한 것이 없으니.

세상에는 이 세상을 꿈인 양 환상인 양 여겨 사람들 틈에서 유희하며 사는 사람들이 어딘가에 틀림없이 있다. 그들이 석치가 죽었다는 말을 들으면, 분명코 그가 진짜 세계로 돌아갔다고 여겨 크게 웃느라 입에서 튀어나가는 밥알이 날아다니는 벌과 같을 테고, 갓끈이 끊어져 썩은 새끼줄을 잡아당긴 듯하리라.

석치가 정말 죽었구나. 귀바퀴는 벌써 문드러지고 눈알은 벌써 썩어서 정말 듣지도 못하고 보지도 못한다. 술을 따라 바쳐도 정말 마시지도 못하고 취하지도 못한다. 평소에 석치와 더불어 술을 마시던 술친구들은 정말 자리를 파하고 떠나고는 뒤도 돌아보지 않는다. 자리를 파하고 떠나고는 뒤도 돌아보지 않을 것이 분명하니, 서로서로 모여서 큰 술잔 하나에 술을 따르고 제문을 지어서 읽어나 보세.[30]

죽은 자를 애도하는 구슬픈 제문과는 근본적으로 다르다. 도대체 죽은 자를 앞에 두고 이런 제문을 쓴 이유가 궁금하다. 가만히 내용을 들여다보면, 평범한 인생을 사는 자들을 향한 조소가 들리는 듯하다. 술꾼으로 지낸 정철조가 가슴 가득 얼마나 많은 분노를 담고 살았는지를 짐작하고 느낄 수 있는 제문이다. 서양 학문을 한다고, 무슨 천문학이니 지리학이니를 한다고 조롱받으며 자기 길을 걷기가 얼마나 힘들었을지를 자연스럽게 떠올리게 만든다.

위대한 학자는 그렇게 많은 회한을 남겨놓고 세상을 떴다. 그가 병도 없이 죽기 전날 일곱 살 난 조카가 갑자기 다급한 목소리로 "하늘에서 우리 삼촌을 부르러 사람이 왔어요. 삼촌이 용을 타고 가셔요!"라고 외쳤다고 한다. 그 부모는 아이가 잠꼬대를 하는 줄로만 여겼는데 그날 밤 석치가 정말 죽었다. 《운벽필담(暈碧筆談)》에 전하는 사연이다.[31] 지상에서는 그처럼 큰 그릇을 무시했는지 모르지만 천상에서는 정말 쓸모 있는 위대한 인간으로 인정받을 것이라고 사람들이 생각했다는 일화다.

임천상(任天常)은 그의 죽음을 접하고 장편시를 지어 애도했다. 꼭 필요한 나라의 그릇〔國器〕인 그가 다양한 분야에 뛰어난 재능을 가졌다고 칭송만 들었지 그 재능을 발휘할 기회를 얻지 못했다며 개탄했다.[32] 조선에서는 이상을 제대로 펼칠 기회가 없어 겨우 예술 분야에서나 조금 펼쳐 보이며 거칠 것 없이 행동한 인생을 다음과 같이 묘사했다.

　　벼루의 계보에는 새 작품을 첨가하고
　　지도는 옛것을 보완했네.

(중략)

청주와 탁주를 가리지 않는다며
소주고 막걸리고 곧장 취해버렸네.
혜강(嵇康)처럼 오만하게 두 다리 죽 뻗었고
완적(阮籍)인 양 막다른 길에서 통곡하였네.
그림은 되는 대로 질탕하게 그리고
취한 붓으로 휘둘러댔네.
비단 귀퉁이에 도장도 남기지 않고
용 그림에 눈동자는 일부러 더디 칠했네.
백 가지 기술을 몽땅 한 몸에 갖추었거니
삼절(三絶)을 그 누구에게 비교할까?[33]

정철조의 인생 면모를 전부는 아니라 해도 잘 묘파해냈다. 특히 마지막 대목이 그의 진면을 한마디로 요약했다. 백 가지 기술을 몽땅 한 몸에 갖추었다(百工皆備)고 그를 평가한 것이다. 맹자는 한 사람의 몸으로 백 가지 장인이 할 일을 다 하지 못한다고 주장했으나 그와 다르게 정철조는 혼자 몸으로 수많은 기술에서 최고 수준이었다는 말이다. 그러나 세상이 그 같은 만능의 천재를 용납하지 못해 그는 홀연히, 서둘러 세상을 떠났다.

저서를 남기는 것조차 우습게 여긴 선각적 지성인

사후 한 세기가 지나면서 천재적 인생의 전설은 사라졌다. 위대한 면모는 위대한 인간만이 알아보는지,《문통(文通)》의 저자 유희(柳僖)가 점치는 법을 가르쳐주고 격려하던 그를 추모하고 김정호와 이규경이 저서를 통해 정철조가 만든 지도의 정밀함을 인정한 것이 고작이다. 이들을 빼면 그의 이름을 정중하게 거론한 학자는 거의 없다. 그가 만든 벼루와 그가 그린 그림이 연벽(硯癖)과 화치(畵痴)를 지닌 호사가에 의해 보물처럼 취급된 것만은 예외다. 그가 치열하게 추구한 학문이 조선에서는 변두리 학문이요 중인들이나 하는 잡학에 불과하다고 여겨졌으니 그럴 만도 하다. 18세기 치열한 새 학문의 열기가 식어버린 탓도 있다. 그의 학문을 다시 평가한 사람은 근대의 대표적 학자인 위당 정인보 선생이었다.

정인보 선생은 홍대용의《담헌집》을 편집하고 그 서문에서, "조선은 비록 각 집안마다 문을 닫아걸었으나 성기(聲氣)가 서로 통해 동류끼리는 호응했다. 따라서 담헌 선생이 좋아하는 연암 박지원, 초정 박제가가 모두 일찍부터《성호사설(星湖僿說)》을 읽었고, 또 모두 석치 정철조와 친밀했다. 초정은 또 다산 정약용과도 친밀했다"고 했다.[34] 당파로 인해 사람들의 관계가 비좁고 편파적이던 시대에 깨어 있는 지성들이 서로를 알아보고 지적 열망을 나누던 모습을, 위당은 간명하면서도 인상적으로 제시했다. 선각적 지성인 속에 정철조를 버젓이 한자리를 차지한 인물로 자리매김했다.

그런데 유독 정철조만은 그 이름이 씻은 듯 사라졌다. 왜일까?

정인보(鄭寅普), 〈정석치의 노래(鄭石癡歌)〉, 《담원문록(薝園文錄)》.
정인보는 이 장편시를 통해 19세기 이래 사람들의 관심권에서 사라진 정철조의 인간됨을 다시 부각시켰다.

내 판단으로는 저서가 없어서다. 이 글 첫머리에서 읽은 박제가의 시에 "죽은 뒤에 문장을 남기는 건 우스워죽겠네"라고 했는데 실제로 정철조는 호방한 인생관을 가지고 아예 저서를 남기지 않았다. 저서가 있어 이름을 지금까지 혁혁하게 남겼기에 굳이 다시 드러낼 필요가 없는 지성인들과는 다르다. 정인보 선생은 그것이 안타까워 〈정석치의 노래(鄭石癡歌)〉라는 장편시를 지어 그를 위로했다.

그 시에서 정인보 선생은, 박지원과 박제가의 시를 보면 정철조가 속되지 않고 호방한 사람임을 잘 알 수 있다고 했다. "미친 듯 도도하게 하루 종일 취해 있고 / 술기운에 그림을 그리고는 흩어버린 채 거두지 않는" 그런 사람이 어떻게 지도를 그리고 천문을 연구하는 세심한 학문에 심취했는지 의문을 표했다.³⁵ 정조 시대의 위대한 인물이, 학문이 폐쇄적이고 인간관계가 좁은 세계에서 새 학문에 전념하기 어려워 술로 답답함을 풀었다고, 정인보는 해석했다. 설득력 있는 해석이다.

> 이제야 알았네. 이분이 틀림없이 진정성을 가져
> 굉장한 학식으로 천하에 앞서 걱정하였음을.
> 그 시절 서울에는 인물이 번성하여
> 눈을 부릅뜨고 과거의 속박 받기를 부끄러워했네.
> 이벽은 변론을 잘해 절로 새 학문을 시도했고
> 다산은 박람강기라, 널리 모으기를 꾀했네.
> ……
> 견문이 적어 의심 많은 것 탓할 게 아니나
> 고질병은 당파와 편드는 데 있었네.
> 무딘 칼을 날카롭다 하고 아름다운 것을 추하다 하니
> 기이한 기상이 움츠러들어 두리번거리며 슬퍼할 뿐.
> 좁디좁은 인간 세상에 어디를 가랴?
> 어찌 하면 끝없는 이 시름을 잊을 건가?
> 그저 술을 주고받으며 달랠 뿐일세.³⁶

제 뜻을 마음껏 펼치지 못한 천재 정철조는 위대한 학자이기에 앞서 멋진 술꾼이었다. 인간적으로 매우 매력적인 인물이었다. 한 인간이 공유하기 힘든 다채로운 분야에서 모두 정통할 수가 있는 걸

까? 그는 주량이 대단히 셌지만 술을 마음껏 마실 정도로 집안이 넉넉지는 못했다. 그래서 소주라도 얻을라치면 막걸리를 사다가 한데 섞고, 커다란 자기를 가져다 술잔 삼아 마시고는 혼돈주(混沌酒)라 불렀다. 일종의 폭탄주를 제조해 마신 셈이다.³⁷

정철조는 악착같은 사람이 아니라 유머 감각이 풍부한 사람이었을 것이다. 그런 면을 보여주는 흥미로운 일화가 두세 가지 전한다. 1780년 봄 그가 금강산을 유람하고 난 뒤 해금강을 거쳐 강릉에 도착했다. 그는 고소공포증이 있어서 산 정상에 올라서는 울음을 터트렸다. 친구 임하상(任夏常)이 마침 강릉에서 그를 만나 "금강산이 어떻더냐?" 하고 물었다. 석치는 "그곳에서 죽지 못한 것이 한일 뿐이다"라고 답했다.³⁸ 이 말이 씨가 되었는지 다음 해에 그는 아무 병도 없이 죽었다.

정철조를 만난 임하상(任夏常)은 비단과 물감을 내어놓고 그림을 그려주었으면 했다. 옆에 앉은 어린 기생 하나를 정철조가 예쁘게 여겨 붓을 잡고 뚫어지게 쳐다보다가, "너는 머리를 똑바로 하고 움직이지 말라! 내 너를 그리겠노라!" 했다. 기생은 자기 초상화를 그려줄 것이라 기대했다. 정철조는 문득 채색 붓을 휘둘러 모란 한 송이를 그리더니 "이것이 바로 네 초상화다!"라고 했다.³⁹

정철조가 언젠가 명릉 참봉으로 있었다. 하는 일이 별로 없는 한가로운 직책이었다. 누군가 그에게 무엇으로 소일하느냐고 물으니, 이렇게 대꾸했다. "그건 어렵지 않네. 나무 그늘에 가서 자리를 깔고 누워 하늘을 보면 나무 잎사귀 하나하나가 서로 교차하는 것이 보이네. 절로 한없는 의취가 있지."⁴⁰

세상의 모든 것은
내 붓끝에서 태어난다

화가
최북

"그림은 내 뜻에 맞으면 그만입니다. 세상에는 그림을 아는 자 드뭅니다. 그대의 말대로라면, 백 세대 뒤의 사람이 이 그림을 보면 그 사람됨을 떠올릴 수 있겠지요. 저는 뒷날 저를 알아주는 지음(知音)을 기다리렵니다."

— 최북

◉── 세상의 모든 것은 내 붓끝에서 태어난다 · 최북

조선 후기, 인간의 개성과 자의식을 가장 적극적으로 드러낸 분야 가운데 하나가 바로 화단이다. 그림 자체가 전문적 수련과 집중이 필요한 예술일뿐더러, 화가야말로 민감한 감각과 자유정신에 충만한 사람들이기 때문이다. 조선 후기를 대표하는 화가로 겸재 정선, 현재 심사정, 호생관 최북, 단원 김홍도를 손꼽는다. 하나같이 뚜렷한 개성을 드러낸 화가들이다. 그중 최북은 흥미로운 인생을 산 화가로도 유명하다. 하지만 파격적인 기행(奇行)이 인구에 회자되면서 오히려 그림이 평가절하된 느낌이다. 강한 자의식이 폭발한 화가 최북은 18세기의 인문정신을 온몸으로 보여주었다.

술주정뱅이, 환쟁이, 미친놈

최북(崔北)은 1712년에 나서 1786년경 세상을 떠, 영조와 정조의 치

세를 살았다. 그의 인적사항을 이가환(李家煥)이 요령 있게 밝혀놓았다.

> 최북은 자가 칠칠(七七)이다. 초명(初名)은 식(埴)이고 자는 성기(聖器)이며 경주 최씨다. 숙종 임금 임진년에 계사(計士) 최상여(崔尙餘)의 아들로 태어났다. 화폭에는 성재(星齋)·삼기재(三奇齋)·거기재(居其齋)·좌은(坐隱) 등의 호를 썼는데 호생관(毫生館)이라 쓴 것이 특히 많다.[1]

간략하지만 중요한 정보가 담겨 있다. 그는 경주 최씨고, 호조(戶曹)에 근무하는 계사(計士)의 아들이었다. 다른 기록에선 "한미한 가문 출신인데, 혹은 경성의 여항인이라고도 한다"[2]라고도 밝혔지만, 이가환의 언급이 가장 믿을 만하다. 경아전 중인(中人) 출신이므로 경제적으로 안정된 생활을 영위할 기반을 가졌음직하다.

여기서도 알 수 있듯이, 그는 식(埴)이란 이름과 성기(聖器)란 자를 사용했다가 북(北)이라 개명하고 자도 칠칠(七七)로 바꾸었다. 《풍요속선(風謠續選)》에서는 만년에 개명했다고 밝혔으나 사실과는 동떨어진다. 그가 일본에 간 서른일곱에 이미 바뀐 이름과 자를 사용했고, 그 이전인 1742년에 그린 〈금강전경도(金剛全景圖)〉에 '호생관', '칠칠'이 사용된 것으로 보아 이십 대 때부터 이 호칭을 사용했음에 틀림이 없다.

개명과 개호는 그 의미가 작지 않다. 호칭에 인생관이 각인되기 때문이다. 집안의 돌림자를 거부하고 북으로 개명한 것부터 특별하

조희룡, 〈호산외사〉, 〈최북전〉.
최북의 삶을 심도 있게 묘사한 전기 작품이다. 19세기의 저명한 화가 조희룡이 죽기 직전까지 수정을 가한 원본으로 수경실 소장 필사본.

다.³ 하지만 자호(字號)인 칠칠과 호생관에 비하면 오히려 북이란 이름이 평범하다. 조희룡(趙熙龍)은 "최북은 자가 칠칠(七七)인데 자부터가 기이하다. 산과 물, 집과 나무를 잘 그렸는데 필치가 창울(蒼鬱)하다. 황공망(黃公望)을 사숙(私淑)하더니 끝내는 독창적인 의경(意境)으로 일가를 이루었다. 스스로 호를 호생관이라 하였다"라고 하며⁴ 최북의 기이한 인생을 호칭에서부터 찾아내고 있다. 이렇게 최북은 그 호칭부터가 기행과 연결되어 받아들여졌다.

18세기 이후 자의식 강한 지식인들은 자호를 아주 독특하게 만들어 쓰는 행태를 보였다. 의미가 쉽게 드러나고 지나치게 교훈적이며 식상하기까지 한 작명을 거부하고, 아주 독특해서 의미가 잘 드

최북, 〈산수도(山水圖)〉, 28.7×33.3cm, 고려대박물관 소장.
가야산 해인사 홍류동(紅流洞) 풍경을 그렸다. 화제로 쓴 최치원(崔致遠)의 칠언절구(七言絶句) "시비 다투는 세상소리 들릴까 봐 겁이 나서, 흐르는 계곡물로 산을 둘러 막았노라(却恐是非聲到耳, 故敎流水盡籠山)"라는 구절과 잘 어울린다. '호생관(豪生館)'이란 관지와 '최북(崔北)'이라는 주문방인(朱文方印)이 있다.

러나지 않는 괴상한 이름을 즐겨 지었다. 최북의 호칭이 그 대표적 사례다. 하지만 그의 이름이 지나치게 곡해된 측면도 없지 않으므로 그 의미를 자세히 밝힐 필요가 있다.

최북은 이름을 북으로 개명하고 자를 칠칠이라 했다. 황윤석을 비롯한 여러 학자가 지적한 바와 같이 북(北)의 좌우 획을 나누면 칠칠(七七)이 된다. 이른바 파자(破字)를 해서 자를 만든 것이다.[5] 그런데 칠칠이란 자를 발음하면 칠칠맞다는 뜻을 바로 연상시킨다. 이는 당시도 마찬가지여서 사람들이 그의 이름을 부르기 꺼려했다는 사실을 남공철의 〈최칠칠전〉에서 엿볼 수 있다. 현대 학자들은 '칠칠'의 명명이 미천한 신분의 못난 놈임을 반항적으로 드러낸 것이라 해석하기도 한다. 일리가 있다.

칠칠이란 호를 그는 파자해서 만들었지만 결코 단순한 파자는 아니다. 칠칠은 당나라의 유명한 신선 은천상(殷天祥)의 호다. 그는 아주 유명하여《태평광기(太平廣記)》'신선' 항목에 인용된《속선전(續仙傳)》에 그의 일화가 기록되어 있다. 은천상은 스스로를 칠칠(七七)이라 하고 다녀 세상 사람들이 그를 칠칠이라 불렀다. 그는 날마다 술에 취해 "경각 사이에 술을 빚고, 제철 아닌 꽃을 피우지(解酝頃刻酒, 能開非時花)"라는 노래를 부르고 다녔다. 후에 그는 가을에도 진달래꽃을 피웠다.

최북은 은칠칠의 호를 빌려 중의적으로 사용했다. 이용휴(李用休)는 최북의 금강산 그림에 붙인 글에서 "은칠칠은 때도 아닌데 꽃을 피우고, 최칠칠은 흙이 아닌데도 산을 일으켰다. 모두 경각 사이에 한 일이니 기이하도다"[6]라고 쓰며 최칠칠을 은칠칠과 연결했다. 이용휴가 견주어 말한 데서 알 수 있듯이 최북은 칠칠이란 이름에서 현실적 조건에 구애받지 않고 마음대로 꽃을 피우는 신비한 능력을 연상했던 것이다. 현실적 조건에 얽매이지 않고 무에서 유를 창조하는 화가라는 암시로 읽을 수 있는 이름 짓기다. 최북의 그림이 현실을 충실히 모사하기보다는 사의(寫意)에 기우는 경향과, 그 주제 또한 속된 세상을 벗어나 자연에 접근하는 경향이 있음을 생각하면 이름과 잘 어울린다. '칠칠'이란 호에서 최북의 기행과 서민적 체취를 읽는 게 틀리지는 않지만 지나친 감이 없지 않다. 더욱이 최북의 본래 의도는 다른 데 있었다.

붓끝에서 모든 존재가 태어난다

호칭이 왜곡되기는 호생관이란 호에서도 마찬가지다. 호생에선 붓〔毫〕으로 살아간다〔生〕는 의미가 쉽게 나오므로 붓에 의지해 살아간다는 의미로 대부분의 학자가 파악했다.[7] 여기에도 선입견이 깊게 들어가 있다. 그러나 이 호의 의미는 다른 곳에서 먼저 찾을 수 있다. 호생관은 명대의 저명한 화가 정운붕(丁雲鵬, 1547~1628)의 호다. 자가 남우(南羽)인 그는 인물화, 불화, 화훼를 잘 그렸고, 시 또한 잘 지었다. 그는 작은 붓 터치에도 미목(眉目)의 의태(意態)가 모두 드러날 정도로 가벼운 필치의 그림을 잘 그렸다. 산수화도 잘하여 문징명(文徵明)을 본보기로 삼았는데, 그의 그림에 찬탄한 동기창(董其昌)이 호생관(毫生館)이란 도장을 새겨 선물했다. 정운붕은 득의작(得意作)에만 그 도장을 사용했다. 남종화풍을 선호하던 최북이 자신과 기미가 통하는 남종화 대가의 운치 어린 사연을 본받아 그의 호를 빌려 쓴 것이다.

　이러한 사실을 일찍부터 간파한 학자가 이규경(李圭景)이다. 그는 호생관이 동기창의 글에 바탕을 두고 지어졌음을 밝혔다.[8] 동기창의 글은 다음과 같다.

동기창(董其昌), 《용대별집(容臺別集)》 권4, 〈제발(題跋)〉, '화지(畵旨),' 규장각 소장.
최북의 호 '호생관'은 동기창의 화론에 실린 글과 밀접한 관련이 있다.

중생에는 태생(胎生), 난생(卵生), 습생(濕生), 화생(化生)이 있는데, 나는 보살은 호생(毫生, 붓에서 태어남)이라고 생각한다. 이유인즉, 화가가 손가락 끝에서 빛을 내어 붓을 잡을 때 보살이 태어나기 때문이다. 부처님이 "이런저런 뜻이 몸을 만들어내고, 내가 말한 건 모두 마음이 만들었다"라고 한 것은 이 때문이다. 남우(南羽)가 내 집에서 아라한(阿羅漢) 대사(大師)를 그렸다. 그래서 내가 그에게 호생관이란 인장을 주었다.[9]

정운붕이 그린 불화를 보고 보살이 붓끝에서 태어난다 하여 동

최북, 〈한여름〉, 〈조선유적유물도감〉 수록.

기창은 그에게 호생관이란 호칭과 인장을 주었다. 모든 생명체를 태생, 난생, 습생, 화생으로 나누는데 여기에 호생을 하나 추가했다. 화가의 붓끝에서 위대한 생명체가 탄생한다는 뜻이다. 이것이 호생관이라는 이름이 드러내는 진정한 의미가 아닐까? 최북이 호를 호생관으로 바꾼 건 굉장한 자긍심의 소산인 것이다.

그런데 사람들은 호생관을 붓으로 먹고사는 사람이라는 천편일

률적 의미로 풀어 칠칠이란 호와 함께 객기나 자기비하의 상징으로 해석했다.[10] 최북이 자긍심과 오만함을 굳게 갖고서도 겉으로는 비하하는 의미를 배치하는 기교를 부린 것을 알아차리지 못했다. 그런 중의성 때문에 사람들은 혼동을 겪었다. 서화 수집가인 김광국(金光國, 1727~1797)이 최북의 〈운산촌사도(雲山村舍圖)〉에 부친 발문에서 그런 정황을 엿볼 수 있다.

> 최북은 자가 칠칠이다. 호가 삼기재(三奇齋)인데 문장 글씨 그림이 모두 기이하다고 자부하여 쓴 호다. 만년엔 자기 사는 집에 호생(毫生)이란 이름을 붙였다. 무슨 뜻이냐고 묻는 자가 있으면 곧잘 속여서 "내가 붓끝으로 생애를 꾸리기 때문이오!"라고 대꾸했다. 최북이 붓을 빨며 지낸 지 거의 칠십 년인데 화법이 제법 넉넉하고 풍성하다. 그러나 끝내 북종화(北宗畵)의 습기(習氣)를 벗어던지지 못했으니 안타깝다. 석농(石農) 원빈(元賓)이 쓰다.[11]

붓끝으로 먹고산다고 최북이 떠벌리고 다녔음을 보여주는 글이다. 그러나 그 말은 의도적으로 내뱉은 거짓말이다. 여기서 김광국은 최북이 북종화의 습기를 벗어나지 못했다고 보았는데 남종화풍을 선호했다는 일반의 평가와는 상반된다. 칠칠이란 호가 붓으로 생명을 만들어낸다는 의중을 담고 있듯이, 호생관에도 화가의 붓끝에서 보살과 같은 위대한 존재를 탄생시킨다는 자긍심이 담겼다. 도도하고 편벽된 최북의 성품으로 보아, 스스로를 비하하는 호칭을 쓰는 건 어울리지 않는다.

송곳으로 제 눈을 찌른 광인

상식을 벗어난 작명처럼 최북의 일생도 기행으로 점철되었다. 그때마다 그는 사람들의 입방아에 올랐다. 체질적으로 그는 제멋대로 살아가는 예술가적 천성의 소유자였다. 사회의 규범과 질서를 질곡으로 여기는 한편, 남의 비위에 맞추느라 자기 신념을 굽히는 행동을 하지 못했다. 상식과 평범함에 안주할 수 없는 인간이라, 광기가 번뜩이는 삶을 살았다. 용모와 성품부터 평범함과 상식을 초월했다.

최북은 키가 작았고 한쪽 눈이 멀었다. 동시대의 저명한 시인인 신광하(申光河)는 그를 이렇게 묘사했다.

> 최북은 사람됨이 몹시도 다부지고 사나운데
> 자칭 화사(畵師) 호생관이라 했지.
> 체구는 단소한데 한쪽 눈은 멀었고
> 술 석 잔을 기울이면 꺼리는 게 없네.[12]

키가 작고 눈이 먼 것과 술을 조금 마시면 닥치는 대로 행동하는 데서 몹시 다부지고 사나운 성격이 드러났다. 애꾸라는 점이 그의 용모에서 두드러진 특징이다. 한데 왜 눈이 멀었을까? 놀랍게도 본인이 송곳으로 눈을 찔러 애꾸가 되었다. 조희룡이 지은 전기에는 눈에 얽힌 일화가 적혀 있다.

한 귀인(貴人)이 최북에게 그림 한 점을 그려달라고 했다가 얻을 수 없게 되자 최북을 협박하려 했다. 최북이 화가 나서, "남이 나를 저버린 게 아니다. 내 눈이 나를 저버린 게야!"라고 하더니 바로 제 눈 한쪽을 찔러 멀게 했다. 늙어서도 안경알 하나만을 걸쳤다.[13]

불같은 성미의 최북이 급기야 제 눈을 찌르는 돌출행동을 벌였다. 원하지 않는 그림은 그리지 않겠다는 신념을 극단적 행동으로 표현한 것이다. 권력이나 강요에 의해 예속되기를 거부하고 송곳으로 제 눈을 찌르는 장면은 소름 끼칠 정도의 광기를 발산한다. 예술가들의 광기 어린 행동을 간혹 접하게 되는데 최북이 눈을 찌른 행위 또한 그 전형적 사례다. 명나라 화가 서위(徐渭)가 송곳으로 제 귀를 뚫고, 네덜란드 화가 고흐가 제 스스로 귀를 자른 것도 최북의 광기를 닮았다. 이 사실을 전하면서 조희룡은, "최북은 풍모가 매섭다. 왕문(王門)의 광대가 되지 않은 것만으로도 충분하건만 어째서 이처럼 스스로를 괴롭히는 걸까?"[14]라고, 화가인 그조차 머리를 절레절레 흔들었다.

한편 정약용은 "최북은 자가 칠칠로 근세의 이름난 화가다. 만년에 한 눈이 멀었다. 드디어 옛날에 끼던 안경을 가져다 착용할 때에는 알 하나를 없앴다. 여기서 그의 성정을 얼추 엿볼 수 있다"면서, 안경알을 하나만 걸치는 태도에서 그의 성품을 짐작할 수 있다고 했다.[15] 정약용은 최북이 자기 눈을 찌른 사실을 굳이 말하지 않았지만 그도 눈이 멀게 된 내막을 모르지는 않았던 눈치다.

제 손으로 제 눈을 찌른 행동에서 볼 수 있듯이 최북은 성미가 대단했다. 당시 사람들은 "최북은 성품이 칼날 같고 불꽃같아서 조금이라도 제 뜻에 어긋나면 바로 욕을 보였다. 망령과 독기라고 모두들 손가락질했다. 스스로 생계를 잇지 못하고 늘그막까지 남의 집에 붙어살다가 죽음에 이르렀다"면서, 그의 유난스런 성품을 화제로 올렸다.[16] 다들 그런 성미를 하나같이 지적한 걸 보면, 다혈질에다 남과 어울리지 못하는 성품의 소유자로 보는 것이 진실에 가깝다.

절대로 굽히지 않는 오만함과 무모함

최북의 성미는 광기 어린 기행으로 표출되었다. 그의 기행은 세인의 이목을 집중시켰으므로 적지 않은 기록이 남아 있다. 무엇보다 그는 남에게 지기를 싫어했고 오만했다. 남공철은 〈최칠칠전〉에 그런 성격을 보여주는 일화를 적었다.

> 칠칠은 천성이 오만하여 남의 비위를 맞추지 않았다. 하루는 서평군(西平君)과 더불어 백금(百金)을 걸고 내기바둑을 두었는데 칠칠이 승기를 잡는 순간 서평군이 한 수만 물리자고 청했다. 칠칠은 갑자기 바둑돌을 흩어버리고는 팔짱을 끼고 앉아, "바둑이란 근본이 오락인데 무르기만 한다면 한 해 내내 두어도 한 판도 마칠 수 없습니다"라고 했다. 그 뒤로 다시는 서평군과 바둑을 두지 않았다.
> 칠칠이 어떤 귀인의 집을 찾아간 일이 있었다. 문지기가 칠칠의 성명을 부르기가 계면쩍어 안으로 들어가 "최직장(崔直長)이 왔습니다"라고 고했다. 그 소리를 들은 칠칠은 화를 버럭 내며 "어째서 최정승이라

부르지 않고 최직장이라 부르느냐?"라고 따져 묻자 문지기가 "언제 정승이 되셨소이까?" 하고 반문했다. 칠칠은 "그렇다면 내가 언제 직장이 된 적이 있느냐? 직함을 빌려 나를 높여 부를 양이면 어째서 정승이란 높은 직함을 놔두고 직장이라 부른단 말이냐?" 하고는 수인을 보지도 않고 돌아가버렸다.17

왕실의 어른으로서 영조로부터 절대적 신임을 받던 그 시대의 권세가 서평군과 바둑을 두면서 한 수만 물려달라는 청을 들어주기는커녕 아예 바둑판을 쓸어버렸다. 서평군이 지닌 막강한 위세를 염두에 두면 오만함과 무모함이 도를 넘었다고 하지 않을 수 없다.

그는 자신을 예우하지 않는 자에겐 절대로 굽히지 않았다. 자신을 최직장이라고 부른 사람에게 면박을 준 일화는 당시에 아주 유명했던 기행이다. 임천상(任天常)도 비슷한 사연을 소개했다.

> 최북은 사람됨이 망령되고 경솔하다. 비록 사대부라 하더라도 자기에게 예를 표하지 않으면 바로 욕을 보였다. 하루는 남의 집에서 그림을 그리는데 어떤 자가 그를 최직장이라고 불렀다. 최북은 즉시 붓을 던지고 소리쳤다. "대관절 어떤 도목(都目, 관료의 인사 명단)에서 최북을 직장으로 임명한 것을 보았소!"18

전하는 사람마다 조금씩 차이가 있으나 도도하고 오만한 성정을 폭로한다는 데선 차이가 없다. 당시에는 중인을 직장이나 봉사(奉事)라는 칭호로 많이 불렀기에 최북을 최직장이라 부른 것은 그 시대 관례를 따르는 자연스러운 대접이었다. 그렇건만 최북은 그게 마음에 들지 않아 기필코 상대에게 욕을 보였다. 그러니 무시당하면 바로 상대를 욕보이는 망령되고 경솔한 사람이란 평판을 얻을 만도 하다. 지기 싫어하는 그의 성미를 보여주는 일화는 또 있다.

최북이 누군가의 집에서 고관을 만난 일이 있다. 그 고관이 최북을 손가락으로 가리키며 집주인에게 물었다.
"저기 앉아 있는 자는 성이 무언가?"
그러자 최북이 얼굴을 치켜들고 고관에게 물었다.
"먼저 묻겠는데, 그대는 성이 무언가?"[19]

굽히기 싫어하는 자태가 눈에 선하게 떠오른다. 최북은 특히 권세가가 그림을 알지도 못하면서 거들먹거리는 꼴은 눈꼴시어 보지를 못했고, 반드시 욕을 보였다. 정약용과 남공철은 이런 일화를 차례로 전한다.

언젠가 한 재상가에서 귀족 자제들이 그림을 펼쳐놓고 감상했다. 그 가운데 한 사람이 "나는 그림은 몰라!"라고 말했다. 그러자 최북이 바로 발끈해선, "나는 그림은 모른다니. 그러면 다른 건 안단 말이냐!"라고 했다. 모두들 부끄러워하며 계면쩍게 웃었다.[20]

그에게 산수화를 그려달라고 청한 사람이 있었다. 칠칠은 산만 그리고 물은 그리지 않았다. 그 사람이 이상히 여겨 따지자 칠칠은 붓을 던지고 일어나서 "에이! 종이 밖은 다 물이 아니냐!"라고 했다. 그림이 마음에 들게 잘 그려졌는데 값을 조금 치르면 칠칠은 당장 성을 내고 욕을 하며 화폭을 찢어 남겨두지 않았다. 그림이 마음에 들지 않게 그려졌는데 값을 많이 치르는 사람이 있으면 깔깔깔 웃으며 주먹을 불끈 쥐었다. 그래도 그 사람이 그림을 지고 문밖으로 나가면 다시 손가락질하며 "저 애송이는 그림값도 몰라"라고 비웃었다.[21]

서슴없이 이런 행동을 했기에 술주정뱅이와 환쟁이와 미친놈 사이를 오락가락한 사람이라는 평을 들었다. 일탈적 행동은 물론, 자기파괴적 행동도 마다하지 않았다. 곧잘 술기운을 빌려 그런 행동을 했다.

그는 대단한 술꾼이었다. 항상 하루에 대여섯 되씩 술을 마셨다. 시장의 많은 술집에서 중노미들이 술동이를 집으로 배달해주었다. 그러면 그는 집안에 있는 서책과 돈을 툴툴 털어서 술값을 치렀다. 그로 인해 살림이 거덜 났다. 생계를 생각지 않고 술로 소진한 술버릇 때문이다. 그래서 큰 도회지인 평양과 동래까지 가서 그림을 팔아야 했다. 술에 취해 주정하는 그의 모습이 한 지인의 편지에 남아 있다. 최북에게 부친 남공철의 편지다.

아침에 남쪽 거리에서 돌아왔을 때 그대가 헛걸음했다는 말을 듣고 무척 섭섭했다오. 종들이 모두 말하기를, "최생이 왔을 때 술에 취해서 책상 위의 책들을 마구 뽑아다가 자기 앞에 잔뜩 늘어놓더니 미친 듯 소리를 지르며 술을 토해서 남들의 부축을 받고야 그만두었다"라고 합

디다. 길거리에 쓰러져 뒹굴지나 않았는지요.²²

만취한 채 나이 어린 귀공자의 집을 찾아가 주인도 없는 방에 들어가 책을 마구 흩어놓고 구토를 했다는 것이다. 어이가 없는 행동을 한 것이지만 그래도 남공철은 너그럽게 이해했다. 그래서 최북은 술주정뱅이니 미친놈이니 하는 말을 들었고, "사람됨이 흥분을 잘하고 고집이 세며, 자질구레한 예절로 자신을 묶어두지 않는다"²³는 평을 달고 다녔다.

거기에 산다

최북은 한곳에 안주하지 않았다. 그가 즐겨 쓴 호 가운데 거기재(居其齋)가 있는데 '거기에 산다'는 뜻을 지닌 기발한 호다. 《논어》에서 따온 호이긴 하지만 아마도 머무는 곳이 바로 내 집이란 뜻이리라. 최북이 일본에 갔을 때 마쓰자키 간카이(松崎觀海, 1725~1776)란 이와 필담을 나눴다. 그가 성명을 묻고 무슨 관직에 있느냐고 물었을 때 최북은 "이곳에 머물러 있기에 거기재라고 부른다. 몹시 바빠 문답하지 못한다"라며 제대로 답도 하지 않았다.²⁴ 남들처럼 순순히 문답하지 않고 대강 해버린 것도 그답다 하겠다.

그에게는 늘 방랑의 의지가 꿈틀거린 듯 보인다. 젊은 시절부터 적잖이 여행을 즐겨 금강산을 비롯해 영동의 명승지를 유람했다. 그러다 결국, 늙도록 남의 집을 전전하다 객사하고 말았다. 현존하는 그

최북, 〈금강산전도〉, 50.7×60.7cm, 평양 조선미술박물관 소장.

림 가운데 가장 이른 그의 작품은 〈금강전경도〉로, 1742년에 그렸다.

신광하가 지은 〈최북의 노래(崔北歌)〉에는 "북으로는 흑룡강을 건너 만주 동북 끝까지 갔고, 동으로는 아카간(赤岸) 언덕이 보이는 시모노세키 해협을 지나 일본으로 들어갔네(北窮肅愼經黑朔, 東入日本過赤岸)"라며, 그가 북으로는 함경도 북단까지, 동으로는 일본까지 여행한 사실을 주요한 인생 체험으로 제시했다.

특히 눈여겨볼 대목은 일본 여행이다. 최북은 1748년에 통신사 행렬에 화원 자격으로 참여했다. 그때 최북과 친한 이현환(李玄煥, 1713~1772)이 일본에 가는 최북을 격려하는 글을 지어주었다. 여기에는 이현환에게 격려해달라고 부탁하는 최북의 말이 실려 있다.

이현환, 〈일본에 가는 최북을 배웅하는 글(送崔北七七之日本序)〉(①, ②)과 〈최북의 그림에 대하여(崔北畵說)〉(③), 《섬와잡저(蟾窩雜著)》, 국립중앙도서관 소장 필사본.
젊은 시절의 최북을 이해하는 데 매우 중요한 문헌이다.

"이 임무는 나라의 명이므로 의리상 감히 사양하지 못합니다. 게다가 좁은 땅덩어리에 태어난 사람이라, 본 것은 수백 리에 불과하고, 올라가서 조망하여 흉금을 넓힐 만한 높은 산과 큰 강이 없습니다. 제아무리 제자백가의 책을 두루 본다 한들 옛사람의 진부한 자취에 불과하므로 의지와 기상을 격동시키기에는 부족합니다. 현실에 골몰할까 염려되어 결연히 떨치고 가려 합니다. 장차 바다를 건너 동쪽으로 가서 천하의 기문(奇聞)과 장관을 보고 넓고 큰 천지를 배워서 돌아오겠습니다."25

이현환은 재능이 뛰어난 최북이 괴기한 구경거리가 많은 일본을 구경할 수 있도록 하늘이 마련해준 절호의 기회라며, 이야말로 천고의 쾌사(快事)라고 치켜세웠다. 그러면서 장관을 구경하는 데만 의의를 두지 말고, 나라가 자신을 선발하여 보낸 깊은 뜻을 생각하라고 했다. 그 하나로, 일본인들이 최북의 빼어난 그림에 반해 전쟁을 일으킬 욕망을 품지 못하게 하라고 요구했다.

"왜인들이 섬에 나라를 세웠는데 비파 모양의 형세라서 외부로부터 침략이 없소. 그래도 검은 날카롭고 간사함과 힘을 추구하며, 사납고 교활한 기예로 용맹함을 뽐내는 자가 많소. 지금 나라에서 자네를 뽑아 보내는 이유를 아는가? 왜인이 찾아와 그림을 청하거든 바람처럼 소매를 떨치고 마음대로 붓을 휘둘러, 법도를 잃지 않으면서도 새 뜻을 만들어내고, 호방하면서도 신비함을 불어넣게. 쏟아지는 여울과 큰 물결, 기이한 바위와 괴상한 돌을 그리되 물건에 따라 형체를 부여하게.

붓을 휘두르되 동해의 높고 성난 파도와 더불어 기세를 나란히 하고 역량을 다툰다면, 저 사납고 교활한 무리가 모두들 환약을 조제하고 비단을 받들고서 자네가 머문 여관 문 앞에 줄지어 설 걸세. ……저 왜인들이 그림에 뜻을 둔다면 반드시 그림에 빠져 국사를 망각하는 화를 초래할 걸세. 또 목숨을 걸고 그림을 구하려는 마음이 있으면, 군자가 걱정하는 정도에 그치지 않고 되레 온 나라의 보물을 받들어서라도 그림 그리기를 사모하고 본받기 위해 전쟁하는 걸 잊을 것이오. 유행을 따르기에도 겨를이 없을 테니 무력을 다툴 여지가 있겠소?"[26]

그림에 탐닉하게 함으로써 일본인들이 전쟁 욕구를 잃어버리도록 유도하라고 당부한 것이다. 어떻게 보면 순진하기 짝이 없는 의견처럼 보인다. 그러나 일본 지도층의 관심을 무력이나 침략에서 문화나 평화로 돌리도록 하자는 의견은 거시적 입장에선 옳다고 할 수 있다. 그만큼 일본의 재침략에 대한 두려움이 식자들 사이에 잠복했었다. 문화를 담당하는 사람들이 무엇으로 국가에 기여할 것인가를 모색하는 순수한 발상이 재미있다.

또 하나, 그림 솜씨를 발휘하여 일본의 산천과 지리를 지도로 그려 와서 뒷날 발발할지 모를 전쟁에 대비하자고 했다. "한편으로 여가에 몰래 산천과 인물, 성지(城池)와 기계를 그려서 돌아오게. 뒷날 우리나라가 전쟁하고 수비하는 데 편의를 제공한다면, 자네의 세 치 붓이 나라를 반석보다 무겁게 만들어 나라를 지키는 용도로 쓰일 걸세"[27]라며 국방용 지도 제작을 권했다. 이 같은 바람에 최북이 어떻게 응답했는지는 알 수 없지만, 그런 국가적 문제에는 큰 관심이 없었지 싶다.

김홍도 이전의 가장 뛰어난 화가

최북은 당대에 이미 최고의 화가로 인정받았다. 조희룡은 〈김홍도전〉에서 "긍재(兢齋) 김득신(金得臣)과 호생관 최북, 고송유수관도인(古松流水館道人) 이인문(李寅文)이 단원과 더불어 세상에 이름을 나란히 하였다"라고 평했다.[28] 황윤석은 심사정이 제일이고 정선이 두 번째며 최북과 강세황이 그 다음 등급의 화가라는 것이 세상의 공평이라면서, 그들 모두가 대가의 고품(高品)에 속한다고 했다.[29] 정범조도 "지난날 최칠칠은 심사정·정선 사이에서 명성을 드날렸지. 나를 위해 고매(古梅)를 그려주니 붓의 힘은 하늘의 비밀을 터뜨렸네. 이 사람 벌써 황천에 갔으니 뒤를 이어 일어선 화가 가운데 누가 뛰어난가?"[30]라며, 김홍도가 등장하기 이전의 가장 뛰어난 화가로 최북을 들었다.

 최북은 동년배인 심사정, 강세황, 이광사 등과 교유가 있었다. 모두들 명문 사대부가 출신이었다. 최북만 중인이었다. 중인으로서 그림에 뛰어난 재능이 있으므로 화원이 되어 직업화가의 인생을 살아가는 게 그에게 걸맞은 길이었다. 그러나 그는 심사정이나 강세황처럼 문인화가의 길을 가기 위해 화원의 길을 팽개쳤다. 앞서 인용한, "왕문의 광대가 되지 않은 것만으로도 충분하건만 어째서 이처럼 스스로를 괴롭히는 걸까?"라는 조희룡의 글에서 최북이 왕문의 광대가 되지 않았다는 언급은 화원이 되지 않은 걸 말한다.

그가 화원이 되지 않은 데는 자유로운 필치의 남종화풍을 선호함으로써 일반 화원과는 다른 경향을 가졌던 탓도 있다. 또 화원은 조정에 예속되어 조정이 요구하는 그림을 그려야 했기에, 구속을 싫어하는 성미와 걸맞기가 어려웠다. 그러나 더욱 큰 이유는 성격에 있었다. 그의 성미와, 화단에서 그가 처한 형편이 어떠했는지를 보여주는 자료로 신광하의 시가 있다.

> 내가 살펴보니 김홍도는 태도가 몹시 차분하여
> 그림 한 폭 그릴 때면 마음에 깨달음이 있는 듯했지.
> 최북이 무리 속에서 취해 제멋대로 욕하고
> 동료들을 깔보며 자칭 독보라 뽐낸 짓과 같으랴?
> 최북이 궁해서 죽자 그림도 천시받으니
> 때에 따라 물정이 변한다고 말하지 말라.[31]

이 시는 화단의 기린아로 떠오른 김홍도를 예찬한 것이다. 최북을 낮춤으로써 자연스럽게 김홍도를 부각시켰다. 시에 따르면, 술에 취한 최북은 함부로 다른 화가를 깔보며 자기만이 잘났다고 말했다. 다른 화가들은 안중에도 두지 않고 무시했다는 것이다. 아무리 최북이 그림을 잘 그린다 해도 오만하고 버릇없는 그를 받아들일 동료집단은 없었을 것이다. 설령 그가 화원으로 살고자 했어도 집단에 순응하지 못했으리라. 집단에 속하기에 최북은 자존심과 자의식이 너무 강했다.

어디에도 소속되지 않고 그림을 그린 그를 왕공과 귀인들이 전속화가처럼 부리려도 한 모양이다. 하지만 그는 거기에도 굴하지 않았다. 서평군과 바둑을 두다 성깔을 부렸듯이, 그는 귀족들의 보호막에 안주하지 않고 자유를 원했다. 그에게 그림을 그려달라는 요구가 얼마나 많았는지, 거기에 그가 어떻게 대처했는지를 보면 알 수 있다. 이현환은 그림에 싫증을 내는 최북에게 영모화(翎毛畵) 여덟 첩을 받고 글을 지어주었다. 그 글에는 일본 사행을 다녀온 이후의 생활 모습이 잘 나타나 있다.

칠칠은 그림을 잘 그리는 화가로 세상에 이름이 나 있다. 사람들이 병풍과 족자를 들고 와서 그림을 청했을 때 칠칠은 처음에는 기뻐하며 바람처럼 소매를 휘둘러 잠깐 사이에 완성했다. 대응이 물 흐르듯 자연스러웠다. ……사방에서 찾아와 그림을 청하느라 사람들의 발길이 칠칠의 문에 이어졌다. 왕공과 귀인들이 심지어는 화사(畵師)로 그를 부리기도 했다. 칠칠은 끝내 염증을 냈다. 흰 비단을 가지고 오는 자가 있으면 받아서 팽개쳐두기 일쑤였다. 궤짝에 차고 상자에 쌓인 채 해를 넘겨도 붓을 들지 않는 때가 많았다. 그 옛날 문여가(文與可)는 대나무를 잘 그렸는데 비단을 가지고 찾아오는 사람이 수도 없이 많았다. 문여가는 염증을 내어 땅에 던지며 "버선이나 만들어야겠다"고 욕했다. 지금 칠칠의 산수·화훼 그림은 문여가의 대 그림과 수준이 비슷하여 명성이 나란하다. 그림에 염증을 느낀 심경도 문여가처럼 비단으로 버선이나 만들고자 할 지경이다.[32]

최북이 몰려드는 청탁자들한테 질려 그림 그리는 데 염증을 낸 형편을 생생하게 묘사했다. 그런 중년의 최북에게 이현환은, 성성이가 술을 좋아하듯 그림을 좋아하기도 하고, 시에서 두보(杜甫), 문에서 한유(韓愈), 글씨에서 안진경(顔眞卿), 그림에서 오도자(吳道子)와 같은 능력과 수준을 지녔으므로 그 재능을 아껴선 안 된다며 격려했다. 하늘이 그에게 천부적 재능을 선물했고, 사람들이 그의 그림을 보물처럼 아끼므로 그림을 그리는 것이 사명임을 일깨웠다.

그 지적에 최북은 어떻게 대꾸했을까?

그림은 내 뜻에 맞으면 그만입니다. 세상에는 그림을 아는 자 드뭅니다. 그대의 말대로라면, 백 세대 뒤의 사람이 이 그림을 보면 그 사람됨을 떠올릴 수 있겠지요. 저는 뒷날 저를 알아주는 지음(知音)을 기다리렵니다.[33]

최북은 신념을 바꾸지 않고, 자기 미학에 부합하는 그림을 그리고 싶을 때 그리겠노라 했다. 그림에 대한 결벽적인 자신감이 보인다. 그는 동시대가 아니라 역사와 승부하고자 했다.

그러나 그런 신념과 태도도 빈곤 앞에선 무너졌다. 만년에 이르러 최북은 가난을 벗지 못하고 그림을 겨우겨우 팔아 연명하는 생애를 보냈다. 그림을 팔지 못했거나 그림값이 낮아서가 아니었다. 방탕한 생활이 누적된 탓에[34] 뼛골에 사무치도록 곤궁해져, 백발의 머리로 서울 저잣거리에서 그림을 파는 신세로 전락했다. 한 시인이 묘사한 최북의 형편은 이랬다.

최북은 서울에서 그림을 파는 화가
살림살이는 벽만 덩그렇게 선 초가.
문 닫고 온종일 산수를 그리는데
유리 안경에 나무 필통 하나뿐.
아침에 한 폭 팔아 아침밥 얻고
저녁에 한 폭 팔아 저녁밥 얻네.
날은 추워 해진 담요 위에 손님 앉히니
문 앞 작은 다리엔 눈이 세 치나 쌓였네.[35]

최산수 또는 최메추라기

생활은 곤궁했지만 그의 그림은 큰 명성을 얻었다. 만년으로 갈수록 오히려 그림이 좋아졌다고 평한 이도 있다. 그는 각종 소재에 뛰어났는데, 특히 남종화풍을 선호했다.[36] 그는 현실 세계를 사실적으로 묘사하는 데도 특장을 보였으나 거기에 매몰되진 않았다. 최북은 현실 세계에서는 흔히 볼 수 없는 독특한 사물과 형상도 가끔 그림에 등장시켜 사람들을 당황하게 만들었다. 우연히 그렇게 그린 게 아니라 의도적으로 그린 결과였다. 그와 같은 특징을 이규상(李奎象)과 김기서(金箕書)는 최북이 남긴 어록으로 전하고 있다.

그는 그림을 잘 그렸는데, 화법이 근력(筋力)을 위주로 했다. 가느다란 필획으로 대강 그림을 그려도 갈고리 모양이 아닌 게 없었다. 이 때문에

최북, 〈공산무인도(空山無人圖)〉, 33.5×38.5cm, 개인 소장.
짙은 색조를 써서 무거운 적막감을 표현했다. 빈산 아무도 없는 적막 속에서도 물은 흐르고 꽃은 핀다. 이 그림은 선적(禪的) 분위기를 드러낸 작품으로 이해되지만 그보다는 상실감이나 인생의 무상감이 짙게 묻어나오는 작품으로 보인다. 소동파의 "빈산에는 아무도 없고 물은 흐르고 꽃은 피어 있다(空山無人水流花開)"는 화제가 그림과 잘 어우러진다.

자못 거칠고 사나운 분위기를 풍겼다. 특히 메추라기를 잘 그려 사람들은 그를 최메추라기라 불렀다. 일찍이 호랑나비를 그린 적이 있었는데 보통 나비와 달랐다. 그 까닭을 누군가 묻자, "깊은 산속 궁벽한 골짜기의 사람 닿지 않는 곳에는 여러 모양의 나비들이 있다"라고 답했다.[37]

최북의 호는 호생관인데 그림으로 이름이 났다. 일찍이 나무를 그렸는데 대부분 기괴하여 눈으로 본 적이 없는 것이었다. 누군가 그 점을 지적하자 최북이 웃으며 말했다. "무슨 관계냐? 천만 그루 나무를 사람이 어떻게 다 보겠는가? 이런 나무가 산속에 틀림없이 있을 것이다. 그림 그리는 화가는 늘 실제 모양과 닮게 그리려 한다. 실제 사물은 그림과 닮으려 하지 않는다는 사실을 그들이 어찌 알겠는가? 이것이 바로 그림이 조화에 속하는 이유다. 화(化)란 곧 화(畵)이다." 내가 이 말을 유유재(悠悠齋) 안에서 들었다.38

두 사람이 전해주는 최북의 창작논리는 아주 참신하다. 당시 화가들이 현실 속 사물을 핍진하게 그리려는 화법에 구속을 받은 데 반해, 최북은 화가의 상상력에 따라 그리려는 태도를 보였다. 최북 역시 때로는 사실적 화법으로 그렸지만 그때도 사실 자체에 매이지 않고 상상력을 발휘하여 그리고자 했다. 감상자는 그걸 이해하지 못했고 불편하게 여겼다. 하지만 바로 그 점이 최북 그림의 장점이었다.

이규상의 지적대로 최북의 그림은 거친 감이 있다. 산수화를 잘 그려 최산수라고도 불렸고, 특히 메추라기 그림을 잘 그려 최메추라기라고도 불렸다. 남공철은 그가 실제로는 화훼와 짐승, 새, 괴석, 고목, 광초(狂草)를 잘 그렸다고 했다. 지금까지 전하는 그림을 볼 때 올바른 지적이다.

한편 그는 손가락 끝에 먹을 묻혀 그리는 지두화(指頭畵)를 잘 그렸다. 최북은 조선 화단에서 지두화 기법으로 그림을 그린 초창기 화가였다. 이규경은 최북이 지두화로 산수를 잘 그렸다면서 유금(柳琴)이 지은, "벽에는 최북의 지두화가 보이고 서안에는 태서의 면각

최북, 〈메추라기와 조〉, 27.5×17.7cm, 간송미술관 소장.
메추라기를 잘 그려 최메추라기라는 별명을 얻은 것이 거짓이 아님을 잘 보여준다.

도(面角圖)가 있구나"라는 구절을 인용했다.³⁹ 서유구도 최북이 손가락에 먹을 묻혀 그림을 잘 그렸는데 갖가지 방법이 모두 묘했다고 했다.⁴⁰ 지두화를 잘 그린 대표 화가로 그를 받아들인 것이다.

최북의 그림을 감상한 선인의 글 가운데 가장 인상 깊은 건 이학규(李學逵)가 1819년 여름에 지은 시다. 《낙하생고(洛下生藁)》에는 살구꽃 아래의 비둘기 그림을 보고 쓴 시가 실려 있다.

> 날씨는 음산하여 비가 올 낌새인데
> 비둘기가 서로 싸우네.
> 수컷은 날아서 암컷을 쫓고
> 암컷은 화가 나서 울음 우네.
> 되돌아 날아도 숲 사이로 가지 않고
> 비단 같은 화려한 깃털을 아끼지 않네.
> 훌쩍 내려와 자갈밭 진흙을 쪼는데
> 밭둑의 푸른 풀은 헝클어졌네.
> 그 위에는 비둘기 의기양양 다니며
> 반짝반짝 두 눈동자 살아 있는 듯이 빛을 쏘네.
> 비둘기 한 놈은 목을 움츠리고 뻣뻣하게 아래를 내려다보고
> 비둘기 한 놈은 깃을 터느라 가슴팍을 돌리고 있네.⁴¹

아주 섬세하게 암수 비둘기가 싸우는 모습을 묘사했다. 새의 동태를 생생하게 묘사한 그림을 요모조모 시로 형상화했다. 그림을 매우 높이 평가했기에 가능한 시다. 뒤이어 시인은 최북의 그림을 애

호하는 마음을 이렇게 드러냈다.

> 호생관의 그림 솜씨는 변상벽과 조영석을 뛰어넘고
> 특히 대와 바위 그림에 뛰어나고 화조도를 겸비했네.
> 지금 이 그림은 그저 장난삼아 그린 것이나
> 상아 메뚜기로 담황색 배접을 해야 하지.
> 한참 묵적(墨迹)을 어루만지니 벌써 황혼이라
> 안목이 있으면 그만이지 관지(款識)가 꼭 있어야 하나.
> 남쪽 것들 아무래도 그림에는 손방이니
> 보물 상자에 능소화 향을 간직하길 바라겠나?
> 서울을 떠난 지 벌써 십팔 년
> 화폭 펼쳐 거듭 보니 호생관이 살아 있네.
> 오호라! 호생관 그림 솜씨는 다시 나지 않는구나.[42]

그는 최북의 그림을 아주 수준 높은 것으로 평가했다. 일부 평자들은 그의 그림에 불만을 표시했고, 지금도 그런 관점이 여전히 힘을 발휘한다. 그러나 이학규는 희작임에도 장황을 잘해서 보관해야 한다고 했다. 최북 그림에 애틋한 정이 없다면 나올 수 없는 말이다.

"몸은 얼어 죽었으나 이름은 사라지지 않으리"

최북은 삼기재(三奇齋)란 호도 즐겨 사용했다. 문장 글씨 그림이 모두 기이하다는 자긍심을 표현한 호다. 허황된 자아도취만은 아니었다. 최북은 초서를 잘 썼으며, 반행(半行)의 서체가 기발하다는 평을 듣기도 했다. 그림에 남은 화제(畫題)를 보면 서체 역시 기발하다.

최북은 글씨만이 아니라 문학에도 재능이 있었다. 이단전(李亶佃)은 "칠칠은 《서상기(西廂記)》와 《수호전》 같은 책을 읽기 좋아하고, 그가 지은 시 역시 기이하고 예스러워 읊어볼 만하다. 다만 숨긴 채 내놓지 않는다"라고 전했다.[43] 그가 살았던 18세기에는 신선한 문풍이 바로 저런 소설이나 희곡을 탐독하는 데서부터 출발했다. 최북은 문학 감상에서도 낡은 것이 아닌 신선한 풍을 즐겼다.

최북은 시창작에서도 수준이 낮지 않다. 많진 않아도 《풍요속선》을 비롯한 시선집에 그의 시가 실려 있다. 거기에 실리지 않은 것도 몇 편 더 찾을 수 있다. 금강산을 묘사한 시가 한 수 전하는데, 젊은 시절 금강산을 찾았을 때 지은 것으로 추정된다.

남여를 타려다가 산이 너무 아름다워
비홍교(飛虹橋) 밖에서 한참을 서 있노라.
산 떠나는 마음은 연인과 헤어지는 듯
계곡물 뒤를 쫓아 머뭇머뭇 골을 나서네.

欲上藍輿山更奇　飛虹橋外立移時
離魂似別情人去　逐水悠悠出洞遲

아름다운 금강산을 뒤로하고 떨어지지 않는 발걸음을 떼는 심

최북, 〈표훈사도(表訓寺圖)〉, 박종화 구장.

최북, 〈관폭도(觀瀑圖)〉, 영남대박물관 소장.

경을 표현한 시로, 금강산을 사랑하는 마음이 잘 표현된 수작이다. 비홍교는 장안사 앞의 계곡에 설치된 무지개다리다. 임천상은 이 시를 인용하고선 "비록 놀랍고 빼어난 작품은 아니지만 자못 아름답다"라고 평했다.[44]

《풍요속선》에는 〈건들거리며 노는 사내(冶遊郞)〉라는 시도 실려 있다.

백마 타고 다릿가에 서니
살랑 바람에 버들꽃이 떨어진다.
동쪽 거리에서 채찍을 휘두르노니
어디가 기생집이지?

白馬橋頭立　微風落柳花
揚鞭東陌上　何處是娼家

멋들어지게 차려입고 기생집을 찾아가는 젊은이의 행태를 묘사했다. 이처럼 짧은 시에서 그의 속내를 읽어내기는 무리지만, 술을 좋아하고 기생집을 즐겨 찾던 생활이 어느 정도 반영되었으리라. 술주정뱅이였을 뿐더러 기방 출입도 잦았던 듯하다. 19세기 고증학을 대표하는 학자 성해응(成海應)이 폭포 그림을 보고서 남긴 평에는 그의 기벽이 적혀 있다.

최북은 그림에 빼어난 재능을 가졌는데 연륜이 쌓일수록 솜씨가 좋아졌다. 그는 기방에서 놀기를 좋아했는데 뭇 기생이 감히 그의 말을 어기질 못해 늘 풍류계를 주관하는 사람이 되었다. 이것은 폭포를 구경하는 그림으로 시원스런 풍취가 엄습해온다. 번잡한 도성 안 수레먼지와 말발굽소리 가운데서 감상한다면 정신이 번쩍 들게 되리라.[45]

조금 엉뚱한 글이다. 그가 기방 출입을 즐겼다는 사실과, 기생이 그의 말을 어기지 못할 사나운 성품이었다는 사실을, 폭포도를 평가하는 데 끼워 넣었다. 술을 좋아했으니 기방을 자주 출입하는 방탕한 생활을 즐겼을 가능성은 충분하다. 기벽(奇僻)한 그의 성깔로 보아 기생들이 그를 함부로 하지 못했다는 것도 틀림이 없어 보인다.

화제를 일으키고 사람들의 입방아에 자주 오르며 세상을 휘젓고 다니던 최북은 의외로 장수했다. 그러나 젊은 시절에 보여준 호기로운 모습과는 달리 그의 죽음은 처참했다고 전해진다. 금강산에 올랐을 때 구룡연 위에서 "천하 명사인 내가 천하 명산에서 죽는 것이 좋다"라고 말하며 호기를 부리던 모습을 생각하면 안타까울 정도다.[46]

워낙 유명하기도 하고, 또 연민의 정을 자아내기도 해서인지 사망에 얽힌 일화 역시 세인의 입에 오르내렸다. 서울 어느 여관에서 죽었다고도 하고, 눈 속에서 얼어 죽었다고도 한다. 그중 가장 구체적인 기록은 신광하가 쓴 〈최북의 노래〉다.

그대는 보지 못했나? 최북이 눈 속에서 죽은 모습을.
담비가죽 옷에 백마 탄 자는 뉘 집 자식인가?

이인문(李寅文), 〈송석원시사아회도(松石園詩社雅會圖)〉, 25.5×32cm.

너희들은 호기롭게 살았으니 죽어도 안타깝지 않다.
……

술을 찾고 미친 듯 부르짖다 붓을 휘두르니
고대광실 대낮에 강호가 생겨나네.
열흘 동안 배를 곯다 그림 한 폭 팔아
크게 취해 밤에 가다 성 모퉁이에 드러누웠지.
묻노라! 북망산 흙 속에 묻힌 수만 개 귀신들아
세 길 눈 속에 파묻힌 최북에 비해 어떠한지.
오호라! 최북은 몸은 얼어 죽었으나 이름은 사라지지 않으리.[47]

최북은 열흘을 굶다가 그림을 팔았다. 오랜만에 술을 마시고 대취해 집으로 돌아가다 성 모퉁이에서 쓰러져 얼어 죽었다. 너무도 비참한 죽음이었다. 최북은 그렇게 객사했다고 전해진다. 가족에 관해선 전하는 기록이 거의 없다. 그러나 《흠영(欽英)》의 1780년 12월 24일조에 "화가 최북의 며느리가 미인을 잘 그리는데 그 그림을 본 사람이 많다고 한다"라고 소문을 기록해놓은 것으로 보아[48] 후손이 전연 없지는 않았던 듯하다.

최북의 말년은 비참했고, 죽음 역시 참담했다. 그가 죽은 뒤 그에 대한 평가는 사람마다 달랐다. 그러나 누가 무어라 하든 그는 온몸으로 개성과 자유를 발산한 예술가였다. 그의 행동은 이해받지 못했으나 그의 예술은 시대가 흐를수록 한결 빛이 난다.

검무로 18세기를 빛낸 최고의 춤꾼

무용가
운심

"연아(煙兒)가 스물에 장안에 들어가 가을 연꽃처럼 춤을 추자 일만 개의 눈이 서늘했지. 들으니 청루(靑樓)에는 말들이 몰려들어 젊은 귀족 자제들 쉴 새가 없다지."

— 신극빈

⬤── 검무로 18세기를 빛낸 최고의 춤꾼 · 운심

한국 사람이 음주가무를 특별히 즐긴다는 사실은 널리 알려졌으나, 이름난 춤꾼의 기록은 거의 전무하다고 해도 과언이 아니다. 일반인이 아는 유명인이래야 20세기 들어서 한 시대의 이목을 사로잡은 최승희가 거의 유일하다. 오백 년 조선시대의 무용계를 대표하는 무용가로 기억할 만한 인물이 있을까? 아마 대부분 머리를 가로저을 것이다. 춤이란 시간과 더불어 사라지는 것이고, 한 시대를 매료시킨 무용가라 해도 세월이 흐르면 화려한 명성은 사라지는 운명인 담에야 어쩔 수 없는 일이다.

그러나 기억할 가치가 있고 기억해줘야만 할 최고의 무용가가 정말 없는 것일까? 그런 의문에 답할 만한 사람을 두루 찾아보았다. 그러다 우연한 기회에 운심(雲心)이란 이름을 가진 춤꾼에 관심을 가지게 되었다. 박제가(朴齊家)가 묘향산을 탐방하고 쓴 여행기에서 언뜻 그 이름을 본 이후 몇 군데에서 다시 나타나는 그 이름에 주목하게 되었다. 평범한 춤꾼이라면 그런 수준의 기록만 남길 수 없기에 관심을 가지고 그녀의 행적을 추적해보았다. 다만 검무를 추는 기생의 삶을 지식인들이 정성껏 기록해주기를 바라는 것 자체가 실은 무모한 일이다. 그러나 운심은 평범한 춤꾼과는 다른 독특한 인간적 면모를 갖추어서인지 단편적이나마 그녀의 특별한 인생을 확인해주는 글을 여럿 찾아낼 수 있었다. 찾기 시작할 때는 별 기대가 없었으나 결국에는 위대한 무용가의 멋진 인생을 발견하는 기쁨을 누리게 되었다.

박제가, 운심을 기록하다

박제가가 쓴 절묘한 산수기 〈묘향산소기〉에는 검무를 잘 추는 운심이란 기생의 이름이 등장한다. 박제가는 스무 살 때인 1769년 장인 이관상(李觀祥)이 영변도호부사로 부임하자 그 뒤를 따라 영변에 가서 과거공부를 하게 되었다. 이해 가을 관서 제일의 명산이란 이름을 얻은 묘향산을 열흘 동안 유람했다. 장인이 사위의 멋진 등산을 위해 기생과 악공까지 데리고 가도록 배려해주었다. 여행이 끝나갈 무렵 관서에서 절방이 가장 넓다는 용문사에서 기생들과 악공들이 검무(劍舞)를 추었다. 검무 공연이 인상 깊었던지 박제가는 〈검무기(劍舞記)〉를 써서 산수기에 부록처럼 실었다. 이 〈검무기〉는 산수기에서 떨어져 나와 그의 문집에도 실렸다.

〈검무기〉 끝에는 용문사에서 벌어진 검무를 총평하는 내용이 있다. 그는 여기서 "이번에 내가 본 검무가 검무의 극치는 아니다. 그러므로 검무의 기이한 변화를 자세하게 얻어 보지는 못했다"[1]라고 밝히면서도, 이미 검무의 극치를 본 것처럼 말했다. 그가 운심을 언급한 건 바로 이 대목에서다. 〈검무기〉의 마지막에, "검무를 추는 근세의 기생으로 밀양(密陽)의 운심(雲心)을 일컬으니 내가 본 기생은 그의 제자나"[2]라는 주석을 덧붙였다.

박제가는 묘향산 절방에서 검무를 구경하는, 흔치 않은 체험을 했다. 그런데 절방에서 검무를 춘 기생이 바로 밀양 출신 기생 운심의 제자이며, 그 운심이 근세에 가장 유명한 검무 무용가라는 사실을 밝혔다. 이 추록(追錄)을 볼 때 운심이 당시 사람들에게 널리 알려진 기생임을 쉽게 알 수 있다. 〈묘향산소기〉가 워낙 아름다운 산문으로 꼽히고 내가 번역해 출간한 것이라서, 이 구절이 머리에서 사라지지 않고 감돌았다. 도대체 근세 최고의 검무가라는 운심의 정체가 무얼까 하는 궁금증이 가시지 않았다.

'마음 심' 자에 담긴 뜻

한번 운심에 주목하자 그에 관한 또 다른 기록이 번갈아 나타났다. 정조 연간의 저명한 문인이자 학자인 성대중(成大中)은 《청성잡기(靑城雜記)》란 필기(筆記)를 지었는데 거기서 운심에 얽힌 일화를 소개하며 이렇게 밝혔다.

운심은 (경상도) 밀양 기생이다. 서울로 뽑혀 왔는데 검무가 온 세상

에 이름이 있었다.³

　두말할 나위 없이 박제가가 언급한 운심과 동일인이다. 운심이란 기생이 밀양 출신으로 서울 장안에서 이름난 검무 명인이었다는 사실에 확신을 갖지 않을 수 없다.

　조선시대에는 전국 각지에서 가무와 온갖 잡희(雜戲)에 재능이 있는 기생을 뽑아 서울로 올려 보내는 제도가 있었다. 각종 공연에서 활동할 예능인을 충당하기 위해서였는데, 여기에 뽑힌 기생을 선상기(選上妓)라고 불렀다. 그 가운데 중국에서 온 사신을 위문하기 위한 공연의 비중이 제일 컸다. 전국 각지에는 그 지역 특유의 전통 기예가 있었다. 거기서 배출된 뛰어난 기능인은 실력을 인정받으면 서울로 진출할 수 있었다.⁴ 밀양 기생 운심도 검무에 뛰어난 재능을 보였기에 불려왔을 것이다.

　그런데 이들 선상기 가운데는 한번 서울에 올라오면 지방으로 돌아가지 않고 그대로 정착하는 경우가 적지 않았다. 서울은 그들이 자기 재능을 마음껏 발휘할 수 있는 공간이었기 때문이다. 운심도 스무 살에 서울에 올라와 그 후 계속 머물렀는데, 평범한 기생과는 달리 장안에 이름이 자자한 특별한 기생이 되었다.

　한창 시절 장안에서 이름난 기생으로 활약하며 많은 후배를 키웠고, 또 명사의 소실로 들어갔다가 만년에는 전국을 여행하면서 삶을 마쳤다. 운심에 대한 단편적 기록 자료를 통해 본 인생은 이렇다. 운심은 서울에서 잘나가는 기생이었지만 출신지가 꼬리표처럼 따라다녀 밀양 기생이라고 불렸다.

운심이 경상도 출신 기생임은 그 이름에서도 확연히 드러난다. 당시 경상도에서 여자 이름에 '마음 심(心)' 자를 흔히 사용했던 까닭이다. 서울 사람들에게는 매우 이상하게 보였을 법한 이 현상을 접하고 정조 때의 소품가(小品家) 이옥(李鈺)이 기록을 남겼다.

이옥은 1799년 경상도 김해 지역을 찾아가는 길에 성주와 김해 등지에서 특이한 현상을 발견한다. 거기에서는 여자 이름 끝에 모두 '마음 심' 자를 쓰는 것이었다. 성주(星州)의 한 주막에서 만난 여자의 이름이 대심(大心)이어서 이상하게 여겼는데, 김해에 도착한 뒤에도 길거리에서 여자한테 계심(桂心), 화심(花心), 녹심(綠心), 채심(彩心), 분심(粉心), 금심(琴心), 옥심(玉心), 향심(香心), 이심(二心), 곱심[古邑心]이라고 부르는 소리를 여러 차례 들었다. 고을 여자들 상당수가 이름이 '심' 자로 끝나, 영남의 여자들은 모두 '심'으로 이름 짓는 걸 알게 되었다는 설명이다.

이옥이 말한 현상이 당시 경상도 전역에 널리 퍼져 있었다고 확대 해석하기는 어렵겠지만, 우연찮게도 밀양 출신 기생 운심의 이름도 이옥이 포착한 현상에 정확하게 맞아떨어진다. 그러니 운심이라는 이름에서 기생의 느낌과 함께 경상도 여성의 느낌을 끌어내는 건 그다지 무리가 아닐 것이다.

검무, 무예이자 예술

운심이 18세기 전기에 살았던 윤순(尹淳)의 소실이었다는 사실을 감안하면 그녀의 전성기는 18세기 전기였을 것이다. 운심의 특장은 양손에 칼을 들고 추는 칼춤이다. 여러 기록으로 미루어 18, 19세기에는 각종 공연에서 검무를 춘 것으로 보인다. 운심은 당시 널리 유행하던 그 춤의 최고봉에 올랐던 춤꾼이다.

그렇다면 운심의 특기인 검무는 언제부터 유행했을까? 언뜻 아주 오래전일 것으로 생각되지만 사실은 그렇지 않다. 그 연원부터 보자. 고구려 때부터 다양한 검무를 추었다. 신라 때 검무의 일종인 황창무(黃昌舞)가 조선시대까지 계승되어 주로 경주 지역에서 추었다. 이 검무는 남성의 춤이었다.

무예의 일종으로 검무를 추기도 했다. 검객(劍客)이 무예를 연마하는 과정에서 추는 검무가 그것이다. 유본학(柳本學)과 심능숙(沈能淑)이 쓴 검객 전기에 등장하는 인물들이 이런 검무에 능했다. 유본학의 〈김광택전(金光澤傳)〉에 따르면, 운심과 비슷한 시기의 검객으로서 검선(劍仙)이라 불린 김체건(金體乾)은 아버지 김광택과 김신선(金神仙)으로부터 신선술과 검술을 배워 타의 추종을 불허하는 실력을 갖추었다. 칼춤에 빼어난 재주를 보인 그는 그 솜씨가 가히 입신의 경지에 들어 땅 가득히 꽃잎이 흩어지는 형세를 취할 줄 알았고, 몸을 숨겨 보이지 않게도 해서 당시 명성이 대단했다고 전한다.[5]

김체건의 실력에 버금가는 자가 정조·순조 때 사람인 탁문한(卓文漢)이다. 어릴 적부터 검무에 능통했던 탁문한은 회오리바람에 꽃잎이 흩어지는 자세를 취할 줄 알았는데, 세상에서는 김광택이 죽은 지 백 년 만에 탁문한이 그 신비한 기술을 계승했다고 했다. 심능숙의 글에는 탁문한이 자신의 검무 솜씨를 얼마나 자부했는지 잘 묘사되어 있다. 그는 산대놀음이 펼쳐지는 곳마다 찾아가서 다른 사람의 검무를 구경하다가, 검무를 추는 사람의 솜씨가 졸렬하다고 생각되면 그 자리에서 벌떡 일어나 검을 빼앗아 자신이 기세등등하게 춤을 췄다고 한다.[6] 탁문한은 이 책의 끝부분에 따로 다루었다.

18세기 공연예술의 절정

이러한 검무는 운심이 춘 검무와 직접적 연관성은 없다고 해야 할 것이다. 운심이 춘 검무는 검객들의 검무와 달리 공연을 위한 춤이었다. 이 검무는 18세기 들어서 갑자기 유행했고, 19세기에는 대표적인 춤의 하나로 자리매김했다. 이후 근대에 유행하다가 현재까지 이른다. 공연을 위한 검무의 형식도 네 명이 추는 검무, 두 명이 추는 검무, 항장무(項莊舞)와 같이 연극의 형식을 띤 검무가 있었다. 검무를 지칭하는 이름도 다양해서 검기무(劍器舞)라 불리기도 했다.

    이 가운데 어느 형식이 검무의 대종을 이루었는지는 분명하지 않다. 검무를 추는 방법과 과정 및 소품은 19세기 후반의 학자 정현석(鄭顯奭)의 저술에 간단하게 밝혀져 있다. 네 명의 기생이 추는 형식의 검무인데 내용은 이렇다.

    네 명의 기생이 나란히 절하고 일어서면 음악이 연주된다. 두 번째 북이 울리면 한 손을 들어올리고, 다섯 번째 북이 울리면 양손을 들거나

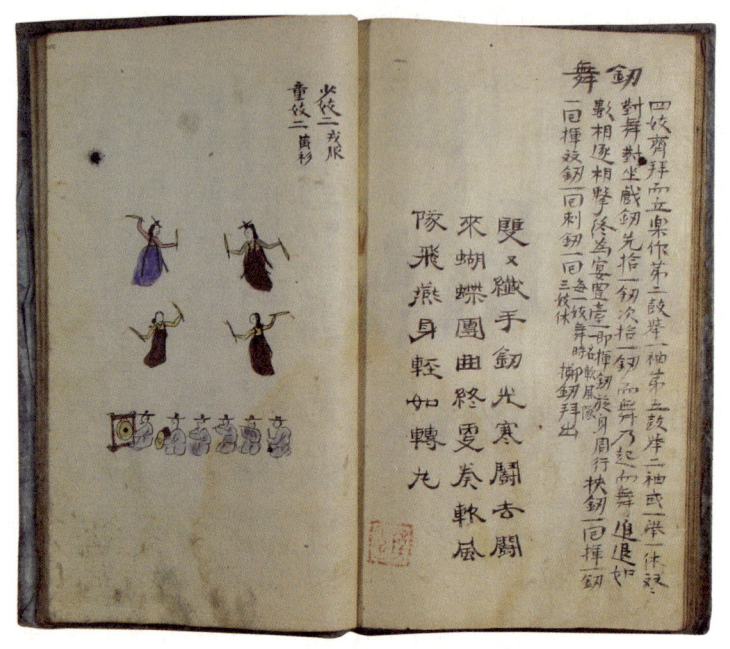

네 명의 어린 기생이 추는 검무. 정현석(鄭顯奭), 《교방제보(敎坊諸譜)》, 개인 소장 필사본.
저자의 소장인이 찍힌 원본이다. 19세기의 검무 추는 형식을 간명하게 설명해준 대표적인 글이다.

한 손은 들고 한 손은 내린다. 쌍쌍이 마주하여 춤을 추고 쌍쌍이 마주 앉아 칼을 희롱할 때에는 먼저 칼 하나를 줍고 다음에 칼 하나를 주워 춤을 추다가 곧 일어나서 춤을 춘다. 나아가고 물러나기를 정해진 숫자대로 하며, 서로 뒤쫓고 서로 칼을 치다가 마지막에는 연풍대(宴豊臺, 칼을 휘두르고 몸을 돌리면서 원을 그리며 나가는 동작이다. 軟風隊 라고도 한다) 장면을 한다. 칼을 겨드랑이에 끼고 한 번 돌고, 칼 하나를 휘두르고 한 번 돌며, 쌍칼을 휘두르고 한 번 돌고, 칼을 찌르고 한 번 돈다. (한 명의 기생이 춤출 때 나머지 세 명의 기생은 쉰다.) 검을 던지고 절

하고 나온다.7

이 시기에 오면 이렇게 틀이 갖춰진다. 이런 형식은 언제, 누가 정착시켰을까?

18세기 회화나 문헌에 등장하는 검무의 대종은 두 명의 기생이 추는 쌍검대무(雙劍對舞)다. 이 형식은 18세기 들어와 비로소 유행한 것으로 이전에는 존재가 알려지지 않았다.

쌍검대무의 첫 기록은 노가재 김창업(金昌業)의 《노가재연행일기(老稼齋燕行日記)》에 나온다. 1712년 3월 18일 북경에서 돌아온 사절단 일행이 평안도 정주에 유숙했는데, 이때 김창업은 열여섯 살 난 가학(駕鶴)이란 기생과 열세 살 난 초옥(楚玉)이란 기생 둘이 추는 검무를 구경했다. 동기(童妓) 둘이 쌍검대무 형태로 춘 춤이었다. 초옥이 추는 춤을 더 높이 평가한 노가재는 이렇게 증언했다.

검무는 우리들이 어렸을 때는 보지 못하던 춤인데 수십 년 사이에 점차로 성행하더니 현재는 팔도에 두루 퍼졌다. 기생이 있는 고을에서는 모두 춤 도구를 갖추어놓고 풍악을 울릴 때면 반드시 먼저 검무를 춘다. 이렇듯 어린아이도 이 춤을 출 줄 아니 얼추 세상의 변고라고 해야겠다.8

1712년의 기록이므로, 검무의 유행 시기를 아무리 일찍 잡는다 해도 17세기 중반으로까지 소급하기는 어렵다. 빨라야 17세기 말엽에 시작해서 18세기 초반에 전국적으로 유행했다고 보는 게 옳다.

그 같은 정황을 권섭(權燮, 1671~1759)의 기록을 통해서도 엿볼 수 있다. 그는 한양의 서대문 밖에 사는 천민 오순백(吳順白)과 월매(月梅) 부녀가 당시에 검무로 유명하여 나라 안에 적수가 없다고 증언했다. "서리가 날리고 번개가 치니, 대낮인데도 안개로 흐릿하네. 부녀가 쌍쌍이 춤추자 온 저잣거리가 놀라 달아나네"라고 찬탄하는 글을 지었다.9 18세기 초 서울에서 검무가 유행했고 또 뛰어난 명인도 배출되었음을 엿보게 해준다. 더욱이 부녀가 함께 추는 특이한 형식의 검무다.

김홍도가 그린 것으로 추정되는, 국립중앙박물관 소장 〈평양감사향연도〉 가운데 한 폭인 〈부벽루연회도〉에도 양손에 칼을 든 두 명의 기생이 검무를 추는 장면이 또렷하고, 19세기에 그린 것으로 추정되는, 고려대박물관 소장 〈신관도임연회도〉에도 검무를 추는 장면이 화폭의 정중앙에 배치되어 있다.

18~19세기의 연회 장면을 묘사한 그림에 검무가 고정 종목으로 등장하는 것이 당시 검무가 공연에서 차지한 위상을 여실히 입증한다. 유행하기 시작한 지 채 백 년도 되지 않은 검무가 공연의 중심에 서게 되었다고 해도 지나치지 않다.

검무는 짧은 시기에 일약 공연의 중심이 되었고 그만큼 큰 인기도 얻었다. 정조 시대의 시인 이기원(李箕元)은 경상도 감영에서 여덟 살 난 어린 기생 도혜(桃兮)와 쾌옥(夬玉)이 추는 검무를 구경하곤 장시를 남겼다. 제 키와 맞먹는 칼을 들고 둘이서 추는 쌍검대무였다.

이기원과 친분이 두터운 유득공(柳得恭)도 〈검무부(劍舞賦)〉를

〈신관도임연회도(新官到任宴會圖)〉, 19세기, 142×103.5cm, 고려대박물관 소장.
한 지방 관아의 수령 도임을 축하하는 자리에서 검무를 추고 있다.

〈평양감사향연도(平壤監司饗宴圖)〉, 지본담채, 71.6×196.9cm, 국립중앙박물관 소장.
김홍도가 그린 것으로 추정되는 이 그림에는 여러 가지 춤을 추는 중에 쌍검대무하는 검무 장면이 보인다.

〈평양감사향연도〉 가운데 〈부벽루연회도〉 부분.

지었다. 그는 스물여섯 살 때인 1773년부터 그 이듬해까지 충청도 감영이 있는 공주에 머물렀는데, 이때 검무를 보고 그 작품을 썼다. 유득공이 거기서 본 것도 기생 둘이 추는 쌍검대무였다. 또 정조 때의 쾌남아 심용(沈鏞)[10]이 평양감사가 대동강에서 향연을 베푸는 자리에 나아갔을 때 여러 척의 배에서 모두 검무를 추었다.

검무의 이러한 비약적 발전과 유행에서 운심은 어떤 역할을 했을까? 남아 있는 자료만으론 검무의 발전사에서 차지한 그녀의 위상을 정확히 점칠 수 없다. 그러나 관서 땅의 검무를 추는 기생 가운데 운심의 제자가 많다고 한 성대중과 박제가의 기록으로 미루어, 운심의 기여도가 상당했으리라는 점은 부정하기 어렵다.

춤이 끝나니 온 좌석이 텅 빈 것같이 고요하여

운심의 검무가 앞서 본 형식과 구체적으로 어떻게 다른지는 확인하기 어렵다. 구체적인 춤사위가 전하지 않기 때문이다. 다만 대강 짐작이 가능한 자료는 남았다. 앞서 말했듯이 박제가가 묘향산에서 본 검무는 바로 운심의 제자가 공연한 것이다. 제자의 춤을 통해 그 스승인 운심의 검무를 짐작해보자. 박제가가 쓴 〈검무기〉가 그 춤을 상세하게 기록했으므로 다소 길지만 전문(全文)을 인용한다. 18세기 검무에 관해 이보다 생생하고 가치 있는 기록을 찾기는 어렵다.

기생 둘이 검무를 춘다. 융복(戎服) 입고, 전립(氈笠) 쓰고, 잠깐 절하

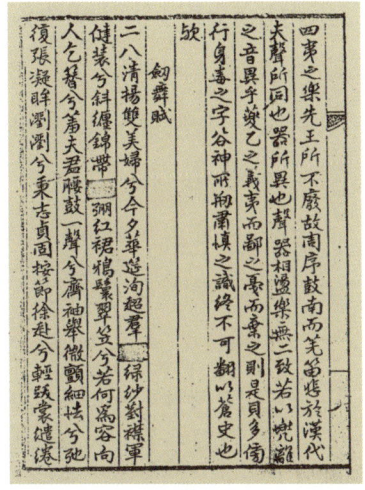 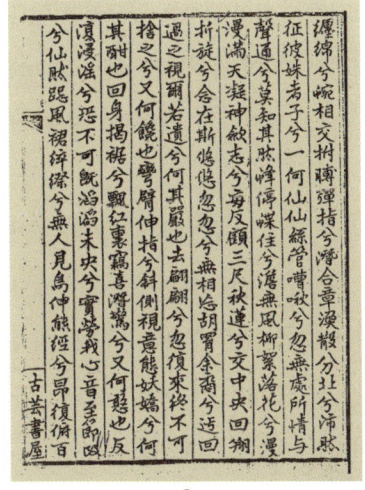

유득공, 〈검무부〉, 《영재집(泠齋集)》 권14, 국립중앙도서관 소장 필사본.
유득공이 스물여섯 살 때(1773년) 충청도 감영인 공주에 머물면서 검무를 보았는데 그때 지은 작품이다. 두 명의 젊은 기생이 추는 쌍검대무를 보고 기생의 춤사위와 의태(意態)를 세밀하게 묘사했다. 박제가의 〈검무기〉와 쌍벽을 이루는 빼어난 작품이다.

고서 빙 돌아 마주 선 채 천천히 일어난다. 귀밑머리 쓸어 올리고 옷깃을 여민다.

버선발 가만히 들어 치마를 툭 차더니 소매를 치켜든다. 검은 앞에 놓였건만 알은체도 하지 않고 멋지게 회전하며 손끝만을 쳐다본다.

방 모퉁이에서 풍악이 시작되어 북은 둥둥, 저는 시원스럽다. 그제야 기생 둘이 나란히 앞에 나와 앞서거니 뒤서거니 한참을 논다. 소매를 활짝 펴고 모이더니 어깨를 스치고서 떨어진다. 그러더니 살포시 앉아서는 앞에 놓인 검을 쳐다본다. 집을 듯 집지 않고 아끼는 물건을 조심스레 다루듯, 가까이 가려다가 문득 물러나고, 손을 대려다가 주춤 놀란다. 물건을 줍는 듯, 물건을 버리는 듯, 검의 광채를 잡으려고 얼른 그 곁에서 낚아채기도 한다. 소매로는 휩쓸어 가려는지, 입으로는 물려는지, 겨드랑이를 깔고 눕다가 등으로 일어나고, 앞으로 기우뚱 뒤로 기우뚱거린다.

그러니 옷과 띠, 머리털까지 휘날린다. 문득 멈칫하여 열 손가락 맥이 빠진 듯 쓰러질 듯 다시 일어난다. 춤이 막 빨라져서 손은 칼에 달린 끈을 흔드는가 하였더니 홀쩍 일어날 때 검은 간 데 없다. 머리를 치켜들고 던진 쌍검이 서리처럼 떨어지는데, 느리지도 빠르지도 않게 공중에서 앗아간다. 칼날로 팔뚝을 재다가 헌거롭게 물러선다.

홀연 서로 공격하여 사납게 찌르는 듯 검이 몸에 겨우 한 치 떨어졌다. 칠 듯하다 아니 치고 서로 사양하는 듯, 찌르려다 아니 찌르니 차마 못하는 듯. 당기고는 다시 펴지 못하고 묶은 뒤엔 좀처럼 풀지 못한다. 싸울 적에는 네 자루요, 갈리니 두 자루다. 검의 기운이 벽에 어른거려 파도를 희롱하는 물고기의 형상 같다.

문득 갈라져 하나는 동에, 하나는 서에 선다. 서쪽 기생은 검을 땅에 꽂고 팔을 늘어뜨리고 섰는데 동쪽 기생이 달려든다. 검은 날개가 달린 듯 달려나가 서쪽 기생의 옷을 푹 찌르고, 고개를 쳐들고 뺨을 벗겨 내기도 한다. 서쪽 기생은 까딱 않고 선 채 얼굴빛도 바꾸지 않으니 옛날 영인(郢人)[11]의 몸가짐 같다. 달려온 기생은 훌쩍 날뛰며 용맹을 뽐내고 무예를 자랑하다가 돌아간다. 서 있던 기생이 그를 쫓아가 보복한다. 처음에는 히죽히죽 말이 웃듯 부르르 떨더니 문득 성난 멧돼지처럼 고개를 숙이고 곧바로 달려든다. 질풍폭우를 무릅쓰고 내달리는 용사와도 같다.

그러나 정작 곁에 가서는 싸우려다 싸우지도 못하고, 말자 해도 말지 않는다. 두 어깨가 슬쩍 부딪치더니 각자가 불의에 서로 발꿈치를 물고 돌아가는 모양이 마치 지도리를 박은 무슨 물체가 도는 듯하다. 어느새 아까 동쪽에 있던 기생은 서쪽으로, 서쪽에 있던 기생은 동쪽으로 위치를 바꾼다. 일시에 함께 몸을 돌려 이마를 마주 부딪고 위에서는 넘실넘실 춤추고 아래에서는 씩씩거린다.

싸움 때문에 검광이 현란하여 낯이 보이지 않는다. 혹은 자기 몸을 가리켜서 솜씨를 뽐내기도 하고, 혹은 부질없이 허공을 안으면서 온갖 태도를 다한다. 사뿐사뿐 걷다가 날름 뛰어 땅을 밟지도 않는 듯하고, 걸음을 늘였다 줄였다 하여 미진한 기운을 뿜낸다.

무릇 치는 동작, 던지는 동작, 나아가는 동작, 물러나는 동작, 위치를 바꾸어 서는 동작, 스치는 동작, 떨어지는 동작, 빠른 동작, 느린 동작이 다 음악의 장단에 따라 합치됨으로써 멋을 자아내었다.

이윽고 쟁그랑 소리가 나더니 검을 던지고 넙죽 절했다. 춤이 다 끝난 것이다. 온 좌석이 텅 빈 것같이 고요하여 말이 없다. 음악이 그치려는지 여음이 가늘게 흔들리며 소리를 끌었다.

검무를 시작할 때는 절을 하고 왼손을 가슴에 대고 바른손으로 전립을 잡는다. 더디게 일어나는 자태가 몸을 이기지 못할 것 같으니 이것이 시조리(始條理)다. 귀밑머리가 흐트러지고 옷자락이 어수선하게 나풀거리며 순간 몸을 뒤집으며 훌쩍 검을 던지는 것이 종조리(終條理)다.[12]

시작부터 끝까지 검무의 전 과정을 개괄하고 춤 동작과 자세, 분위기를 대단히 구체적으로 묘사해 현장감을 생생하게 전하는 글이

신윤복, 〈쌍검대무(雙劍對舞)〉, 28.2×35.2cm, 간송미술관 소장.
개인이 주최한 춤판에서 검무를 추고 있다. 검무가 일반에 깊이 파고들었음을 보여준다. 검무의 역동적 춤사위를 잘 살려 표현한 그림이다.

다. 남성이 아닌 젊은 여성이 융복을 입고 전립을 쓴 채 양손에 칼을 들고 추는 춤은 그 이상한 부조화 때문에라도 호기심을 자아낸다.

박제가의 글에서도 짐작할 수 있듯이, 검무의 특징은 그 다이내믹한 동작에 있다. 특히 운심의 검무는 박진감이 넘쳤던 것 같다. 전통적으로 여성이 추는 춤 가운데 검무보다 동작이 크고 활발한 것이 있었을까? 정적인 동작 위주로 짜인 춤사위 사이에서 이렇듯 역동적인 검무가 등장했을 때의 충격을 생각해보면, 검무가 수십 년 사이에 전국적으로 가장 인기 있는 춤으로 발돋움한 이유를 어렵지 않게 짐작할 수 있다. 유례없는 역동성이 세상의 시선을 끌기에 충분했을 것이다. 박진감 넘치는 역동성에 비례해 춤이 끝난 뒤의 정적은 더욱 두드러졌을 테고. 그래서 박제가도 "온 좌석이 텅 빈 것같이 고요하여 말이 없다"라고 묘사했으리라.

하지만 운심은 무대에 올라서 곧바로 춤을 추지 않고 일부러 시간을 끌었다고 한다. 숨죽여 기다리던 관객이 조바심칠 때 비로소 빠른 춤사위를 펼쳐나갔다는 것이다. 그런 행동을 두고, "세상에서 이른바 운심의 태도란 이런 것이다"라고 증언한 사람이 있다. 최대한의 정적감과 기다림 뒤에 펼쳐진 역동적이고도 폭발적인 춤사위가 관중을 흠뻑 매료시켰다. 이를 보면 운심은 관중의 심리까지 요리할 줄 알았던 무용가라고 할 수 있겠다.13

화려한 춤 속에 감추어진 내면

밀양 기생 운심은 검무를 잘 추어 서울에 올라와서는 장안의 제일가는 기생으로 일약 명성을 얻었다. 운심은 언제 서울에 올라와 활동을 시작했을까? 그 사실을 밝힐 자료가 없었는데 최근에 그녀의 명성을 뒷받침하는 새 자료를 얻었다.14 18세기 후반 밀양에 세거(世居)한 문사 신국빈(申國賓)이 밀양의 기방문화를 묘사한 여덟 편의 시에서 운심을 묘사한 시 두 편을 찾아냈다. 시를 읽어보자.

연아(煙兒)가 스물에 장안에 들어가

가을 연꽃처럼 춤을 추자 일만 개의 눈이 서늘했지.
들으니 청루(靑樓)에는 말들이 몰려들어
젊은 귀족 자제들 쉴 새가 없다지.

煙兒二十入長安　一舞秋蓮萬目寒
見說靑樓簇鞍馬　五陵年少不曾閒

호서 상인의 모시는 눈처럼 새하얗고
송도 객주의 운라 비단은 값이 얼만가?
술에 취해 화대로 주어도 아깝지 않은 건
운심의 검무와 옥랑(玉娘)의 거문고뿐이라네.

湖商苧布白如雪　松客雲羅直幾金
醉與纏頭也不惜　雲心劍舞玉娘琴[15]

    시인이 밀양 토박이 양반이었기에 누구보다 운심의 사연을 정확하게 파악했을 것이다. 기방의 일사(逸事)를 묘사하면서 운심을 두 번에 걸쳐 다룬 걸 보면, 밀양의 기방에서 운심이 얼마나 큰 위치를 점했는지 알 수 있다.
    먼저 첫 번째 시를 보자. 그는 운심의 다른 이름이 연아(煙兒)라는 것[16]과, 그가 선상기로 뽑혀 서울로 올라간 나이가 스물이라는 새로운 사실을 제시했다. 운심이 서울에서 춤을 한 번 추어 관객들의 시선을 사로잡았다고 했다. 그리고 서울에서 들려오는 소문을 기록

신국빈, 〈응천교방죽지사(凝川敎坊竹枝詞)〉, 《태을암문집(太乙菴文集)》 권2.
운심과 동향인 신국빈이 밀양의 기방풍속을 묘사한 여덟 수의 시다. 양진사의 〈성동별곡(城東別曲)〉, 이명신(李明臣)의 거문고 연주, 운심의 검무와 같은 명인을 소개하고, 또 인물이 좋은 밀양 기생을 의녀(醫女)로 차출해서 서울로 데려가 첩을 삼으려는 벼슬아치들의 행태를 묘사하고 있다.

했다. 운심이 춤을 추는 청루(青樓), 곧 기생집에는 찾아오는 손님들의 화려한 말이 빽빽하게 서 있었고, 운심으로 인해 젊은 귀족들이 한가할 틈이 없었다고 했다. 첫 번째 시를 통해 운심의 춤이 일으킨 반향이 어느 정도였는지를 상상하고도 남음이 있다.

두 번째 시는 운심의 검무가 얼마나 뛰어났는지를 묘사했다. 그 비싼 모시나 비단을 주어도 아깝지 않은 것이 바로 운심의 검무와 옥랑의 거문고라고 했다. 옥랑 역시 운심처럼 이름만 대면 다 아는 명인이었을 것이다. 그 주석에서 "운심의 검무와 옥랑의 금가(琴歌)는 모두 한 시대에 명성을 독차지했다"[17]라고 밝혔다. 검무 명인 운심의 명성이 과장되거나 날조된 게 아님을 거듭 확인할 수 있다.

운심은 이렇게 도도하고 춤 잘 추는 기생으로 한 시대에 명성이 자자했고, 그것이 19세기까지 알려졌다. 운심이 서울에서 이름을 얻어 뭇 사내의 환심을 산 광경이 우연하게도 연암 박지원의 글에 등장한다. 젊은 시절 연암은 당대의 유명한 조방꾼 광문(廣文)을 묘사한 소설 〈광문자전(廣文者傳)〉을 썼다. 이 유명한 전기소설의 마지막 대목에서 연암은 광문이 한양 명기 운심의 집에서 검무를 구경하는 장면을 묘사한다. 당대 최고의 협객 이야기에까지 운심이 등장하는 이유는 무얼까? 연암이 쓴 글을 읽어보자.

한양의 명기는 자태가 우아하고 용모가 아리땁다 할지라도 광문이 성가(聲價)를 올려주지 않으면 한 푼어치 값도 나가지 않았다. 우림아(羽林兒)[18]와 각 궁전의 별감(別監)들과 부마도위궁(駙馬都尉宮)[19] 겸종(兼從, 청지기)들이 뒷짐 지고 운심의 집을 찾았다. 운심이 이름난 기생

기방풍속을 그린 신윤복의 그림.
기방에 드나드는 이들의 복식을 통해 볼 때 우림아와 겸종으로 추정된다.

이었기 때문이다. 마루 위에 술상을 차리고 가야금이 연주되자 운심에게 춤을 추라고 권했다. 그러나 운심은 일부러 지체하면서 좀체 춤을 추려 하지 않았다. 그날 밤 광문이 운심의 집에 들렀는데 대청 아래서 서성대다가 마침내 술자리에 올라서서는 제멋대로 상좌에 앉았다. 광문은 비록 해진 옷을 걸쳤으나 행동거지는 상전이 없는 듯 태연자약했다. 눈자위는 짓무르고 눈곱 낀 눈을 한 채 짐짓 술에 취한 척 트림을 했다. 염소 털 같은 머리를 뒤통수에 올려붙인 꼴이었다. 좌중이 모두 입을 떡 벌리고 놀라며 광문에게 눈을 끔적여대다가 이제는 구타하려 했다. 그러자 광문은 더 앞으로 당겨 앉더니 무릎을 손바닥으로 두드려 장단을 맞추고 콧노래를 흥얼거렸다. 그러자 운심이 바로 자리에서 일어나 옷을 갈아입고 광문을 위해 검무를 추었다. 좌중의 모든 사람이 한껏 즐기고 게다가 친구가 되어 헤어졌다.[20]

이 글에 나오는 우림아, 각 궁전의 별감, 부마도위궁의 겸종들은 당시 서울 장안 기생의 후원자로 군림하던 계층이다. 앞서 소개한 신국빈의 첫 번째 시에서 묘사되었듯이, 귀족들과 기방의 세력가들이 호사스럽게 차려입고 운심의 청루로 몰려들었다. 그런 그들이 운심에게 춤을 추라고 했으나 운심은 도도하게 거부했다.

자신의 춤을 보려고 집으로 몰려온 무리가 쟁쟁한 사람들임에도 그녀는 한참 동안 뜸을 들이며 춤을 추지 않았다. 그때 등장한 불청객이 바로 광문이었다. 광문은 조방꾼이자 협객으로 장안에 명성이 자자했다. 힘깨나 쓰는 자들이 있건 말건 상관없이 광문이 제 무릎을 손바닥으로 두드리며 장단을 맞추자 운심이 비로소 일어나 검무를 췄다. 연암은 유흥가에서 광문이 누린 인기와 권위를 말하려고 썼겠지만, 역으로 잘 논다며 폼을 재는 풍류남아들이 모두 운심에게로 몰려온 정황을 드러냈다.

연암은 검무가 끝나자 좌중 모두가 마음껏 즐기고 서로 친구가 되었냐고 썼다. 연암은 그것이 광문의 힘이라고 생각했겠지만, 실은 운심의 검무가 좌중을 압도하는 강렬한 파토스를 발산한 결과로 보는 게 옳을 것이다.

운심은 돈을 긁어모으기에 정신이 없는 속물 기생도, 권력자만 추종하는 천박한 기생도 아니었다. 도도하면서도 협객의 정신을 지닌 협기(俠妓)로 보인다. 힘깨나 쓰는 자들의 요구에는 춤을 추지 않다가, 온갖 추태를 보이지만 인간미와 협기를 지닌 광문의 손장단에 일어나 시원하게 검무를 추었으니 말이다.

연암이 쓴 광문 이야기는 19세기의 유명한 야담집 《동야휘집(東野彙輯)》에 내용이 약간 수정되어 재수록된다. 이 야담집에선 글의 제목이 〈기생 운심의 집에서 광문이 춤을 구경하다(雲妓家廣文觀舞)〉로 바뀌었다. 왜 그렇게 된 걸까? 운심의 집에서 광문이 검무를 구경했다는 삽화의 흥미로움이 요인의 하나겠지만, 상당한 시일이 지난 뒤에도 운심의 명성이 여전했음을 보여주는 건 아닐까?

당대의 서예가와 사랑에 빠지다

광문이나 무인 풍류객들과 어울리는 장면만을 보면 운심이 운치 없는 기생으로 여겨질 수 있다. 그러나 운심은 한 분야에서 최고라는 이름을 얻은 인물다운 모습을 보여준다. 성대중의 《청성잡기》에는 운심과 관련된 일화가 또 하나 실려 있는데, 운심이 백하(白下) 윤순 (尹淳, 1680~1741)의 사랑을 받았다는 것이다. 백하라면 조선 후기 서예가 중에서도 최고로 손꼽히는 사람이다. 그런 그가 운심을 사랑했다. 최고 검무가와 최고 서예가의 사랑, 무언가 묘한 어울림을 느낀다.

물론 당시 상황에서 소론 명문가 출신이자 진사시 장원급제자이며 서예가로도 큰 명망을 누리며 당당한 위상을 자랑하던 백하는, 제아무리 검무의 달인이라 해도 운심과는 비교가 되지 않는 사람이다. 엄격한 신분상의 질서가 존재했으니 말이다. 그럼에도 윤순과 운심에게선 극치에 달한 최고 수준의 예술가들이 공유하는 어떤 동질성이 감지된다. 성대중이 쓴 글을 보자.

백하 윤순이 운심을 사랑하였다. 백하는 본래 글씨를 잘 썼는데 희롱삼아 운심에게, "네 검무가 능히 나로 하여금 초서(草書)의 비결을 깨닫게 할 수 있겠느냐?"라고 물었다. 운심 역시 평소 백하의 글씨를 사모하여 그것을 얻어 보물로 지니고 싶어했다. 백하는 글씨를 써주기로 약속했으나 미처 써주지를 못했다. 일찍이 가을비 내릴 때 홀로 앉아 있는데 낙엽이 뜰에 가득했다. 운심이 홀연히 술상을 받쳐 들고 와서 권주가를 불러 백하에게 술을 권했다. 백하는 혼연히 술을 마시고 조금 취하자 붓과 벼루를 자주 쳐다보았다. 그때 운심이 갑자기 비단치마를 벗어 백하 앞에 깔고선 "상공께서는 지난날의 약조를 잊지 않으

성대중, 〈청성잡기〉, 고 이병도 구장 필사본.
운심과 관련해 중요한 정보가 기록되어 있다.

셨지요?"라고 했다. 백하는 바로 붓을 휘둘러 〈귀거래사〉를 썼다. 백하 스스로도 득의작이라 생각할 글씨였다. 백하는 운심에게 비밀스럽게 보관하고 절대 내놓지 말라고 당부했다. 그런데 백하가 술에 취해 우연히 그 사실을 풍원(豊原) 조현명(趙顯命)에게 발설했다. 조현명이 운심을 불러 사실을 물었고, 운심은 감히 숨길 수 없어, 마침내 그 서첩은 조현명 차지가 되었다. 운심은 종신토록 한스럽게 여겼다.[21]

희롱 삼아 한 말이라는 단서가 달렸지만 백하는 운심의 검무가 초서의 비결을 깨닫게 한다고 말했다. 물론 당나라 때의 유명한 무용가 공손대랑(公孫大娘)의 춤을 보고 초성(草聖)으로 불리는 장욱

검무로 18세기를 빛낸 최고의 춤꾼 · 운심

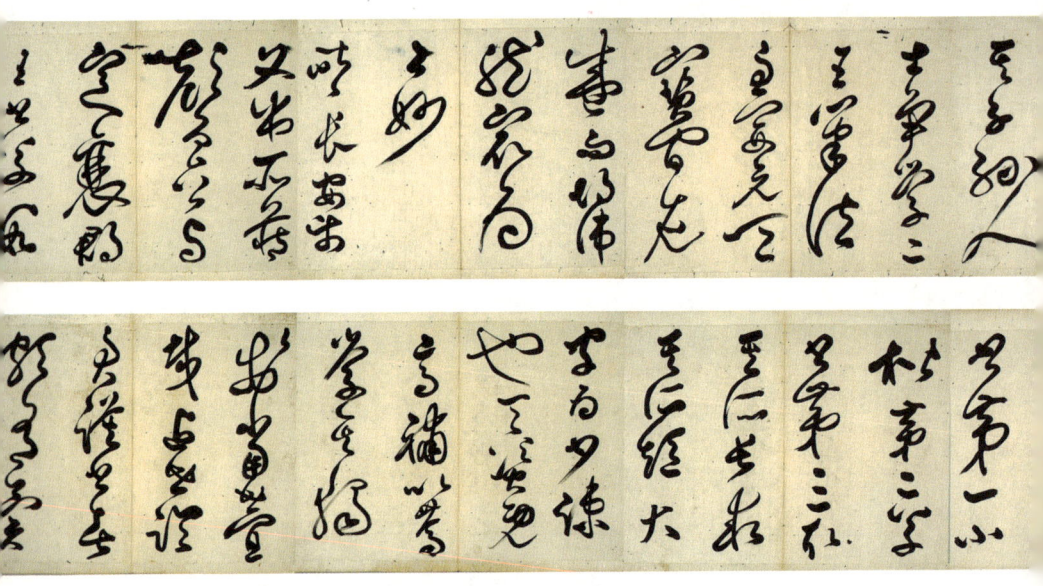

윤순, 〈동파제구양문충논서구(東坡題歐陽文忠論書句)〉, 43.0×401.6cm, 〈흥진첩(興盡帖)〉.

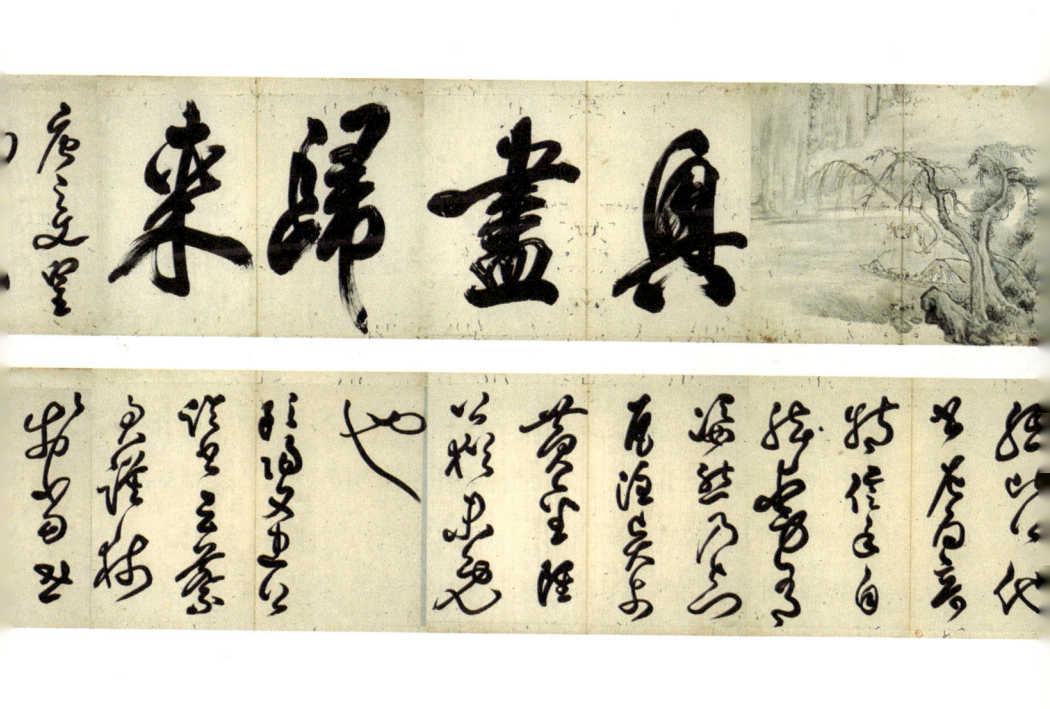

(張旭)이 초서의 새로운 경지를 얻었다는 고사를 연상하며 한 말이다. 운심의 검무가 백하의 초서 쓰기에 어떤 영감을 주었을 수 있다는 이야기다. 사실 검무의 역동적 춤사위를 떠올려보면, 초서와의 관련성이 없지도 않을 듯하다.

윤순은 운심의 검무를 보고 초서의 격을 높이려 했고, 운심은 윤순에게서 글씨를 받으려고 했다. 운심은 윤순이 글씨를 쓰고 싶은 욕구가 가장 강렬할 때를 포착해 분위기를 돋운 다음, 비단치마를 벗어 그 위에 도연명(陶淵明)의 〈귀거래사(歸去來辭)〉를 쓰게 했다. 글씨를 쓴 윤순조차 득의작이라고 자평(自評)할 만한 작품이었지만 우연한 실수로 정승 조현명에게 넘어갈 수밖에 없었다.

예술작품을 두고 벌어지는 이러한 이야기는 모두가 풍류운사(風流韻事)를 벗어나지 않는다. 모든 것을 금전과 권력으로 따지기 좋아하는 속물근성과는 거리가 먼 일이다. 운심은 예술을 이해하는 기생이었다. 운심보다 조금 뒷사람인 기생 단섬(丹蟾)의 일화도 그 비슷한 사연을 담고 있다.

회양(淮陽) 출신의 내의원(內醫院) 의녀(醫女) 단섬은 가무를 잘하고, 글을 이해할 줄 알았으며, 또 서화를 사랑하는 기생이었다. 저명한 화가 이명기(李命基)가 그녀를 위해 작은 초상화를 그려주었다. 그러자 단섬은 유명한 화가이자 시인인 강세황에게 사람을 보내 그림에 부칠 찬(贊)을 부탁했다. 강세황은 그 기생을 기특하게 여겨 찬을 지어주었다. 강세황은 그 찬에서 "네가 서화를 사랑한다고 하니 그 맑은 운치가 가상하다"라고 했다.

신분 차별, 성별과 나이의 차이 등등이 그들 사이에 놓여 있었지만 예술이라는 차원에서는 자유로운 소통이 가능했다는 걸 보여주는 사례다. 운심이 윤순과 나눈 사랑도 그런 점에서 이해할 수 있다.

약산동대 벼랑에 몸을 던진 호방함

아쉽게도 윤순이나 조현명의 문집에는 운심에 관한 기록이 없다. 윤순의 문집이 완비되지 않은 까닭인지도 모른다. 하지만 문집을 편찬하는 자들은 운심 같은 기생에 관한 일이 다루어진 시문을 실으려 하지 않으니, 윤순이 설사 글로 남겼다 해도 실제로 문집에 실리기는 어려웠으리라.

    검무를 잘 추는 기생으로 이름이 높던 운심은 광문에 얽힌 이야기나 윤순과의 사랑에서 본 바와 같이, 속물 기생이 아니라 예술을 알고 호방한 협객의 풍모를 지닌 기생이었다. 운심은 늙어서도 그런 모습을 잃지 않았다. 성대중이 《청성잡기》에 기록한, 만년의 운심을 다룬 일화를 통해 그녀의 호방한 기상을 엿볼 수 있다.

    운심이 늙어서는 전국의 명승지를 두루 유람했는데 특히 관서 땅을 즐겨 여행했다고 한다. 그래선지 관서 지방의 검무를 추는 기생들 가운데 그녀의 제자가 많았다.[22] 박제가가 영변의 묘향산에서 구경한 검무를 춘 기생도 바로 운심의 제자였다는 사실로 미루어볼 때 성대중의 언급은 믿을 만하다. 운심은 영변 지역과 유달리 관계가 깊다. 그 이유를 성대중과 친분이 깊은 이덕무가 기록해놓았다.

    이덕무는 1776년 3월 28일 북경에 사신으로 가던 길에 영변을 들렀다. 가까운 친척 형인 장군 이경무(李敬懋)가 영변도호부사로 재직 중이었다. 부사의 환대를 받으며 거기 머물던 그는 이 지역의 유명한 인물로 다름 아닌 운심을 떠올렸다. 명성이 자자한 밀양 기생 운심을, 이은춘(李殷春)이란 절도사가 자기 아버지 이수량(李遂良)이 사랑하던 기생이라 하여 영변도호부사로 재직할 때 데려왔다는 것이다. 이은춘은 집안 대대로 통제사를 지낸 무인 명문가였다. 그때는 운심이 늙은 뒤라 머리가 허옇게 셌다고 했다.[23] 이 때문에 운심은 영변에 오랫동안 머물렀고 거기서 제자도 길렀다.

언젠가 운심이 영변에 있는 약산동대에 올랐을 때 희한한 행동을 했는데 그것이 유명한 일화로 전해 내려왔다. 진달래꽃이 아름다운 곳으로 유명한 약산동대는 깎아지른 듯 만 길 벼랑을 아래로 내려다보았다. 운심은 마침 술에 취해 있었다. 하늘을 우러러 탄식하며 운심이 말했다.

약산은 천하의 명승지요 운심은 천하의 명기다. 인생이란 모름지기 한 번 죽는 법, 이런 곳에서 죽는다면 더없는 만족이다.[24]

그러고는 벼랑에 몸을 던지려 했다. 때마침 곁에 있던 사람이 운심을 붙잡았기에 망정이지, 그러지 않았다면 그대로 떨어져 죽을 뻔했다. 술에 취해 나온 말과 행동이지만 운심의 성격이 잘 드러난다. 비록 늙었어도 그녀는 아름다움에 도취되어 생명도 버릴 수 있는 열정과 광기를 지닌 사람이었다. 성대중은 이 이야기를 전하며, "운심의 풍정과 성깔이 저와 같기에 한 시대에 명성을 독차지할 수 있었던 것이다"²⁵라고 평했다. 그녀가 검무로 천하의 명성을 거머쥔 동력을 저와 같은 풍정과 성깔로 돌렸다.

운심에 얽힌 사연 가운데 내가 가장 흥미롭게 여기는 게 바로 이것이다. 약산이 천하의 명승지이니 나 같은 천하 명기가 여기서 죽어야 한다는 그녀의 발언은 오만하기 짝이 없다. 그러나 그것은 검무라는 예술의 성취에 대한 당찬 오기의 표현이 아닐까? 다른 이들이 뭐라 하든지 자신이 최고라는 자부심을 세속의 질곡과 자기통제 속에 가둬두고 있다가, 술기운과 명승지의 장관에 힘입어 우연히 발설한 것이리라.

역대의 유명 기녀 넷 중 하나

운심이 약산동대에서 외친 말은 천재적 예술가의 상식을 벗은 행동이다. 그런데 이상하지 않은가. 운심이 약산동대에서 술에 취해 벼랑 아래로 투신하려 한 것이, 비슷한 시기의 화가 최북의 행동과 어쩌면 그리 유사한가 말이다. 금강산 구룡연에 오른 최북도 술에 취해 "천하 명사인 내가 천하 명산에서 죽는 것이 좋다"라고 말하며 투신하려 했다.

어떻게 두 사람이 약속이나 한 듯 같은 행동을 했을까? 어느 한 사람의 행동을 기록자가 착각해서 동일하게 쓴 걸까? 확인하기가 쉽지 않다. 물론 둘 사이에는 공통점이 있다. 그것은 모두가 인정하는 당대 최고의 예술가요, 풍정과 성깔이 비슷했다는 점이다. 또 한편

운심의 무덤.
밀양시 상동면 안인리 신안마을에 있는 작은 무덤인데 운심의 것으로 알려져 있다. 지금도 밀양검무 보존회 회원들이 음력 팔월 초하루에 제사를 올린다.

으로, 당시 예술가들에게는 빼어난 산천에 예술혼을 묻고 싶은 욕망이 있었던 게 아닐까.

약산동대에서의 만년 행적을 끝으로 운심의 자취는 문헌에서 사라진다. 그녀는 18세기를 빛낸 최고의 춤꾼으로 역사에 기록될 만한 인물이었다. 그뿐만 아니라 죽은 뒤에도 역대 기생 가운데 가장 뛰어난 인물의 하나로 대중에 각인되었다. 이면승(李勉昇, 1766~1835)은 정조 말년의 유명한 제주 기생 김만덕의 전기를 정조의 명령에 따라 1797년에 지었는데 그 글에서 운심을 역대의 유명한 기녀 넷 중 하나로 꼽았다. 술을 잘 마시는 기생으로는 단양의 두향(杜香)

이 있고, 시를 잘 쓰는 기생으로는 함흥의 가련(可憐)이 있으며, 검무에선 밀양의 운심이, 노래 잘하기로는 장성의 노아(蘆兒)가 있고, 협기(俠妓)로는 진주의 논개가 있다고 밝혔다. 각 분야 최고의 기생 가운데 운심을 검무 분야 최고의 기녀로 뽑았다.[26] 다른 기생이 차지하는 비중을 놓고 볼 때 운심을 거의 검무계의 전설로 받아들인 것이다.

최근 밀양에 사는 김춘복 씨로부터 그녀의 무덤이 아직껏 보존된다는 전화를 받았다. 밀양시 상동면 안인리 신안마을에 있는 작은 무덤이 운심의 것으로 알려져, 밀양 검무를 보존하는 회원들이 음력 팔월 초하루에 제사를 올린다고 했다. 밀양에서는 지금도 그녀의 화려한 명성이 전설처럼 내려오고 있다.

세상의 책은 모두 내 것이니라

책장수
조신선

"책을 아는 천하의 사람 가운데 나보다 나은 사람이 없을 게요. 천하에 책이 없어진 다면 나도 더는 달리지 않을 것이요. 천하 사람이 책을 사지 않는다면 내가 날마다 술을 마시고 취하지도 못할 것이요. 이야말로 하늘이 천하의 책을 가지고 내게 명령 하여 나로 하여금 천하의 책을 모두 알라고 한 것이지요."

― 조신선

◉──— 세상의 책은 모두 내 것이니라 · 조신선

애서벽(愛書癖)을 지닌 서음(書淫)은 책과 관련된 것이라면 무얼 보든 눈이 번쩍 뜨인다. 옛글을 읽다가 만나는 숱한 사람들 속에서 책을 사랑한 이들에게 눈이 한 번 더 가는 것도 그 때문이다. 책을 사랑한 이들은 대개 이름을 익히 알 수 있는 위인이다. 학자나 문인 가운데 독서에 탐닉한 책벌레가 적지 않으니 그럴 수밖에 없다. 책을 엄청나게 많이 모은 장서가도 애서가 축에 들고, 책의 장정에 관심이 있는 사람과 책의 간행에 열의를 지닌 사람, 그리고 책을 베끼는 데 취미가 있는 사람도 그 축에 든다. 책을 끔찍이 사랑한 마니아는 의외로 많다. 그들의 취향과 탐닉은 고상하고 품위 있는 것으로 대접받기도 한다.

하지만 책을 많이 만지고 깊이 사랑하는 책장수를 애서가 대열에 넣는 일은 망설여진다. 애서가의 삶과 일화를 묘사한 글은 종종 눈에 뜨이는 데 반해, 책을 판매한 상인을 다룬 글은 찾아보기 힘들다. 책이라는 격조 있는 물건을 사고파는 행위를 미워해서일까? 그런데 책장수 가운데 누구보다 책을 잘 알고 책을 사랑한 사람이 있었다. 18, 19세기 조선의 서적 외판원 조신선(曺神仙)이 바로 그다.

서쾌·책쾌, 조선시대의 출판마케터

동아시아 사회에서 책을 파는 시장, 이른바 북마켓이 형성된 시기는 대략 이천 년 전이다. 그때도 지금처럼 주머니 사정 때문에 보고 싶은 책을 사지 못해 속상해하는 빈궁한 서생이 있었다.《천자문(千字文)》에 그 서생의 사연이 실려 있다. "탐독완시(耽讀翫市), 우목낭상(寓目囊箱)"이란 그 구절은 "독서에 빠져 시장을 돌아다니고, 눈을 한번 거치면 주머니와 상자에 넣어둔 듯 기억한다"라는 뜻이다. 책을 사지 못해 고생스럽게 공부한 가난뱅이 학자를 묘사한 구절로, 후한(後漢)시대의 저명한 학자 왕충(王充)의 사연을 배경에 깔고 있다. 집이 가난하여 책을 사지 못한 왕충은 늘 낙양(洛陽)의 저잣거리로 나가 서점을 돌아다니며 파는 책을 뒤적거리는 척하면서 모조리 외워버렸다. 그는 나중에 온갖 학술에 정통한 유명한 학자로 성장했다.《천자문》의 이 대목은, 책은 사고 싶은데 주머니는 비어 서점의 책을 만지작거리는 고금의 수많은 서생의 정경을 눈에 선하게 보여준다.

책을 사랑하는 서음의 독특한 면모는 서벽(書癖)을 지닌 문인들에 의해 종종 묘사되었다. 내가 읽은 글 가운데선 청나라 말엽에 서지학의 명저 《서림청화(書林淸話)》를 쓴 섭덕휘(葉德輝)란 학자의

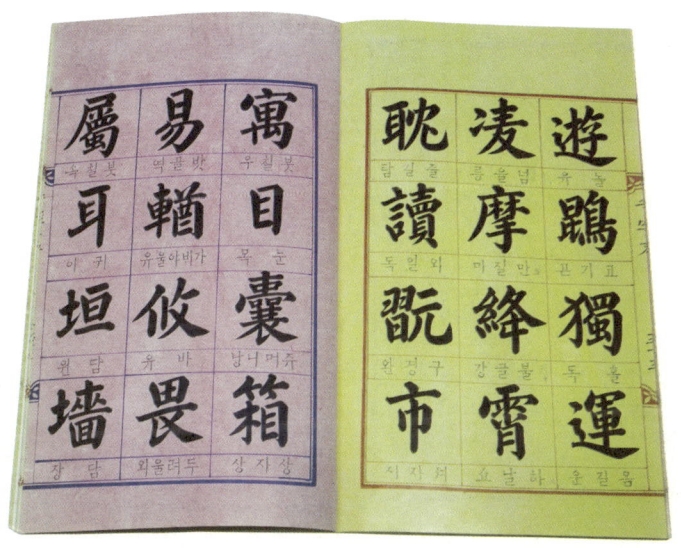

정교하게 필사한 〈천자문〉의 "탐독완시, 우목낭상" 대목, 장서각 소장 필사본. 각 장을 다른 색지를 써서 지루하지 않게 공부할 수 있도록 특별히 제작한 천자문이다. 필체와 고급 종이, 장황의 수준으로 볼 때 왕세자가 사용한 책으로 추정된다.

장편시 〈환빈이 책을 사는 노래(奐彬買書行)〉가 가장 인상 깊었다. 환빈은 섭덕휘의 자(字)다. 매우 긴 시인데 앞 대목만 보면 이렇다.

> 책을 사는 것은 첩(妾)을 사는 것과 같아
>
> 고운 용모에 마음 절로 기뻐지네.
>
> 첩이야 늙을수록 사랑이 식지만
>
> 책은 낡을수록 향기 더욱 강렬하지.
>
> 책과 첩, 어느 것이 더 나을지
>
> 쓸데없는 고민이 자꾸 이어지네.

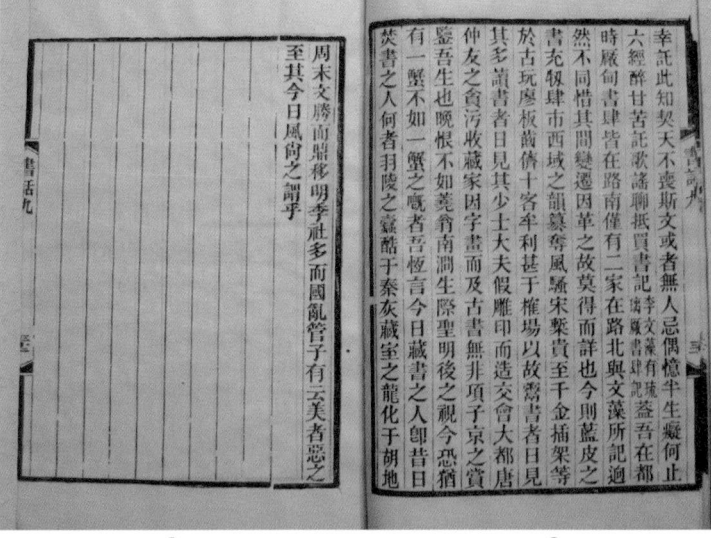

섭덕휘, 〈서림청화〉 부분.

때로는 내 방에 죽치고 있는 첩보다
서가에 가득한 책이 더 낫지.

買書如買妾　美色自怡悅
妾衰愛漸弛　書舊香更烈
二者相頡頏　妄念頗相接
有時妾專房　不如書滿篋

　　책을 사는 쾌락을 첩을 사는 즐거움에 익살스럽게 비유했다. 첩을 비롯해서 그 어떤 쾌락도 강렬한 서향(書香)에는 미치지 못한다는 섭덕휘의 고백이다. 책 자체를 다룬 저작으로는 전무후무하다는 평을 듣는 《서림청화》를 지은 저자의 고백답게, 서치(書癡)의 내면과 취향이 생동하게 느껴진다.
　　서책문화가 발달한 조선시대에는 이런 못 말리는 서치들이 적지 않았다. 자연스레 그들의 기괴하면서도 흥미로운 사연을 기록한 시와 산문이 드물지 않다. 반면에 그들에게 책을 공급해준 책장수나 서점을 묘사한 기록은 드물다 못해 거의 없다. 서점문화가 발달했다는 중국도 사정이 마찬가지였으니, 책을 사고파는 서점이 거의 없던 조선은 말할 나위도 없다. 조선시대에는 서점 공간에서 책의 거래가 이루어지기보다는 판매자와 구매자 사이를 연결해주는 중매인을 통해 거래가 이루어졌다. 서적 중개인을 의미하는 서쾌(書儈) 또는 책쾌(冊儈)라는 책 거간꾼이 그들이다. 우리말로는 책주름이라고 불렸다. 이는 부동산 중개인을 옛날에는 가쾌(家儈) 또는 사쾌(舍儈)라고 부른 것과 같다. 중국에서는 서반(序班), 러시아에서는 오페나, 프랑스에서는 콜포르퇴르라고 부르는 존재다. 과거에는 어느 문화권이나 거간꾼에 의해 서적이 중개되었다.[1]

용케도 18세기 정조 시절에 조신선이란 서쾌가 사람들의 이목을 모았다. 아마 조선조 서쾌들 가운데 후세까지 이름을 당당히 전한 거의 유일한 사람일 것이다. 서점 주인이 아니라, 구매자를 직접 열성적으로 찾아다니며 인간적 관계를 맺었기 때문에 그의 이름이 후세에 전해질 수 있었는지도 모른다.

조신선은 18세기 중엽 이후부터 19세기 초반까지 서울의 지식 집단에 명성이 자자하던 거간꾼이었다. 다산 정약용을 비롯하여 조희룡(趙熙龍)과 조수삼(趙秀三)이 그의 전기를 썼다. 그뿐 아니라 서유영(徐有英)이 쓴 《금계필담(錦溪筆談)》에도 그의 사연이 전하고, 여러 저작에도 그의 인생을 소재로 한 이야기가 실려 있다. 대체로 그들은 조신선으로부터 서책을 구매한 주요 고객이었다.

조선의 지식 생산과 유통

현재 책의 거래가 이루어지는 공간인 서점은 근대의 산물이다. 옛날에는 책의 거래를 서쾌가 담당했다. 큰 서점이 필요했지만 번듯한 서점은 운영되지 않았으므로 영세한 보따리장수가 그 역할을 맡았다. 어째서 서점이 활성화되지 못했을까? 서책의 공급과 수요는 양반 사대부 계층에 집중되었고, 정부에 의해 통제되었다. 조선시대에는 지식의 공급과 유통을 국가가 관장했다. 지식과 정보를 전하는 가장 중요한 매체가 서적인데, 조선왕조는 정책적으로 서점 설립을 금하거나 억제했다. 지식과 정보의 통제를 용이하게 하려는 의도에서 나온 정책인데 그에 따라 서적은 떠돌이 장수인 서쾌가 담당했다.

물론 서점 개설을 요구하는 주장이 줄곧 제기되었다. 한참을 거슬러 올라가 중종 시절 어득강(魚得江)은 소신을 가지고 서사(書肆)의 설치를 거듭 주장했다. 1529년(중종 24년) 5월 25일 그는 국왕에게 다음과 같이 진언했다.

> 서점을 설립하면 팔고 싶은 자는 팔고 사고 싶은 자는 살 것입니다. 선비들이 책 하나를 읽고 나면 그 책을 팔아 다른 책을 사서 읽습니다. 그렇게 번갈아 사고팔면 장구한 계책이 될 것입니다. 옛사람은 '책을 빌려주는 것도 어리석고 책을 돌려주는 것도 어리석다'라고 했습니다. 세상 사람들은 조상 때부터 전해오는 책을 파는 것을 못된 짓으로 여겨 좀체 팔려고 하지 않습니다. 그러나 높이 쌓아만 두고 한 번도 펼쳐 읽지 않아 좀벌레만 배부르게 한다면 무슨 보탬이 되겠습니까? 옛날에는 집이 가난하여 책 없는 사람이 시장의 서점에서 책을 보고서 성공하기도 했습니다. 이제 서점을 설치하고 책을 비치한다면, 뜻 있는 사람은 비록 사다 읽지 않고서도 온종일 보고 나면 기억할 수 있습니다. 지극히 편리하고 유익하므로 담당부서로 하여금 계획을 세워 설립하게 하소서.[2]

그러나 중종은 거듭된 제안에도 불구하고 전례가 없다는 이유로 거절했다. 그 이후에도 서점 설치를 간헐적으로 주장하는 사람이 나타났다. 명종 시절에는 "온갖 물건을 매매하는 점포가 다 있는데 유독 서적을 매매하는 서점이 없으므로 서사를 세우자"라는 주장이 윤춘년(尹春年)에 의해 제기되었다. 하지만 조정에서는 허가는커녕 "서사라는 제도는 이백 년 동안 없던 것인데 새로 그 제도를 만들어 권력을 독점하려 한다"며 되레 윤춘년을 비난했다.³ 난센스가 아닐 수 없지만 그때는 그랬다.

이후 정상기(鄭尙驥)와 박제가 역시 서점 개설이 필요하다고 주장했다. 특히 정상기는 이렇게 주장했다.

> 서울에서는 교서관을 설치하여 활자를 많이 주조했고, 삼남 및 서북의 큰 도시에서도 나무로 새긴 목판으로 서책을 인쇄한 것이 많다. 사대부 및 중인 서얼들 가운데 문학을 좋아하는 자들이 중국으로부터 기이한 문학서와 특이한 서책을 많이 수입해 들여온다. 따라서 지금은 서책이 옛날에 비해 상당히 많아졌다. 그런데도 나라 안에 서책을 사고 팔 서사가 여전히 없는 형편이다. ……이제 조정에서 특별히 종이전 옆에 수십 칸이 되는 다락집을 지어 서사를 설치해야 한다.⁴

정상기는 서책의 공급과 수요가 옛날과는 비교할 수 없을 만큼 많아졌기 때문에 원활한 유통을 위해 서사를 설치하고 운영할 필요가 있다고 했다. 설득력 있는 주장이다.

물론 서울에 책 파는 서점이 전혀 없었던 건 아니다. 영조 시대에는 이인석(李寅錫)과 박섬(朴暹)이 공동으로 운영하는 약계책방

김홍도, 〈규장각도(奎章閣圖)〉, 1776년경, 비단에 채색, 국립중앙박물관 소장.
규장각은 정조의 명에 따라 설치된 기관으로, 대대적으로 서적을 구입하여 비치하고 외부에까지 대출함으로써 지식의 보급과 학문의 활성화를 꾀했다. 규장각의 도서 수집과 활성화는 당시 사대부가의 도서 수집에도 적지 않은 영향을 미쳤다.

(藥契冊房)이란 곳이 서소문에 있었다. 주인은 녹사와 주부를 지낸 중인이었다. 조희룡이 조신선을 만난 곳도 박도량(朴道亮)이란 자가 운영하는 서점이었다. 이렇게 조선 전기부터 서울에선 서점이 영업을 하고 있었다. 또 지방의 큰 도읍에도 서점이 생겼다. 유몽인(柳夢寅)이 쓴 글을 보면, 임진왜란 이후 전라도 남원에 박고서사(博古書肆)란 서점이 세워지기도 했다.[5] 그렇기는 해도 서점이 전반적으로 활성화되진 못하여 서적 유통은 거의 전적으로 서쾌에게 맡겨졌다.

정조 시대에는 박제가가 북경의 서점거리인 유리창(琉璃廠)을 방문했을 때 서점 설치의 욕구를 드러낸 적이 있다. 어느 서사에 들어간 박제가는 피곤에 지친 주인이 잠시도 쉴 틈 없이 매매문서를 뒤적이며 일하는 모습을 보고 경탄을 금치 못했다. 서점에서 활발하게 서책이 팔려나가는 것에 자극을 받은 그는 그 순간 조선을 떠올리며, "우리나라의 서쾌는 책 한 종을 옆에 끼고 사대부 집을 두루 돌아다닌다 하더라도 어떤 때는 여러 달 내내 팔지 못하기도 하는데"라며 한숨을 토했다. 《북학의》에 전하는 조선 서쾌의 초라한 실상이다.[6]

"책쾌 조씨가 왔다"

조신선도 박제가가 말한 행색을 한 서쾌의 한 사람이었다. 하지만 그는 당시 잘 알려진 책 거간꾼으로 직접 만나본 사람들은 모두들 그가 기이한 사람이라는 인상을 받았다. 정약용은 조신선이 "붉은 수염을 한 사람으로 우스갯소리를 잘했으며, 눈에는 번쩍번쩍 광채가 번득였다"라고 묘사했다. 조신선과의 인연을 소중히 간직하고 있던 조수삼은 그를 이렇게 회고했다.

> 내가 칠팔 세 때에 글을 제법 엮을 줄 알았다. 선친께서 어느 날 조생(趙生)으로부터 《당송팔가문(唐宋八家文)》 한 질을 사주며 "이 사람은 책주름 조생이란다. 집에 소장한 책들은 모두 이 사람에게서 사들였다"라고 하셨다. 그의 모습은 사십 남짓 되어 보였다. 손꼽아보니 벌써 사십 년 전 일이다. 그런데 지금도 늙지 않았으니 조생은 정말 보통 사람과 다르다. 그때 나는 조생 보기를 좋아했고, 조생도 나를 좋아하여 자주 들렀다. 나는 이제 머리가 희끗희끗하고 손자를 안은 지도 벌써 여러 해가 되었다. 조생은 장대한 체구에 불그레한 뺨, 검은 눈동자에 검은 수염이 여전하다. 지난날의 조생과 견주어보니, 아! 기이하도다![7]

책을 좋아한 여러 학자가 책장수 조신선과의 만남을 인상 깊은 일로 세세히 기억했다. 무엇이 그와의 인연을 그렇게 인상 깊도록 만들었을까?

조신선이 누구를 찾아가고 어떤 책을 팔았는지는 유만주(兪晩柱)의 일기 《흠영(欽英)》을 통해 엿볼 수 있다. "우리들이 책보기를 혹독하게 즐기는 건 고질병의 하나다"라고 한 지독한 서음(書淫) 유만주에게는 자연스럽게 서쾌들이 자주 찾아왔다. 그의 일기 속에 '책조(冊曹)'라는 명칭으로 자주 등장하는 책쾌는 조신선이 거의 틀림없다. 1780년대 중반의 일기에서 그가 등장하는 대목 일부를 아래

유만주(俞晩柱)의 일기 《흠영》, 1784년 11월 9일 대목, 규장각 소장.
서쾌 조신선이 와서 책을 보여주고 매매하는 과정이 적혀 있다. 《흠영》은 황윤석의 《이재난고》와 함께 조선 후기 서책의 매매와 유통에 관한 정보의 보고다.

에 뽑아본다.

> 책쾌(冊儈) 조씨(曹氏)·신씨(申氏)가 《합강(合綱)》 3종이 육천 문이면 된다 했다. 다시 《천조사강(天朝史綱)》과 경서대본(經書大本)을 구했다. —1784년 10월 9일[8]

> 책쾌 조씨가 《합강》 전질을 가지고 왔다. 헤아려보니 《휘강(徽綱)》이

30책, 《속강(續綱)》이 14책, 《휘강발명(徽綱發明)》이 4책으로, 합하여 48책이었다. 환약 먹기를 중지하고 그 값으로 이것을 사려 한다. 먼저 《월강(越綱)》값을 지불했다. -1784년 10월 10일[9]

책쾌 조씨가 왔다. 《속월강(續越綱)》값을 지불했다. -1784년 10월 11일[10]

책쾌 조씨가 왔다. 《통감집람(通鑑輯覽)》과 《한위총서(漢魏叢書)》를 구한다고 말했다. 《명사(明史)》는 끝내 선본이 없고, 《경산사강(瓊山史綱)》도 얻기 어렵다고 그가 말했다. 《정씨전사(鄭氏全史)》는 춘방(春坊)에서 새로 구입했고, 《김씨전서(金氏全書)》는 서각(徐閣)이 일찍부터 소유했는데 책값이 모두 합해 사만여 문이라고 했다. 또 《절강서목(浙江書目)》을 구했다. 《합강》을 내어 보여주며 돋보기를 대고 보게 했다. 글자가 한결 커져 사정전각본(思政殿刻本)과 같았다. 그래서 이러한 판본이면 경사(經史)와 제자서(諸子書), 잡기(雜記), 소설을 따지지 말고, 1책이든 10책이든 100책이든 구애받지 말고 그저 구해 오기만 하라고 했다. 그가 "그건 매우 어렵지요. 하지만 달리 구해보지요"라고 했다. "송판경서(宋板經書) 대본(大本)이 있습니다"라고 하기에 "살 수 있느냐? 가져다 보여주기만 하시오!"라고 했다. -1784년 11월 9일[11]

저녁 어스름에 책쾌 조씨가 《문선율부(文選律賦)》 2책을 보여주었는데 광운지보(廣韻之寶)란 표지가 있었다. 나는 "전에 큰 판본을 구한 것은 의취(意趣)가 있어서이지, 다른 이들처럼 비단 포갑에 옥찌를 구해서 서안(書案) 위에 가지런히 쌓아두거나 자기, 의상 같은 기호품을 장만하려는 게 아니네. 자네는 이런 물건으로 나를 현혹하는 젠가? 난 그런 것과는 거리가 멀다"라고 하고 《절강총목》이 필요하다고 독촉했다. -1784년 11월 14일[12]

책쾌 조씨가 《송설학사전집(松雪學士全集)》을 놓고 갔다. 저녁에 책쾌 조씨가 다시 왔다. 《종고삼화이십현(從古三花二十玄)》으로 바꾸었다. -1785년 6월 2일[13]

책쾌 조씨가 《삼편(三編)》 소본(小本) 4책을 보여주었다. 고향재신각(古香齋新刻)인데 해서(海西) 먹 열 개와 바꾸려 했더니 내켜하지 않으며 나가기에 바로 돌려줬다. -1785년 7월 3일[14]

　이처럼 유만주의 일기는 주요 고객에게 책을 소개하고 가져다 판매하는 전형적인 거간꾼의 행적을 고스란히 밝히고 있다. 1784년 11월 9일의 일기에는 주요한 서적을 누가 샀고, 어떤 책을 누가 소장하고 있으며, 책을 구할 수 있는지 없는지 등등 책 사고팔기에 관한 소상한 정보를 고객에게 제공하는 조신선의 모습이 보인다. 또 1785년 7월 3일의 일기에선 상인 본색도 드러난다.
　그런데 조신선은 서쾌이기는 했으나 단순한 책장수가 아니었다. 제자백가(諸子百家)의 온갖 서적, 그리고 그 문목(門目)과 의례(義例)를 모르는 것이 없었다. 그가 서적에 대해 술술 이야기보따리를 풀어놓으면, 해박하고 고아한 자태를 지닌 군자(君子)로 착각할 정도였다고 정약용은 증언했다.

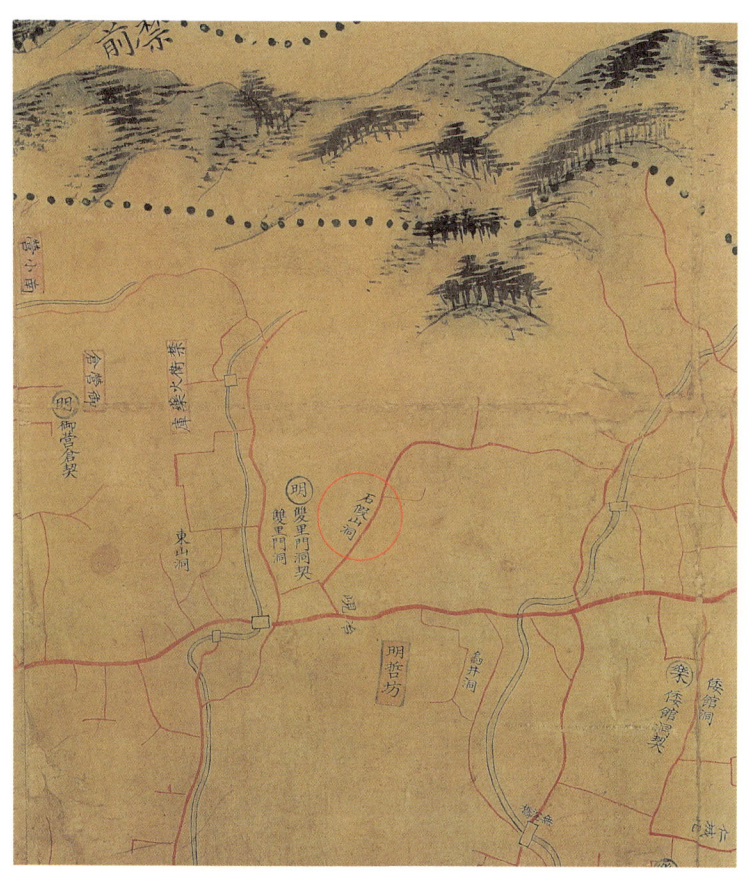

서울의 지리를 그린 〈도성대지도(都城大地圖)〉 중 남산(南山).
남산 북쪽의 석가산동(石假山洞) 부근이 조신선이 사는 곳으로 알려졌다.

    그런 조신선에게서 많은 사람이 책을 구매했다. 하지만 누구도 그가 어디 출신이며 어디 사는지 알지 못했다. 그는 의도적으로 자신이 사는 곳을 비밀에 부쳤다. 그가 남산 옆 석가산동(石假山洞)에 산다고 말하는 사람도 있었다. 하지만 소문에 불과할 뿐이라고 정약용은 못 박았다. 흥미롭게도 조신선이 사는 곳이라고 점찍은 석가산 동은 석가산(石假山)이라는 큰 저택이 있어서 그 이름으로 불린 동네다. 석가산은 명종 시절 서점 설립을 허용하자고 주장한 윤춘년의 집이다. 우연의 일치치곤 공교롭다.

뛰어다니는 인생

누구나 조신선을 쉽게 알아보았다. 책을 팔러 다니는 그 모습이 유별나서 사람들의 눈에 곧잘 띄었다. 동서남북 존비귀천을 따지지 않고 언제나 서울 시내 곳곳을 찾아다녔기 때문에 그의 발이 이르지 않은 집이 없었다. 아버지 대부터 조신선에게 책을 사온 저명한 시인 조수삼은 그런 행동을 매우 인상 깊게 묘사했다.

조신선은 해가 뜨면 저잣거리로, 골목으로, 서당으로, 관청으로 잰걸음으로 달려가서 책을 팔았다. 위로는 높은 벼슬아치부터 아래로는 《소학(小學)》을 읽는 어린아이까지 책을 필요로 하는 사람 모두를 고객으로 삼아 찾아다녔다. 그렇게 사방을 돌아다니며 책을 팔았고, 또 오랜 세월 동안 그 일을 했기 때문에 조신선을 만난 사람은 귀한 사람 천한 사람 가릴 것 없이 또 뛰어난 사람 모자란 사람 할 것 없이 모두들 그를 알아보았다.

조수삼은 그에게 특이한 점이 있는 것에 주목했다. 어디를 다니든 조신선은 책을 파는 장수답지 않게 걷지 않고 늘 뛰어다닌다는 사실이었다. 그는 마치 나는 듯이 뛰어다녔다. 조수삼은 그런 그를

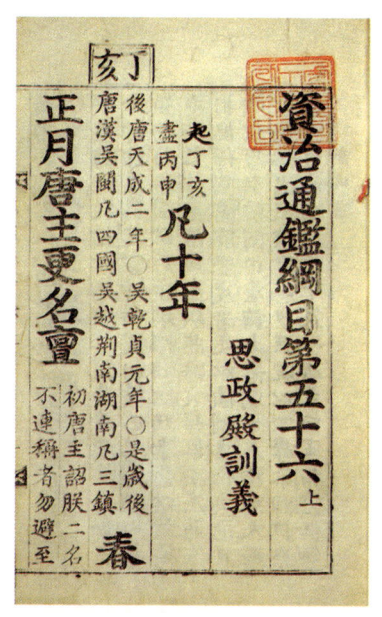

《자치통감강목(資治通鑑綱目)》 제56권, 선조 연간에 간행된 목활자본, 국립중앙도서관 소장.
세종 임금이 사정전(思政殿)에서 신하들과 함께 주해를 달고 교감하여 《자치통감훈의(資治通鑑訓義)》
로 간행했는데 이를 '사정전훈의(思政殿訓義)'라고도 부른다. 글자체가 크고 시원하여 조선 후기까지 여
러 차례 간행되었다. 주자(朱子)가 편찬한 이 책은 조선시대에 가장 널리 읽힌 서적의 하나로 권수가 매
우 많다.

'뛰어다니는 사람'이라고 곳곳에서 언급했다. 해가 뜨면 밖으로 나
와 "저잣거리로 달려갔고, 골목길로 달려갔고, 서당으로 달려갔고,
관아로 달려갔다"고 묘사했다. 책을 파는 일에 장소를 가리지 않고
고객을 가리지 않으며, 한시도 지체하지 않고 뛰어다니는 열정적인
서적 외판원의 모습이었다.

또 한 가지, 보통의 서쾌는 책을 보따리에 싸서 들고 다니거나
나귀에 싣고 다녔는데, 그는 가슴팍과 소매에 책을 가득 넣고 다니

며 팔았다. 《금계필담》에는 그가 책을 파는 장면이 인상 깊게 소개되어 있다. 《자치통감강목(資治通鑑綱目)》한 질을 늘 제 몸 어딘가에 숨기고 다니던 조신선은 그 책을 보고자 하는 자가 나타나면 몸 안에서 한 권 한 권 계속 꺼내어 자리에 올려놓았는데, 그렇게 꺼내놓은 책이 방 안에 가득 쌓이곤 했다.15 조선에서 간행된 《자치통감강목》은 80책 또는 100책에 이르는 방대한 권수다. 그 많은 책이 몸 속 여기저기서 나오는 것을 지켜보노라면 신기하기 짝이 없었을 터이다. 도대체 어떻게 그럴 수 있는지 아무도 몰랐다.

 사람들을 어리둥절하게 만드는 그의 기이한 행동은 여기서 그치지 않았다. 아무도 그가 사는 곳을 알지 못한 것은 그렇다 치고, 그는 전혀 밥을 먹지 않았다. 아무도 그가 밥 먹는 장면을 목격하지 못했다. 조신선이 밥을 먹지 않는 이유가 궁금해진 조수삼이 언젠가 "어째서 밥을 먹지 않는 게요?" 하고 물은 일이 있었다. 조생은 "깨끗하지 않은 것을 싫어해서지요"라고 대꾸했다.

 또 계절이 바뀌건 해가 바뀌건 아랑곳하지 않고, 베옷 한 벌을 입고 짚신 한 켤레를 꿰고 거리와 골목길을 달렸다.

 그는 기인으로 소문이 났다. 그가 보여주는 기이한 모습과 행동에, 그가 나타나면 짓궂은 아이들과 하인들은 모두 "조신선이다!"라고 손가락질하곤 했다. 업신여기거나 비웃는 이도 있었다. 그자들에게 조신선은 그저 빙긋이 웃고 말 뿐 응수하지 않았다.

 그렇게 쉬지 않고 돌아다니며 어렵게 책을 판 조신선은 책을 팔아 생긴 돈을 들고 책을 팔러 다닐 때 하듯이 이제는 술청을 향해 달려갔다. 술을 취하도록 마신 뒤 날이 저물어서야 또 달려서 어딘가로 사라졌다. 누군가가 그에게 물었다.

"고생스럽게 책을 팔아 무엇을 하려고 하오?"

"책을 팔아서 술을 사 마시려고 그러오."

그뿐이었다. 그는 밥 대신 술을 먹었다. 처자식을 먹여 살리기 위한 것도 아닌 듯, 그저 술을 거나하게 마시기 위해 책을 팔았다.

나라 안 책장수가 모두 죽게 된 사건

서울 안에서 누구한테나 눈에 띄던 조신선이 한때 장안에서 모습을 감춘 일이 있다. 영조 임금 재위 사십칠 년째 되던 1771년 어느 봄날 문득 조신선이 전부터 서책을 거래하던 재상가와 사대부 집을 두루 찾아다니며 말했다.

"제가 일이 있어 영남 땅에 갔다가 몇 년 뒤에 돌아옵지요."

그렇게 하직하고 종적을 감추었다.

그가 떠난 지 얼마 되지 않은 5월 서울에서 큰 사건이 터졌다. 책과 관련한 사건이 발생하여 서쾌들의 활동 양상이 전면에 부각되었고, 그들은 큰 곤욕을 치렀다. 사건의 전말은 이랬다.

사헌부 지평(持平)을 지낸 적이 있는 박필순(朴弼淳)이란 자가 영조에게 올린 상소가 조야(朝野)를 흔들었다. 청나라 사람 주린(朱璘)이 지은 《명기집략(明紀輯略)》에 조선의 태조와 인조를 모독한 내용이 있는 것을 발견했으니 이 책을 거래하거나 열람한 자를 처벌하라는 상소였다. 조선 임금을 향한 욕된 언급은 조선왕조 내내 국왕과 대신들을 괴롭힌 골치 아픈 문제였으니, 그의 상소는 벌집을 쑤셔놓은 듯 조정을 들끓게 했다.

그해 5월 21일 영조 임금은 박필순과 대신을 인견(引見)하여 대책을 논의했다. 선대의 임금을 모욕한 문구가 든 책의 존재에 영조는 극도로 화가 나, 그 책을 북경에서 들여온 최고위직 사신들을 모두 귀양 보내는 한편, 자신은 죄책감에 식사를 줄이고 음악을 듣지 않았다. 그 책을 장황하고 장서인을 찍은 서종벽(徐宗璧)이 이미 죽어서 대신 그 아들을 의금부에 하옥하여 심문했다.

후속 조치는 여기서 그치지 않았다. 다음 날에는 이 책을 소지한 사람들에게 즉시 자수하라 명하며 자수한다면 참작하여 용서하겠지만 자수하지 않는 자는 역률(逆律)로 다스리겠다는 포고령이 떨어졌다. 영조의 분노가 극에 달한 것을 알고 두려워한 자수자들이 나타났다. 유한길(兪漢吉)을 비롯하여 다섯 명은 영조가 친국하여 죄질에 따라 먼 섬에 귀양을 보냈다. 관련된 역관 수십 명이 모두 큰 벌을 받았다. 이어서 사대부들에게 서쾌로부터 서적을 매매하는 행위를 금지했고, 중국에 사신 가는 자에게는 서적을 사 오지 말라고 엄명했다. 뒤이어 서울 안에 관련된 서적을 소장한 자가 있는지 관리들이 일일이 탐문하여 거두어들였고, 그렇게 모아진 수만 권의 책을 한성부 마당에서 불태웠다.

더욱이 연암 박지원의 절친한 친구이자 명사 이윤영(李胤永)의 아들인 이희천(李羲天, 1738~1771)이란 촉망받는 젊은 학자가 그 책을 소장한 죄로 정림(鄭霖), 윤혁(尹爀) 등의 선비, 배경도(裵景度) 등의 서쾌와 함께 5월 26일 청파교에서 목이 베이는 참형을 당한 뒤

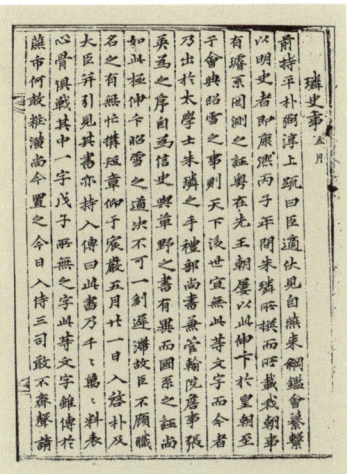

이의철(李宜哲)이 쓴 야사 《수서잡지(修書雜志)》 8권에 실린 '인사사(璘史事)' 대목, 국립중앙도서관 소장 필사본.

1771년 5월 청나라 사람 주린이 지은 《명기집략》과 관련해서 발생한 이 사건은, 대대적인 관련 서적 적발과 관련자 처형 및 서쾌의 탄압을 몰고 왔다. 이의철이 이 사건의 개요와 전개 과정을 정리했다. 그만큼 큰 사건이었다.

강변에서 사흘 동안 목매다는 참혹한 형벌을 받았다. 그 처자식은 노비로 삼아 흑산도로 유배를 보냈다. 역설적이게도 이희천이 본 책의 실제 소장자는 박지원의 종형이자 부마(駙馬)였던 박명원(朴明源)이었다. 이 일은 박지원에게 큰 충격을 주어 세상에 대한 뜻을 잃게 만들었다.

한편 7월 들어서까지 가뭄이 계속되자 영조는 서책과 관련해 사람들에게 내린 형벌이 너무 가혹한 탓이라고 후회하며, 연좌되어 처벌당한 처자식을 사면했다. 가장 혹독한 처벌을 받은 이희천의 처자식 일행도 흑산도에서 돌아왔다. 황윤석은 그 일행을 7월 19일 원기점(院基店)이란 주막에서 목도했다고 일기에 썼다.

> 닭이 울기 전에 길을 떠나 덕평에 이르러 청포묵을 사서 요기를 하고 원기점 주막에 이르러 아침을 먹었다. ……원기점 안에서 이희천 처자 일행을 만났다. 사면을 받아 흑산도에서 북쪽으로 돌아오는 길이었다. 불쌍하다. 고아와 과부가 무엇을 알겠는가?[16]

그리고 겨울이 되어선 서책으로 인해 죄를 입은 자를 모두 풀어 주었다. 사실 《명기집략》은 그 정도까지 문제가 될 책이 아니었다.

정치적 갈등이 사건을 만들었지만 큰 피해를 본 사람들은 다름 아닌 서쾌였다. 서울에서 활동하던 서쾌들은 모두 체포되어 의금부로 끌려갔다. 그 책을 누구에게서 샀는지 심문받는 과정에서 혹독한 고문을 당하고 처벌을 받았다. 고문을 당하다 죽은 서쾌도 많았다. 그 여파로 서울 안에 그나마 있던 책사(冊肆)는 완전히 황폐화되었고 서쾌는 자취를 감추었다.

한편 사건을 일으킨 박필순이란 자는 공로를 인정받아 높은 벼슬자리에 올랐으나 채 일 년도 못 되어 갑자기 죽었다. 사람들은 평지풍파를 일으킨 천벌을 받았다고 고소해했다.

나라 안의 책장수가 모두 죽게 된 이 사건은 《실록》을 비롯하여 각종 야사에 고루고루 등장한다. 수많은 서쾌가 참혹한 피해를 보았지만 가장 유명한 서쾌였던 조신선은 피해자 명단에 오르지 않았다. 그만은 미리 먼 지방으로 달아나 홀로 죽음을 면했다.

사건이 끝난 지 한 해 남짓하여 조신선이 다시 서울에 모습을 드러냈다. 옛날처럼 골목과 시장을 달리는 조신선을 발견하고 사람들이 어디 갔다 왔느냐고 묻자 "내가 지금 여기 있는데 어디로 달아났단 말이오?" 하고 웃으며 엉뚱한 동문서답으로 질문을 회피했다. 이때부터 사람들은 조신선을 선견지명이 있는 이인(異人)이라고 여기게 되었다.

"책이 있는 한 책을 팔러 다니겠다"

서쾌는 책을 사는 일과 파는 일을 다 했다. 금전이 필요하여 책을 팔려는 사람에게 싼값에 사서 책을 구하는 사람에게 비싸게 팔아 이문을 남기는 방식이었다. 예를 들어 《이재난고》 권40에는 박광원(朴光源)이란 자가 황윤석을 찾아와 맥동(麥洞) 사는 김문찬(金文燦)이 죽어 그 아들이 《강목》과 중국본 《팔대가》 각각 한 질을 팔려 한다고 말한 사실이 적혀 있다. 각기 79권과 40권에 이르는 거질의 책을, 보던 사람이 죽고 난 뒤에 팔려는 것인데, 황윤석이 응낙만 하면 매매가 성사되는 것이다.

조신선 역시 같은 방법으로 책을 거래했다. 그런데 조신선은 좋지 않은 소리를 들었다. 고아나 과부의 집에 소장된 서책을 싼값에 사들여 팔 때는 두 배의 값을 받는다고 했다. 생계가 곤란하여 책을 파는 불쌍한 사람들로부터 헐값에 사서 비싼 값에 파는 좋지 못한 짓거리를 한다는 것이다. 책을 판 사람들이 그 사실을 듣고는 언짢게 생각했다. 사람들은 조신선의 탐욕을 비난했다.

아무튼 조신선은 책에 관한 한 누구보다 전문가로 인정을 받았다. 조수삼의 〈책장수 조생전〉에는 그가 누군가와 나누는 대화가 실려 있다. 누가 그에게 물었다.

"책은 모두 당신이 가지고 있던 거요? 또 책의 내용을 아시오?"

조신선이 답했다.

"나는 책이 없소이다. 아무개가 어떠어떠한 책을 몇 년 소장하고 있다가 그 가운데 어떤 책을 나를 통해 몇 권 팔았을 뿐이오. 그 때문에 책의 내용은 모르지만 어떤 책은 누가 지었고, 누가 주석을 달았으며, 몇 질(帙)에 몇 책인지는 충분히 알지요. 그런고로 천하의 책이란 책은 모두 내 책이지요. 책을 아는 천하의 사람 가운데 나보다 나은 사람이 없을 게요. 천하에 책이 없어진다면 나도 더는 달리지 않을 것이요, 천하 사람이 책을 사지 않는다면 내가 날마다 술을 마시고 취하지도 못할 것이오. 이야말로 하늘이 천하의 책을 가지고 내게 명령하여 나로 하여금 천하의 책을 모두 알라고 한 것이지요."[17]

그가 책을 가지고 있는지, 또 그 내용을 아는지가 궁금하여 물었는데 조신선의 대꾸가 걸작이다. 그는 우선 책이 없다고 말했고 또 책의 내용을 모른다고 했다. 대신에 천하의 책이란 책은 모두 자기 책이라고 호언장담했다. 자신감이 넘치는 소리다. 천하 누구보다 책을 잘 안다고 자부했다.

누가 무슨 책을 몇 권 가지고 있고, 팔려는 사람과 사려는 사람이 누구며, 또 지은이는 누구고, 몇 권 몇 책으로 구성되었는지, 누가 주석을 달았는지, 편찬 의도는 무엇인지 하는 것들을 그는 꿰고 있었다. 서지에 관한 해박한 정보를 발품 팔아 얻은 것이다.

천하에 책이 없어지면 더는 책을 팔려고 달리지 않을 것이며, 하늘이 자기에게 책을 팔라는 직업과, 책에 대해 모두 알라는 주문을 했다고 했다. 다시 말해 책이 있는 한 책을 필러 다니겠다는 말이다. 책장수로서의 소명의식을 이보다 적절히 표현할 수 있을까? 책의 내용을 이해하는 학자들에게 꿀리지 않고, 오히려 자기야말로 책을 천하에서 가장 잘 안다고 자부하는 자세는 당당하고 도도하다. 조신선은 책 자체를 누구보다 잘 알았기에, 책을 아는 천하 사람 가운데 자기보다 나은 사람이 없다고 오만하게 말한 것이다.

조신선은 또 책을 통해 인생과 사회도 읽으려 했다. 〈책장수 조생전〉에는 조신선의 고백이 이렇게 이어진다.

"옛날에는 아무개의 할아버지와 아무개의 아버지가 책을 사들이더니 귀한 몸이 되고 높은 벼슬아치가 되었지요. 지금 와서는 그 아들과 손자가 책을 팔아먹더니 곤궁해지더군요. 내가 책을 통해 수많은 사람을 겪어보니, 천하에는 슬기롭고 어리석으며 어질고 못난 사람들이 끼리끼리 무리지어 쉬지 않고 생겨나더군요. 내가 단순히 천하의 책만을 이해할 뿐일까요? 책을 통해 천하의 인간사도 이해하지요."[18]

책 거간꾼으로서 그는 책을 사는 사람과 파는 사람의 인생살이를 엿보았다. 책의 운명을 통해 천하의 인간사를 볼 수 있었다. 당시는 책의 위상이 현재와는 비교할 수 없이 무거웠으므로 그의 말은 결코 허황되지 않다. 그의 말처럼 한 집안의 영고성쇠(榮枯盛衰)가 그 집안의 장서가 모였다가 흩어지는 과정을 통해 세상에 드러나기

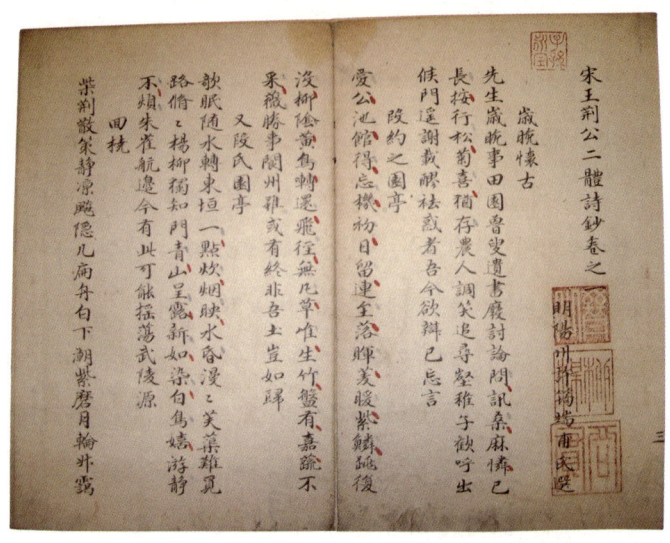

허균(許筠) 편저, 《송왕형공이체시초(宋王荊公二體詩鈔)》 권1 첫 장, 성균관대도서관 소장.
저명한 비평가 허균이 왕안석(王安石)의 시를 뽑은 시선집의 첫째 권이다. 장서인은 자손영보(子孫永寶), 진산(晉山), 유매(柳楳), 군실(君實)로, 유매(柳楳, 1683~1733)가 소장했던 장서임을 보여준다. 유매는 저명한 장서가 유명현의 아들이다. 진산은 유매의 본관(本貫), 군실은 그의 자(字)다. 매우 희귀한 책으로 유명현 집안의 장서답다. 자손들은 이 책을 영원히 가보(家寶)로 간직하라는 '자손영보(子孫永寶)' 인기(印記)를 찍어두었으나, 유만주가 말한 것처럼 벌써 정조 무렵에 흩어져서 다른 사람의 소장품이 되었다.

도 한다. 유만주는 《흠영》에, 기이하고 구하기 힘든 서적을 많이 소장하기로 유명한 유명현(柳命賢, 1643~1703) 집안에서 그 후손들이 전사(全史) 이백 권을 비롯한 옛 책들을 많이 판다는 소문(1784년 12월 5일 일기)과, 용곡(龍谷) 윤씨(尹氏) 집안에서 서책을 팔아버린다는 소문을 듣고 기록으로 남겼다(1778년 12월 1일 일기).

또 저명한 장서가 이하곤(李夏坤)의 만권루(萬卷樓) 장서는 충북 진천에 있었다. 그가 죽은 지 백 년이 흐른 뒤에는 장서가 모두 흩어지고 남은 건 겨우 숙종 이전 명현의 문집뿐이라는, 구한말 재상 이유원(李裕元)의 설명이 《임하필기(林下筆記)》에 실려 전한다. 전에 없이 장서가가 많이 출현한 시기가 바로 조신선이 활동하던 시대다. 책이 수집되고, 수집된 책이 흩어지는 과정은 인생의 많은 것을 말해준다.

장서를 대대로 지키는 건 그 집안의 위의(威儀)를 지키는 상징이자 그 집안의 현재와 미래를 점쳐볼 수 있는 중요한 징표였다. 심지어는 국가조차 그렇지 않은가? 조선의 국운이 기울자 먼저 조선의 가치 있는 책이 대거 일본으로 넘어간 것을 보라. 집안이 망하기 전에 먼저 그 집안의 책이 세상으로 흩어진다. 책을 소중히 여기는 사람들에게 이러한 이야기는 정말 가슴 저린 일이 아닐 수 없다.

허나 책을 모으기는 어렵지만 책을 흩어버리기는 너무 쉽다. 조신선이 책을 팔던 시기의 저명한 시인 이명오(李明五)는 책 모으기(藏書), 책 흩어지기(散書), 책 빌리기(借書), 책 빌려주기(送書), 책 보기(看書)라는, 장서문화에 관한 일련의 시를 지었다. 어렵게 모은 책이 흩어지는 것이 안타까워 쓴 시는 이렇다.

> 상아 찌가 꽂힌 천 권 책이 씻은 듯 사라져서
> 옛사람의 사무친 수집품이 너무도 썰렁해졌네.
> 가산 털어 사기는 담요에 불을 붙이듯 쉬우나
> 목숨 걸고 구해본들 작은 것 얻기도 어렵지.
> 세도 있는 자야 빈손으로도 얻는 것이 책이요
> 바보 같은 놈은 푼돈도 아까워하는 게 책이지.

사방에서 하나씩 모은 것이 뜬구름처럼 흩어지니
지난 고생에 넋을 놓고 홀로 난간에 기대섰네.

千軸牙籤掃地寒　古人寃業極叢殘
傾家已識燎毛易　拚命雖求得寸難
勢客還將空手取　癡僮不直一錢看
零星四聚浮雲散　陳迹蒼茫獨倚欄

–〈책 흩어지기(散書)〉, 《박옹시초(泊翁詩抄)》 권1

책을 모으기가 얼마나 어려운지는 경험한 자만이 안다. 그러나 간수하기는 더욱 어렵다. 세력이 있는 자는 노력을 기울이지 않고도 얻는 것이 책이요, 관심 없는 자는 책을 사는 데 한 푼 돈을 들이기도 아까워하는 것이 또 책이다. 가난한 학자가 어렵사리 사방을 다니며 구해놓은 책이, 자식이 변변치 않거나 도둑을 맞아서, 또는 가난 때문에 사라질 때의 망연자실한 모습이 절절하게 묘사되었다.

정약용도 궁금해하던 조신선의 나이

특이한 책장수 조생이 사람들에게 신선이라 불린 이유 가운데 하나는 오락가락하는 그의 나이 때문이었다. 그의 생애를 기록한 글마다 도무지 알 수 없는 그의 나이를 반드시 언급했다. 《호산외기》에는 이렇게 씌어 있다.

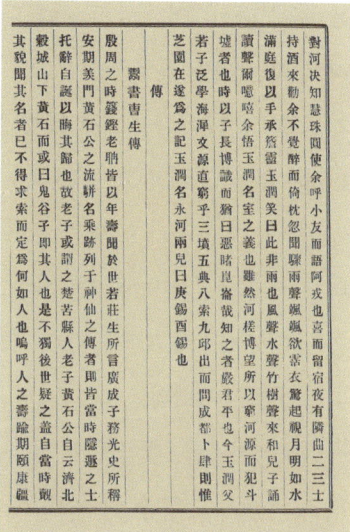

조수삼(趙秀三)이 쓴 조신선의 전기 〈육서조생전(鬻書曺生傳)〉, 《추재집(秋齋集)》 권8,
1939년 보진재(寶晉齋) 간본, 필자 소장.
조신선에 관해 가장 충실하게 묘사한 전기다. 조수삼은 그에게 시도 지어주었다.

나이를 물으면 그는 육십이라고 했다. 그런데 칠십 세가 된 어떤 노인이 "내가 아이 때에 조생을 보았는데 그때도 육십이라 했지"라고 했다. 그의 말로 헤아려본다면 백사십 세쯤 된다. 그런데도 얼굴은 사십쯤이거나 그도 못 되어 보였다. 이래서 사람들이 그를 신선이라 불렀다.[19]

조수삼도 그의 나이에 얽힌 사연을 길게 썼다. 누가 그에게 나이를 물으면 조신선은 웃으며, "잊어버렸소"라고 대답하곤 했다. 어떤 때는 "서른다섯이라오"라고도 했다. 올해 나이를 물은 사람이 다음 해에 다시 "어째서 또 서른다섯을 넘지 않는다고 말하는 게요?"라고 힐난하면 조생은 웃으며, "사람은 서른다섯일 때가 좋다고 하기에 그러지요. 나는 서른다섯 살로 내 나이를 마칠까 하여 나이를 더하지 않는다오"라고 했다.

어떤 호사가가 조생을 보고 "조생은 나이가 벌써 수백 살이다"라고 하자 조생이 눈을 둥그렇게 뜨고 "자네는 어떻게 수백 년 전 일까지 아는가?"라고 되물었다. 그렇게 엉뚱하기에 사람들은 그 이상 따지기를 포기했다.

분석하기를 좋아하는 정약용에게도 그의 나이는 관심사였다. 정조 임금이 즉위한 해인 1776년 무렵 서울에 와 있던 다산은 처음 조신선을 보았다. 그때 그는 얼굴도 머리칼도 사오십쯤 되어 보였다. 그런데 순조가 즉위한 해인 1800년에도 그 모습이 조금도 변하지 않아 1776년 시절과 똑같았다. 그로부터 이십 년이 흘러 순조 임금 재위 20년인 1820년 무렵에 그를 본 사람이 다산에게 지금도 그렇다고 전해주었다. 다산은 직접 보지 못해서 확신할 수 없다고 했으나 믿지 못하겠다는 투로 말하진 않았다.

다산은 그때 이가환의 말을 기억하여 덧붙였다. 이가환은 "영조 임금 재위 32년인 1756년 무렵에 내가 그를 처음 보았을 때도 사오십쯤 되어 보였다"라고 했다. 그리하여 앞뒤를 모두 계산해보면 백 살이 넘은 지 이미 오래라는 결론이 나왔다. 다산은 "조생의 붉은 수염에 무슨 비밀이 있는 것이 아닐까?"라고 추측했다. 그의 특이한 용모 가운데 하나인 붉은 수염을 그가 신선이라는 징표로 볼 수 있다는 말이다.[20]

홍한주(洪翰周), 《지수염필(智水拈筆)》 권1, 국립중앙도서관 소장 필사본.
18세기 이후 조선의 이름난 장서가로 심상규(沈象奎), 조병구(趙秉龜), 윤치정(尹致定), 이경억(李慶億), 서유구(徐有榘) 집안을 들고 있다.

《금계필담》에는 석취(石醉) 윤치정(尹致定)의 이야기가 실려 있다. 석취는 판서를 역임한 명사로, 서책을 삼사만 권 이상 보유한 손꼽히는 장서가 집안 출신이었다. 그러니 그 역시 조신선과 거래가 없을 수 없었다. 그의 조부로 참판을 지낸 윤문동(尹文東)이 아이 적에 장난삼아 조신선 세 글자를 조신선의 미투리에 써넣었는데 몇 해가 지난 뒤에도 여전히 미투리에 그 이름이 있었다. 그의 특이한 행적은 대개 그런 식이었다. 그의 나이는 백여 세로 추정되지만 언제나 사십 세의 용모를 하고 있었다. 정묘(1867년) 연간 이후 더는 그를 보지 못했다고 한다.[21]

조신선이 몇 살인지 궁금하게 생각한 많은 이가 그에게 나이는 몇인지, 어떻게 하면 그리 장수할 수 있는지를 물었다. 조신선은 언젠가 조수삼에게 이렇게 말했다.

"사람들은 오래 살고 싶어하지만 약물로 그리 되는 게 아니지요. 효도와 우애를 돈독하게 행하면 보답을 받지요. 내게 귀찮게 묻지 않도록 당신이 천하 사람들을 깨우쳐주시오."

이렇게 많은 사연이 분분한 것을 보면 조신선이 백 살을 넘겨 산 건 사실로 보인다. 물론 확인되진 않았다. 어쨌든 당시 사람들에게 그가 의문투성이 기인이었던 것만은 분명하다.

'신선'이라 불린 책장수

조신선이 활약하던 무렵 조선의 학자들이 북경에 가면 반드시 들르는 곳이 있었다. 유리창이라는 서점가다. 18세기 중반의 청나라 학자 이문조(李文藻)가 〈유리창서사기(琉璃廠書肆記)〉란 글을 통해 그곳 서점의 실상을 묘사하는 중에 노위(老韋)라는 일종의 서적 브로커를 소개했다. 중국 지식인들도 서점이나 책장수를 기록하는 데 몹시 인색해 조신선과 비슷한 인물을 찾아보기 어려운데, 이 노위가 조신선 같은 인물로 등장한다.

노위는 칠십여 세 된 노인으로 장작처럼 깡마른 얼굴을 한 사람이었다. 온종일 조정 신하의 집을 분주하게 찾아다녔다. 책을 좋아하는 사람을 한번 보기만 하면 그가 어떠한 종류의 서적을 좋아하는

지도 바로 알아맞혔다. 그들이 경제를 좋아하는지, 문장이나 전고를 좋아하는지 정확히 파악하여 각각이 좋아하는 책을 제시하고는 비싼 값을 받아냈다. 그런데 값을 깎으면 팔지를 않아 그에게 유감인 사람이 많았다.

하지만 그가 장삿속만 차린 건 아니었다. 이런 일도 있었다. 사고전서(四庫全書) 편집관인 주영년(周永年)이 《운보(韻補)》란 책이 남에게 팔려 몹시 언짢아하자 노위는 "소장형(邵長蘅)이 지은 《운략(韻略)》에 그 책의 내용이 다 들어 있다"고 귀띔을 해주었다. 주영년이 그 책을 가져다 보니 정말 그랬다. 또 노위는 그에게 위료옹(魏了翁)이 쓴 《고금고(古今考)》를 읽어보라고 권하며 "경학(經學)에 깊이가 있는 송나라 학자로 위료옹보다 나은 자가 없는데, 그가 세상에 알려지지 않아 그의 설을 채택하지 않는 것이 안타깝다"고 말했다. 주영년은 노위의 말에 수긍하지 않을 수 없었다.

이문조의 글에 따르면 노위는 제대로 책을 아는 전문 사서이자 브로커였다. 학자들에게 독서와 연구의 길을 안내할 지식과 능력을 지닌 노인이었다. 노위의 일화를 한둘 보노라면 조신선의 모습과 유사한 구석이 적지 않음을 느낀다. 노위와 조신선은 책장수라며 무시하고 넘길 수 없는, 책의 세계에서 독보적인 길을 개척한 사람들이다.

괴이한 행적과 백 살이 넘은 나이에도 늙지 않는 모습으로 인해 사람들은 그를 신선이라 불렀다. 조수삼은 젊은 시절 조신선에게 이런 시를 선물한 적이 있다.

세상에 신선이 없다 그 누가 말하는가?

서울 장안 시장에서 날마다 부르는 걸.
일백 년 지난 일을 자세히도 말해주며
삼신산 신선과는 동무 삼아 다닌다네.
책을 팔아 술에 취해 마음만은 배부르고
원숭이인 듯 학인 듯 기골은 야위어가네.
전우치(田禹治)와 장생(蔣生)이 지금은 어디 있냐고?
멍청한 네 눈앞에서 달리는 걸 보지 못하는가?

誰道神仙天下無 長安市上日相呼
百年前事能詳述 三島中人可與俱
買醉賣書心獨飽 似猿如鶴骨仍癯
田生蔣子今何在 不見區區眼底趨

-〈포옹(匏翁)의 시에 화답하여 조신선에게 준다〉,《추재집》권3

    조수삼은 서울 시장거리에서 발견하고 이름을 부르면 대답하는 책 거간꾼 조생이 바로 신선이라고 했다. 책을 팔아서 그 돈으로 술에 취하는 조신선은 누구보다 마음 넉넉한 사람이고 지금 우리 눈앞에 있는 그가 옛날 유명했던 전우치나 장생과 같은 신선이라고 했다.
    조희룡은 조신선이 아무 병 없이 죽었고, 죽을 때 특이한 일이 없었다고 했다. 굳이 그런 말을 덧붙인 이유는, 신선이라 하기에는 그의 삶에서 신기한 일이 없었다는 점을 밝히고 싶어서였다. 대신에 조희룡은 그를 문자선(文字仙)이라고 불렀다. 그는 "조신선이 정말 신선일까?"라고 의문을 제기하면서도, 그가 책 파는 일을 즐기며 산

것만으로도 문자선으로서 한자리를 차지할 수 있다고 인정했다. 문자로 이루어진 학문과 문학에 몰두하여 한 세계를 이룸으로써 신선이라 불리는 문자선의 세계에, 책을 판매하는 장사치가 낄 자리는 없다. 하지만 조희룡은 그가 문자로 이루어진 책을 파는 일을 인생의 쾌락으로 여기며 살았다는 데 의미를 두어 문자선의 한자리를 그에게 내주었다.

예나 지금이나 책을 즐기고 아끼는 서벽(書癖)의 주인공을 저자나 독자로만 한정하고 있는 건 아닐까? 그도 아니면 책을 만드는 출판업자, 책을 장정하는 장황가(粧潢家)—현대 개념으로는 북디자이너쯤 될 것이다—또는 장서가 등에 한정한다. 하지만 조희룡과 몇몇 사람은 책을 판매하고 중개하는 상인도 그 범주에 넣으려 했다.

18세기 중·후반은 조선왕조의 문예부흥기였다. 조정을 비롯하여 사대부, 나아가 평민과 천민까지 학문과 예술에 관심을 기울였다. 그 같은 분위기를 조성하고 성숙시킨 것이 바로 수많은 서적의 출간과 유통이었다. 조신선은 지금으로 치면 아주 뛰어난 북마케터다. 또 유능한 주제 사서라고도 할 수 있다. 서적이 널리 보급되어 사회 전반의 지적 욕구가 충만해지던 시기에 이름 없이 그 역할을 담당한 직업인이 서쾌였고, 조신선은 그 서쾌의 한 대변자였다.

세속의 소란을 잠재운
소리의 신

음악가
김성기

"김성기는 만년에 서강(西江) 강가에 집을 얻어 살았다. 작은 배를 사서 낚싯대 하나를 쥐고 오가며 물고기를 낚아 먹을 것을 댔다. 그러고는 스스로 호를 조은(釣隱)이라 했다. 바람이 가라앉고 달빛이 환한 밤이 되면 언제나 노를 저어 강 중류로 나와 퉁소를 꺼내 서너 곡조 연주했다. 강가에서 그 소리를 들은 이들은 다 그 자리를 배회하며 떠나지 못했다."

― 정내교

◉ ─── 세속의 소란을 잠재운 소리의 신 · 김성기

　어느 때나 당대의 분위기를 포착해 대중을 사로잡는 뛰어난 가객이 있게 마련이다. 지금도 대중을 사로잡는 가수는 시대 변화에 따라 명멸하며 그 일거수일투족이 관심의 초점이 된다. 그런 현상이 대중음악의 전유물은 아니다. 정도 차이는 있지만 클래식 음악에서도, 옛 음악에서도 사정은 비슷하다.
　조선시대의 가단(歌壇)을 현재의 노래판과 단순 비교하기는 어렵다. 그러나 그 시대 사람들의 심금을 울린 가수와 연주가가 존재했다는 사실에는 의심의 여지가 없다. 전 시기를 통틀어 매력적인 음악가로 기억되는 사람을 꼽아도 여럿이 나온다. 박연, 이마지, 황진이, 석개, 송실솔, 김성기, 송경운, 유우춘, 추월, 계섬, 고수관, 모홍갑 같은 인물이 우선 떠오른다. 이들 외에도 수많은 악사가 활약했을 텐데 그들의 음악과 행적이 우리 시대까지 제대로 남지 못한 까닭에, 기억해도 좋을 이름이 흔적도 없이 사라졌다.
　당대에는 시대를 호령하는 위대한 예술가였으나 먼 훗날에는 도

대체 무슨 연유로 명성을 얻었는지조차 감을 잡기 어려운 인물이 적지 않다. 그런 불행한 운명에 처하기 쉬운 대표적 예술가가 음악인과 춤꾼이다. 아무리 뛰어난 예술가라 해도, 그 시절의 기술로는 그들의 목청과 기술, 자태와 인물을 후대에 전할 수 없었기 때문이다.

이슬 같은 소리의 운명

허다한 문학서와 사료를 보다가, 간혹 책장을 넘기지 못하도록 만드는 음악인을 만나기도 한다. 문인들이 쓴 문장을 넘어 음악가의 치열한 예술혼이 전해온다. 김안로(金安老)가 지은 《용천담적기(龍泉談寂記)》를 읽다가 만난 이마지(李馬智)도 그런 음악인의 하나다. 당대 최고의 거문고 악사인 이마지가 어느 날 수많은 귀족이 모인 자리에서 서로 다른 분위기의 음악을 번갈아 연주하여 좌중의 기분을 이리저리 바꾸었다. 최고의 기량을 보여주어 좌중을 압도하던 이마지는 연주를 마치고선 불현듯 슬픈 얼굴로 하늘을 쳐다보며 한탄을 토해냈다.

인생 백 년도 잠깐이요, 부귀영화도 한순간입니다. 영웅호걸의 의기(意氣)도 그가 죽고 나면 뉘 알겠습니까? 오로지 문장을 잘하는 문사는 저술을 짓고, 글씨와 그림을 잘하는 예술가는 작품을 남겨서 후세에 불후의 명성을 전합니다. 후세 사람들은 남겨진 자취를 비교하여 그들이 거둔 성취가 깊은지 얕은지를 알 수 있습니다. 천년만년이 지

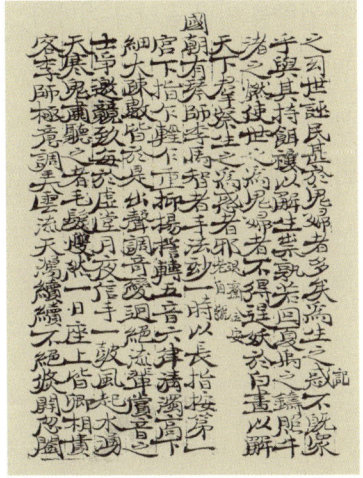
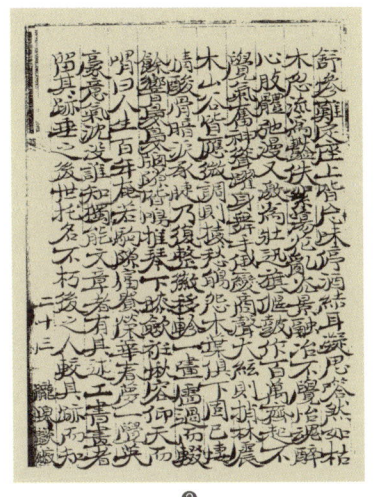

김안로, 《용천담적기》, 이마지 기사 부분.
김려(金鑢) 편, 《한고관외사(寒皐觀外史)》, 하버드 옌칭연구소 소장 필사본.

나도 마찬가지지요. 허나 저 같은 것은 풀잎에 맺힌 이슬처럼 죽고 나면 연기가 사라지고 구름이 없어지듯 자취가 사라집니다. 이마지가 음률을 잘했다고 말한들 뒷사람이 무엇을 근거로 그 수준과 품격을 알겠는지요? 호파(瓠巴)와 백아(伯牙)가 중국의 뛰어난 악사였으나 죽은 날 밤부터 벌써 그의 소리를 평가할 길은 없었습니다. 더욱이 천년이 지난 지금이야 말할 나위가 있겠습니까![1]

말을 마친 이마지가 긴 한숨을 토해냈고, 좌중의 모든 이가 눈물로 옷깃을 적셨다. 연주에 푹 젖어 있는 청중에게 이 거장의 입에서 나온 한탄은 너무 갑작스럽다. 사람들을 울고 웃게 만드는 뛰어난 기량을 지닌 음악가 이마지는 신기한 곡조들을 대부분 스스로 만들었다. 그에게 배우고자 하는 사람이 있어도, 아끼고 가르쳐주지 않았다. 그렇게 소중히 간직하던 음악을 후세에 전할 방법이 없었다. 뛰어난 연주고 아름다운 목소리고 간에 음악가가 죽으면 완전히 사라지는 게 음악의 운명이었다. 최고의 기량을 보이는 순간 그 운명을 떠올린다면 아쉽지 않을 수 없었을 것이다.

거문고와 비파, 퉁소 연주자

김성기(金聖基, 1649~1724)는 숙종 시대의 저명한 음악인이다. 우리 음악의 역사에서 매우 중요한 몇 사람 가운데 하나로 꼽힐 만한 위인이다. 그는 숙종 시대의 가장 뛰어난 거문고와 비파 연주가였다. 또 《어은보(漁隱譜)》와《낭옹신보(浪翁新譜)》라는 매우 중요한 악보를 남긴 작곡가이자 적잖은 시조를 남긴 저명한 시조작가이기도 하다.

이렇게 큰 비중을 지닌 악사지만, 사람들이 그를 기억하는 유일한 이유가 음악적 기량만은 아니다. 그는 음악인으로서 자의식이 몹시 강한 예술가였다. 진정으로 예술을 사랑하고 표현할 줄 아는 사람이었던 그는 세속적 가치와 부딪치며 큰 사건도 만들어냈다.

김성기가 명성이 자자한 악사였음에도 불구하고 그의 삶을 재구성해볼 기록은 많지 않다. 시조집《병와가곡집(瓶窩歌曲集)》에서는, "김성기는 자(字)가 자호(子豪)이고 호는 어은(漁隱) 또는 강호객(江湖客)이다. 숙종조에 거문고와 퉁소, 젓대로 명성이 있었다"[2]

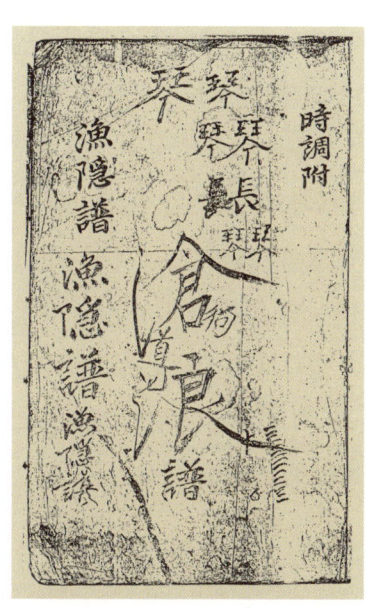

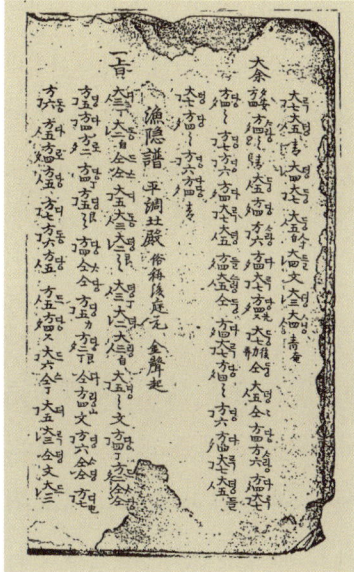
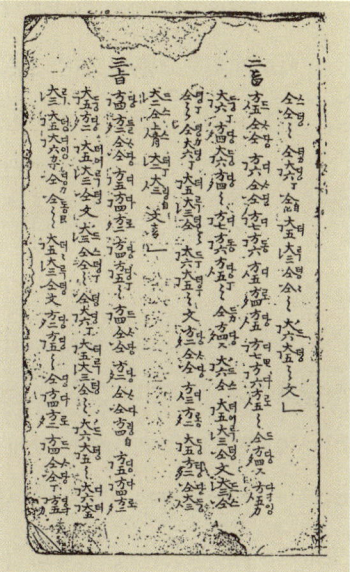

〈어은보〉의 표지(위)와 본문(아래).

라고 그를 소개했다. 간단한 이력서이면서도 핵심을 짚어냈다. 그러나 그것만으로는 부족하다.

우선 그의 출신을 밝힐 만한 자료가 충분치 않다. 그가 궁궐의 의복과 재화(財貨), 금은보화를 관리하고 공급하는 일을 맡는 관아인 상의원(尙衣院)에서 활을 만드는 궁장(弓匠)으로 일한 초기 경력을 보면 평민 이하의 신분이었음을 알 수 있다. 김성기는 기술자 일에 만족하지 않았다. 성품이 음률을 좋아하여 음악을 하고 싶었다.

그의 젊은 시절을 정내교(鄭來僑)는 〈김성기전(金聖基傳)〉에서 이렇게 묘사해놓았다.

> 거문고 악사 김성기는 본래 상의원에서 활을 만드는 장인이었다. 성품이 음률을 좋아하여 일터에 나가 물건을 만들지 않고 남의 뒤를 따라다니며 거문고를 배웠다. 거문고 기법의 정수를 터득하고 나자 마침내 활을 버리고 거문고를 전문적으로 연주했다. 기량이 뛰어난 악공들이라도 모두들 그보다 기량이 뒤졌다. 또 퉁소와 비파도 다룰 줄 알았는데 거기서도 모두 극치에 이르렀다.[3]

활을 만드는 장인에서 다른 연주자를 압도하는 최고의 악사로 성장해가는 김성기의 모습이 간명하게 드러난다. 그는 자신에게 주어진 인생을 버리고 고집스럽게 악사의 길을 선택했고, 누구보다 뛰어난 기량을 보이는 연주가로 성장했다. 이 글만 보면 그가 쉽게 최고의 악사로 성공한 듯 착각하기 쉽다. 그러나 실제로는 딴판이었다.

정내교, 〈김성기전〉, 《완암집(浣巖集)》 권4, 국립중앙도서관 소장 간본.

배움의 갈증, 도둑 공부

정내교는 그가 남의 뒤를 따라다니며 거문고를 배웠다고 했다. 아마 스승을 따라다녔을 텐데 그가 누군지는 밝혀내지 못했다. 그런데 조수삼의 《추재기이》에 그 스승이 누군지 짐작하게 할 만한 대목이 나온다. 김성기가 왕세기(王世基)란 악사로부터 거문고를 배웠는데 그 스승은 새 음악을 연주할 때면 비밀에 부쳐 전수하려 들지를 않았다. 그렇다고 포기할 김성기가 아니었다. 밤마다 스승의 집을 찾아가서 창 뒤에 바짝 붙어 몰래 훔쳐 들었다. 그리고 다음 날 아침이면 하나도 틀리지 않고 그대로 연주했다. 이상하게 여긴 스승이 어느 날 밤 연주를 하다가 별안간 창문을 냅다 열어젖혔다. 김성기가 깜짝 놀라 땅바닥에 거꾸러졌다. 스승은 그 이후 김성기를 아껴서 자신의 음악을 모조리 그에게 전수했다.[4]

조수삼이 전해주는 이야기는 다른 기록에는 잘 보이지 않는다. 물론 김성기가 죽은 후 거의 백 년쯤 지났을 때 기록한 것이므로 의문이 전혀 없진 않다. 하지만 조수삼의 식견을 염두에 둘 때 허황한 야담으로 돌려버릴 수는 없다. 김성기가 활은 만들지 않고 남의 뒤를 따라다니며 거문고를 배웠다고 정내교가 언급한 그 스승이 왕세기일 수 있다. 김성기가 대단히 유명한 악사이기에 스승과 얽힌 사연이 전설이 되어 백 년 뒤까지 전해진 것이리라.

옛 음악가들은 음악을 아무 제자에게나 설불리 전수하려 들지 않았다. 자기만의 독특한 음악세계를 틀어쥐고 있다가 믿을 만한 제자에게만 전했다. 음악은 그들 인생의 전부이기에 모든 것을 맡긴 도제(徒弟)에게만 전수했다. 드디어 왕세기의 수제자가 되어 음악을 배운 김성기는 최고 기량을 지닌 악사가 되었다.

김성기는 기왕에 연주되던 음악을 완전히 습득했을 뿐만 아니라 새로운 악곡을 짓는 작곡가로도 명성을 날렸다.

김성기는 직접 신곡을 만들 수 있었다. 그가 만든 악보를 배워서 명성을 얻은 사람도 많았다. 그리하여 서울에 김성기의 새 악보가 나타나게 되었다. 손님을 모아 잔치하는 집에서는 아무리 수많은 예인이 대청을 가득 메워도 김성기가 빠지면 모자란 잔치로 여길 정도였다. 그렇지만 집안은 빈한했다. 김성기가 마음껏 떠돌았기 때문에 처자식들은 굶주림

과 추위를 면치 못했다.⁵

굴레 벗은 천리마

빼어난 연주 실력을 갖춘 김성기는 장악원(掌樂院) 악사가 되어 연주가로서 최고의 명예를 누렸다. 음악을 관장하는 최고 기관인 장악원 악사가 되었으니 악사로선 최상의 자리까지 올라간 셈이다. 그의 명성은 거기에 그치지 않았다. 잔치 자리에 그가 없으면 아무리 많은 악사가 있어도 빛이 나지 않았다는 걸로 보아 연주자로도 인기를 누렸음을 알 수 있다.

"그는 음률의 묘리를 터득했고 비파를 잘 타서 많은 악공 중 으뜸이었지요. 부귀한 사람들이 다투어 초청해서 그의 연주를 듣는 사람이 늘 수십 인이나 되었지요"라는 기록도 전한다. 그가 누린 인기를 짐작하고도 남음이 있다.

그렇지만 그는 음악에 푹 빠져 생업을 영위하지 않았고 집안을 꾸려가는 데는 조금도 신경 쓰지 않았다. 기록에 전하는 인기로 보아선 적지 않은 금전적 대우를 받았으련만 그는 관심이 없어 가족을 경제적 궁핍에서 구하지 못했다. 당시 악사의 연주에 대한 보수가 열악한 수준이었다고는 하지만 김성기 정도의 악사라면 적지 않은 대접을 받았으리라 짐작된다. 그러나 음악에만 몰두하고 그 나머지 것에는 일체 무관심했다. 음악을 배울 때 보여준 몰두와, 최고가 된 후에 보여준 생활태도는 일맥상통하는 데가 있다.

김홍도, 〈기로세련계도(耆老世聯契圖)〉의 부분.
잔치 자리에서 연주하는 악공과 무동의 모습이 보인다.

    젊은 시절에 김성기는 거문고 악사로서 발군의 실력을 뽐냈다. 이 무렵의 활약상을 보여주는 자료는 거의 남아 있지 않다. 안동 김씨 명문가 학자인 노가재 김창업(金昌業, 1658~1721)이 1677년 대보름날 밤 종로 넓은 거리에서 김성기가 젓대를 부는 장면을 목도한 일이 있었고 후에 그 일을 적었는데, 젊은 시절 김성기의 활동을 보여주는 유일한 기록이다. 김창업은 그때의 일을 사십 년이 지난 뒤에 기억해내 시를 지었다. 연주할 때 김성기의 나이는 스물아홉이었다.

마포 강가의 낚시꾼

최고의 기량을 발휘해 인기가 높았고, 곳곳에 불려 다니던 김성기는 그 생활을 짧지 않게 지속했다. 그러나 그 생활을 마음껏 즐기는 부류는 아니었다. 가족도 제대로 돌보지 않고 예술에 심취해 인생을 보내던 그는 당시로선 외곽 지대인 한적한 마포 강가로 갑작스럽게 집을 옮기고 서울 출입을 끊었다. 새로운 인생의 전기를 아주 파격적으로 감행한 것이다. 그를 기억하는 사람들은 모두들 그가 마포로 이주를 감행한 일에 주목했다.

> 김성기는 만년에 서강(西江) 강가에 집을 얻어 살았다. 작은 배를 사서 삿갓을 쓰고 도롱이를 입은 채 손에는 낚싯대 하나를 쥐고 오가며 물고기를 낚아 먹을 것을 댔다. 그러고는 스스로 호를 조은(釣隱)이라 했다. 바람이 가라앉고 달빛이 환한 밤이 되면 언제나 노를 저어 강 중류로 나와 퉁소를 꺼내 서너 곡조 연주했다. 슬프고 원망하는 소리와 맑고 깨끗한 음악이 울려 구름과 하늘을 뚫고 퍼졌다. 강가에서 그 소리를 들은 이들은 다 그 자리를 배회하며 떠나지 못했다.[6]

한 나라의 대표 악사가 어느 날 갑자기 인기를 뒤로한 채 마포로 은거하여 낚시꾼이 되었다. 호를 낚시꾼이 되어 숨는다는 조은

이경윤(李慶胤), 〈선상취소도(船上吹簫圖)〉, 34.9×31.2cm, 고려대박물관 소장.

(釣隱)이라 했고, 물고기를 잡는 어부가 되어 숨었다고 해서 어은 (漁隱)이라고도 했다. 그는 서울의 귀족이나 부자가 여는 화려한 잔치 자리를 주도하던 유명인이었다. 때로는 도회지 큰 거리에서 대중의 시선을 한 몸에 끌던 인기인이었다. 그렇게 번 돈으로 생활도 했다. 그랬던 그가 쏟아지던 시선과 인기를 뒤로한 채 적막이 감도는 한강에서 허름한 옷을 입고 낚시를 했다. 요즘 말로 하면 은퇴를 한 것이다.

그가 은퇴한 시점을 김창업은 중년이라 했고, 정내교는 만년이라 했다. 여러 번 직접 만났고, 연도를 정확하게 밝힌 김창업의 기록이 더 믿을 만하므로, 중년의 나이에 은퇴했다고 보는 것이 옳을 듯하다. 다른 기록에는 "신축년(1721년) 서호(西湖)가에 집을 짓고 낚시질하며 스스로 즐겼다"7고 했다. 만년이라고 한다면 그의 행적과 잘 어울리지 않는다.

이 완벽한 전환은 무엇을 의미할까? 어떠한 세속적 속박에서도 자유로운 예술가로 살기를 원한 걸까? 남을 즐겁게 하기 위한 음악이 아니라 스스로 즐기기 위한 자오(自娛)의 음악을 바란 걸까? 그는 본래 낭유(浪遊)를 즐겼다고 한다. 호를 낭옹(浪翁)이라 한 것도 그래서일 것이다. 낭(浪)이란 곧 만랑(漫浪)으로, 어디에도 구속받지 않고 자유롭게 떠도는 사람을 일컫는다.

김성기와 십여 년 동안 강호에서 노닐며 친하게 지낸 사람으로, 누구보다 그를 잘 이해한다는 저명한 시조작가 김천택(金天澤)은 그를 이렇게 평했다.

어은(漁隱)은 천지 사이에서 소요하는 한가한 사람이다. 깨닫지 못한 음률이 없다. 성품이 강산을 좋아하여 서강가에 집을 얽어매어놓고서 호를 어은이라 했다. 날이 갠 아침이나 달빛 환한 밤이면 버드나무 드리운 낚시터에 앉아서 거문고를 연주하기도 하고, 안개 낀 강물을 희롱하며 통소를 불기도 했다. 갈매기를 가까이하면서 세상 욕심을 잊었고, 물고기를 내려다보며 그 즐거움을 알아냈다. 그런 생활로 형해(形骸) 밖에 내맡겼다. 어은이야말로 자기가 즐기고자 한 것을 즐기면서

가곡에서 명성을 날린 분이라고 해야겠다.⁸

　　김성기가 마포에서 낚시꾼으로 살아가는 모습이 인상적으로 묘사된 글이다. '천지 사이에서 소요하는 한가한 사람' 김성기는 세속을 벗어나 자연에 은둔했다. 오래전부터 그의 마음속에 자리 잡고 있던 물러남이었다. 마포에 은둔한다고 하면 지금이야 헛웃음이 나겠지만, 그 시절 마포는 나름의 고적한 맛이 나는 전원이었다.

　　그렇다면 음악을 포기하려고 은둔한 것인가? 아니다. 오히려 진정한 음악을 즐기기 위한 선택이었다. 김천택도, 김성기는 자기가 즐기고자 한 것을 즐기며 가곡에서 명성을 날린다고 했다. 음악을 이해하지 못한 채 그저 명성만 보고 자기를 불러대는 고객을 위해서가 아니라 스스로 즐기고 싶을 때 음악을 연주했다. 대중을 위한 연주를 그만두었을 때 그는 진정한 자유를 느꼈다. 진정한 자유의 느낌을 그는 시조에 이렇게 표현했다.

> 홍진(紅塵)을 다 떨치고 죽장망혜(竹杖芒鞋) 짚고 신고
> 거문고 들쳐 메고 서호(西湖)로 돌아가니
> 노화(蘆花)에 떼 많은 갈매기는 제 벗인가 하노라.

> 강호에 버린 몸이 백구와 벗이 되어
> 어정(漁艇)을 흘려놓고 옥소(玉簫)를 높이 부니
> 아마도 세상 흥미는 이뿐인가 하노라.

두 편의 시조에서 은둔객의 평화로움과 행복감이 드러난다. 이 같은 내용의 시조 여덟 수가 1728년 김천택이 편찬한 《청구영언》에 수록되어 있다. 김천택은 '여항육인(閭巷六人)'이라는 항목에 장현 (張鉉)·주의식(朱義植)·김삼현(金三賢)·김성기·김유기(金裕器), 그리고 본인의 시조 65수를 수록했다. 사대부와 구별해 여항의 시조 작가를 자랑스럽게 제시했는데, 그 가운데 김성기의 이름이 번듯하게 들어가 있다. 그가 여항에서 활약한 시조작가를 대표함을 입증한다. 김천택은 또 김성기의 시조를 수록한 이유와 과정을 작품의 발문에서 자세하게 설명했다. 김천택이 김성기의 노래를 보여달라고 했을 때 김중려(金重呂)는 이렇게 말했다.

"나는 어은과 더불어 십수 년을 강호에서 노닐었네. 그가 평소에 심회를 펼치고 감흥을 기탁한 노래를 모두 기록해두었네. 그 가운데에는 사람을 감동시키는 작품이 많네. 귀가 꽉 막힌 세상 사람들이 알아주지 않아서 책 상자에 감추어둔 채 호사가를 기다린 지 오랠세. 자네가 이렇듯 말하는 것을 보니 이 곡은 앞으로 세상에 널리 퍼지겠구먼."[9]

김성기의 시조는 김중려가 기록해 가지고 있다가 김천택의 《청구영언》을 통해 세상에 널리 전해졌다. 김천택은 그의 시조를 불러보고서 "세 번을 거듭하여 읊조려보니 산수에서 질탕하게 즐기는 흥취를 얻은 노래로, 말 밖에 뜻이 저절로 드러났으며, 표연히 세상 밖으로 훌쩍 떠난 느낌이 있다"[10]라고 했다. 김천택의 말처럼, 김성기의 시조에선 물욕에 초연하고 세상으로부터 자유로운 신선 같은 삶이 묻어나온다.

물욕을 벗어던진 신선의 풍모

음악 하는 사람들이 마포에서 낚시하며 음악을 즐기는 김성기를 간혹 찾아왔다. 우연히 오래전에 그의 음악을 들었던 선비가 그를 만났다. 바로 김창업이다. 1717년 한강 하류인 양천강으로 나들이하자는 친척들의 성화로 그가 배를 타고 행주를 유람했을 때, 거기서 김성기를 만났다. 종로에서 연주를 들은 지 꼭 사십 년 만의 일이었다. 그는 이때 시를 짓고 그 사연을 밝혔다.

김성기는 경성의 악사다. 현악기와 관악기에 통달하여 이해하지 못하는 음악이 없었다. 중년에 가정을 버리고 강호 사이에 홀로 노닌 채 물고기 낚는 걸 일삼았다. 내가 여기에 와서 물색을 살피다가 양천강에서 그를 만났는데 일엽편주에 도롱이를 쓴 채 손에는 낚싯대 하나를 쥐고 있었다. 멀리서 바라보니 물외인(物外人)처럼 보였다. 그는 예순여덟 살이었는데 용모가 노쇠하지 않았다. 옛날 정사년 대보름 밤에 종로 큰 거리에서 피리 부는 소리를 들은 뒤로 다시 보지 못했다. 이제 사십 년 만에 그를 이곳에서 만나다니 기이한 일이다.[11]

그댈 만나 알아보지 못한 건
도롱이 입고 흰머리가 뒤덮어서지.

자취는 물고기와 섞이고
모습은 산택(山澤)처럼 말랐구려.
정신이 신령하여 악기에 달통하나
몸은 늙어 강호를 사랑하네.
어찌하면 조각배를 사서
물결 속의 그대 곁에 들어가려나.

相逢不能識　蒻笠覆霜鬚　跡已魚蝦混　形惟山澤癯
心靈妙絲竹　身老愛江湖　安得扁舟買　烟波入爾徒

김창업은 김성기를 오랜만에 만났지만 늙은 데다 야인의 모습을 한 그를 처음에는 알아보지 못했다. 현악기와 관악기 모두에 통달한 그 유명한 악사가 초라한 낚시꾼의 모습을 하고 나타날 줄은 생각도 못한 듯하다. 김창업은 강호에 묻혀 살아가는 그의 삶이 부러웠다. 그래서 그를 동경하는 마음을 담아 시를 지었다.

김창업 일행은 다음 날 밤 다시 김성기를 만났다. 그로 하여금 퉁소를 불게 하고는 시를 지었다. 김창업은 또 몇 편의 시를 지어 시끄러운 세상을 떠나 사는 그를 기리며, "집을 팔아 배를 한 척 사서 물고기를 낚으며 다시는 성곽으로 들어가는 걸음을 내켜하지 않는다"라는 김성기의 말을 후세에 전해주었다.[12] 외모는 깡마르고 쭈글쭈글하여 영락없는 낚시꾼 모습이었지만, 그 내면에는 물욕을 벗어던진 선계(仙界)의 인물 같은 풍모가 엿보였다.

그 풍모는 그를 기억하는 사람들이 이구동성으로 전하고 있다.

장승업(張承業), 〈조어(釣魚)〉와 〈산수(山水)〉, 각 130×32cm, 개인 소장.

다음 글도 그중 하나다.

> 당시에 김성기는 벌써 팔십이 넘은 늙은이였으나, 불그레한 얼굴에 수염과 눈썹이 신선 같았지요. 날마다 작은 배에 술을 싣고서 홀로 강에서 낚시질을 하는데 밤을 새고 돌아오기도 한답니다. 배가 돌아올 때는 으레 퉁소를 불고 비파를 탔는데 그 모습이 표연히 세상을 떠나 있는 듯했답니다. 내가 서호를 방문했더니 강가에 사는 사람들이 아직도 그를 화제로 올립디다.[13]

용모뿐만 아니라 태도나 삶이 신선 같은 분위기를 자아냈다. 마치 산수화 속에 나오는 어부의 형상이다. 사람들은 그런 삶을 꿈꾸기도 하고 입으로도 원하지만 실제로는 감행하지 못한다. 그러나 김성기는 과단성 있게 실천에 옮겼다.

새로운 음악, 시조를 만들다

김성기는 자기 스타일의 음악을 창출한 창조적 음악가였다. 우선 비파, 거문고, 퉁소와 같은 악기에서 뛰어난 연주 기량을 발휘한 연주가였다. 그를 능가할 연주가가 없다고 할 만큼 한 시대의 종장(宗匠)으로서 뭇 음악인의 존경을 받았다. 그러나 이미 있는 곡을 연주하는 평범한 연주가에 머물지 않고 자신이 직접 새로운 곡을 만들었다. 그는 과거의 음악과는 다른 새로운 음악, 이른바 시조(時調)를 만든 음악인으로 알려졌다. 김성기가 독자적으로 만든 악보를 정리한 《낭옹신보》에는 〈보허자(步虛子)〉란 곡이 실려 있다. 이 곡의 하단에 〈보허자〉를 포함한 여덟 곡이 모두 평조(平調)임을 밝히고 그 다음에 "옛날에는 이 곡이 없었는데 낭옹이 비로소 지었다"[14]라고 했다. 김성기가 예전에는 없던 새 음악을 만들어 악보에 정착해놓은 것이다.

또 《병와가곡집》에는 "본조(本朝)의 양덕수(梁德壽)가 거문고 악보를 지어서 양금신보(梁琴新譜)라고 한다. 이것이 고조다. 본조의 김성기(金成器)가 거문고 악보를 지었는데 어은유보(漁隱遺譜)라고 한다. 이것이 시조다"[15]라고 기록했다. 김성기가 새로운 악곡을 지어서 그 시대의 정서에 맞는 음악, 곧 시조를 유행시켰음을 말해준다. 《추재기이》에서도 그는 스승 왕세기에게 새 음악을 듣기 위해 애쓰는 모습을 보여주었다. 여러 자료를 볼 때, 그를 17세기 후반에 새로운 음악을 선도한 대표 음악가로 보아도 무리가 없다.

그러나 김성기가 새 음악만 대변한 건 결코 아니다. 이미 잊힌 옛 음악을 살리는 노력도 그 못지않았다. 《낭옹신보》에 수록된 평조 〈고조심방곡(古調心方曲)〉에는 "근세에는 이 곡을 부르는 자가 없다"[16]라는 문구가 덧붙어 있다. 근세에 부르지 않는 곡을 되살려 악보로 만들었다는 뜻이다. 또 《낭옹신보》 〈삭대엽 평조 제일(平調 第一)〉 하단에는 이런 내용이 전한다.

이 곡은 근세에는 전하지 않는다. 전쟁 통에 잃어버린 데다 중고(中古) 이래로 부르는 자가 완전히 끊겼기 때문이다. 이제 낭옹이 고금의 여

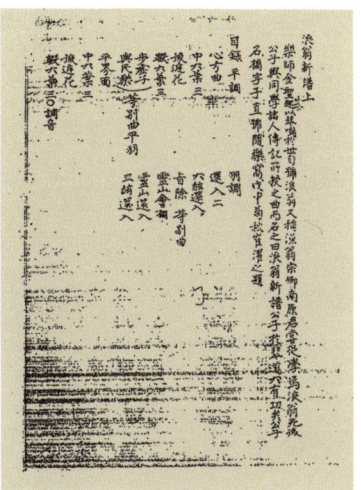 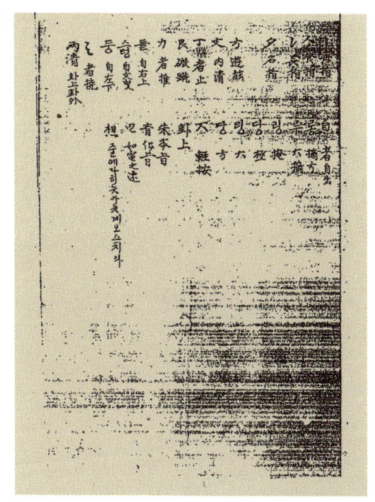

《낭옹신보》의 목록과 범례.
김성기의 제자들이 스승의 곡을 정리하여 만들었다.

러 악보를 널리 채집하여 이 곡을 완성했다.[17]

황진이와의 인연

그는 새 음악을 만든 음악인이자, 계승이 끊긴 음악을 되살린 음악인이기도 하다. 요즘 개념으로 치면 고음악가라고도 할 만하다. 그가 살린 음악이 정확히 무엇인지는 알 수 없다. 다른 것은 몰라도, 조선조 중엽의 유명한 개성 기생 황진이가 전한 음악과 관련이 깊은 것만은 분명해 보인다. 김성기가 죽기 직전에 주고사(朱瞽師)에게 전수한 고려의 유일한 음악이, 황진이가 김성천 댁의 여종에게 전수하고 다시 김성기가 전수받은 것이었다고 한다. 개성 기녀 황진이는 고려의 음악을 배워서 알고 있었다. 그렇다면 김성기가 음악을 배운 스승 왕세기 역시 개성 사람이 아닐까? 그가 왕씨 성을 가진 것도 심상치 않다. 실제로 황진이는 거문고 연주에서 최고 수준을 자랑하는 음악인이었다. 그녀가 가지고 있던 거문고 역시 귀중한 물건으로 취급되었다. 《오주연문장전산고》에는 이러한 기록이 전한다.

> 황진옥의 가야금. 진옥은 송도의 맹인 여자의 딸이다. 시를 잘했고, 노래를 잘 불렀으며, 거문고를 잘 연주하여 송도의 삼절(三絶)이 되었다. 진옥의 거문고는 그 뒤 유전(流轉)을 거듭하여, 대장(大將) 이황(李潢)의 소유물이었다가 그 뒤에 다시 승선(承宣) 이원묵(李元默) 집안의 물건이 되었다고 한다.[18]

여기서 황진옥은 황진이다. 이규경의 기록은 신빙할 만하다. 황진이가 가지고 있던 거문고가 특별한 의미를 지닌 것인지는 말하지 않았다. 하지만 황진이의 손때가 묻은 것이라면 대접을 받을 가치가 있다.

김성기가 복원해놓은 옛 음악인 〈삭대엽 평조 제일〉의 곡은 실제로는 황진이의 작품으로 널리 알려진 다음 시조다.

어져 내 일이야 그릴 줄을 모르던가
있으라 하더면 가랴마는 제 구태여

보내고 그리는 정은 나도 몰라 하노라

그가 복원한 고음악의 실체가 분명하지는 않지만, 황진이의 음악과 밀접한 관련이 있다는 또 하나의 증거인 셈이다.

김성기는 이렇게 연주의 조예를 이용하여 자기 음악을 구축했다. 그리고 교육을 통해 후세대에 전수했다. 음악 교육자로도 그는 우리의 시선을 끈다. 그가 가르친 제자들 가운데 남원군(南原君)이라는 사람이 있다. 그는 종실 사람으로 김성기로부터 거문고를 배웠다. 김성기의 악보를 다른 제자들과 함께 정리하여 《낭옹신보》를 만들었다. 《낭옹신보》에는 최탁지(崔濯之)란 사람이 쓴 다음 기록이 전한다.

악사 김성기는 거문고로 세상에 유명했다. 자호를 낭옹이라 했는데 어옹이라 부르기도 했다. 종실인 남원군이 일찍이 그를 좇아 배웠다. 낭옹이 죽은 뒤에 공자(公子)가 함께 배운 여러 사람과 더불어 전수받은 곡을 두루 기록하고는 '낭옹신보'라고 이름붙였다. 공자는 거문고의 도에 큰 공을 세웠다고 하겠다. 공자의 이름은 설이고, 자는 자직(子直)이며, 호는 수락와(隨樂窩)이다. 무신년 가을 최탁지가 쓴다.[19]

현재 전하는 《낭옹신보》는 각 곡마다 김성기의 악보를 누가 채보했는지를 밝혀놓았다. 대부분의 곡 하단에는 '원태전기(原台傳記)'라는 네 글자가 씌어 있다. 여기서 '원태(原台)'는 남원군 대감을 지칭하고, '전기(傳記)'는 낭옹의 음악을 전해서 기록한다는 뜻이 틀림없다. 또 〈보허자〉 하단에는 '이민재전기(李敏載傳記)'라고 써서, 이 곡을 채보한 제자가 이민재임을 밝혀놓았다.

　이 외에도 선전관(宣傳官) 이현정(李顯靖)과 김중열(金重說) 등이 그의 제자로 문헌에 등장한다. 시조작가이기도 한 김중열이 김성기로부터 거문고와 통소를 배웠다고 《청구가요(靑丘歌謠)》에 나온다.[20]

권력과 맞서다

음악가로서 김성기는 대단히 열정적이고 자신감이 넘치는 사람이었던 것으로 보인다. 자신감과 자부심이 강한 예술가로서 그의 면모는 자호(子豪)라는 자에서도 엿보인다. 그런 면모를 그가 지은 시조가 잘 보여준다.

　　굴레 벗은 천리마를 뉘라서 잡아다가
　　조죽 삶은 콩을 살지게 먹여둔들
　　본성이 왜양하거니 있을 줄이 있으랴.

　여기서 굴레 벗은 천리마는 바로 자기 자신이다. 굴레를 벗어 자유로운 자신을 그 누가 붙잡아둘 수 있겠느냐는 것이다. 비록 먹이를 많이 주어 잡아두려고 한들 천리마는 묶어둘 수 없다. 왜냐하면 천리마는 본성이 왜양하기(억세고 거칠다)에 가만히 있지를 못한다는 것이다. 이 시조는 신분이 낮고 악사라는 천대받는 직업을 가진 자신이지만 귀족이나 부자들이 얕보며 제어하지는 못한다는 근성을 표현한다.

실제로 김성기가 도회지를 벗어 마포에 물러나 산 것에서도 남에게 굽히기 싫어하는 성격이 드러나지만, 만년에 있었던 사건은 그의 성격을 단적으로 보여준다. 김성기를 유명하게 만든, 목호룡(睦虎龍)과 연루된 사건이다.

목호룡은 1722년(경종 2)에 발생한 신임사화(辛壬士禍)의 주동자다. 그는 소론(少論)에 가담해 김일경(金一鏡)의 사주를 받아, 김창집(金昌集)을 비롯한 노론 측 사대신(四大臣) 등이 경종을 시해하려는 역모를 꾀했다고 고변했다. 그의 고변으로 인해 정국이 돌변하여 사대신을 비롯한 노론이 몰락했는데, 이 사건이 바로 신임사화다. 고변의 공으로 목호룡은 부사공신(扶社功臣) 3등에 책록(策錄)되며 동성군(東城君)에 봉해졌다. 이후 1724년 경종이 죽고 노론을 등에 업은 영조가 즉위한 뒤 노론이 반격하여 신임사화가 무고(誣告)로 일어났다고 판결되었고, 그는 김일경과 함께 처단되었다. 그는 노론 측에는 극심한 증오의 대상이었다.

한때 막강한 권력을 누리던 목호룡이 잔치를 벌이고서 김성기에게 연주를 청했다. 마포에 은거하여 서울 출입을 끊은 그였지만 음악가로서 명성이 여전히 대단했기에 예우를 해서 정중히 불렀다. 여기에 얽힌 사연이 정내교가 쓴 다음 글에 상세하게 실려 있다.

궁노(宮奴) 목호룡이란 자가 고변을 해서 큰 옥사를 일으켰다. 사대부들을 도륙하여 공신이 되고 군(君)에 봉해지니 사람들에게 그의 기염을 토했다. 언젠가 그 무리들을 크게 모아 술을 마실 적에 안장마를 갖추어서 금사(琴師) 김성기를 정중히 청했다. 하지만 김성기는 병을 핑계로 가지 않았다. 심부름꾼이 여러 번 다녀갔지만 그래도 꼼짝 않고 자리를 떠나지 않았다. 목호룡이 몹시 화가 나서, "오지 않으면 내가 너를 크게 욕보이겠다"며 위협했다. 김성기는 마침 손님과 더불어 비파를 뜯고 있었다. 이 말을 전해 들은 김성기는 크게 노하여 전갈하러 온 자의 면전에 비파를 던지며 꾸짖었다.
"가서 호룡에게 이렇게 전해라! 내 나이 칠십이다. 어찌 너를 두려워하랴? 네가 고변을 잘한다 하니 나도 고변해서 죽여보아라!"
그 말을 전해 들은 목호룡은 기가 꺾여서 모임을 파하고 말았다.
이 일이 있은 후 김성기는 도성 안에 발걸음을 아예 끊어버렸다. 사람을 찾아가 연주하는 일도 아주 드물었다. 다만 마음에 맞는 사람이 찾아와 서강에 이르면 퉁소를 불어 그를 즐겁게 하였으나 그것도 몇 곡조에 그칠 뿐 흥청거리며 즐긴 적이 없었다.[21]

권세의 정점을 달리던 시기의 목호룡이 청한 연주를 거절한 김성기의 단호한 기개가 돋보인다. 사실 권력과 음악가의 관계는 동서와 고금을 막론하고 밀접했다. 음악가는 대체로 권력자의 도움을 받으며 생계를 유지하거나 연주 활동을 했고, 그 대가로 권력자를 위해 연주했다. 조선시대의 음악가들도 사정이 크게 다르지 않았다. 김성기도 젊은 시절엔 그런 관계를 완전히 거부하기가 어려웠을 것이다. 그렇다고 생각도 비위도 없이 권력 앞에 힘없이 고개를 숙이는 사람은 아니었다. 더욱이 고변하여 대신을 죽이고 권력을 손아귀에 쥔 자를 위해 연주할 순 없는 노릇이었다.

비록 늙기는 했지만 권력자의 청을 거절하기가 쉽지 않은 일임을 생각하면 김성기의 기개가 참으로 감탄스럽다. 그가 목호룡의 청을 거절한 건 자신의 정치적 입지가 노론에 기울어 있어서기도 하다. 신임사화가 발생하기 몇 해 전 마포에서 만난 김창업이 노론의 대표적 선비였다.

김성기가 목호룡의 기를 꺾은 이 사건은 눌려 지내던 노론들에 겐 그야말로 통쾌하기 짝이 없는 소식이었다. 노론 문사들이 김성기를 높이는 이유의 하나도 바로 이 사건에 있었다. 남유용(南有容)도 이 사건을 거론하며 김성기를 진시황의 기세를 꺾은 고점리(高漸離)와, 안록산(安祿山)의 기를 꺾은 뇌해청(雷海淸) 같은 음악가에 비교했다. 군자들이 입에도 올리지 않는 비천한 장인이 보기 드문 기개 있는 행동을 했다며 찬사를 바쳤다.[22]

손끝의 묘기로 사람들을 감동시킨 음악의 거장

당파야 어찌 되었든 목호룡의 기를 꺾어놓은 행적은 김성기에게 강직하고 자존심 강한 예술가의 정신이 살아 있음을 잘 보여주었다. 이 일은 사람들이 그를 음악가로서 존경하고, 또 그의 풍모와 인품까지 존경하도록 만들었다. 기력이 쇠진한 늙은이였지만 그에게는 굴하지 않는 기개와 정신이 있었다.

김성기의 전기를 첫 번째로 쓴 정내교는 노년의 김성기를 직접 만나고서 이렇게 묘사했다.

> 나는 어린 시절부터 김 금사의 명성을 익히 들어 알고 있었다. 일찍이 친구 집에서 우연히 그를 만난 일이 있다. 수염과 머리가 허옇고 양 어깨가 불룩 솟고 뼛골이 앙상하게 튀어나왔다. 입에서는 골골거리는 소리가 났으며 기침소리가 끊이질 않았다. 그러나 비파를 뜯도록 강권하였더니 〈영산회상(靈山會上)〉을 변치(變徵) 소리로 연주했다. 자리에 앉은 모두가 구슬픔에 눈물을 떨어뜨렸다. 비록 늙어서 죽음을 목전에 두었으나 손끝의 묘기가 이렇듯이 사람을 감동시키니, 그가 한창 장성했을 때는 어떠했을지 얼추 알 수 있다.[23]

머리가 허옇고 뼈만 앙상한 칠십 대 늙은 악공의 모습이다. 그러나 비파 솜씨는 여전히 사람들을 감동시켰다. 늙은 음악가는 아직도 사람들에게 인상적인 음악을 선물할 수 있었다.

한 시대의 거장은 죽음 앞에서도 의미심장한 장면을 연출한다. 노론의 명사였던 이영유(李英裕)는 죽음을 목전에 둔 김성기의 일화를 기록해놓았다. 이영유는 목호룡의 고변에 따라 역적으로 몰려 죽은 노론 사대신의 한 사람인 이이명(李頤命)의 직계 증손이다. 그는 김휴신(金畦臣)이 맹인 악사 주세근(朱世瑾)에게 1748년에 전해 들은 사연을 이렇게 기록했다. 다소 길지만 인용한다.

> 무진년(1748년) 겨울 섣달그믐날, 제(김휴신)가 안국방(安國坊) 집에서

홀로 자고 있는데, 마침 큰 눈이 내리고 날이 몹시 추웠습니다. 야심한 시각에 문을 두드리는 소리가 갑자기 들렸습니다. 급히 일어나 문을 열어보니 다름 아닌 주고사(朱瞽師)였습니다. 깜짝 놀라
"눈보라를 뚫고 어인 일로 온 거요?"
라고 물었습니다. 그러자
"우연히 흥이 나서 그냥 찾아왔지요."
라고 말하더군요. 말을 마치고 나서 술을 찾아 몇 잔을 따라 마시고는 전에 들고 와서 맡겨둔 비파를 찾았습니다.
"전에는 탈 때마다 으레 난색을 표하더니, 오늘은 먼저 찾으니 웬일이요?"
"눈은 갰고, 달은 벌써 높이 떴겠지요?"
"그렇소."
그러고는 등불을 끄고서
"샌님은 편히 누워 들으십시오. 제가 비파를 타지요."
라고 하더니 상성(商聲) 몇 곡을 연주하였습니다.
그가 당기고 튕기며 맺고 끄는 것이 아주 힘이 넘쳤고, 나무의 소리와 현의 소리가 아주 잘 어울렸습니다. 나오는 소리가 잘 꺾이고 억양이 있어 그윽하고도 비장하여 심경을 움직였습니다. 나는 누워 있다가 다시 일어나 곡이 끝나기를 기다렸지요. 고사에게
"자네는 아무래도 울분에 찬 일이 있는가 보오. 소리가 어째 전과는 그렇게 다르지?"
라고 물었습니다. 그랬더니 웃으며
"그런가요?"

하며, 또

"이 소리는 제게서 끊어질 모양입니다."

라고 장탄식을 토해냈습니다. 그러고는 옛 기억을 더듬었습니다.

"소싯적에 김성기 선생을 따라다니며 비파를 배운 것이 상당히 오래였습니다. 갑진년(1724년) 겨울에 선생이 홀연히 서강의 집에서 나와 서울로 들어왔는데, 이때는 국상(國喪, 경종은 8월 25일 승하하여 12월 16일 의릉에 묻혔다)이 아직 끝나지 않았습니다. 다른 사람 몰래 제 손을 붙잡고 빈집의 밀실로 데리고 들어가서 직접 온돌에 불을 지폈습니다. 그러고는 쓸쓸히 마주 앉아 비파를 꺼내놓고 몇 곡을 탔습니다. '이는 고려의 옛 가락이다. 고려의 옛 가락은 오로지 이 곡만 남아 있다. 대개 송경(松京)의 기생 황진이로부터 나온 것으로, 김성천(金成川) 댁의 여종이 악기를 탈 줄 몰라 입으로 곡을 연주하여 내게 전해준 것이란다.' 그러고는 '허어!' 탄식하면서 눈물을 쏟았습니다. '나만이 이 곡을 연주하여 묘법(妙法)을 터득했다. 끔찍이 아껴서 남에게 가르쳐주지 않았던 것이다. 이제는 늙었다! 네게 전해줄 테니, 남에게는 가볍게 주지 않는 게 좋으리라' 하고 말했습니다. 드디어 술대를 잡고 손을 놀리는 법을 모두 가르쳐주었습니다. 저도 이제 늙었습니다. 이 곡을 전수해줄 사람이 없는 것이 한입니다."

조금 뒤에 내가 타는 비파 소리를 듣고 깜짝 놀라며 말했습니다.

"샌님은 어디서 이 곡을 배웠습니까? 제법 타기는 하나 아직 부족합니다."

그러고는 현을 누르고 손가락 튕기는 법을 일일이 가르쳐주었습니다. 그 후 주고사는 죽었고, 나는 마침내 단현(斷絃)하고 다시는 연주하지

오순(吳珣), 〈우경산수(雨景山水)〉, 23.7×33.8cm, 개인 소장.

않았습니다. 벌써 십여 년 전 일입니다.[24]

제자를 위한 마지막 레슨

죽기 직전의 김성기로부터 비밀스럽게 곡을 배운 그날이 생각나는, 큰 눈이 내린 몹시 추운 겨울날, 맹인 악사 주고사는 뭉클한 감회를 김휴신에게 털어놓는다. 비장한 파토스에 휩싸인 글이다. 1724년 겨울 서울의 어느 집, 국상 기간이라 연주가 금지된 무거운 분위기가 세상을 짓누르고 있을 때, 김성기는 죽음을 앞두고 비장의 마지막 곡을 장님 악사에게 비밀스럽게 전수했다. 빈집의 밀실로 데리고 들어가 온돌에 손수 불을 지피고 조용히 마주 앉아 비파를 내놓고 몇 곡을 연주한 거장은 눈물을 흘리며 황진이로부터 전해진 고려의 음악을 전수했다. 그렇게도 아끼던 음악을 맹인 악사에게 전하고 김성기는 죽었다. 그렇게 전수받은 곡을 주고사는 후계자에게 전하지 못했다.

거장은 자신만이 지닌 음악이 완전히 사라지는 걸 원치 않았다. 그렇게 주고사에게 비전(祕傳)의 음악을 전하고 죽었다. 그가 죽은 뒤 제자를 포함해 많은 사람이 그의 죽음을 아쉬워했다. 신익(申瀷)이 지은 〈이현정에게 주는 글〉에는 김성기의 장례를 치를 때 일어난 특이한 사연이 전해온다.

선전관 이현정과 공자 남원군은 모두 김성기로부터 거문고를 배웠다. 김성기라는 사람은 기남자(奇男子)다. 낚시꾼으로 자신의 자취를 감추고는 호를 조은(釣隱)이라 했다. 거문고에 뛰어나 전해오지 않는 옛사람의 묘법을 터득했다. 임인무옥(壬寅誣獄)이 발생한 이후 역적 목호룡이 거문고를 듣고자 했으나 조은은 거절했다. 조은은 협박당하자 심부름꾼을 향해 통렬히 꾸짖고 거문고를 부숴버리고는 다시는 타지 않았다. 홀로 두 사람에게 거문고를 가르쳐 비법을 전수했다.
조은이 죽자 이현정은 남원군과 함께 그 시신을 지고 광릉(廣陵)의 산에 가서 장사를 지냈다. 그때 하늘에 뜬 구름의 빛이 바뀌었고, 산골짜기에 어둠이 몰려왔으며, 새와 짐승들이 모여들어 구슬프게 울면서 오르내렸다. 둘은 큰 잔에 술을 따라 무덤 위에 뿌리고 서로 마주 보고 대성통곡을 했다. 통곡을 마치자 거문고를 안고서 제각기 자기가 배운 것을 연주했다. 연주를 채 마치지도 않았는데 백양나무에서 처량한 바람이 일어나 우수수 소리를 내었다. 둘은 거문고를 던지고 다시 대성통곡했다. 길을 지나던 사람들은 아무도 저들이 왜 그러는지를 몰랐다.[25]

무인이자 음악가인 이현정이란 사람을 위해 써준 글이다. 그는 남원군과 함께 김성기의 가장 우수한 제자였다. 한 시대의 위대한 거장이었던 스승의 장사를 가족이 아니라 제자들이 치르고 있다. 그를 묻으려 하자 하늘을 지나가던 구름도 빛이 변했고, 산골짜기도 어두컴컴하게 바뀌었으며, 새와 짐승들도 슬피 울었다. 과장된 표현이라고 할지 모르겠지만, 위대한 음악가의 죽음을 슬퍼하는 제자의 슬픈 마음에는 그렇게 보이고도 남음이 있다.

이 장례에는 오로지 제자 둘만이 술과 악기를 들고 참석했다. 어떻게 보면 초라하기 짝이 없어 보이나 실은 몹시 엄숙하면서도 비장하다. 술을 따르고 통곡을 하고, 스승으로부터 배운 음악을 연주하여 저승으로 가는 스승을 보낸다. 음악을 사랑하고 이해하는 스승과 제자만이 교감하는 장례다. 그 장면을 보는 사람 누구도 그들을 이해하지 못했지만 하늘과 땅, 새와 짐승 그리고 바람은 함께 슬퍼했다. 조선시대의 음악인들은 스승의 죽음을 이런 방식으로 추모하곤 했다. 진정으로 위대한 예술은 이해받지 못한다고 생각하면서.

자명종 제작에 삶을 던진
천재 기술자

기술자
최천약

"최천약의 재주는 수백 년 이래로 다시 구하지 못합니다. 청나라는 모든 물건이 간단하고 편리하여 본받을 것이 많습니다. 천주당과 측후(測候) 따위의 일은 최천약이 배워 올 수 있습니다.

―서평군

◉ ── 자명종 제작에 삶을 던진 천재 기술자 · 최천약

조선 후기 사회는 바늘 하나 제대로 만들지 못해 중국과 일본에서 수입해야 했다. 그만큼 기술이 낙후된 상태였다. 〈조침문〉이란 한글 수필에서 보듯이, 바늘이 부러지면 애도하고 조문을 할 정도로 귀했다. 청나라로부터 수입하는 무역품 목록에서 바늘은 앞자리를 차지했다. 19세기 전기의 학자인 서유구와 이강회, 이규경과 이시원은 외교 문제가 발생하여 무역 거래가 어려울 경우 바늘을 자급하지 못해 전 국민이 옷을 입지 못하는 일이 연출될 것을 염려했다. 그들은 이 문제를 제기하면서 기술 발전이 급선무임을 역설했다.[1]

바늘을 수입한 조선 사회

바늘 수입은 조선의 기술 수준이 얼마나 낙후되었는가를 상징적으로 드러낸다. 기술자를 천대한 사회구조 아래서 기술이 낙후되는 건

피할 수 없는 현상이었다. 사농공상(士農工商)이라는 엄격한 위계로 백성들의 직업을 줄 세웠기에, 어떤 일을 하는가에 따라 그 사람의 신분이 결정되었다. 이런 세상에서 각종 물건을 만드는 기술자는 위계질서의 가장 낮은 자리를 차지했다. 그 상황에서 높은 기술 수준의 유지와 창조적 기술 발전을 기대할 순 없는 노릇이다. 기술자를 천시한 결과는 국가 위기를 불렀다. 지금도 한국인의 의식에서 완전히 사라졌다고 말할 수 없는, 기술자 천시의 뿌리 깊은 관습이다.

기술 발전을 적극적으로 제안한 박제가나 서유구는 기술자를 우대하라고 강력하게 주장한 바 있다. 그중 박제가는 경제적 보수를 잘해주기에 앞서 기술자를 '선비'로 대접하라는 주장을 펼쳤다.

"기술을 지닌 자들은 대체로 가난하고 비천한 사람이 많습니다. 그래서 기술이 본래부터 천시를 받습니다만, 오늘날에는 기술을 멸시하는 풍토가 한결 심합니다. 천시받는 신분이고, 멸시하는 풍토가 특히 심한 때 살고 있으므로 기술자는 그럭저럭 살아갈 뿐 세상으로 진출하는 것이 불가능합니다."[2]

경제적 대우도 중요하지만 기술자를 선비와 동등하게 대우하는 것이 낙후된 기술을 발전시키는 길임을 역설했다. 당시 형편으로는 혁명적 주장이었다. 박제가와 이구동성으로 서유구도 이렇게 주장했다.

우리나라는 산에 의지하고 있고 바다에 둘러싸인 지형이기에 다른 나라의 도움을 받지 않아도 이용후생(利用厚生)에 필요한 일체의 도구가 풍족했다. 그런데 이로 말미암아 갖가지 기예가 황폐해지고 물건이 보잘것없이 변해갔다. 그 결과 북으로 중국의 재화(財貨)를 수입하지 않거나 남으로 왜국의 물산을 구입하지 않으면, 살아서는 편리하게 살고 죽어서는 장사를 지내는 일상생활에서 체통을 지켜 꾸려갈 수 없다. 이런 형편이 된 것은 무슨 이유인가? 한마디로 잘라 말한다면 사대부의 잘못 때문이다. 평상시에 오만하게 '사람을 다스리는 자 따로 있고, 사람에게 음식을 제공하는 자 따로 있다'라는 논리를 내세워 공업 제도에 마음을 쓰려고 하지 않는다. 물건을 가공하고 사람이 쓸 기구를 제작하는 일을 무지한 사람들에게 전부 맡겨놓은 채, 보잘것없고 지리멸렬한 결과를 가만히 앉아서 당하기만 한다. 그럼에도 불구하고 개선하려고 노력하지 않는다. 어쩌면 이렇게도 이 일에 생각이 없는 것인가?[3]

천대받은 기술자

두 선각자는 조선에서 기술이 발달하지 못하는 이유를 자급자족에 만족하는 사회 환경과 기술을 천시하고 기술 개발을 무시하는 사대부의 태도에서 찾았다. 그럴듯한 분석이다. 공교롭게도 이들 모두 일용품을 편리하게 사용하기 위해 기술을 진보시키자고 주장한 이용후생론자다.

이렇게 18~19세기의 몇몇 학자는 기술자를 양성하고 선비들 자신이 기술을 연마하고 개발하는 데 참여해야 한다는 생각을 피력

일본 에도 시대에 만들어진 자명종.
일본에서 만들어진 자명종이 동래부를 통해 자주 수입되었다.

하기도 했다. 그것만 해도 큰 변화다. 그 결과인지 기술을 다룬 저작도 드물게나마 나타났고 간혹 뛰어난 기술자도 역사에 그 존재를 드러냈다. 그러나 기술자는 기술자다. 귀족이나 식자들 중심의 기록문화에서 천한 신분의 기술자가 역사에 기록되는 영광을 얻기란 정말 힘들다.

기술자가 자기 존재를 역사에 남기기가 이토록 어려우니, 정녕 우리가 기억해줄 거장(巨匠)은 전혀 없는 걸까? 그렇지 않다. 천대와 차별의 그물을 뚫고 21세기까지 그 이름과 활동, 제작한 유물을 남긴 거장을 찾을 수 있다. 현재 학생들이 읽는 국사책에서는 그들의 이름조차 찾아볼 수 없지만, 고서더미와 유물을 더듬어본다면 불가능할 것도 없다.

하지만 아쉽게도 비천한 신분의 기술자이기에 그들의 인생을 계통을 갖추어 기록해준 옛사람이 거의 없다. 여기저기 흩어진 자료들을 어렵사리 뒤져서라도, 빈약하기 짝이 없지만 엮어보는 방법밖에 없다.

내 눈에 뜨인 기술자는 조선 후기 영조 시대의 최고 거장이라고 당당히 부를 만한 최천약(崔天若, 1684~1755)이다. 자명종 제작자로서 한 시대의 거장으로 인정받은 기술자다. 또한 무기를 비롯한 각종 기계를 설계하고 제작한 기술자이자 자와 악기를 제작하고 온갖 조각품을 만든 예술가이기도 하다. 단순한 기술자가 아닌, 예술가이고 공예가인 것이다. 아니 차라리 만능 기술자, 만능 예술가라고 말하는 편이 옳다.

동래부 출신 무인

18세기 전 시기를 통틀어, 시선을 집중할 만한 기술자로 누구를 들 수 있을까? 이 시대 기술 발전의 역사를 대충이나마 살펴볼 자료가 없어서 단언하기는 어렵지만, 개인적으로는 최천약(崔天若)이 적임자라고 생각한다. 최천약(崔天躍) 또는 최천약(崔千若), 최천약(崔千約) 따위로 기록에 오른 그의 이름은 기술자로는 유례가 드물게 《조선왕조실록》이나 《일성록》, 《승정원일기》를 비롯한 각종 의궤(儀

〈초량왜관도(草梁倭館圖)〉, 18세기 용두산 공원 기슭에 있던 초량 왜관과 영도의 모습. 동래 사람 최천약은 젊은 시절 이 왜관에서 기술을 배웠다.

軌)에 자주 등장한다.

　　최천약은 경상도 동래 출신으로, 1684년 출생했다.[4] 그의 이름이 사료에 처음 등장하는 때는 1711년(숙종 37) 신묘년이다. 통신사 사행의 일원으로 일본에 다녀왔는데, 이때의 상황을 기록한 《동사일기(東槎日記)》에 그의 이름이 적혀 있다. 정사(正使)가 탄 첫 번째 배의 끝에 반전차지(盤纒次知) 최천약이 격군(格軍)을 대신해 정원 외 수행원으로 기재되어 있다. 통신사 수행원으로는 아주 젊은 나이다.

　　이후 숙종조 말년부터 《승정원일기》와 다양한 의궤에 그의 이름이 오르기 시작한다. 구체적으로 1713년부터 1722년까지의 기록을 뒤져 그 행적을 추적해보자. 1713년에 벌써 대신의 입에서 능력 있는 기술자로 이름이 오르내리는데, 그의 나이가 서른 무렵이다. 《존숭도감의궤(尊崇都監儀軌)》에 그가 1713년 이래 나라의 큰 예식에서 중대한 일을 맡아 했다는 기록이 있으니, 아무리 늦어도 이 이전부터 나라의 큰 일에 중용되었음이 분명하다.5

《승정원일기》에는 동래부 출신의 무인(武人)으로 물건을 만드는 데 재주가 있는 연소한 젊은이로 그가 소개된다. 하나의 실례로, 숙종 39년(1713년) 윤5월 15일자에서 대신 조태구(趙泰耈)는 이렇게 진언한다.

> 본감(本監, 관상감)에서는 한창 《의상지(儀象志)》의 간행을 서두르고 있는데 그 가운데 제작법에 관한 도본(圖本)이 명료하지 않다고 합니다. 교묘한 기술을 지닌 사람을 얻어 기계를 면밀히 관찰해 제작법을 터득할 수 있다면 참으로 다행이겠습니다. 그러나 이민철(李敏哲) 같은 자는 이제 벌써 늙고 병들었습니다. 일찍이 무인 최천약을 도감(都監)에서 옥(玉)을 가공할 때 보았더니, 교묘한 기술을 제법 갖춘 사람이었습니다. 허원(許遠)과 최천약을 비롯해, 나머지 총명하고 민첩한 연소자를 택하여 보내십시오. 잘 질문하고 이해한다면 배워서 알아낼 길이 있을 것입니다.6

새로운 천문기기를 도입해 제작하는 작업을 맡길 기술자를 선정할 때 새로 발굴한 인재로 최천약을 천거하고 있다. 얼마 전까지만 해도 이런 일이라면 이민철이라는 발군의 기술자가 있었다. 그는 숙종조의 천문기기 제작자로 이름이 높은 과학자이자 기술자였다. 하지만 이제는 늙고 병든 그를 대신할 젊은 기술자로 최천약을 추천하고 있다.

이렇게 해서 천문기기 제작법을 익힌 최천약은 몇 달 뒤에는 총융청 교련관으로 차출되어 군문(軍門)에 봉직했다. 그해 12월에 조태구는 다시 그가 다른 관상감 관원과 더불어 의기(儀器)를 만드는 작업을 감동(監董)[7]하게 해달라고 건의했다. 숙종은 이를 허락했다.[8]

최천약이 천문기기 제작자로서 이 기록에 등장하나 그가 이 기술에만 능력을 발휘한 건 아니다. 1718년과 1721년, 1722년에는 책봉례(冊封禮)나 예장(禮葬) 등 왕가의 행사에서 옥을 가공하는 일에 차출되었다. 예를 들어 숙종 44년에 거행된 국장에서는 옥인(玉印)을 조성하는 기술자로 일했다. 현재 규장각에 소장된 《단의빈예장도감도청의궤(端懿嬪禮葬都監都廳儀軌)》에는 옥인을 조성한 공로자라며 동래 출신의 무인으로 최천약이 등재되어 있고, 그에게 활과 화살을 포상한다고 기록되어 있다. 최천약은 그때 실직이 없는 한량 무인으로 작업에 참여했다.

그는 무인으로서 기술자에 차출되었다. 《병세재언록》에서 그가 동래부 출신으로 약관의 나이에 무과를 보기 위해 서울로 올라왔다고 말한 기록과 맞아떨어진다. 그런데 《무과방목》에는 그의 이름이 보이지 않는다. 하지만 오랜 세월 장교로 근무하면서 지속적으로 차출되었다는 기록으로 볼 때, 그는 무인의 길을 걸으면서 기술 분야에서 능력을 발휘한 국가기술자였다.

최천약 자신은 무인장교라는 의식을 강하게 지녔던 것으로 보

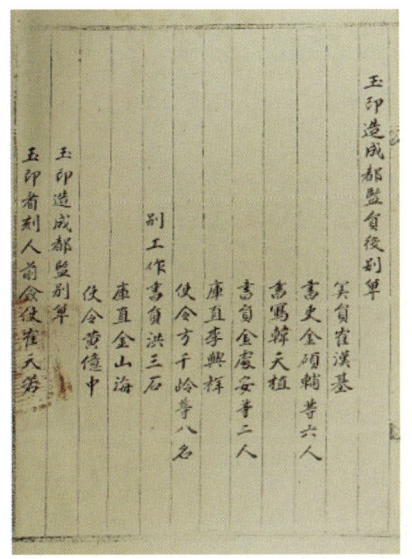

《옥인조성도감》에 실려 있는 원역별단인원(員役別單人員) 가운데 맨 마지막에 기재된 최천약의 이름. 일반 장인과 구별되어 있다.

인다. 경종 때 그는 후에 영조가 되는 왕세제(王世弟)를 책봉하는 행사에서도 옥인 제작을 맡았다. 해당 부서에서 "한량 최천약은 조각의 묘수(妙手)로 평소에도 명성이 나서 예전부터 도감에서 조각하는 일이 있을 때마다 일을 담당했습니다. 이번 옥인을 조각할 때도 그 임무를 맡았으나 장수(匠手)의 부류가 아니라서 함께 명단을 올리지는 않았습니다"라는 보고가 올라갔다.[9] 그를 일반 장인과는 부류가 다르다고 밝혔다. 작업이 끝난 뒤 포상하는 자리에서는 이런 보고가 올라가기도 했다.

이번 각전(各殿)의 옥보(玉寶)를 조각할 때 전에도 사역을 시킨 무인 최천약을 불러들여 일을 시켰습니다. 그는 일찍이 장교를 지낸 적이

영조의 옥인(玉印), 국립고궁박물관 소장.
'왕세제인(王世弟印)'이라 새겨져 있다. 영조가 왕세자로 책봉될 때 제작되었다. 최천약은 이런 옥인과 옥보(玉寶)를 만드는 조각일에도 자주 참여했다.

있기에 공장(工匠)들과 같은 대열에 끼이기를 부끄러워합니다. 요포(料布)를 받지 않을 뿐만 아니라 서계(書啓) 속에 휩쓸려 들어가고자 하지 않습니다. 따라서 별도로 포상하는 도리를 강구하지 않을 수 없습니다.[10]

최천약은 장인(匠人), 공인(工人)들과 함께 취급되기를 거부했다. 공임도 받지 않으려고 했다. 기술자로 활동하기는 하지만 신분이 낮은 일반 장인과 비슷하게 여겨지는 것을 거부했다. 그만큼 당시 기술자는 낮게 취급되었다. 그보다는 무인이 월등하게 우월한 지위였다. 그래서 그는 무인으로 대우해주기를 원했다.

영조 임금이 인정한 자명종 제작기술

최천약은 젊은 시절부터 고관들과 군주에게 인정을 받았다. 빼어난 기술 덕분이었다. 그러나 무명에다 동래 출신의 무인이 젊은 시절부터 크게 인정을 받게 된 데는 다른 요인도 있었을 법하다.

그의 인생을 흥미롭게 전해주는 저작에 이규상(李奎象, 1727~1799)이 쓴 《병세재언록》이 있다. 18세기 각 분야의 명사를 기록한 이 전기집에는 기술자로는 오로지 최천약 한 사람이 올라 있다. 당대 최고의 기술자로 그를 인정한 것이다. 이규상은 어린 시절, 당시 최고의 부자로 입동(笠洞)에 거주하는 우의정 이은(李溵)의 대저택에서 그를 만난 적이 있었다. 그 자리에서 그로부터 과거 이야기를 직접 들었고, 그것을 바탕으로 그의 특이한 이력을 묘사해놓았다. 중앙정부와는 아무런 연줄도 없었던, 낮은 신분의 지방 기술자가 어떻게 한 나라를 대표하는 기술자로 성공하게 되었는지를 이규상은 흥미롭게 묘사했다. 그의 글을 따라가보자.

최천약은 동래부(東萊府) 사람으로 신분은 평민이다. 얼굴이 괴걸하고 수염이 덥수룩하며 키가 크다. 소년 시절에는 동래에서 살았다. 거기서도 그는 머리를 잘 써서 힘든 일을 손쉽게 해치웠다. 그렇게 동래에서 살던 그는 신해년(1731년) 한양에 올라와 무과에 응시했으나 낙방했다.[11]

무과시험에 낙방한 그는 큰 흉년이라 오갈 데가 없었다. 한양의 한 약방에서 놀고 지내던 차에 어느 날 심심풀이로 패도(佩刀)를 꺼내 좀먹어 버려진 천궁에 물건을 새겼다. 산과 꽃, 새를 새겼고, 다른 천궁에는 용을 새겼다. 스스로도 감탄할 만큼 잘 새겨졌다. 그것을 보고 약방 사람이 혀를 내두르며 당시 예술가 패트런으로 유명했던 서평군(西平君)에게 그를 소개했다.[12] 얼마 뒤 서평군이 그를 불러서 갔을 때 부채에 조각한 천궁을 매달아놓고 부치면서 말했다.

"내 중국의 조각품을 숱하게 보았지만, 천연 그대로 새긴 것은 네게서 처음 보았다."

그리고 바로 호박(琥珀)을 꺼내어 사자를 새기라며 사자 그림 화본을 보여주었다. 그는 칼을 놀려 하나하나 똑같이 새겼다. 서평군이 무릎을 치면서

"자네는 공수반[公輸般, 춘추시대 노(魯)나라 출신으로 고대 기술자의 전형으로 인정받은 장인]일세!"

라며 저택에 머물게 하고 등(燈)을 만들게 했다. 등을 만들고서 고향에 다녀온 그를 서평군은 대궐로 데리고 가서 임금을 알현하게 했다. 영조가 편전에서 그를 맞고 자명종을 꺼내 바늘이 하나 떨어진 것을 수리하게 했다.

"서울의 장인들이 아무도 손을 쓰지 못했는데 네가 이것을 고칠 수 있겠느냐?"

그는 한번 보자 방안이 떠올라 바로 은을 다듬어 바늘을 만들어 꽂았더니 부절을 맞춘 듯 들어맞았다. 영조가 찬찬히 보고서

"천하의, 뛰어나게 교묘한 솜씨로다."

라고 하고는 다시 하교했다.

"이 종을 본떠서 만들 수 있겠느냐?"

그는 자명종의 생김새를 두루 살펴보고 생각이 떠올라서 즉시 엎드려 아뢰었다.

"평생 처음 당해보는 일이지만 구조를 훤히 알겠습니다."

"숯이 얼마나 들겠느냐?"

"스무 섬이면 충분합니다."

영조는 웃으며 마흔 섬을 주었다. 자명종이 조선에서 완성된 건 최천약으로부터 비롯되었다.[13]

그가 영조에게 크게 인정받는 과정에는 이렇게 서평군이 개입되어 있다. 이름 없는 조각가, 비천한 기술자인 최천약이 우연히 약방 사람의 눈에 뜨이고, 서평군에게 알려지며, 다시 어전까지 불려간다. 영조의 전속 기술자로 활약하는 최천약의 갑작스런 출현을 신비스럽게 설명한다. 무과에 낙방한 시골 청년은 이렇게 임금님의 인

서평군(西平君) 이요(李橈)가 영조의 생모인 숙빈 최씨 소령묘(昭寧墓)에 쓴 글씨의 탁본. 서평군은 영조 시대에 왕실의 각종 비문과 예식용 글씨를 자주 썼기에 현재까지 전해오는 작품이 많다.

정을 받은 기술자로 다시 태어났다. 서평군은 이름이 이요(李橈, 1684~?)로 영조의 신임이 두터웠던 종실 사람이다.[14]

이 드라마틱한 사연은 최천약의 신비한 기술을 흥미롭게 보여주지만 어느 정도 픽션이 가해진 느낌이다. 우선 그는 이 무렵 마흔여덟 살로, 연대가 맞지 않는다. 1731년 당시에는 그가 벌써 장교를 지내며 조정의 일을 전담하다시피 맡아보기 시작한 때다. 공식 기록과는 상충된다. 따라서 착오가 있거나 과장된 이야기가 틀림없다.

그렇다면 왜 그렇게 각색되었을까? 최천약 스스로 자신을 우러러보는 사람들에게 과장되게 신비화시킨 건 아닐까? 충분히 그럴 소지가 있다. 그뿐만 아니라 남들도 최천약을 우러러보았고, 그가 환술(幻術)도 잘한다는 소문이 돌아 임금의 귀에까지 소문이 흘러들어 갈 정도가 되었다. 없는 이야기를 꾸며낸 것으로 보이지는 않는다. 서평군의 눈에 띄어 영조의 총애를 받는 기술자가 되었다는 건 아주 그럴듯하다. 서평군이 참여한 역사(役事)에 주관 기술지로 그가 자주 등장한다는 점이 서로의 관계를 말해준다.

칼을 잡으면 무엇이든 새긴다

영조 치세에 최천약은 자신의 능력을 최대한 발휘했고 그만큼 인정을 받았다. 서평군이라는 든든한 배경과 영조의 절대적 신임을 받는 기술자로서 주목받았다. 어느덧 솜씨 좋은 기술자로, 조각에 능한 예술가로 명성을 거머쥐었다. 당연히 그에 따른 경제적 부도 얻었을 법하다. 그는 한 가지 기술에만 정통한 기술자가 아닌, 만능 기술자였다. 쇠붙이와 돌, 나무 등 어떠한 소재에든지 조각을 잘하는 조각가였다. 그렇다 보니 그가 환술에도 뛰어나다는 소문까지 퍼졌다.

그는 장교로서 사도진첨사, 화량첨사로 근무하며 나라의 중요한 역사가 있을 때는 바로 불려와서 능력을 발휘했다. 빼어난 기술을 인정받아 청나라와 일본도 자주 시찰하러 가는 기회를 얻었다. 당시로서는 선진적인 외국의 기술과 문화를 견문하고 습득해 오라는 조정 차원의 배려였다. 1730년 북경 사행단의 정사 서평군과 부사 윤유(尹游)는 영조에게 최천약을 수행원으로 데려가도록 허락해달라고 요청한 일이 있다. 윤유는, 최천약은 찾기 어려운 뛰어난 재

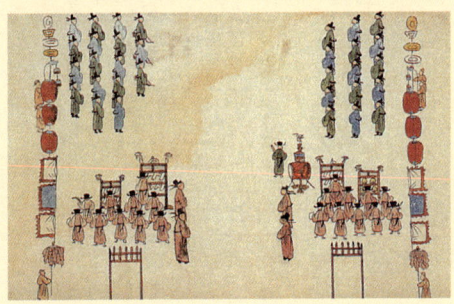
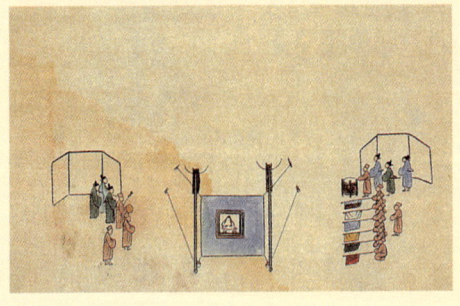

1743년 성균관에서 영조가 대사례(大射禮)를 거행할 때 여러 대신과 함께 서평군이 참여한 그림. 규장각 소장 《대사례의궤(大射禮儀軌)》의 그림.

주를 가져 눈길을 던져 한번 보기만 하면 바로 터득할 수 있으므로 그를 데려가 벽돌을 굽고 석탄을 이용하는 방법을 배워 오도록 해달라고 요청했다. 서평군도 "최천약의 재주는 수백 년 이래로 다시 구하지 못합니다. 청나라는 모두 물건이 간단하고 편리하여 본받을 것이 많습니다. 천주당과 측후(測候) 따위의 일은 최천약이 배워 올 수 있습니다"라며 추천했다. 그들의 요청을 영조가 허락하여 방료군관(放料軍官)의 자격으로 다녀왔다.[15]

이보다 앞서 1711년 통신사 사행의 일원으로 일본에 갔고, 그 이후에도 여러 차례 일본을 다녀왔다. 그는 조선시대에는 보기 드물게 외국을 자주 여행하며 넓은 세상의 문화와 기술을 견문하며 배운 실무 기술자였다. 한 국가를 대표하는 기술자로 활동한 셈인데, 외국 견문에 주눅 들기보다는 오히려 당당했고 자부심을 가졌다. 북경에서 청나라 기술자의 조각 솜씨를 구경하고 한 말에서 그런 태도를 엿볼 수 있다. 그는 자기보다 나은 솜씨를 보지 못했다고 말하고서 "내가 금석과 나무를 대하면, 의장(意匠)이 먼저 서고 비로소 손이 따라 내려간다. 붓을 잡으면 그림으로는 그려내지 못하지만, 칼을 잡으면 무슨 물건이든지 그대로 새기지 못하는 것이 없다. 어째서 그런지를 모르겠다"[16]라고 자부심에 차서 말했다. 오만하기는 하나 그 주변 사람들의 발언으로 짐작컨대 충분히 그렇게 말할 법하다. 그만큼 그의 솜씨는 타의 추종을 불허하여 겨룰 자가 없었다. 그의 특기가 조각이었다는 건 그의 발언을 통해서도 알 수 있다.

최천약의 기술은 신비함까지 더해졌다. 18세기 후기의 학자 강이천(姜彝天, 1769~1801)은 그의 기술에 얽힌 전설을 이렇게 기록했다.

유공(兪公)이 해동의 금석문(金石文)과 현판의 탁본을 수집할 때의 일이다. 한성부 현판은 판서 김진규(金鎭圭)가 팔분체(八分體)로 쓴 글씨인데 현판이 걸려 있는 문이 너무 높고 컸다. 최천약을 불러 방법을 물었더니 그는 고개를 치켜들고 마치 임모하듯이 베껴 써서 바치는 것이었다. 유공은 자기를 놀린다며 화를 내고는 마침내 사다리를 걸쳐놓고 탁본을 해서 대조해보니 글자가 조금도 어긋남이 없었다.[17]

높다랗게 걸린 한성부 관아 정문의 현판을 탁본하려 했다. 그러나 문이 너무 높고 현판이 커서 탁본이 쉽지 않았다. 그래서 최천약에게 방법을 물었다. 그는 종이를 대고 탁본하기는커녕 밑에 서서 손으로 베꼈다. 그런데 베낀 게 탁본한 것과 조금도 차이가 없었다. 그의 손재주가 얼마나 비상한지 혀를 내두르지 않을 수 없다. 사람들이 그의 신비한 기술에 감탄한 이유가 이런 데 있었다.

최천약은 각종 조각에 능했지만 단순한 조각가로 머물지 않았다. 그는 전투에 쓸 무기를 제조하기도 했다. 사실 그의 주특기 중 하나는 화기(火器) 제작으로 알려졌다. 그가 화기 제작에 뛰어난 기술자였다는 사실을 분명하게 보여주는 자료가 바로 이덕리(李德履, 1728~?)가 편찬한, 국방의 방책을 세운 저서 《상두지(桑土志)》다. 권2에서는 선자포(扇子砲)라는 신무기를 제안했는데, 최천약이 만든 총차(銃車)를 이덕리가 개량한 무기다. 그에 따르면, 최천약이 수레를 네 층으로 만들고 거기에 대포 스무 개를 탑재해, 스무 명이 어깨에 대포를 들어야 하는 수고를 덜도록 고안된 총차를 만들었다고 한다. 이 신무기를 이덕리는 교묘하게 만든 무기라고 평가했다. 그 이덕리, 〈상두지〉, 〈선자포〉 조.
18세기의 무관 이덕리가 지은 국방 전문서에서 최천약이 제작한 무기를 소개하고 있다.

러나 스무 개의 포에 일일이 불을 붙여야 했기 때문에 발사 속도가 느리다고 판단한 이덕리는 열 개의 포를 하나의 도화선에 연결해 다발식 대포로 만들자고 제안하기도 했다. 최천약은 이렇게 무기까지 제조한 기술자였다.

시계 전문가

자타가 최천약을 만능 기술자로 공인했지만, 그의 능력이 제대로 발휘된 특수한 분야가 있었다. 바로 자명종 제작 분야다. 위에서 길게 설명한 글에서 보이듯, 최천약이 영조를 편전에서 알현한 계기는 부속이 망가진 자명종 수리였다. 그가 수리한 자명종은 조선 전통의 해시계가 아니라, 기계장치로 움직이는 서양식 자명종이었다. 새로 도입된 자명종이 고장 날 경우 수리하는 것이 늘 문제였다. 시계 전문가는 손에 꼽을 정도로 드물었는데, 특히 새로 도입된 최신식 자명종은 아예 수리가 불가능했다. 그런데 최천약은 처음 본 자명종조차 바로 수리하는 능력을 보여주었다. 현대와 달리 이 시대에는 기계장치를 완벽하게 재현하고 만들어내는 것을 중시했다. 최천약은 나중에는 제작법까지 익혀 조선의 시계 제작자 계보에서 아주 큰 비중을 차지했다.

여기서 간단히 조선 후기에 서양식 자명종이 사용된 내력을 살펴본다면 그의 위상을 짐작할 수 있다. 조선 후기 들어 서양식 자명종이 중국과 일본을 통해 들어와서, 오래전부터 사용하던 전통 해시계와 함께 통용되었다. 서양식 자명종을 접한 시기는 인조 때로 올라간다. 1631년 명나라 사신으로 갔던 정두원(鄭斗源)이 한문으로 번역된 서양 과학서와 함께 자명종과 망원경 등을 가지고 들어온 것이 시초다. 그리고 동래부를 통해 일본에서 만든 서양식 자명종이 수입되었다.

이 자명종은 17세기 중반에는 예순 냥 정도의 고가였다. 당시 서울에서 평범한 집값이 마흔 냥 정도였음을 생각하면 얼마나 비쌌는지 짐작할 수 있다. 자명종이 얼마나 널리 사용되었는지 정확하게 파악할 순 없으나, 19세기 중반 철종 시대에는 조선에 수백 개에서 일백 개 정도의 자명종이 있었다는 남병철(南秉哲)의 증언을 볼 때,

조선 후기에 사용되던 것으로 추정되는
자명종. 숭실대 기독교박물관 소장.

그다지 많지 않았다.

　시계가 들어오기는 했으나 그 운용 방법을 제대로 숙지하진 못했다. 궁궐을 비롯해 양반집에서 서양식 시계를 사용했으나 그 제작법을 알기가 어려웠다. 하지만 점차 중국이나 일본에서 지속적으로 자명종을 수입해 사용하기도 하고 모방해 만들기도 하면서 어느 정도 제작법을 익힌 사람들이 등장했다.

　조선의 시계 기술이 낮았다는 의견도 있지만 사실은 그렇지 않다. 서양식 시계 제작법을 중국이나 일본 기술자로부터 전수받지 않고 시계를 해체하여 터득한 기술자들이 등장한 것이다. 최천약 이전

고려대가 소장한 혼천시계, 국보 230호.

에 두각을 나타낸 인물이 바로 이민철(李民哲)이다. 숙종조의 위대한 과학자이자 기술자였던 이민철은 송이영(宋以穎)과 함께 전통적인 혼천시계(渾天時計)를 제작했는데, 전통 시계에 서양식 시계 기술을 도입해 만든 것이다. 이민철은 서양식 시계까지 충분히 만드는 기술을 습득했다. 시계 제작의 신기원을 이룬 것이다. 이민철은 최천약처럼 만능 기술자였고 명문가의 서자 신분이었다.[18]

이민철이 등장하기 전에는 서양식 시계를 이해하기가 어려웠다. 이민철의 조카 이이명(李頤命)은 "자명종이 처음 우리나라에 들어왔을 때, 동래 사람들이 왜인으로부터 축 돌리는 법을 배워 서울에 전해주었다. 그러나 자세히 알지 못해, 시계가 있다 해도 사용할 줄을 몰랐다"[19]라고 말한 바 있다. 이후에도 동래의 최재륜(崔載輪)과 밀양의 유흥발(劉興發)을 비롯한 시계 기술자가 서양식 시계의 수리와 제작에 정통하다는 평을 들었다. 그러나 자명종을 완벽하게 제작하는 단계에까지 이르렀는지는 확인하기 어렵다.

최천약이 본래 왜인이라고?

반면에 최천약은 일본에서 수입된 서양식 시계 기술을 습득하여 본격적으로 시계를 제작했다. 《병세재언록》의, 최천약에서 자명종의 완성이 시작되었다고 한 말은 근거 없는 허황한 평가가 아니다. 그런데 이규상이 말하듯이, 자명종을 처음 보고서 바로 시계를 제작했다는 건 다소 과장이 섞인 말이다. 18세기 대표적인 과학자의 한 사람인 황윤석(黃胤錫)은 진주의 지관(地官) 문재봉(文再鳳)으로부터 들은 얘기라며 이렇게 썼다.

> 최천약은 웅천 사람이고, 홍수해(洪壽海)는 기장 사람이다. 둘 다 기술과 재능이 있다. 왜관(倭館)에 들어가 쇠와 나무, 흙과 돌을 가공하고 벼리는 방법을 익혔는데 갖가지 기술에 아주 정교하였다. 그중 윤종(輪鍾, 자명종)과 화기(火器)에 특히 뛰어났다. 세상에 크게 쓰여서 모두 말단의 관직에 임용되었다. 그가 왜인이라고 말하는 사람이 있는데 그릇된 말이다. 최천약은 전주부(全州府)의 대장간에 이르러 구리를 주조하였다. 그는 와복(蛙腹) 가운데서 화약을 끌어다가 물을 저장하였는데 저절로 뛰고 저절로 오줌을 누었다. 이로 인해 그의 이름이 알려졌다. 홍수해도 그에게는 미치지 못하였다고 한다.[20]

이 기록에는 신빙할 만한 정보가 많다. 웅천은 경남 진해에 있던 옛 고을로, 최천약이 동래 사람이라는 다른 기록과 약간 차이가 있다. 여기서 중요한 사실은 그가 왜관에 들어가 기술을 익혔다는 점이다. 왜관은 부산의 초량에 있었다. 동래 사람이건 웅천 사람이건, 가까운 곳에 있던 왜관에 들어가 기술을 익히기에 좋은 조건이었다. 그가 여기서 서양식 시계를 비롯한 화기 제조 기술을 습득했을 가능성이 있다. 일본은 이미 서양과 접촉하고 있었기에 자명종과 화포의 제조 기술이 조선보다 앞서 있었다. 영조 앞에서 자명종을 고치기 전에 이미 그가 자명종 기술을 충분히 습득했을 수도 있다. 동래나 그 일원 사람 중 자명종 기술자가 많은 건 일본에서 수입된 기계와 기술을 접촉하기 쉬웠던 데 이유가 있다. 최천약도 그중 한 사람일 것이다.

그가 서양과 일본의 기술에 정통했고 또 초량의 왜관에서 기술을 습득해선지 그를 일본인이라고 악의에 차서 말하는 사람도 있었다. 문재봉은 그 소문을 부인했다. 하지만 그 소문이 공연히 난 것은 결코 아니다. 1744년 명릉(明陵)과 익릉(翼陵)의 보수가 시급하게 제기되어 조정에서 개수도감(改修都監)을 설치했는데, 이때 최천약이 대신들의 반대를 무릅쓰고 수도(水道)를 뚫어 보수하자는 제안을 내고 공사를 주관했다.[21] 그런데 비용을 수만 냥 쓰고도 끝내 완성을 못하자 "천약은 본래 왜인으로 우리 사람이 아니다. 교묘한 재능이 조금 있기는 하지만 우리 재력을 고갈시킨 왜놈에 불과하다"고 비난받기도 했다.[22] 최천약의 기술과 유명세를 질시하여 그가 일본인이라고 헐뜯은 것이다. 영조 28년에도 최천약의 기교는 왜인과 다름이 없어 사람들이 그를 왜인의 종자라고 헐뜯기도 한다고 영조에게 보고한 신하가 있다.[23]

여하튼 그는 자명종을 잘 만드는 기술자로서 당시 사람들에게 크게 부각되었다. 당시에는 최신 기계인 자명종에 관심을 기울이는 사대부가 적지 않았다. 자명종에 아주 큰 관심을 보여 그 제작법을 상세하게 기록한 바 있는 황윤석은 근세의 자명종 기술자로서 최고 반열에 오른 사람 셋을 들고 있다. 즉 서울의 최천약과 홍수해, 호남 사람인 나경훈(羅景勳)이 그들이다.[24] 최천약이 당당하게 손꼽히고 있다. 심지어 황윤석은 〈자명종〉이란 시에서 그를 이렇게 예찬했다.

서양의 오묘한 기계가 우리 동방에 들어와

열두 차례 종소리를 백동(白銅)이 삐걱거리며 알려주네.

달은 삼십 일간 찼다가 이울고

하늘은 백 년이면 변했다가 통하네.

태엽은 째깍째깍 본래부터 배분되고

오락가락 금빛 추는 바람과 달리 움직이네.

이 속에 있는 무한한 묘리를 알고 싶다면

자네가 직접 최천약과 홍수해를 찾아보게.

西洋妙制落吾東　十二鍾聲軋白銅

月自三旬盈不缺　天從百歲變須通

鐵環鉬鋙元排分　金秤動搖豈爲風

倘識此間無限妙　許君親往見崔洪

　　추가 움직이며 때마다 시각을 알려주는 자명종을 묘사한 다음 그 제작법을 알려면 최천약과 홍수해를 찾아가라고 했다. 이 시를 통해 최천약이 당시 가장 뛰어난 시계 제작자로 공인되었다는 사실이 분명해진다.

　　아쉽게도 그가 제작했다는 자명종을 현재는 찾을 수 없다. 당시의 시계는 남아 있는 게 거의 없다. 그러나 최천약이 영조 시대를 대표하는 시계 기술자였다는 사실은 의심의 여지가 없다. 이규경의 《오주연문장전산고》〈자명종변증설(自鳴鍾辨證說)〉에도 그의 이름이 등장한다. 이규경은 근세에 자명종을 잘 만든 제작자로 최천약

(崔天岳)을 거론했는데 그는 최천약이 틀림없다. 이규경은 자명종의 역사를 거론하며 최천약을 가장 뛰어난 기술자로 들었고, 그의 뒤를 이어 최고의 기술자로 강신(姜信)과 그 아들 강이중(姜彛中, 1783~1865), 강이오(姜彛五) 및 홍덕현령 김명혁(金命爀)을 들었다.[25] 위에서 제시한 기록들을 볼 때 자명종 제작자로서 최천약의 위상은 부인하기 어렵다.

위대한 조각가

영조로부터 절대적 신임을 받은 최천약을 조정에서는 최대한 활용하고자 했다. 정교한 기술이 요구되는 큰 공사에는 언제나 그가 불려갔다. 십여 종이 넘는 다양한 의궤에 그의 이름과 활약상이 뚜렷하게 등장한다. 의궤를 세심하게 들여다보면, 숙종 말엽과 영조 때에 조성한 다양한 옥보(玉寶), 옥인(玉印), 석물(石物) 중 그가 제작을 주관한 것이 아주 많다는 사실을 분명하게 알 수 있다. 구체적인 사례를 몇 가지 살펴 그가 명실상부한 국가 기술자이자 위대한 조각가라는 사실을 확인해보자.

먼저 뛰어난 조각 기술이다. 《병세재언록》에는 이런 사연이 실려 있다. 개성에 포은 정몽주를 기리는 비를 세울 때 최천약이 글씨 새기는 일을 맡았다. 그 비를 탁본한 것을 본 영조 임금은 "최천약이 새긴 거로구나" 하며 그의 솜씨인 줄을 금세 알아보았다. 남다른 솜씨를 영조가 놓치지 않았던 것이다.

개성의 숭양서원 옆에 비각을 세워 보호하고 있는 영조 어제어필의 표충각 비. 이 글씨가 최천약이 각자(刻字)하여 영조의 칭찬을 들은 것이다. 소재구 국립고궁박물관장 사진.

    실록을 확인하면, 영조 16년(1740년) 9월 3일, 개성을 방문한 영조는 선죽교에 들러 포은의 절개를 기리고 성균관에 가서 공자를 알현했다. 위에 말한 사연은 이때 일어난 일이 틀림없다. 선죽교에 이른 영조는 道德精忠亘萬古, 泰山高節圃隱公(도덕과 충성은 만고의 역사에 이어지니, 태산 같은 높은 절개 포은 공이로다!) 열네 글자를 손수 써서 빗돌에 새겨 하사했다. 임금이 직접 짓고 쓴 어제어필(御製御筆)이기에 다른 사람이 아닌 최천약을 시켜 새기게 했는데 영조가 잘 새긴 것을 보고 아주 흐뭇해했다. 그 표충비(表忠碑)는 지금도 개성 숭양서원(崇陽書院) 옆에 그대로 남아 있다. 글씨를 새긴 각수(刻手)가 영조조 제일의 기술자 최천약이었음을 알아주는 자 그 누구도 없지만.

　조각가로서 최천약이 지닌 기량은 무엇보다 왕릉을 비롯한 각종 능묘의 석물 조각에서 두각을 나타냈다. 영조 시대에 조성된 능묘에는 거의 대부분 그가 조각한 석물이 안치되었다고 말해도 좋을 만큼 그는 국왕으로부터 그리고 다른 신료들로부터 절대적 신뢰를 받으며 석물 조각을 했다. 대표적인 몇 가지만 거론한다. 의소세손(懿昭世孫, 1750~1752)은 사도세자의 맏아들이자 정조의 형으로서 세 살로 요절했다. 그의 묘소가 의령원(懿寧園)으로 여기에 놓인 석물은 최천약이 주관하여 만들었다. 《(의소세손)묘소도감의궤》에 그 같은 사실이 나온다. 한편 최천약이 사망한 뒤인 1755년 1월 영조가 의령원을 찾았을 때 거기서 신하들과 이런 대화를 나눈다.

　　주상께서 "석마(石馬)와 옹중(翁仲)이 다소 뾰족하고 약해 보이는구나"
　　라고 하셨다. 그러자 원경하(元景夏)가 "신이 그때 마침 역사를 감독하
　　였는데 성상의 하교가 이러하시니 황공합니다"라고 말씀을 올렸다. 주
　　상께서 웃으며 "최천약이 만들었지 경이 만들었소?"라고 하셨다.[26]

　농담이 섞인 대화지만 최천약이 석상을 제작했다는 점을 명확하게 밝혀준다. 영조가 말한 것처럼 현재도 서 있는 석마와 석물이 다른 능에 놓인 석물들에 비해 다소 약해 보인다. 겨우 세 살로 요절한 세손의 인상에 어울리게 일부러 그렇게 만든 것이라고 추측해본다.
　이 밖에도 1753년 인조의 장릉(長陵)을 파주로 옮겨 새로 조성할 때 옛 능에 있던 석물과 새로 만든 석물을 함께 사용했다. 새 능

묘를 전체적으로 설계한 사람은 유명한 서예가 윤순(尹淳)이지만 석물 제작은 최천약이 맡았다. 또 1739년 중종의 왕비로서 폐위된 단경왕후를 왕후로 복위하고 온릉(溫陵)을 새로 조성했는데 이때도 최천약이 석물 조성을 담당했다.

또 소령원(昭寧園)은 영조의 생모 숙빈 최씨를 모신 묘소인데 이곳에 설치된 석호(石虎)를 비롯한 각종 석물도 최천약이 책임을 맡아 제작했다. 생모를 극진하게 생각한 영조가 1753년에 시호를 올리고 묘소의 격을 높여 새로 능묘를 조성했다. 그 세세한 과정을 기록한 의궤《상시봉원도감의궤(上諡奉園都監儀軌)》에는 석물의 조각을 총책임진 인물로 최천약과 김하정(金夏鼎)이 나온다. 이 무렵 각종 의궤에 유명한 석수로 김천석(金天碩)과 박필심(朴必深) 등이 나오지만 그들은 최천약의 설계와 지시에 따라 작업했을 뿐이다. 영조 시대의 예술성 높은 왕릉 석물은 최천약이 만들었다. 이렇게 최천약은 나라를 대표하는 위대한 조각가였다.

그는 국가에서 필요로 하는 일만 하지 않고 다른 명사를 위한 일도 했다. 영조가 가장 신임하던 대신인 영의정 조현명(趙顯命, 1690~1752)이 사망했을 때 그의 묘소에 놓인 석물도 최천약이 제작했다.[27] 밝혀지지 않았을 뿐이지 이 시기 빼어난 석물 가운데 최천약이 제작한 작품이 많을 것이다.

우리는 조선시대 왕릉 석물이 우수한 조각임을 높이 평가하면서도 누가 조각했는지에 대해선 거의 관심을 기울이지 않아 제작자를 거의 밝히지 못했다. 이제 영조 시대에 조성된 주요 왕릉의 석물 조각가가 바로 최천약이라는 사실을 새롭게 인식함으로써 조선시대

소령원의 문인석으로 최천약의 작품이다.

최천약이 석상을 제작한 과정을 보여주는 《상시봉원도감의궤》.

의 위대한 조각가로서 최천약의 위상을 자리매김하고 나아가 다른
왕릉의 석물 조각가도 재조명해야 한다.

한 시대의 표준 도량형을 만들다

다음으로, 최천약이 영조의 명을 받아 특별히 정교한 기술을 요하는
도량형과 악기, 물시계를 제작한 사실에 주목할 필요가 있다. 그는
왕명으로 매우 정교한 놋쇠자를 제작했다. 《조선왕조실록》 영조실록
16년(1740년) 4월 5일조에는 우의정 유척기(兪拓基)가 건의한 내용
이 실려 있다. 그 가운데 최천약을 시켜 자를 만들게 하자고 건의한
대목은 다음과 같다.

> 유척기가 "세종조에 만든 포백척(布帛尺)이 삼척부(三陟府)에 있으니,
> 해당 관아에 영을 내려 가져오라 하여 최천약 같은 솜씨 좋은 장인을 시
> 켜 《대전(大典)》에 따라 분촌(分寸)까지 바로잡으십시오. 그러면 황종
> 척(黃鐘尺) · 주척(周尺) · 예기척(禮器尺) · 영조척(營造尺)이 모두 바
> 로잡혀 도량의 차이가 나지 않을 것입니다. 완성되고 나면 중외(中外)
> 에 반포하는 것이 옳습니다"라고 말했다. 임금님께서 그대로 따랐다.[28]

최천약을 시켜 한 시대의 표준이 될 도량형을 만들게 하고, 이
를 중외에 반포하게 했다는 내용이다. 당시의 표준자를 최천약이 만
들었던 것이다. 현재 국립고궁박물관에는 이 무렵에 만든 것으로 추

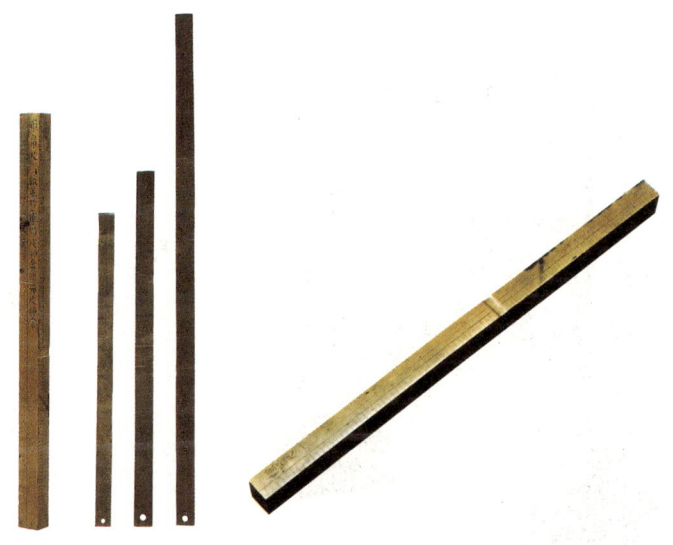

국립고궁박물관에 소장된 놋쇠자들.
오른쪽에 있는 자가 최천약이 제작한 표준자가 틀림없어 보인다.

정되는 놋쇠자가 소장되어 있는데, 이것이 바로 최천약이 만든 자다. 대단히 정교하게 제작된 자로, 길이 246밀리미터, 폭 12밀리미터, 높이 15밀리미터의 4각 기둥 형태다. 이 자의 네 면 중 한 면에는 예기척과 주척이, 나머지 세 면에는 포백척, 영조척, 황종척의 명칭과 명문(銘文)이 음각되어 있다. 눈금 새김이 매우 정교할 뿐만 아니라, 자의 용도를 설명한 명문의 글씨도 매우 아름답게 새겨졌다. 최근 실험을 통해 현대의 공업 규격을 만족시킬 만큼 정교하고 황동 재질도 아주 우수한 것으로 판명되었다.[29]

하나의 자에 다섯 종류의 자가 결합된 이 자는 사료 분석과 자의 우수성으로 보아 최천약이 만들었을 가능성이 높다. 그러나 자의

편경과 편종, 국립국악원 소장.

제작자가 최천약이라는 사실은 관심 밖이었다. 조선시대 척도 중 가장 정확한 것으로 인정된 이 자는 국보급 문화재다. 그 가치를 인정받아 문화재청은 한국표준과학연구원 한국자원연구소에 의뢰해 그 복제품을 제작하기도 했다. 그간 누구도 눈길을 주지 않았지만, 최천약이 제작한 작품이 기나긴 세월을 견디고 이렇게 건재하다는 게 놀랍다.

국가 기술자

또 그는 아주 정교한 악기와 물시계를 제작했다. 서명응(徐命膺)이 쓴 영조의 행장(行狀)에는 영조 18년 7월에 장악원정(掌樂院正) 이연덕(李延德)과 함께 악기를 만들고 세종조의 보루각(報漏閣) 제도를 복구하는 사업을 벌이게 했다는 사실이 밝혀져 있다.[30] 정교한 악기를 제작하는 일도 최천약이 주도했다. 1741년(영조 17)에 대보단(大報壇) 제례를 거행할 때 악기조성청을 설치하여 악기 일체를 만드는 역사를 벌였는데 그 과정을 기록한 의궤가 《인정전악기조성청의궤(仁政殿樂器造成廳儀軌)》다.[31] 최천약은 이 역사에서 악기 제작 감독을 맡았다. 악기 중에서도 편경과 편종은 솜씨가 서툰 장인이 만들 수 있는 것이 아니다. 이 악기들은 제작도 어렵지만 제작한 뒤에 조금이라도 오차가 발생하면 고른 음률을 기대하기 어려우므로 특별한 제작 기술이 요구되었다. 그런 이유로 악기조성청에서는 당시 사도진(蛇島鎭, 고흥) 첨사로 있던 최천약을 급히 올라오게 하여

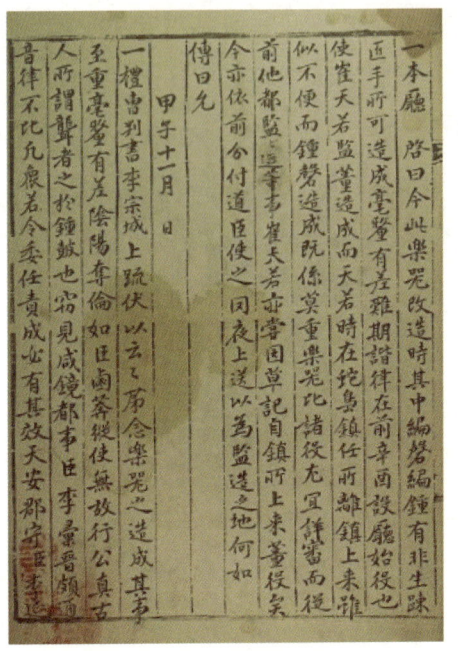

《인정전악기조성청의궤》에서 사도진 첨사로 봉직하던 최천약을 악기 제작 건으로 불러들이라는 건의문이 실린 대목.

악기 제작을 감독하도록 특별히 임금께 상주(上奏)하여 허락을 받았다.32 편종과 편경 제작의 감동인(監董人)으로 그가 최고의 적임자였던 것이다.33

이러한 몇 가지 사례에서 볼 수 있듯이 그는 국가가 벌이는 주요한 역사에서 특별한 기술을 발휘했다. 그러므로 영조 시대의 국가 기술자라는 평가가 합당하다.

"최천약 같은 자를 어떻게 구해 오겠습니까?"

최천약은 영조 재위 후반기까지 왕성하게 활동하다가 1753년 이후 부터는 천천히 국가의 일에서 빗어난다. 영조는 그가 늙었으므로 다른 사람을 시키라는 명을 내리기도 한다. 그의 후계자로 변이진(卞爾珍)·이덕관(李德觀)·서극제(徐克悌)·방응문(房應文)·변홍세(卞興世) 등이 활동했다. 그는 일흔 살이던 1753년에도 영조의 생모 숙빈 최씨의 묘인 소령원의 석물을 조성하고 각종 제작을 감독해 영조로부터 큰 상을 받는다. 또 존호를 올릴 때 옥책을 만들어 특별한 상을 받는다. 1713년 계사년에 옥책을 만들고 다시 사십 년 후인 계유년에 옥책을 만들기까지 수고를 많이 했다 하여 우대를 받았다.[34]

그는 1754년 이후 사료에서 사라지는데 그해와 1755년 사이에 사망했다. 1755년에 죽은 것으로 추정되는데 그의 나이 일흔둘이었다. 1755년 6월 19일 영조는 인조의 잠저인 송현고궁(松峴故宮)을 돌아보며 고궁을 수리한 그의 죽음을 안타까워했다. 영조는 그가 만든 의자나 석물, 가옥 따위를 보기만 하면 그의 신술(神術)과 기예를 극찬했다. 위대한 기술자는 사망했으나 사람들의 기억 속에선 사라지지 않았다. 아니 오히려 사람들의 기억 속에선 대체 불가능한 위대한 기술자로 생생하게 살아 있었다.

영조의 치세가 끝나고 그 손자 정조가 나라를 다스린 때에도 조정에서는 기술자가 필요했다. 그때마다 정조와 대신들은 최천약의 수준을 기준 삼아 장인들의 솜씨를 평가했다. 최천약이 없음을 아쉬워했고, 그래서 물건을 완벽하게 만들 수 없다고 개탄했다. 실록과

의궤의 여러 곳에서 비슷한 내용이 발견된다.

기유년(1789년, 정조 13) 7월 13일자 실록에는 사도세자의 묘인 현륭원의 석물을 조성할 때 기용할 조각가를 두고 정조와 고관들이 주고받은 대화가 실려 있다. 그때 신하가 "좋은 품질의 돌은 가서 찾기를 기다렸다가 결정하면 되므로 쓰기에 합당한 돌이 있을 것입니다. 그러나 역사를 감독할 사람으로 최천약 같은 자를 오늘날 어떻게 구해 오겠습니까?"라며 적임자의 부재를 탓했다. 그러자 정조는 "인재는 다른 시대에서 빌려올 수 없다. 정우태(丁遇泰) 한 사람으로도 넉넉히 최천약 몫은 당해낼 수 있다"고 대꾸했다.35 정조가 비록 다른 기술자도 최천약보다 뛰어날 수 있다고 말은 했지만, 군신 간에 나눈 대화가 최천약이 지닌 위상이 어느 정도였는지 짐작케 한다.

과연 정조가 최천약의 실력을 무시한 걸까? 오히려 그 반대다. 다른 곳에서 정조는 "그 재능이 최천약에 뒤떨어지지 않는다"36 라고 말하기도 하고, 일반 공사의 감독은 모르겠지만 "별간역(別看役)37 의 직임은 손재주가 최천약과 같은 부류가 아니면 안 된다"며 다른 합당한 기술자를 구하라고 명을 내린다.38 정조 역시 최천약의 기술을 높이 평가해, 그를 기준으로 다른 기술자들을 평가했다. 그처럼 최천약은 거의 전설적인 마이스터로 후대에까지 인정을 받았다.

대체로 기술자는 시간이 흐르면 이름이 사람들의 기억에서 사라진다. 하지만 최천약은 그렇지 않았다. 지금도 그가 만든 많은 왕실 유물이 보존되고, 그가 만든 자와 그가 새긴 비석 등이 문화재로 남아 있다. 그 유물 속에 기술자의 이름을 새겨놓지는 않았지만, 우리는 사료를 통해서 그것을 만든 기술자의 이름을 복원할 수 있다.

우리는 장영실이나 이민철, 송이영, 강윤 같은 옛 기술자의 이름을 기억한다. 이제는 만능 기술자 최천약도 그들 속에 끼여 위대한 기술자의 역사에서 기억되어야 할 것이다.

승부의 외나무다리를 건너
반상에 제왕에 오르다

바둑기사
정운창

"재능을 지닌 선비가 재능을 알아주는 사람을 만나지 못하는 불운이, 그래 이 정도란 말인가? 내 차마 걸음을 되돌릴 수 없구나! 험준한 고갯길과 고생스런 나그네 신세도 마다하지 않고 어렵사리 여기까지 온 이유가 무엇인가? 한 가지 기예를 가지고 다른 사람과 자웅을 겨뤄서 잠깐이나마 상쾌한 기분을 맛보자는 것뿐이다. 허나 끝끝내 사람을 만나지 못하고 돌아갈 모양이니 어찌 기구하지 않은가?"

— 정운창

◉ ── 승부의 외나무다리를 건너 반상에 제왕에 오르다 · 정운창

세계 최고 수준을 보유한 한국의 대표적 자산으로 바둑을 꼽는 사람이 적지 않다. 한국은 수억 명의 동호인을 거느린 세계 바둑계의 최강국으로서 한국·중국·일본 간의 각종 기전(棋戰)에서 무패 행진을 이어가고 있다. 인터넷 바둑 사이트의 기술이나 성공적 운영에서도 세계 최고 수준을 양보하지 않는다. 한국은 예나 지금이나 바둑애호가와 쟁쟁한 고수가 많다. 바둑을 향한 열기와 기사(棋士)의 높은 기량 면에서 현대의 상황은 조선시대와 긴밀히 연결된다.

조선 바둑계의 계보

그 시대에도 오늘날의 프로 기사에 견줄 만한 기사와 바둑계가 있었다. 하지만 아쉽게도 지난 시대에 활약했던 기사들의 실력과 삶은 밝혀진 내용이 많지 않다. 그 시절 바둑판의 세계는 어떠했고, 그 시

대 조선 바둑계를 한 손아귀에 쥐고 흔든 기사로는 누가 있을까? 기사 중의 기사 곧 나라 안에서 최고라는 평판을 얻은 국수(國手)의 활동을 통해 그 현황을 알아볼 수 있다.

조선사회는 바둑을 몹시 즐겼으면서도 한편으로는 여가에 즐기는 여기(餘技)나 소기(小技) 정도로 간주하는 이율배반적 태도를 보였다. 그렇다 보니 조선왕조 오백 년을 통해 국수로 불린 기사의 이름이 의외로 밝혀져 있지 않다. 국수가 있다 한들 굳이 이름을 기록할 필요가 없었다. 당시 바둑을 비롯한 기예가 지니는 지위와 직업인으로서 기사의 사회적 위상이 그리 높지 않았으므로 당연한 현상이다. 하지만 풍속이 바뀌어 조선 후기에는 바둑과 바둑기사에 대한 사회적 인식이 크게 상승하는 현상이 나타난다. 바둑이 대중을 모으는 대표적 기예가 된 것이다. 바둑에 대한 대접이 달라졌다는 건 뛰어난 업적을 남긴 사람이나 받을 수 있는 전기(傳記)를 국수에게도 써준 데서 확연하게 드러난다.

국수의 활동상을 기록한 글이 등장하는 시기는 조선 후기다. 국수의 인명을 제법 많이 기록한 책으로는 장지연(張志淵)의 《일사유사(逸士遺事)》가 있다. 여기에는 현종·숙종 연간에 활동한 덕원령, 유찬홍, 윤홍임 같은 국수가 소개되었고, 그 뒤로 최북, 지석관(池錫觀), 이필(李馝), 김종귀, 김한홍, 고동, 이학술, 근대의 국수로 지우연(池遇淵), 김만수(金萬秀) 등이 소개되었다. 이들은 대체로 한 시대의 바둑판을 평정한 국수였다. 이들 외에도 국수의 이름은 이런저런 자료에 띄엄띄엄 등장한다.

도봉산에 있는 암각(岩刻) 바둑판.
전국적으로 돌에 새겨 만든 바둑판이 십여 개 있어 옛사람의 바둑 애호를 보여준다.

전설이 된 조선의 국수

국수 이야기는 그 사연이 매우 흥미로워 사람들의 입에 심심찮게 오르내렸다. 바둑 두기는 승부를 겨루는 속성을 지녔기 때문에, 이기고 지는 긴장된 판가름이라든지 판세를 일거에 뒤집는 역전 드라마가 특히 인구에 회자되곤 했다.

그 가운데 최고의 자리를 두고 바둑계 고수들이 벌이는 쟁투와 승부는 단연 사람들의 이목을 모으는 화젯거리였다. 유명한 승부는 뒷날 전기나 야담 등에 출현하면서 두고두고 전설로 계승되었다. 조선 제일의 국수가 무명의 신진 기사에게 무참하게 진다는 내용이 야담에 특히 자주 등장한다. 예상치 못한 역전 드라마가 제공하는 충격성과 흥미성이 대중의 호기심을 자아냈기 때문이리라. 극적인 승부의 세계를 묘사한 글에는 자연스럽게 조선시대 바둑계의 실상과 국수의 계보가 담겨 있다.

그중 한 이야기를 보자. 유몽인(柳夢寅)의 《어우야담(於于野談)》에는 유명한 국수로서 실존인물인 서천령(西川令)이 내기바둑에서 풋내기한테 진 드문 사건이 실렸다.

> 서천령은 종실(宗室) 사람이다. 바둑을 잘 두어 조선 제일의 국수로서 온 세상에 대적할 자가 없었다. 지금까지 오묘한 기법(棋法)이 전승되어 서천령 수법이라고 부른다. 서울로 수자리 살러 가는 늙은 군사 하나가 하도(下道)로부터 준마를 이끌고 올라와 서천령을 뵙고 아뢰었다.
> "공자께서 바둑을 잘 두신다 하므로 내기바둑을 한판 두되, 제가 이기

지 못하면 이 말을 드리겠습니다."

세 판을 두어 두 판을 지자 마침내 그 말을 주고 떠나며

"청컨대, 말을 잘 먹여주십시오. 수자리를 마치고 돌아올 때 다시 싸워 가져가겠습니다."

라고 했다. 서천령이 웃으며 "좋네"라고 했다. 준마를 얻은 뒤 다른 말보다 잘 길러서 말이 살쪘다. 그 뒤 늙은 군사가 기일을 마치고 다시 찾아와 바둑 두기를 청했다. 세 판을 두어 세 판 모두 서천령이 졌다. 마침내 그 군사가 말을 끌고 가며 이렇게 말하는 것이었다.

"소인이 이 말을 몹시 사랑하나 서울로 수자리 살러 가는 군사가 객지에서 잘 먹이기가 어렵다고 생각하여 공자 댁에 잠시 맡겨두었습니다. 비루먹은 말을 잘 먹여 살지게 해주셨으니 뭐라 감사하다 해야 할지 모르겠습니다."[1]

이 유명한 이야기는 조선에서 첫째간다는 국수 서천령을 시골의 늙은 군사가 내기바둑으로 농락한 일화다. "뛰는 놈 위에 나는 놈 있다"는 격이요, 강호에는 고수가 많다는 진리를 상기시킨다.

그런 사연은 서천령뿐만 아니라 덕원령에게도 있다. 덕원령이 비를 피하던 칠보산 승려와 바둑을 두다가 당한 이야기와 산골 마을의 이름 없는 주부에게 바둑을 두어 내리 세 판을 진 이야기는 모두 천하의 고수가 무명인에게 참담하게 진다는 내용이다.[2] 첫 번째 이야기에서는 바둑을 두다 말고 오줌 누러 간 승려가 돌아오지 않자 덕원령이 화를 버럭 냈다. 그러자 형이 승려는 이미 바둑을 이겼기에 갔다면서 "에이! 이 세상에서 숱한 해를 바둑으로 행세하며 당대

에는 적수가 없다고 자처한 주제에! 지금 보니 네 바둑솜씨가 이렇 듯 모자라구나!" 하고 핀잔을 주었다. 그 형도 평소에는 전혀 바둑을 둔다고 하지 않던 사람이다. 덕원령이 승려와 형에게 한판 호되게 당한 셈이다. 바둑판에선 이처럼 숨은 고수의 출현이 심심찮게 회자 된다.

야담에 국수의 전설이 자주 나오는 건 그만큼 바둑이 사람들의 관심을 끌었기 때문이다. 야담에 등장하는 바둑 이야기는 허구적 측면이 없지 않지만, 전설이 되어버린 국수 서천령·덕원령·유찬홍 같은 유명한 바둑기사의 존재를 후세에 알려준다. 그들은 모두 실존인 물이었고 그들이 등장하는 이야기의 큰 줄거리는 대부분 사실에 가깝다. 국수가 아닌 바둑기사는 야담에까지 등장하진 않는다. 최고만이 야담의 소재가 된다. 하지만 야담에 등장하는 국수의 활동상은 신화화된 측면이 없지 않다. 반면 저명한 사대부들이 쓴 국수의 전기는 진실에 가까운 내용을 말하고 있다.

전라도 보성이라는 곳

이제 우리의 주인공에게로 말머리를 돌릴 때가 된 듯하다. 신출내기 시골 촌뜨기에서 조선 최고의 기사 반열에 오른 정운창! 그가 살았던 삶과 시대 속으로 발걸음을 옮긴다.

늦은 감이 없진 않지만, 최근에 이르러 귀중한 사료가 여러 편 발굴되었다. 전설로만 전해지던 덕원령의 전기와 보성 출신의 프로 기사 정운창 그리고 김석신 등의 활약을 전해주는 기록이 그것이다. 그 가운데 정운창과 김석신의 생애를 알려주는 자료는 18세기 후반에 활약한 국수의 존재와 그들의 구체적 활동상을 자세하면서도 진실에 가깝게 묘사했다. 그들 가운데 눈에 쏙 들어온 기사가 바로 정조 연간에 활약한 당대 최고의 바둑 명인 정운창이다.

발굴된 사료 덕분에 잊혔던 국수의 생애가 되살아났다. 이서구(李書九)의 《자문시하인언(自問是何人言)》에 실린 〈기객소전(碁客小傳)〉과 이옥(李鈺)이 지은 〈정운창전(鄭運昌傳)〉 두 편의 글은 한 시대를 거침없이 살았던 유명 기사의 인생을 생생히 전해주었다. 그 가운데 이서구가 쓴 정운창 전기는 계명대 김윤조 교수가 발굴하여 소개했다.³ 이서구는 정운창을 직접 만난 이십 대 젊은 시절에 이 전기를 썼다. 정운창이 자기 집을 왕래했기에 이서구는 개인적으로 그에게 관심이 많았다. 그 뒤 유본학(柳本學)의 〈바둑에 능한 김석신에게 주는 글(贈善棋者金錫信序)〉을 내가 발굴했는데, 이 글은 정운창이 국수 김석신의 스승으로 기록된 아주 희귀한 자료다. 국수 한 명을 대상으로 당대 최고 지식인 세 명이 무려 전기를 세 편이나 쓴 것이다. 이는 결코 흔한 일이 아니다. 새 발굴 자료를 통해, 혜성과 같이 등장해 일세를 풍미한 국수 정운창이 어떠한 인물인지를 더듬어 가보자.

정운창은 전라도 보성 출신이다. 다른 바둑 명인과 달리 그에게는 보성 출신이라는 꼬리표가 달렸다. 이서구를 비롯해 이옥과 유본학도 그가 보성 사람이었다는 점을 빠뜨리지 않았다. 왜 그랬을까?

서울은 인재가 모이는 중심이다. 당연히 바둑을 잘 두는 사람들

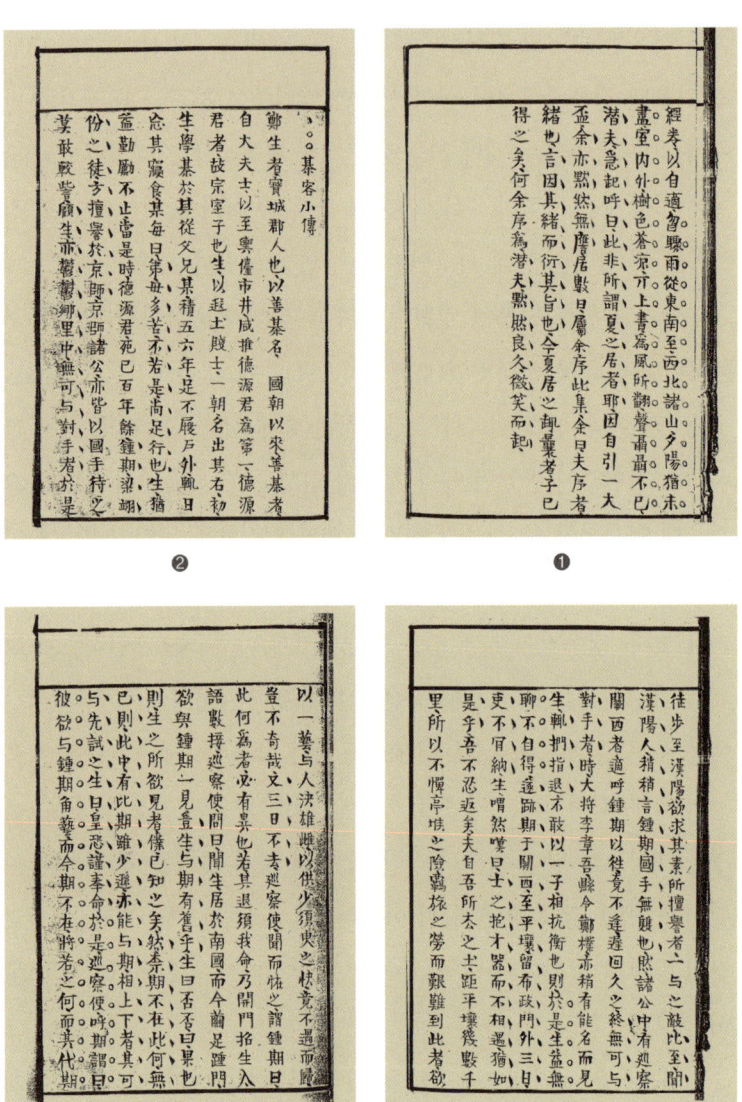

이서구, 《기객소전(棊客小傳)》,《자문시하인언(自問是何人言)》, 개인 소장 필사본.
젊은 시절에 직접 만나본 국수 정운창의 성공담을 세밀하게 묘사했다. 조선 후기 바둑기사의 승부 세계를 드라마틱하게 보여준다.

이 모이는 곳 역시 서울, 곧 한양이다. 그런데 정운창은 서울에서 멀리 떨어진 남해 바닷가의 한미한 집안 출신으로서 한 시대의 바둑계를 지배했다. 비천한 사람이었다고 이서구가 쓴 것으로 보아 정운창은 양반이 아니었다. 그런 그가 혜성과 같이 바둑계에 등장했으니 출신지를 밝히지 않을 수 없었을 것이다. 상황이 그렇다면, 그건 지금도 마찬가지일 것이다.

사실 한국에서 국수가 많이 배출되는 지역이 바로 전라도다. 중국인이 기록한 《북사(北史)》〈백제전(百濟傳)〉에는 백제 사람들이 바둑과 장기를 특히 숭상한다고 되어 있다. 조선 후기 학자들은 대체로 호남 사람들 중에 지관(地官), 점쟁이, 바둑 잘 두는 사람이 많다는 점에 이구동성으로 찬동했다. 20세기 한국의 바둑계에서도 제1인자 계보를 잇는 기사는 모두 호남 출신이다. 조남철은 전북 부안, 김인은 전남 강진, 조훈현은 전남 영암, 이창호는 전북 전주, 이세돌은 전남 신안 출신이다. 고금에 걸쳐 쟁쟁한 기사는 유달리 호남 출신이 많다. 전라도 지역에서 국수를 배출해온 전통이 백제와 조선을 거쳐 현재까지도 이어지고 있다.

두문불출 십 년

정운창의 바둑 인생은 어떻게 시작되었을까?

정생은 처음에는 사촌 형인 아무개로부터 바둑을 배웠다. 오륙 년 동

일본 정창원(正倉院)에 보관된 목화자단기국(木畵紫檀棋局).
백제 의자왕이 일본의 내대신(內大臣) 후지와라 가마타리에게 보낸 바둑판으로, 현존하는 세계 최고(最古)의 나무 바둑판이다. 대단히 아름답고 정교하게 만들어졌다. 백제 바둑과 공예의 높은 수준을 보여주는 작품이다.

안 문밖으로 발이 나가지 않았다. 그뿐 아니라 날마다 자고 먹는 것을 잊기 일쑤였다. 사촌 형은 늘 "이보게 아우! 그렇게 하지 않아도 세상을 휘어잡기에 넉넉하다네"라고 만류했으나, 정생은 여전히 열심히 노력하기를 멈추지 않았다.[4]

정운창은 고향 보성에서 사촌 형으로부터 바둑을 배워 입문했다. 그는 평범한 소년과 다르게 바둑에 몰두하여 오륙 년 동안 문밖 출입을 하지 않았다. 바둑의 고수인 사촌 형은 "그렇게 하지 않아도 세상을 휘어잡기에 넉넉하다"면서 만류했다. 바둑을 향한 그의 집념은 사촌 형도 혀를 내두를 정도였다. 그는 세상을 독보(獨步)하는 존재가 되기 위해 바둑 외에는 모든 것을 잊었다. 이옥은 그가 어려서 병에 자주 걸렸고, 오로지 바둑으로 십 년을 보낸 뒤 어느 날 활연대오(豁然大悟)하였다고 했다. 같은 이야기다. 보성 시골에서 보낸 바둑 수업 과정은 곤고함의 연속이었다.

실력을 갈고닦은 정운창은 시골에선 이제 상대가 없었다. 그는 답답해서 견딜 수가 없었다. 어느 날 서울로 진출해 국수의 명성을 누리는 자들과 대국할 것을 결심한다. 한양행을 결행해 보성에서부터 터벅터벅 걸어서 올라갔다. 그러나 이름 없는 시골뜨기 바둑기사를 누가 상대해주겠는가?

이옥은 "처음 서울에서 노닐 적에 그의 능력을 알아주는 사람이 아무도 없었다"라고 썼다. 넉넉히 그럼직하다. 당시 한양에서는 김종귀, 양익빈, 변홍평 등이 국수로 명성을 누리고 있었다. 이들은 전문적인 기사였다. 그리고 비록 전문 기사로 활동하진 않았지만 뛰어

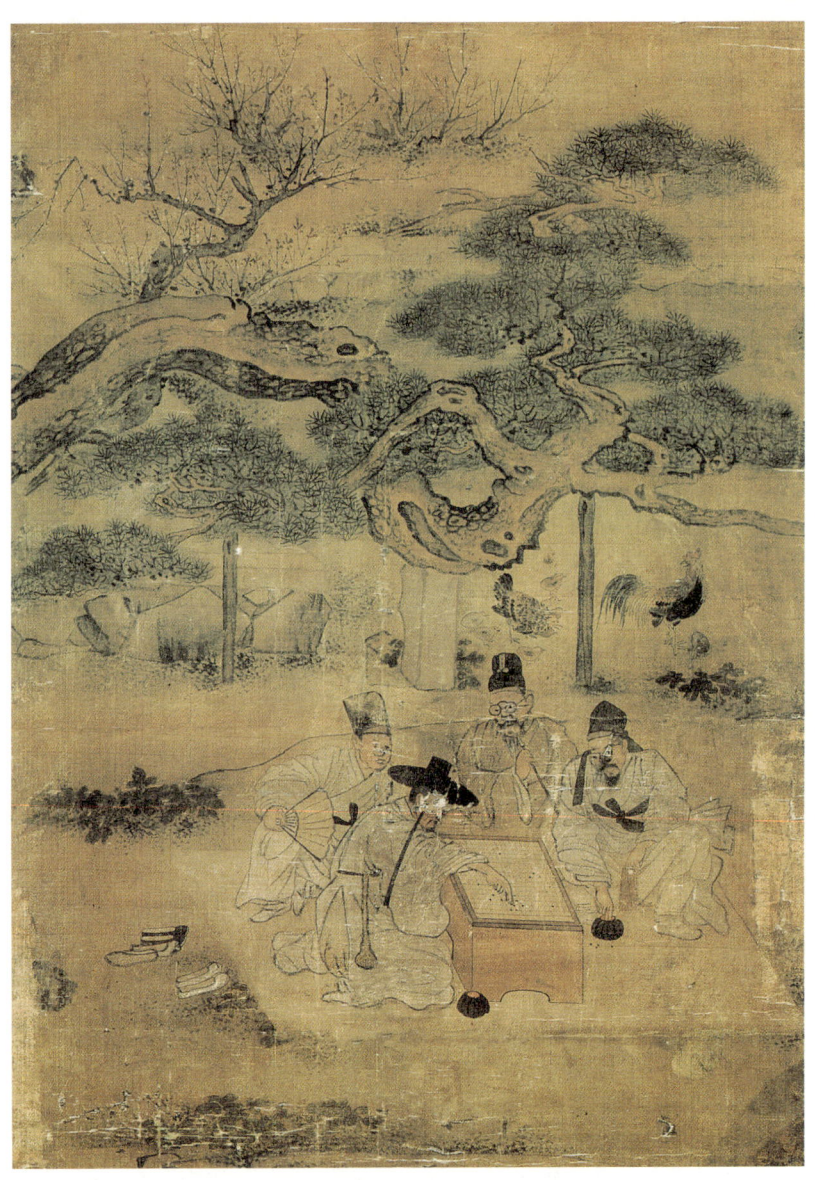

작자 미상, 〈위기도(圍碁圖)〉, 19세기, 국립중앙박물관 소장.

조선 후기에 접어들면서 바둑과 바둑기사에 대한 사회의 인식이 크게 높아졌다. 바둑은 그야말로 대중을 모으는 대표적 기예가 되었다. 이규경은 "오늘날 바둑에 빠진 사람들이 낮부터 밤까지 바둑을 두며 다른 것은 거들떠도 보지 않는다. 세상에서 행세하고 인정받는 수단으로 이보다 나은 것이 없다고 여기며, 바둑을 두지 못하는 사람을 무미건조하다고 조롱한다"고 말했다. 회화에도 그런 분위기가 많이 반영되었다.

작자 미상, 〈후원아집도(後園雅集圖)〉, 19세기, 국립중앙박물관 소장.

난 바둑 실력을 인정받던 훈련대장 이장오(李章吾)⁵와 현령 정박(鄭樸) 같은 사대부 기사도 있었다. 정운창이 아무리 뛰어난 실력을 가졌다 해도 처음부터 이런 고수들과 상대할 순 없었다. 그러다 정박과 솜씨를 겨루어볼 묘수를 떠올렸다. 정운창이 생각해낸 꾀가 이옥의 〈정운창전〉에 멋지게 묘사되어 있다.

당시 금성현령 정박이 바둑으로 명성이 났다. 운창은 정박이 남산에서 바둑 두기 모임을 갖는다는 소식을 듣고 구경하러 갔다. 정박이 실수를 하자 운창이 옆에서 훈수를 두었다. 정박이 되돌아보며 "객도 바둑을 잘 두오?"라고 묻자 운창이 "시골 사람인데 일찍부터 바둑 둘 줄을 알아 밥을 먹지요"라고 답했다. 정박이 운창의 생김새가 몹시 촌스러운 것을 보고서 실력이 가장 아래인 기사를 나오라 하여 대국하게 했다. 십여 착(着)을 두자 정박은 "네 적수가 아니다"라 하고, 그 다음으로 실력 있는 기사가 두게 했다. 겨우 반국(半局)을 두었을 뿐인데 또 "네 적수가 아니다"라 하고, 이제는 자기 다음으로 잘 두는 사람을 시켜 두게 했다. 하지만 집을 계산할 정도가 되지 않았는데도 정박은 "네 적수가 아니다"라 하더니 분연히 바둑판을 당겨 자기가 직접 두었다. 그러나 세 판을 두어 세 판 내리 졌다. 드디어 좌우에 몰려든 모든 사람이 "당신은 누구요? 국기(國棋)일세"라고 입을 모았다. 이리하여 운창의 명성이 하루아침에 서울 장안에 퍼졌다.⁶

바둑판에서 무명의 기사가 당대 국수와 곧바로 대결을 벌이기란 쉬운 일이 아니다. 그 점을 잘 알고 있던 정운창은 꾀를 내어 명김계온(金啓溫), 〈음아록(吟哦錄)〉, 《오헌사고(寤軒私稿)》.
김계온이 여주 청심루 앞에서 명사들과 더불어 뱃놀이를 할 때 유명한 국수 김한흥(金漢興)이 동행했음을 밝혔다. 그는 김종귀 이후 바둑판의 고수 가운데 한 사람이다.

김조순(金祖淳), 〈봉원사의 놀이를 기록하다(記奉元寺遊)〉, 《풍고집(楓皐集)》 권15.
순조의 장인 김조순이 서울 서대문 밖의 봉원사로 나들이를 갔을 때 그 당시 최고의 예능인들이 수행했는데 김한흥이 함께했다. 국수에 대한 사회적 인식과 대우가 높아졌음을 보여준다.

성이 드높은 국수와 한판 승부를 겨룬다. 그리고 이겼다. 시골뜨기 청년이 하루아침에 서울의 바둑계에 찬란하게 등장하는 순간이다. 정박으로 하여금 "네 적수가 아니다"라고 세 번이나 말하게 만들고는 마지막으로 정박을 내리 세 판 이기는, 멋진 드라마가 펼쳐졌다.

조선 제일의 고수와 한판 승부

정박을 단번에 거꾸러뜨린 이후에는 어찌 되었을까? 그 이후 이름 있는 명인들과 이어서 바둑을 둔 정운창은 상대를 모두 이긴 것으로 보인다. 정박을 비롯하여 당시에 명성이 자자하던 이장오 등이 정운창을 보기만 하면 손바닥을 비비며 물러나 감히 바둑알을 가지고 맞먹으려 들지 않았다는 말이 전하는 것으로 보아서 그렇다. 이제 정운창은 서울 장안에서 대적할 자가 없는 바둑계의 최고봉으로 군림하게 되었다. 서울에 올라와 기단을 평정하기까지 그리 오래 걸리지 않았다.

그렇다고 그가 명실상부한 최고라고 하기엔 아직 일렀다. 당시에는 김종귀라는 국수가 최고의 실력가로 공인받고 있었다. 그와의 승부가 최고를 가리는 분수령이었다. 하지만 정운창은 그와 대국하지 못했다. 김종귀는 그때 평양에 가 있었기 때문이다. 공교롭게도 정운창이 한창 김종귀와 자웅을 겨뤄보고자 애쓰던 무렵에 평양감사로 부임한 어느 고관이 김종귀를 데려가 휘하에 둔 것이다. 그 시대의 권력자들은 휘하에 각 분야의 고수들을 데리고 있으면서 그들의 후원자 노릇을 했다. 그런 고수들 가운데 바둑기사는 인기가 있었다.

정운창은 김종귀와 반드시 자웅을 겨루려고 별렀다. 하지만 곧 돌아오리라 기대했던 김종귀가 오지 않았다. 평양에 머물던 김종귀는 서울로 돌아오는 날짜를 늦추고 있었다. 아무래도 새로운 강자 정운창의 소식을 접하고는 대결을 피하기 위해 일부러 그랬던 것으로 보인다. 그의 입장에서는 제왕의 자리를 잃을지도 모르는 대결을 굳이 서두를 필요가 없었다.

더는 자웅을 겨룰 사람이 없어 무료함을 견디다 못한 정운창은 평양까지 찾아가서라도 김종귀와 대국하기로 마음을 먹었다. 보성에서 서울에 이르렀을 때처럼 걸어서 평양에 이른 정운창은 감영의 포정문(布政門)에 나가 김종귀를 만나게 해달라고 청을 넣었지만 묵살되었다. 그렇게 사흘을 머물렀으나 감영의 아전은 이 시골뜨기를 문 안으로 들여보내지 않았다. 사흘을 기다리다 지친 정운창은 한숨을 내쉬며 탄식을 토해냈다.

> 재능을 지닌 선비가 재능을 알아주는 사람을 만나지 못하는 불운이, 그래 이 정도란 말인가? 내 차마 걸음을 되돌릴 수 없구나! 내가 떠나온 고향 땅에서 평양까지의 거리가 얼추 수천 리다. 험준한 고갯길과 고생스런 나그네 신세도 마다하지 않고 어렵사리 여기까지 온 이유가 무엇인가? 한 가지 기예를 가지고 다른 사람과 자웅을 겨뤄서 잠깐이나마 상쾌한 기분을 맛보자는 것뿐이다. 허나 끝끝내 사람을 만나지 못하고 돌아갈 모양이니 어찌 기구하지 않은가?[7]

'재능을 지닌 선비가 재능을 알아주는 사람을 만나지 못하는 불운'을 말하는 독백에서 비장미가 감돈다. 최고의 고수와 겨루는 목적을 부나 명예를 얻기 위해서가 아니라 순간의 상쾌한 기분을 얻기 위해서라고 했다. 그야말로 '쿨'하고 멋진 승부욕이 살짝 드러난다.

정운창은 포기하지 않고 또 사흘 동안 감영 문밖에서 자리를 뜨지 않았다. 그 사연을 감사가 들어서 알게 되었다. 감사가 이상한 낌새를 눈치 채고서 김종귀에게 "이 자는 대체 무엇 하는 사람일까? 특이한 점이 있는 게 분명해. 자네는 물러나서 내 하명을 기다리게!"라고 말한 뒤 사람을 시켜 정운창을 불러들였다. 몇 마디 주고받고는 감사가, "내가 듣기에 자네는 남쪽 지방에 산다고 하던데, 이제 발이 부르트도록 걸어서 여기까지 종귀를 한 번 보려고 온 걸 보니 그와는 구면식인가 보구먼?" 하고 물었다.

정운창은 "아닙니다. 그렇지 않습니다"라고 답했다. 그 말에 감사는 김종귀와 대국하려는 정운창의 속내를 대뜸 알아차렸다. 감사는 재미있는 일을 꾸미기 시작했다. 그가 말을 이었다.

정녕 그렇다면 자네가 만나려는 이유를 내 짐작하겠네. 그러나 그 김종귀가 지금 여기에 없으니 어쩐다? 그래도 그만두지 않겠다면 이곳에 김종귀보다 약간 모자라기는 하지만 그와 더불어 상하를 다툴 자가 있으니 시험 삼아 먼저 두는 것이, 그래 어떻겠는가?[8]

감사의 제안에 정운창이 "황공합니다. 삼가 말씀을 받들겠습니다"라고 대꾸했다. 감사는 김종귀를 그 자리로 불러서 이렇게 말했다.

저 사람이 김종귀와 더불어 기예를 다투고 싶어하지만 지금 그가 없으니 어찌 하면 좋겠는가? 자네가 그를 대신해 바둑을 두게나!⁹

감사가 김종귀에게 눈을 꿈쩍 하니 그는 거짓으로 "황공합니다. 삼가 말씀을 받들겠습니다"라고 대답했다.

드디어 바둑 시합. 감사의 좌우에서 시종하는 자들이 바둑판을 가져다 진설(陳設)하고 바둑알을 내왔다. 정운창과 김종귀는 진을 치고 바둑을 두기 시작했다. 그러나 한 알 두 알 두면서 상황이 불리하게 전개되어 김종귀는 운신이 자유롭지 않았다. 반면 정운창은 처음과 다름없이 여유만만하게 두었다. 옆에서 숨죽인 채 보고 있던 감사가 판세를 읽고선 성을 내며 이렇게 말했다.

지난날 장기 두는 종놈들과 대국할 때는 곧잘 손뼉을 치고 기세를 올리며 온 나라 안에서 짝할 이가 없다고 큰소리치더니만, 오늘은 실의한 사람마냥 움츠러들어 손놀림이 시원스럽지 않으니 무슨 까닭인가?¹⁰

모욕적인 언사다. 그렇게 바둑을 둔 지 한참을 넘기면서 김종귀는 갈수록 두려움이 밀려와 벌벌 떨었고, 어떻게 두어야 할지 갈피를 잡지 못했다. 정운창이 이겨가고 있었다. 긴장하며 바둑을 두던 정운창도 앞에 있는 자를 대수롭지 않게 여기며 "조금 쉬었다 할까요?"라고 여유를 부렸다. 또 "댁은 김종귀와 비교해서 어느 정도 수준인가요? 지금 김종귀는 어디에 있습니까?"라고 물었다. 김종귀의 완패였다. 조선 제일의 기사로 군림하던 김종귀가 무명의 시골뜨기

기사에게 참담하게 완패한 것이다. 조선의 바둑계가 새로운 영웅을 맞이하는 순간이었다.

믿을 수 없는 상황이 벌어지자 김종귀는 아무 대꾸도 하지 못한 채 얼굴만 벌겋게 달아올랐다. 조선 제일의 기사를 휘하에 두었다고 자부하던 감사는 더욱 분통을 터뜨리며 성을 냈지만 정운창이 이겼다는 엄연한 사실을 바꿀 순 없는 노릇이었다. 마침내 함께 바둑을 둔 기사가 김종귀란 사실을 밝히고서 감사는 정운창에게 백금 스무 냥을 상금으로 주었다.

새로운 영웅의 탄생

정운창은 이렇게 보성에서 한양으로, 한양에서 평양으로 가서 조선 바둑계의 최고 자리를 거머쥐었다. 그 과정이 그리 오래 걸리지 않았으니 대단한 사건이었다. 그 뒤로 정운창이 바둑계의 제왕 자리를 차지하고 지낸 건 말할 나위도 없다. 전국의 수많은 기사를 제치고 전라도 바닷가 보성 출신의 시골뜨기 기사가 조선 제일의 기사로 군림한 것이다. 서울에서 멀리 떨어진 시골 출신의 비천한 기사 정운창의 명성이 하루아침에 덕원령을 능가했다고 이서구는 말했다. 덕원령이 누군가? 신혁(神弈)으로 통하는 전설적인 인물 아닌가! 덕원령이 사라진 이후 유찬홍, 최기상(崔奇祥), 변홍평(卞興平), 신환(申宦) 등이 국수로 거명된다. 하지만 덕원령 이후 최고라는 유찬홍조차 그보다는 여덟 집에서 여섯 집 정도 뒤진다는 평을 듣는다. 그런데 정운창은 전설의 덕원령을 능가한다는 평을 듣기도 했으니, 사람들이 그의 실력을 어느 정도 인정했는지 짐작이 간다.

더구나 정운창은 차곡차곡 계통을 밟아서 국수의 지위에 오른 것이 아니라, 최고의 지위에 있던 사람을 단번에 묵사발 냄으로써 명예를 거머쥐었다.

정운창이 단번에 제압한 김종귀는 여기에선 초라한 패배자의 꼬락서니를 하고 등장하지만 실제로는 그렇게 초라하고 실력 없는 기사가 결단코 아니다. 그는 정운창이 그보다 앞서 제압한 이장오나 정박 등의 고수와는 비교할 수 없는, 한 시대를 압도한 국수로서 대중의 존경을 받았던 기사다. 그 스스로가 십여 년 이상 대적할 자 없는 최고의 국수로 독주했다고 자부했다. 조희룡이 쓴 《호산외기》에는 김종귀(金鍾貴)란 이름으로, 이옥의 전(傳)에는 김종기(金鍾基)란 이름으로 등장하는 그는 아흔 살 이상 장수하면서 많은 일화를 남긴 전설적인 국기(國棋)의 한 사람이다. 조선왕조의 제일가는 국수라는 칭송도 받았다. 그런 국기였기에 정운창의 승리는 더욱 값졌다. 김종귀를 압도한 그 사건은 정운창의 실력이 얼마나 뛰어났는지를 분명하게 말해주었다.

일거에 김종귀의 아성을 무너뜨리고 최고의 국수로 인정받은 정운창의 이후 종적이 궁금하다. 과연 어떠했을까? 이서구의 글에는 승부를 결정짓고 난 다음의 후일담이 소개되어 있다.

김종귀를 물리치고 나서 정운창은 김종귀와 더불어 평양감사의 식객으로 머물렀다. 시일이 흘러 평양감사가 해임되어 서울로 돌아갈 때 두 기사는 감사를 따라 서울로 돌아왔다. 정운창은 서울에서

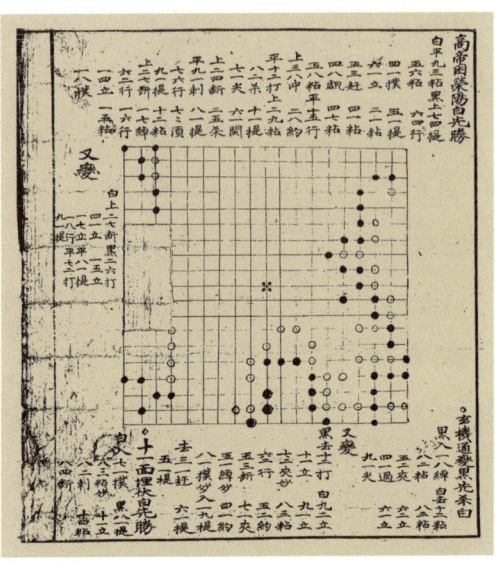

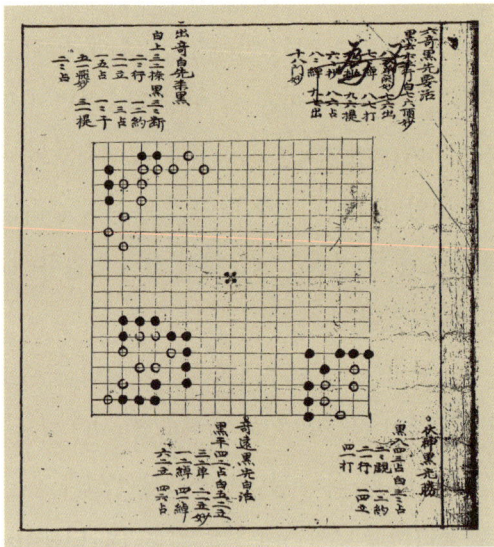

《기보(棋譜)》, 장서각 소장 필사본.
조선 후기의 필사본으로 추정된다. 조선시대에는 바둑의 실전을 기록해놓은 기보가 작성되어 바둑의 이해를 도왔다.

양익빈, 변홍평 등의 기사들과 어울려 바둑을 두며 지냈다. 바둑이란 서로 엎치락뒤치락 이기고 지는 맛이 있어야 하는데 다른 국수들이 정운창을 이기긴 힘들었다. 이전에 최고로서 명예를 누리던 김종귀에 대한 사람들의 존경심과 경외감은 이제 모두 정운창에게로 쏠렸고 김종귀는 대중의 관심으로부터 멀어지거나 무시를 당하는 처지가 되었다.

상황이 그렇게 변하자 정운창은 다른 기사들과 바둑을 둘 때 자기 실력을 그대로 발휘하기를 꺼렸다. 동료 바둑기사와 어울려 살아가기 위한 고육책이었다. 프로의 세계에서 한 사람의 독주는 다른 프로의 무덤이었기에 정운창은 자신의 예기와 실력을 일부러 감추고 허술한 바둑을 두었다. 이러한 상황을 묘사한 일화가 이옥이 쓴 〈정운창전〉에 삽화(揷話)로 들어가 있다.

정승 아무개는 바둑을 몹시 좋아했다. 그가 운창을 불러 김종기, 양익빈, 변웅평(곧 변홍평이다—필자) 등의 무리와 날마다 내기바둑을 두게 했다. 이상하게도 운창이 그다지 높은 수준의 바둑을 두지 않았다. 정승은 운창이 바둑에 힘을 들이지 않는다고 의심하여 남원산 상화지(霜華紙) 200번(番)을 상금으로 걸고, "힘을 기울여 열 번을 이기면 이것을 네게 주고, 종기는 회초리를 때리겠다"라며 다짐을 놓았다. 그러자 운창이 바둑돌을 당당하게 두어 만전을 기하는 태도를 보였다. 포위하기는 성벽과 같이 하고, 끊기는 칼날 끝같이 하고, 세우기는 지팡이를 꽂듯 하고, 합하기는 천을 꿰매듯 하고, 대응하기는 종이 울리듯 하고, 솟구치기는 봉우리와 같이 하고, 덮기는 그물을 치듯 하고, 비추기는 봉홧불과 같이 하고, 빠뜨리기는 냄비를 뒤집듯 하고, 변화를 주기는 용과 같이 하고, 모이기는 벌떼와 같이 했다. 그러자 종기가 땀을 뻘뻘 흘려 이마를 적셨지만 당해내지를 못했다. 세 판에 이르렀을 때 종기가 일어나 측간에 가면서 눈을 꿈적여 운창에게 나오라는 신호를 보냈다. 한참 뒤에 들어가 다시 바둑을 두었는데 운창이 때때로 실수를 하였으니 종기가 빌었기 때문이다.[11]

더 깊고 오묘한 세계를 만나다

이 삽화는 당시 국수급 기사들 사이에서 최고의 자리를 확고하게 차지한 정운창의 실력이 어떠했는지를 잘 보여준다. 정운창이 실력을 제대로 발휘하지 않는다고 판단한 정승이 거액의 상금과 굴욕적 징벌을 함께 내걸어 의도적으로 경쟁시키는 바둑대회를 여는 장면이 연출된다. 바둑대회는 대체로 공개적으로 열렸고, 그 대회에서 승리하면 명예는 물론 경제적 이익까지 얻었다. 평소에는 심드렁하게 바둑을 두던 정운창도 거액의 상금이 걸린, 정말 중요한 시합에서는 자기 실력을 숨기지 않고 발휘했다. 상대에게 빈틈을 보이지 않고 예리하게 공격하는 정운창 바둑의 특징이 비유를 통해 세밀하게 묘사되어 있다.

관심이 집중된 바둑대회에서 승리하면 명예뿐만 아니라 경제적 이득도 획득하지만, 반대로 질 경우에는 처벌과 명예훼손이 뒤따랐다. 이 시합에서 이긴 정운창이 받은 남원산 상화지 200번은 거금이었다. 진 사람에게는 회초리를 때리는 모욕이 뒤따랐다. 실제로 회초리를 때리기야 했겠는가마는 그 이상의 굴욕감을 느끼게 만들었을 것이다.

이 글 끝부분에는 김종귀와 정운창의 타협 장면이 나온다. 대선배로서 왕년의 명성을 잃게 된 김종귀가 측간에 가는 척하며 정운창을 불러내 청탁을 하고, 정운창은 그 청탁을 받아들여 일부러 실수를 저지른다. 일종의 타협을 한 것이다. 자기를 이기되 명예를 지켜주는 선에서 이겨달라는 부탁이었을 것이다. 그것이 둘 다 사는 길이었다.

이서구의 〈기객소전〉에도 비슷한 타협이 한결 멋진 장면으로 묘사된다. 서로 어울려 지내던 정운창과 김종귀에게 어느 날 이런 일이 있었다.

하루는 날이 몹시 춥고 눈이 크게 내렸다. 종기는 집안사람을 시켜 술상을 성대하게 차리게 한 뒤 밤중에 정운창을 초청하여 술을 마셨다. 술이 거나하게 들어가자 종기는 몸소 칼을 잡아 고기를 썰고 술잔을 들어 권하며 말을 꺼냈다.

"선생께서는 참으로 현명하고도 호걸다운 어른입니다. 혹시라도 이 술잔을 올리는 제 의중을 짐작하시는지요? 이 제자가 감히 선생을 언짢게 하는 말씀을 올려도 괜찮겠습니까?"

그러자 정운창은 자기 이름을 말하며 감사를 표하고 답했다.

"이 못난 운창은 공께서 베푸시는 도타운 뜻을 감당할 길이 없습니다. 공의 명성은 한 시대를 드날려 당세의 공경 사대부들 가운데 공을 사랑하고 후대하지 않는 분이 없습니다. 운창이 요행히 공과 더불어 동 열에 끼어 있기에 공께서 이 못난 놈에게 하교(下敎)하실 것이 없으리 라 생각됩니다만, 감히 가르침을 청합니다."
그러자 종기가 말했다.
"그렇습니다. 제자가 일찍부터 바둑을 배워 명성을 독점하며 많은 고 관에게 출입한 지 이제 벌써 십 년이 되었습니다. 그런데 선생을 만난 이래로 많은 고관과 어른이 모두 이구동성으로 선생을 추대하여, 종기 와 같은 놈은 제자의 반열에도 끼지를 못하게 되었습니다. 제자가 어 찌 감히 선생과 대적하려 하겠습니까마는, 바라건대 선생께서는 제게 조금만 양보를 해주셔서 예전에 누리던 명성을 조금만이라도 유지하 도록 해주실 수 있겠는지요?"
정운창은 "좋습니다"라고 수락하고 밤새도록 즐겁게 술을 마시고 헤 어졌다. 그로부터 정운창은 많은 사람이 함께 있는 자리에서 종기와 만날 때에는 뒷걸음치며 결코 대적하지 않았다.[12]

어느 눈이 많이 내린 겨울밤 김종귀가 정운창을 초청하여 고기 와 술을 접대하고 가슴속 하고 싶은 말을 토해내는 장면이다. 두 국 수의 대화가 몹시 장중(莊重)하다. 김종귀는 스스로 제자라고 자처 하면서 아주 조심스럽고도 정중하게 정운창에게 부탁한다. 그렇지 만 핵심은 "당신이 등장하여 나를 현격한 솜씨로 이겨서 나의 옛 명 성이 사라진 건 말할 것도 없고, 나에 대한 세상의 존경과 대우가 달 라졌으니, 내 체면을 보아 가능하면 대국을 피하거나 져주기도 했으 면 한다"는 데 있다. 그 말을 정운창이 이해하지 못했을 리 없다. 정운창은 흔쾌히 수락하고 그 이후엔 김종귀와 대국하려 들지 않았다. 한 시대 국수의 자긍심을 지켜주려는 배려였다. 눈 덮인 지붕 밑에서 장중하면서도 훈훈하게 진행되는 대화는 영화의 한 장면을 연상케 한다. 정운창이 평범한 기사가 아니라 협기(俠氣)를 지닌 대장부로 다가온다. 추한 거래로 보이기보다는 선배 국수를 배려하는 감동 어린 장면이다.

승부의 세계는 냉정하다. 승리한 자에게 대중의 이목이 집중되고 패배한 자에게 모욕과 창피가 가해져 무대 뒤로 사라지는 건 고금의 차이가 없다. 승부는 단순히 명예만의 문제가 아니라 소득의 차별까지 낳는다. 대중은 새로운 강자를 존경하고 경제적 대우를 하지만 패배한 자는 거들떠도 안 본다. 김종귀는 그 사실을 뼈저리게 느끼고 만회하기 위하여 저와 같은 행동을 취한 것이다. 양보와 타협이 존재한 그들 사이의 메커니즘에는 의리만이 아니라 생활도 있었다.

그렇다면 정운창은 조선시대에 명멸한 다른 수많은 국수와 비교할 때 어느 정도 수준이었을까? 이서구는 정운창의 바둑 실력에 최고의 찬사를 보냈다. 직접 만나보니 간교한 성품의 소유자라고 적기는 했지만 바둑 실력만큼은 의심하지 않았다. 하지만 이옥은 당시 바둑계에 떠도는 평이라며, "정운창은 최기상(崔起尙)에게 네 점이 부족하고, 최기상은 또 덕원령에게 네 점이 부족하다는 게 당시의 평이다"라고 했다. 조선 바둑계의 정점인 덕원령에게 여덟 점이 부족하고 영조조의 전설적 국수 최기상에겐 네 점이 부족하다는 평이다. 지금으로선 실력의 실상에 대해 왈가왈부할 근거가 없다. 아무래도 좋다.

정운창 전기는 그가 김종귀로부터 바둑계 최고의 자리를 탈취하는 데 초점이 모여 있어 그 이후의 이야기는 자세하지 않다. 그 뒷부분의 이야기는 전처럼 흥미를 끄는 게 아닐 것이다. 이옥은 정운창이 최고의 자리를 차지한 이래 무려 이십여 년이나 바둑계 최고봉으로 명성을 누리다 죽었다고 기록했다.

여기서 한 가지 짚고 넘어갈 사실이 있다. 19세기 초반의 시인이자 학자이고, 유득공(柳得恭)의 맏아들인 유본학(柳本學)은 당대 최고의 국수였던 김석신(金錫信)에게 보낸 글에서 정운창 이야기를 꺼낸다. 보성 사람인 정운창이 기법(棋法)에 묘미를 터득하여 김석신이 그와 더불어 수천 번의 대국을 통해 실력을 연마했는데, 그 뒤부터 감히 누구도 김석신과 대적하지 못했다는 것이다. 당시에 그런 풍문이 널리 퍼졌는데 유본학은 결코 거짓 소문이 아니라며 신뢰를 보냈다. 김석신은 정운창의 후배 세대에 속한다. 세대마다 시대를 대표하는 최고의 실력자가 있게 마련인데, 김석신은 그 전 세대의 최고수인 정운창과 대국을 거쳐 실력을 연마했다. 조선 후기의 국수는 그 선배 국수와 대국하면서 새로운 국수로 탄생하며 국수의 계보를 이어갔다.

조선왕조 최고의 기사는?

정운창을 비롯해 바둑의 명인을 묘사한 전기가 18세기 이후에 등장한 이유는 무엇일까? 조선사회에 불어닥친 바둑에 대한 열기와 바둑을 즐기는 인구의 확산, 바둑인을 지원하는 패트런의 등장 등 여러 현상이 복합적으로 작용한 결과다. 앞서 인용했듯이 김종귀가 바둑에서 명성을 얻자 고관들에게 사랑을 받아 그 문하에 출입한 것이다. 바둑을 잘 두면 권력자에게 바로 통했다.

그럼, 조선 최고의 기사로 인정받았던 사람은 누구였을까? 사람들은 이구동성으로 조선왕조 최고의 기사로 선조 연간에 활약한 덕원령을 꼽는다. 그에 관한 신비한 전설이 야담에 등장하고, 그 이후 기사의 실력을 평가할 때면 보통 덕원령과 비교해서 몇 점을 지느냐가 비교의 기준이 되었다. 김도수(金道洙, 1699~1733)의 〈기자전(碁者傳)〉이 바로 덕원령의 일생을 기록한 전기인데, 바둑기사를 묘사한 최초의 전기다. 지금까지 별 주목을 받지 못한 이 자료는 바둑의 역사에서 가장 중요하게 취급되어야 할 사료다.

바둑은 작은 기예다. 그러나 오묘함이 있다. 오묘함이 있으면 신령과 통하는 경지까지 이른다. 따라서 작은 기예라고는 하나 성취하기가 어렵다. 선조 때에 종실 사람으로 덕원령(德源令)이란 분이 있었는데 바둑을 잘 두었다. 덕원령은 일고여덟 살 때 벌써 바둑 두기를 배웠다. 바둑을 몹시 좋아하여 거처하는 방의 사방 벽에 바둑판을 그려놓고 날마다 그 속에 누워서는 손으로 벽에 그려진 바둑판을 짚어가며 바둑 두는 자세를 취했다. 이윽고 오묘한 경지를 얻어 남들과 바둑을 두니 대적할 자가 없었다. 사람을 마주해서 바둑을 둘 때마다 술을 통음(痛飮)하였는데 손을 나는 듯이 움직이고 무궁한 기계(奇計)를 내어놓았다. 두리번거리고 번들번들 웃으며 여유를 부리다가도, 두기 힘든 경

김도수, 〈기자전〉, 《춘주유고(春洲遺稿)》 권2.
전설의 국수 덕원령을 묘사한 전기로 그 가치가 매우 높다. 바둑기사의 삶을 묘사한 전기로는 가장 이른 시기의 것이다.

우를 만나면 그제야 골똘히 생각하며 바둑판을 뚫어지게 쳐다보았다. 그러고 나서 바둑을 두면 반드시 적의 지극한 요충지에 적중했다. 대국하는 자가 마치 쇠못이 뼈에 박히는 듯 고통스러워 기운을 가라앉히고 앉아 있을 수 없었다. 그래서 지극히 강한 자가 아니면 한두 판을 견디지 못했다.

그 때문에 덕원령과 더불어 바둑을 두려는 사람이 없었다. 덕원령은 노장이 된 이래로 재능을 발휘할 곳이 없어 답답하게 지냈다. 그는 탄식하며 "형세를 강하게 가져가면 남들이 즐거워하지 않고 형세를 낮추자니 내가 참지를 못하겠다" 하고는 드디어 바둑 두기를 그만두었다.

술이나 마셔 날마다 곤드레만드레 취하고 신경 쓰는 일이 없었다.

만력(萬曆) 연간에 바둑을 잘 두는 사람이 명나라 사신으로 와서 동국에서 제일가는 바둑기사를 찾았다. 그때 덕원령이 선발되어 그와 바둑을 두게 되었다. 전해오는 말에, 덕원령이 명나라 사신과 바둑을 둘 때 전과 마찬가지로 큰 사발로 술을 통음하고서, 사지를 죽 뻗은 채 눈을 내리깔고 두 어깨를 우쭐 솟게 하여 마치 늙은 독수리가 토끼를 내려다보는 자세를 취했다. "딱" 하고 바둑알 하나를 놓자 바둑알이 마치 살아 있는 물건처럼 움직이고 빛이 번쩍번쩍하여 벌써 한판의 대세를 장악했다. 명나라 사신이 크게 놀라 바둑판을 밀어놓고 절하며 "바둑알 놓는 법이 어쩌면 그리 신통하십니까?"라고 물었다. 덕원령이 웃으며, "용은 지극히 부드러운 동물이지요. 그러나 한번 성을 내면 그 발꿈치로 큰 바위돌에 연못을 만든답니다. 나도 그 이유를 모르지요"라고 했다 한다.

덕원령이 죽은 뒤 오십 년 만에 여항에 유찬홍(庾纘洪)이 나타났다. 그도 국기(國棋)로 명성이 자자했으나 신비한 기법은 덕원령에게 한참 못 미쳤다고 한다.[13]

최고의 기사로 존경을 한 몸에 받은 덕원령에 관한 가장 신빙할 만한 기록이다. 어린 시절부터 바둑을 배우려고 노력하는 장면을 인상 깊게 서술했다. 덕원령이 바둑을 두는 장면은 더더욱 인상적이다. 기사마다 개성과 버릇이 있지만 술을 통음하고 대국한 덕원령의 버릇은 유달리 독특하다. 그의 바둑은 시원시원하면서도 남의 약을 바짝 올리는 스타일로 보인다. 대국자의 심장부를 날카롭게 공격하는 그의 스타일 때문에 대국자가 마치 쇠못이 뼈에 박히는 듯 고통스러워 평정한 마음으로 앉아 있을 수 없었다는 서술로 미루어 보아 강력한 공격형 바둑을 둔 기사로 추정된다. 명나라 사신과 대국하는 장면 역시 드라마틱하다. 그가 아무리 신화적 존재라 하더라도, 뛰어난 문사 김도수가 거짓으로 이야기를 꾸며냈거나 사실을 확인하지도 않은 채 전문(傳聞)만을 기록하진 않았을 것이다.

덕원령에게서 특기할 사항은 그의 신분이다. 그는 왕실과 가까운 일원인 종실 집안 출신이었다. 벼슬에 나아갈 수 없는 대신에 생계 걱정 없이 자기가 하고 싶은 예술이나 기예에 한평생 종사할 수 있는 신분이었다. 그렇기 때문에 바둑계 최고의 고수이긴 해도 그를 바둑으로 생계를 유지한 프로 기사로 볼 순 없다. 그에게 바둑은 어디까지나 여기였고, 그에게는 패트런이라고 할 만한 존재가 발견되지 않았다.

새 시대의 개막

서천령과 덕원령이 활동한 16세기 말엽 이후 기사의 위상은 천천히 변화를 보인다. 이른바 바둑 두는 사람이라는 명칭으로 쓰인 기객(棋客)은 앞선 시대의 기사와 뚜렷한 차이를 표현한다. 바둑을 생계 거리로 삼은 전문 프로 기사가 등장하기 시작한 것이다. 조선 바둑계의 현황을 정리하는 자리에서 덕원령을 최고로 인정하며 "근래에는 중인(中人)들 가운데 바둑 기예를 전문으로 하는 사람이 많다. 유찬홍이라고 하는 자가 가장 유명하여 사대부들 가운데 맞설 사람이 없다"라고 한 또 다른 기록을 주목할 필요가 있다.14 중인 계층에서 전문 바둑기사가 등장했고, 그들의 대표주자로 유찬홍(庚纘洪, 1628~1697)을 든 것이다. 특정 계층에서 전문 기사가 출현하고 있다는 이 지적은 18, 19세기에 중인이나 평민 계층에서 국수가 다수 출현한 현실을 정확히 포착하고 있다. 이 현상은 국수를 배출하는 신분이 뚜렷하게 변화하는 과정에 있고 이른바 바둑을 두어 먹고사는 전문 기사 집단이 출현했음을 뜻한다.

덕원령 이후 세대로서 유찬홍의 뒤를 이어 명인 반열에 오른 국수들이 그 같은 새 시대를 열었다. 그 주역이 바로 앞에서도 언급한 바 있는 최기상과 그 뒤를 이어 국수 자리에 오른 변홍평이다. 이들의 존재는 몇몇 기록에 등장하는데 그 가운데 이운영(李運永)의 저술《영미편(灝尾編)》에서는 드라마처럼 재미있게 묘사되었다.

덕원령 이후에도 허다한 국수들이 당연히 있었으나 역사에 누락되어 전하지 않는다. 육칠십 년 전에 최기상(崔器祥)이 나타나 독보했고, 최기상의 후배로 또 변홍평(卞興平)이 나타났다. 그는 최기상보다 조금 모자라 대국할 때에는 반드시 먼저 한 점을 깔고 시작했다. 최기상은 만년에 변홍평에게 많이 패하여 변홍평이 한 점을 떼고도 이길 수 있었다. 그때면 변홍평이 "근래 제 실력이 한 단계 성장한 데다 최주부(崔主簿)께서는 이미 노쇠하셨습니다. 그냥 저와 적수가 되시니 이제부터 제가 먼저 한 점 깔지 않도록 허락해주십시오." 최기상이 살짝 비웃으며 "정녕 그런가?"라고 묻자 변홍평이 "정녕코 그렇습니다"라고 답했다. "자네 망령일세. 자네 내일 아침 일찍 오게나." 변홍평이 그러마 하고서 물러났다.

다음 날 이른 아침 자신을 찾아온 변홍평에게 최기상이 "내가 노쇠하여 정력이 크게 떨어졌네. 그래서 두서없이 두었기 때문에 자네가 망령된 말을 그리하는 게야. 내 오늘은 종일토록 세 판만 두겠는데 자네가 틀림없이 세 판 내리 질 걸세. 세 판 가운데 한 판은 반드시 곱절의 차이로 질걸세"라고 말했다. 변홍평이 냉소하면서 "어찌 그럴 리가요? 그렇게 되는지 안 되는지 곧 보게 되겠지요"라 하고 드디어 대국을 시작했다.

이날 최기상은 앞에 화로를 놓고 불을 달구어 어린아이의 대변을 큰 사발에 넣고는 불에 쬐어 데웠다. 처음 바둑을 둘 때에는 천천히 느릿느릿 담소를 나누면서 응수하더니 평원 너른 들에 만 마리 말이 앞 다퉈 달리는 형국에 이르자 마른하늘에 우박이 날리고 회오리바람에 소낙비 내리듯 단번에 수십 개의 바둑알을 두었다. 주위에서 구경하는 자들이 미처 걸음을 따라올 새도 없었다. 그러다가, 마치 [유방 군대가 항우 군대를 포위한] 해하(垓下)의 성에서 10월 달무리는 겹겹이 지고 죽느냐 사느냐 하는 다급한 순간이 호흡 사이에 달린 형국인데도 팔짱을 낀 채 뒤로 물러나 앉아 흰 솜에 어린아이 대변을 적셔 눈을 씻고, 수식경(數食頃)을 그리하다가 그제야 바둑을 두었다. 변홍평은 멍하니 어떻게 응수를 해야 할지 몰랐다.

아침 해가 떠올라 동창이 훤히 밝아온 때부터 시작해 남산에 봉홧불이 오를 때까지 겨우 세 판을 끝냈다. 첫 번째 대국은 최기상이 곱절로 이겼고, 두 번째 대국은 다섯 집으로 이겼으며, 세 번째 대국은 한 집 차이로 이겼다. 최기상은 그제야 "네 이제 다시 감히 주둥아리를 놀릴 테냐!"라고 말하며 변홍평을 크게 혼냈다. 변홍평은 입도 뻥끗 하지 못했다. 구경꾼들은 모두 혀를 내둘렀다.[15]

그동안에는 이름만 전해온 두 사람이 실제로 어떤 관계였고 어떤 스타일이었는지, 한 시대를 이끌던 바둑판의 선배와 후배가 어떻게 교체되었는지를 생생하게 보여주는 기록이다. 최기상이 늙었음에도 불구하고 버릇없이 덤벼드는 건방진 신진 국수를 이겼다는 역전이 이 기록의 묘미다. 그러나 덕원령에게 네 점을 진다는 한 시대의 이름난 국수 최기상도 나이는 어쩔 도리가 없다. 마지막 자존심을 세우더니 멋지게 역사의 뒷길로 사라졌다. 그의 뒤를 이어 바로 변홍평이 한 시대의 바둑계를 장악했고, 이어서 김종귀 같은 인물이 등장했다. 그들의 멋진 승부는 경종조에서 영조 초년에 있었다.

바둑의 길, 프로의 길

덕원령 이후 17세기 바둑계에서 최고의 자리를 차지한 국수 유찬홍은 바둑으로만 생계를 유지했던 것 같지 않다. 그러나 18세기 이후 국수의 계보를 이은 최기상, 변홍평, 김종귀, 정운창, 김한홍, 김석신 등은 다르다. 바둑이 전문 직업으로 탈바꿈해 생계수단이 된다. 18세기 이후 바둑은 일종의 스포츠처럼 상업적 스타를 만드는 형태로 진행된 듯하다. 경쟁을 거쳐서 일정한 수준에 오르면 전문 기사는 패트런에게 생활비를 받으며 살아갈 수 있었다. 앞에서도 몇 번 언급했듯이 중요한 대국에는 적지 않은 상금까지 걸려 있었다.

바둑만 잘 두어도 먹고살 수 있는 사회적 여건이 형성되었다. 사람들은 신분이나 인맥, 도농의 격차가 있을 수 없는 냉혹한 승부의 세계에서 최고의 기사가 되기 위한 강도 높은 훈련을 했다. 유본학이 전문 기사인 김석신의 바둑 인생을 묘사한 글을 보자.

김석신은 오십여 년간 세상에서 국기(國棋)로 통했다. 사람됨이 시원스러워 선비의 풍모가 있었다. 평소 생업에 힘쓰지 않고 바둑을 두고 돈내기를 하여 술과 음식을 마련해 벗들과 함께 술에 취하고 밥을 먹었다. 그는 대국할 때 바둑판을 응시하고 단정히 앉아 손으로 바둑알을 희롱하지 않았다. 입으로는 길을 다투지 않았고 바둑을 둔다는 느낌이 없이 점잖았다. 그가 상대에게 응할 때는 "딱" 하는 소리와 함께 바둑알을 두어, 마치 토끼가 벌떡 일어나고 새매가 아래로 곤두박질하는 듯했다. 그는 "바둑을 둘 때에는 올바른 법으로 해야지 비딱한 길로 남을 속여선 안 된다"고 했다.[16]

정운창의 뒤를 이어 오십여 년간 국기로 통하던 김석신은 생업에는 무관심하고 그 대신 돈내기 바둑을 두어 술과 밥을 먹었다. 이 글에선 이렇게 표현했지만 그 내막은 바둑으로 생계를 꾸려갔음을 말해준다. 그는 다른 바둑기사와 달리 정직한 바둑을 두어 생업을 대신했기 때문에 남다른 기사라는 평가를 받았다.

이어서 유본학이 이 시대 바둑계 현황을 묘사한 글을 보자.

바둑은 작은 기술에 불과하지만 잘 두게 되면 그것만으로도 세상에서 행세하고 사람들로부터 사랑을 받았기에 다른 기예와 어깨를 나란히 하였다. 대체로 사람들이 사랑하고 숭상하는 기예로 문사(文詞)나 서법(書法)을 능가하는 것이 없다. 그러나 지금 여기에, 문장에 뛰어나고 필법(筆法)에 뛰어난 사람이 있다고 치자. 그자에게 사람들이 경쟁적으로 몰려들어 사모하고 구경하면서 혹시라도 보지 못할까 봐 걱정하진 않을 것이다. 그러나 국사포혁(國師布奕)으로 한번 이름이 나면, 그를 초빙해놓고 사람들을 불러 모아서 특이한 구경거리라고 자랑한다. 작은 도에도 볼 만한 것이 있어 없애지 못한다는 것이 이를 두고 하는 말이다. 국기(國棋)의 경우에는 더욱이 어렵다.[17]

바둑은 대표적 취밋거리지만 그 자체가 취미 이상을 벗어나진 않았다. 하지만 18세기 이후엔 지난 시절과 상황이 달랐다. 유본학이 이 글을 쓴 19세기 전반기의 시대 상황은 더욱 그랬다. 바둑을 잘 두면 성공한 사람으로 인정을 받아 행세했고, 세상 사람들로부터 사랑도 많이 받았다. 그 가운데에서도 국기나 국수는 인기와 대우가 달랐다. 바둑 잘 두는 사람은 이제 문학이나 서예를 잘하는 사람과 어깨를 나란히 할 수 있었다.

문장을 잘 쓰고 글씨를 잘 쓰는 것과 바둑 잘 두는 것을 나란히 본 점은 대단히 파격적이다. 문장과 서법은 전통적으로 사대부의 영역에 속할 뿐만 아니라, 품위 있고 고상한 예술로서 굳건히 자리를 지키고 있었다. 취미나 놀이에 불과한 바둑을 문학이나 서법과 동일한 위상에서 비교하는 것 자체가 성립하기 어렵기 때문에 유본학의 말은 억지스러운 데가 있다.

하지만 엄연한 사실을 모를 리 없는 유본학이 그렇게까지 말한 데는 분명한 까닭이 있다. 오히려 그는 한술 더 떠서 문학이나 서법에 뛰어난 자가 있어도 아무도 그에게 몰려들어 그 기술을 구경하려 하거나 그가 누군지를 엿보고 싶어하지 않지만, 바둑 잘 두는 사람이 있으면 모두들 경쟁하듯이 몰려들어 구경하면서 혹시라도 못 보는 일이 있을까 걱정한다고 했다. 바둑은 대중적 인기몰이를 하는 기예로, 점잖은 문학이나 서법과는 달랐다.

18세기 이후 바둑의 명인을 묘사한 글을 보면, 꼭 요즈음의 유명 연예인을 묘사한 느낌이다. 바둑의 명인을 초빙해놓고 사람들을 불러 모아서 특이한 구경거리라 자랑한다고 했는데 이 역시 대중적 스타를 소개하는 분위기다. 그의 글에선 바둑의 명인이 사대부부터 일반 서민에 이르기까지 관심의 초점이 된 당시 사정이 고스란히 드러난다. 이러하니 이른바 조선 제일의 국기라는 이름을 얻은 기사를 보는 사람들의 시선은 말할 나위도 없다. 바둑에 대한 관심이 계층을 초월해 광범위하게 확산되었고 그것이 바탕이 되어 바둑으로 먹고살 수 있는 전문 기사들이 등장했다.

정운창과 대국하며 어울려 지낸 기객들은 대부분 전문 기사로 보인다. 바둑을 직업으로 하는 프로 기사다. 이 기객들은 바둑으로 생계를 영위했는데, 각종 바둑대회를 통해 기량을 뽐내 인정을 받았다. 조정의 고관이나 부자들에게 식객으로 소속되어 있어 그들로부터 생계비를 지원받거나 각종 대회의 상금으로 생활을 영위했으리라. 정운창은 금성현령 정박을 만났을 때 "시골 사람인데 일찍부터 바둑 둘 줄을 알아 밥을 먹지요"라고 답하며 바둑 솜씨로 생계를 꾸린다는 것을 고백하기도 했다. 김종귀가 평양에 가서 지낸 건 평양감사가 그의 생계를 책임지는 후원자 노릇을 했기 때문이다.

정운창의 전기를 통해 조선 후기 기객들의 인생과 활동상을 추적해보았다. 그들의 삶은 현재의 프로 기사들과 비교하면 차이가 많다. 하지만 이미 18세기 기단(棋壇)부터 프로 기사의 초기적 형태가 존재했고, 그들의 활동이 상상 외로 활발히 전개되었음을 몇몇 국기의 활동과 삶에서 엿볼 수 있다. 그들은 현재의 수준 높은 바둑인이 있게 한 선배다. 바둑을 수련하는 그들의 자세와 살아가는 모습에는 지금 보아도 감동적인 부분이 있다. 백제로부터 조선으로, 다시 현재로 이어지는 장구한 국수의 계보 속에서 조선 후기의 기사들은 자신들의 존재를 역사 속에 뚜렷하게 각인시킨다.

천하 모든 땅을
내 발로 밟으리라

여행가
정란

"늙은이의 눈으로 세상 사람들을 보았더니 겨우 진흙구덩이의 지렁이나 새우젓 속의 등에에 불과했네. ……허황하게 이리저리 궁리하느니 실제로 존재하는 것을 만나는 것이 낫고, 말을 과장하여 하느니 안목을 크게 넓히는 것이 낫네."

— 정란

◉──천하 모든 땅을 내 발로 밟으리라 · 정란

산에 오름은 공부하는 것과 같아서
큰 고생 뒤에는 큰 즐거움 얻는다
하늘만을 오르지 못할 뿐
천하 모든 땅을 내 발로 밟으리라

登山如進學　大苦必大樂
惟天不可升　餘皆得着脚

—이용휴, 〈백두산을 등반하는 정란을 배웅하며〉 제7수

　　틀에 박힌 일상을 잠시 벗어나 자연과 호흡하는 것만으로도 무한한 행복을 느끼는 이들이 현대인이다. 더군다나 가까이에 있는 자연이 아닌 더 먼 나라, 광대한 대륙을 밟는 여행이라면 틀에 박힌 일상에서 탈주하는 소박한 나들이에 그치지 않는다. 한 인간의 사유와

인생 자체에 커다란 변화를 몰고 오기까지 한다. 여행은 좁은 세계에 웅크리고 사는 답답함을 부숴버리기에 드넓은 세계로의 여행은 상상만 해도 꿈에 부풀게 한다.

그 먼 나라를 여행하기 위해 아무런 두려움 없이 얼마든지 직접 나설 수 있는 시대가 바로 현대이다. 교통이 잘 발달했고 경제적 여유가 뒷받침되기 때문에 생각만 있다면 당장이라도 어디로든 여행을 떠날 수 있다. 그러나 한 세기 전만 해도 그 같은 여행은 남의 나라 이야기였다. 하물며 그 이전 시기야 굳이 말할 필요도 없이 여행에는 고통이 뒤따랐다. 교통이 불편한 몇 세기 전의 여행은 비용과 시간, 노력이 필요했고 특히나 용기를 요구했다. 그렇기 때문에 오히려 여행의 진정한 맛과 멋은 그 시절에나 존재한다고 볼 수도 있다.

조선 최초의 전문 산악인

먼 옛날의 탐험가나 여행가가 한 여행은 남다른 의미가 있다. 대륙을 넘어 다른 문명세계를 넘나든 마테오리치와 이븐 바투타(Ibn Battūtah), 일본 각지를 여행하며 하이쿠와 기행문을 남긴 에도시대의 시인 마쓰오 바쇼(松尾芭蕉), 중국 대륙 구석구석을 뒤진 서하객(徐霞客)의 여행 행적을 보면 여행이 지닌 숭고한 의미를 간접 체험할 수 있다.

한국에도 혜초(慧超)처럼 먼 나라를 여행하고 여행기를 남긴 인물이 있다. 또 구한말에 한국을 방문한 외국인 가운데 여행을 좋아

최북의 〈기려행려(騎驢行旅)〉(왼쪽)와
김명국(金明國, 1600~1662)의 〈심산행려도(深山行旅圖)〉(오른쪽).
청노새에 어린 종, 보따리 하나를 소지하고 여행한 정란의 모습도 이들 그림 속의 여행객과 크게 다르지 않다.

하는 한국인에게서 깊은 인상을 받았다고 말하는 사람이 있을 정도로 조선시대 사람들은 여행을 즐겼다. 그러나 여행에 전 인생을 내맡긴, 무모하지만 용기 있는 여행가를 조선시대에 찾아보기란 쉽지 않다. 폐쇄적인 분위기가 드넓은 세계를 향한 의욕을 꺾어버린 결과라고 한다면 지나친 자기비하일까?

조선 후기에는 금강산 등반 열풍이 불기도 했고, 적지 않은 사람이 국토산하를 탐방하는 멋을 누리기도 했다. 18세기 이후 문인들 사이에는 특별한 여행 체험을 시와 산문으로 쓰는 바람이 일기도 했다. 운 좋은 사람은 중국이나 일본을 여행하는 기회를 얻기도 했고, 여정이 끝나면 남들은 꿈도 꾸지 못한 특별한 체험을 여행기로 남기곤 했다. 그만큼 여행이 상당히 보편화되었지만 그렇다고 여행이 삶의 전부인 사람은 거의 없었다. 그 시대에 여행 자체에서 존재의 의미를 찾는 전문여행가가 존재하는 것이 과연 가능했을까?

하지만 고전을 들추다 보면 시대를 앞서 가는 특이한 사람 한둘은 꼭 마주치게 된다. 여행 자체를 목적으로 명산대천을 누빈 전문 여행가도 몇 사람 만날 수 있다. 오늘날의 여행가 개념에 꼭 맞는다곤 할 수 없어도, 여행을 향한 뜨거운 열정을 지녔다든지 발로 걷고 당나귀를 타고 해서 천신만고 끝에 목적지에 다다르는 여행가의 참모습을 보여주는 인물 말이다.

18세기 후반 창해일사(滄海逸士)란 호를 사용한 정란(鄭瀾, 1725~1791)이 바로 그런 사람이다. 정란은 그저 여행이 좋아서 조선 천지를 발로 누볐다. 남북으로는 백두산에서 한라산까지, 동서로는 대동강에서 금강산까지, 산천에 자신의 발자국을 남기지 않으면 직성이 풀리지 않는 천생 여행가였다. 그리고 자신이 체험한 내용을 글과 그림으로 남겼다. 당시 그가 많은 문인과 화가들에게 부탁해 받은 작품을 엮은《와유첩(臥遊帖)》이, 2004년 예술의전당에서 공개되기도 했다. 그렇게 그는 이백 년을 넘어 우리에게 다시 나타났다.

세속적 출세에는 관심이 없어

정란은 경상도 군위 사람으로 동래 정씨 명문가 출신이다. 창원부사를 지낸 정광보(鄭光輔, 1457~1524)의 10대손이다. 정씨 가문은 현종 임금 시절 대사간과 예조참판을 지낸 정지호(鄭之虎, 1605~1678) 때까지 명문가로 이름이 나 있었다. 정란의 증조부 정연주(鄭演周, 1654~1716)로부터 부친인 정언체(鄭彦體, 1693~1750)에 이르기까지는 비록 문과에 급제한 사람이 없었으나, 고조부와 조부가 사마시에 합격해 생원이 되었기에 사대부 집안의 신분을 당당히 이어왔다. 본래는 서울 남산 아래 주자동에 살았으나 증조부 때부터 경상도 군위군 소보면(召保面) 달산(達山)으로 이주해 살았다. 정란은 거기서 태어나 성장했다.[1]

정란은 처음에는 경상도 출신의 다른 선비들이 으레 그러듯이 경서와 문학 공부에 전념했다. 스승은 경상도가 배출한 최고의 문사인 신유한(申維翰, 1681~1752)이었다. 양반가 서자 신분에다 경상도 사람인 신유한은 당당하게 문과에 장원급제해 세상을 깜짝 놀라게 한 수재 중의 수재였다. 조선 후기에 서자 신분의 경상도 사람이 그 같은 영광을 누린 예는 아예 존재하지 않는다. 신분과 지역의 한계를 극복하고 문과에 장원급제함으로써 신유한은 신화적 인물이 되었다.

스무 살 무렵 정란은 말을 빌려 타고 이백 리 길을 달려가 가야산 밑에 머물던 그 유명한 신유한을 찾았다. 그를 맞이한 신유한이 왜 자신을 찾아왔고 무엇을 하고 싶으냐고 물었을 때 그는 이렇게 대답했다.

저는 세상 사람들이 이롭게 여겨 소유하고 싶어하는 것을 암만 봐도 한 가지도 좋아하는 마음이 생기지 않습니다. 좋아하는 마음이 드는 것은 옛사람의 문장뿐입니다. 어릴 때부터 공부를 했어도 나이가 들어서까지 무지몽매하여 부끄러울 뿐입니다. 문병하는 문수보살(文殊菩薩)의 뒤를 좇아 유마힐(維摩詰) 거사에게 설법을 듣고 싶습니다.[2]

세속적 출세에는 관심이 없어 문장을 잘 짓고 싶다는 이십 대 청년이 당찬 포부를 밝혔다. 그러나 신유한은 유마힐 거사가 되기를 거부했다. 문장은 고대의 것일수록 뛰어나다고 주장하는 자기에게 온갖 사람들이 고슴도치처럼 가시를 세우고 기세 좋게 덤벼드는 세상이므로 차라리 그들에게 배우는 것이 낫다면서 정중히 거절했다. 정란은 충정을 몰라주고 거절한다며 화를 발끈 내고는 이내 다시 학문의 길로 인도해달라고 졸랐다. 그제야 신유한은 이 당돌하고 기백 넘치는 젊은이를 받아들여, 서두르지 말고 차근차근 공부하라는 뜻을 담아 글을 써주었다. 그것이 〈정란에게 준다(贈鄭幼觀瀾序)〉라는 제목의 글이다. 그로부터 한동안 정란은 신유한의 문하생이 되어 공부에 몰두했다.

공부하던 중인 1752년에 스승이 세상을 버렸다. 스물여덟이던 정란은 만시(輓詩)와 제문(祭文)을 써서 스승을 추모했다. 신유한 문집의 뒷부분에는 만시를 일괄해 모아두었는데 거기에 정란의 이름이 번듯하게 올라 있다. 여러 해 동안 스승의 훈도를 입었고, 스승과 취미가 같았으며, 스승으로부터 후한 격려를 받았으므로 어찌 잊을 수 있겠느냐고 정란은 애달파했다.

"무리와 다른 짓 하는 놈!"

공부를 계속하던 정란은 어느 시점엔가 갑자기 공부를 접고 여행길을 떠났다. 나이는 서른에 접어들고 스승이 죽은 지는 삼 년이 흘러갈 때였다. 경전을 공부하고 문장을 쓰는 선비 대신 여행가라는 험난한 길을 택한 것이다. 그런 변신에는 어떤 이유가 있을까?

잠깐 현실을 벗어나 산수와 자연을 탐방하는 여행은 선비라면 누구나 권장하던 일이지만, 여행 자체를 즐겨 전적으로 여행에만 몰두하는 건 현실도피로 여겨지던 시대였다. 조선시대 선비에게 그 같은 현실도피는 금기의 하나기도 했다.

실례로 산수를 사랑한 김진상(金鎭商)이란 선비가 있었다. 그는 네 번이나 금강산에 올랐고, 뒤에는 백두산 절정까지 등반했다. 사계(沙溪) 김장생(金長生)의 현손인 그는 부침을 거듭하는 벼슬길에 환멸을 느끼고 산수를 여행함으로써 답답한 심경을 풀고자 했다. 그에게 백두산 등반은 세상에 대한 미련을 끊으려는 의지의 표현이었다. 이처럼 지나친 여행 욕구는 현실, 그것도 정치현실에 대한 환멸을 표현한 것으로 간주되었고, 남들의 경계 심리를 자극했다. 김창흡(金昌翕)을 비롯하여 적지 않은 선비들이 현실혐오증을 산수 여행으로 풀었다.

그러나 정란은 그들과 좀 달랐다. 그의 여행은 현실도피가 아니었다. 그는 새로운 세계와의 만남이라는, 여행 자체가 주는 매력에 빠졌다.[3] 그의 마음에는 낯선 세계를 향한 모험심이 끓어 넘쳤다. 그는 평범한 인생에 안주하기를 싫어하는 성격이었다. 성품이 오만한

목만중(睦萬中), 〈영남으로 돌아가는 정란을 배웅하며 주는 글(送鄭瀾還嶺南序)〉,
《여와집(餘窩集)》 제7책, 장서각 소장 필사본.

"북쪽으로 청나라와 남쪽으로 왜국까지 갈 수만 있다면 천한 노비가 되는 굴욕이라도 사양치 않겠다"
는 정란의 소신에 찬 말을 듣고서 선비의 본분을 지켜달라 당부한 내용의 글이다. 정란이 비록 국외
여행을 실현하지는 못했으나 그 의지는 아주 강했음을 또렷하게 볼 수 있다.

남경희(南景羲), 〈정창해전(鄭滄海傳)〉, 《치암집(癡庵集)》 권9, 국립중앙도서관 소장 목판본.
남경희는 호가 치암(癡庵)이다. 문과에 급제한 재사로 경주 보문리에 살면서 동시대 많은 학자와 교
류했다. 정란과도 친밀하게 지내 여러 편의 시문을 통해 여행가 정란의 삶을 긍정적으로 옹호했다.

그는 남들 앞에서 다리를 쭉 뻗고 앉기를 잘했다. 세상이 정해놓은 예법에 얽매이지 않은 그에게, 온갖 제한으로 사람을 옭아매는 현실이 성에 찰 리 없었다. 자연스럽게 그는 출세를 위한 과거시험에 연연하지 않았다. 친구 남경희(南景曦, 1748~1812)는 정란을 다룬 전기에서 그의 성격을 이렇게 증언했다.

> 선생은 생김새가 깡마르고 기이하여 보통 사람과 달랐다. 성품은 뻣뻣하고 오만하였으며, 다리를 쭉 펴고 앉기를 좋아하는 등 예법에 구애되지 않았다. 일찍부터 문예에 숙달하였으나, 머리를 수그리고 과거를 공부하려 하지 않았다. 약관 나이에 청천 신유한의 문하에서 문장을 배워 큰 취지를 터득했다. 얼마 지나지 않아 탄식하며 "대장부가 해동에 태어나 비록 사마천처럼 천하를 유람하지는 못할지라도, 해동의 명산대천을 두루 본다면 그것만으로도 족하다" 하고, 노새 한 마리를 장만하여 홀연히 혼자 길을 떠났다.[4]

친구가 간명하게 표현한 대로 그는 세속적 성공에 관심이 없었고, 주어진 틀에 안착해서 살기를 거부했다. 기질적으로 자유분방한 정신의 소유자인 그는, 과거공부에만 눈이 멀고 이익과 욕망으로 진흙탕 싸움을 벌이는 악착같은 세상을 떠나 드넓은 세계를 동경했다. 그에게 여행가란 추구할 만한 가치가 있지만 누구도 선택하지 않은 인생이었다. 서른 나이에 그는 과감히 지금까지의 삶을 뒤로한 채 여행길에 올랐다.

제 둥지만 돌아보는 새와 같이
떠나려다 망설이며 빙빙 도는 사람들
그대는 절세(絶世)의 용맹함 지녀서
단칼에 세상에 묶인 그물 끊어버렸네.

人如顧巢鳥　欲去復遲回
君有絶世勇　一刀塵網開

수만 개 베개 위에서 코를 골며
한창 부귀를 꿈꾸는 사람들
그대 등반한단 말을 듣고선
되레 흉보네. "무리와 다른 짓 하는 놈!"

萬枕同齁齁　方作富貴夢
乃聞君所爲　反譏異於衆

정란을 잘 이해해준 이용휴(李用休, 1708~1782)가 백두산으로 떠나는 정란을 배웅하며 써준 연작시의 일부다. 현실에 안주해 세속적 부귀나 꿈꾸는 평범한 인간이기를 포기하고 여행길에 나서는 모습이 도드라져 보인다. 부귀와 공명을 위해 인생길을 재게 달려가는 것이 일반적인 선비가 하던 일이다. 하지만 그는 인생 목표가 달랐다. 어쩌다 일상과 평범성을 버리고 탈주하고자 해도, 제 살던 둥지를 돌아보며 갔다가도 되돌아오는 새와 같이 사람들은 세상에 묶여 있다. 하지만 그는 세상에 묶인 그물을 단칼에 끊어버렸다. 그러나 그런 행위는 부러움을 사기보다 비난을 당한다. 왜냐하면 그는 '무리와 다른 짓을 하는', 불순하고 불온한 사람이기 때문이다. 부귀를 좇는 평범한 젊은이들을 공부로부터 해방시킬지도 모르는, 좋지 못한 감염력을 지닌 사람이었다.

산수에 고질병이 깊어

정란에게 여행은 어떤 의미였을까? 정조 시대 명재상인 채제공(蔡濟恭, 1720~1799)은 여행에 몰두한 정란을 두고, "천하만물 어떠한 것도 그 즐거움과 바꿀 수 없다"고 평했다.5 여행의 즐거움! 그것이 처자를 버리고 벼슬도 포기한 채 전국을 두루 여행한 동기였다. 친구인 강식준(姜式儁, 1734~1800)은 그런 정란을 이렇게 설명했다.

> 사람마다 숭상하는 것이 같지 않아 제각각 자기 취미를 완성할 뿐이다. 세상 사람들은 창해(滄海)를 이해하지 못하고, 창해 역시 세상 사람들이 이해해주기를 바라지 않았다. 창해에 대해 나만이 아는 것이 있다. 창해는 세상일을 버리고 산수를 즐기는 고질병이 깊다. 대자연의 원기를 호흡하며 세상 밖을 자유로이 노니는 것이야말로 천하의 즐거움이라 여겨 그 무엇과도 바꾸려 하지 않았고, 늙어서도 지칠 줄을 몰랐다. 명예나 재물을 추구하여 영화로움과 쇠잔함, 얻음과 잃음에 마음을 쓰는 세상 사람과는 만만 배나 다르다. 육신조차 거추장스럽다

고 여기는 창해이니 그 나머지야 말해 무엇 하랴?[6]

그랬다. 정란은 대자연과 함께 호흡하는 것을 최상의 즐거움이라 여기며 평범하고 구태의연한 일상의 유혹에 지지 않았다. 산수에 고질병이 너무 깊고 여행이 한없이 즐거워 그 길을 갔다. 그는 삶을 포기한 것이 아니라 또 다른 의미 있는 삶을 살고자 했다. 여행하는 의미를 그 스스로는 이렇게 밝히기도 했다.

자유롭게 노니는 것은 정신이요, 사물과 접하는 것은 안목일세. 그 정신이 막히면 속이 답답하고, 안목이 협소하면 본 것이 적네. 정신과 안목, 둘 다 협소하면 기상을 크게 펼치지 못한다네. 늙은이의 눈으로 세상 사람들을 보았더니 겨우 진흙구덩이의 지렁이나 새우젓 속의 등에에 불과했네. ……허황하게 이리저리 궁리하느니 실제로 존재하는 것을 만나는 것이 낫고, 말을 과장하여 하느니 안목을 크게 넓히는 것이 낫네. 우리나라가 비록 좁기는 하지만, 내가 힘을 다해 본다면 정신을 확 넓혀줄 걸세.[7]

사람은 자유로운 정신과 넓은 안목을 얻고자 노력해야 한다. 보지도 않고 세상이 이러니저러니 허황하게 떠들거나 추측하지 말고 직접 다니며 보아야 안목이 넓어진다. 여행이 바로 안목을 키워준다. 조선이 좁다고만 하지 말고 자기가 볼 수 있는 최대한을 본다면 정신을 자유롭게 만들고 안목을 넓혀준다. 그것이 조선 전체를 탐방하는 동기라고 밝힌 그는 확고한 여행 철학을 지닌 사람이었다. 그 말을 들은 소년 강이천(姜彝天)은 이렇게 감탄의 말을 내뱉는다.

> 저는 이제야 선생을 알겠습니다. 뜻이 크고 기개가 있어 훌쩍 현실을 벗어나 노니는 옛사람이 아닌지요? 선생을 뵙고 나자, 허둥지둥 설치며 작은 이해(利害)를 보면 황급히 제 갈 길을 잃어버리는 사람을 다시는 선비라고 하지 못하겠습니다.[8]

소년은 정란에게서 허둥지둥 세상사에 얽매여 이해관계에 정신을 놓고 마는 속물과는 다른 특이한 인간을 발견했다. 정란의 여행과 철학이 당시 선비들의 무딘 감각을 일깨워 큰 세상, 진정한 인생의 의미를 묻게 만들고 있다. 그의 여행은 그저 기인의 기행에 머물지 않고, 바람직한 인생이 무엇인가를 다시 생각하게끔 유도하는 것이었다.

사마천의 길이냐, 주자의 길이냐

여기서 다시 의문이 생긴다. 그는 왜 공부를 포기했을까? 정란이 여행에 뜻을 둔 사실을 눈치 채고 친구 신국빈(申國賓, 1724~1799)[9]은 다음과 같은 충고를 적은 서찰을 정란에게 보냈다. 이 편지에 그 의문을 풀어줄 단서가 있다.

> 자네는 송(宋)나라 이하의 책은 즐겨 보지 않고 양한(兩漢) 시대의 문

장만을 읽어 사마천이 천하를 장쾌하게 노닌 일을 사모했소. "위대한 천지와 무궁한 조화는 책만 읽어선 얻을 수 없다"고 하며 세상에 나가 노닐어 수많은 변화와 괴상한 구경거리를 마음껏 봄으로써 포부와 안목을 웅장하게 키우려 했소. 자네는 참으로 바다처럼 넓고 하늘처럼 높으며 끝 모를 정도로 유구한 공적을 방문(房門) 안에서 이룬 주자(朱子)는 모른다네. 자네의 의지는 참으로 웅대하다 하겠으나 학문의 방향이 잘못되었소. 학문이란 고요함에 근본을 두고 천지에 참여하여 교화를 촉진해 만물을 기르는 것이오. 이 고요함을 버리고 무엇에 근본을 두겠소?[10]

신국빈은 당시 경상도의 여느 학자들과 마찬가지로 주자학을 학문의 근본으로 알았기에 정란의 여행벽이 못마땅했다. 비판의 핵심은 학문의 근간을 주자학에 두지 않고 문장 공부 한답시고 여행을 하는 게 옳지 않다는 것이다.

주자학은 학문의 근본을 고요함 곧 정(靜)에 두었다. 그러므로 대자연을 직접 발로 밟지 않고 방 안에 앉아서 깊이 성찰해도 그 비밀과 진리를 깨달을 수 있다고 보았다. 주자의 위대한 학문이 방문 안에서 이루어졌다는 말이 바로 그런 뜻이다.

그런데 정란은 천하를 여행하여 대자연을 호흡함으로써 온갖 변화를 직접 목도하고 특이한 것을 구경하고자 했다. 그러니 자칫 순수하지 못한 사악한 것에 물들 소지가 있다. 여행은 움직임 곧 동(動)으로 발생하는 폐단이 있기 때문이다.

친구가 밝혔듯이 정란의 여행 목적 가운데 하나는 경험을 풍부하게 쌓고 안목과 기상을 키워 문학 창작에 도움을 얻으려는 것이었고, 그 모범이 사마천이었다. 사마천의 《사기》는 천하를 두루 유람한 여행 체험에서 나왔고 정란이 여행에 발을 들여놓은 이유가 여기 있다고 여긴 신국빈은 그에게 유학의 길로 돌아오라고 간절히 권유했다.

신국빈의 판단이 완전히 틀린 건 아니다. 송나라 문장가 소철(蘇轍) 이래로 문인들은 이러한 생각을 받아들였고, 그것을 빌미로 산수 유람을 즐긴 문인이 아주 많다. 조선시대의 문인들도 그런 사고에 영향을 받은 자가 적지 않다. 그러나 여행에 대한 정란의 몰두를, 창작을 향한 동기로 돌린 건 고정관념을 벗지 못한 좁은 소견이다. 정란은 문장 수련이라는 단순한 목표가 아니라 더 큰 세상을 가슴에 품고 싶었던 것이다. 그 점 역시 또 다른 친구, 조석철의 입을 통해 밝혀진다.

그런데 노닐며 구경하고자 하는 일념은 늙어서도 식지 않았다. 산수에 미친병이 들었고, 자연에 고질병이 들어버렸다. 동쪽을 노닐고 서쪽에 배를 띄워 물에 빠지고 목숨을 잃어도 돌아올 줄을 모른다. 이 일이 본인에게 무슨 보탬이 되고 세상에 어떤 교훈을 준다고 여기기에 몸과 마음을 집중하여 평생의 사업으로 삼는가? 나는 그 까닭을 모르겠다.[11]

이미 여행한 것만으로도 훌륭한 문장을 쓸 체험을 충분히 했는데도 늙어서까지 여행에 목숨을 거는 정란을 친구는 이해하지 못했다. 이때 정란의 나이는 일흔이었다. 성리학자인 친구로서는 그에게 연민의 감정까지 느꼈다. 그래서 서둘러 집으로 돌아가 밖으로 치닫는 들뜬 마음을 삭히라고 충고했다. 도덕의 고요한 숲에 노닐며 심신을 수양하면 더 장수할 것이고, 문장을 지어서 후세에 남기면 늘 그막의 즐거움이 되리라고 권유했다.[12] 그러나 정란은 그런 충고에는 귀를 기울이지 않았다.

금강산 산문을 처음 연 사람

그 무렵 명산 열풍이 불어 금강산에 오르지 않는 건 식자층의 수치였다. 그들의 등산은 호화롭고 떠들썩하기 그지없었다. 친구를 불러 모으고, 때로는 기생과 악공까지 대동했다. 말을 타고 다녔고, 오르기가 힘들면 중을 동원하여 남여(藍輿, 뚜껑 없는 가마)를 타고 산에 올랐다. 그러나 정란은 단출한 여장으로 고독하게 자연과 대면했다.

그렇게 해서 금강산 비로봉을 네 번이나 올랐다. 일생일대의 목표였던 백두산을 등반하기 전에 두 번, 백두산을 등정하고 돌아오는 길에 한 번, 마지막으로 1788년 강세황·김홍도·김응환 일행과 함께 올랐다. 마지막 금강산 등반길에 9월 14일 강세황이 금강산 장안사에 묵고 있을 때 어디선가 정란이 표연히 나타났다. 전혀 어떤 약속도 하지 않았기에 사람들을 놀라게 만들었다.[13]

정란은 금강산을 진정으로 사랑한 사람이었다. 금강산을 여행하는 자신의 모습을 화가들에게 그려달라고 해서 〈산행도(山行圖)〉를 만들었다. 남경희는 정란의 전기에서, "그는 특히 금강산을 좋아

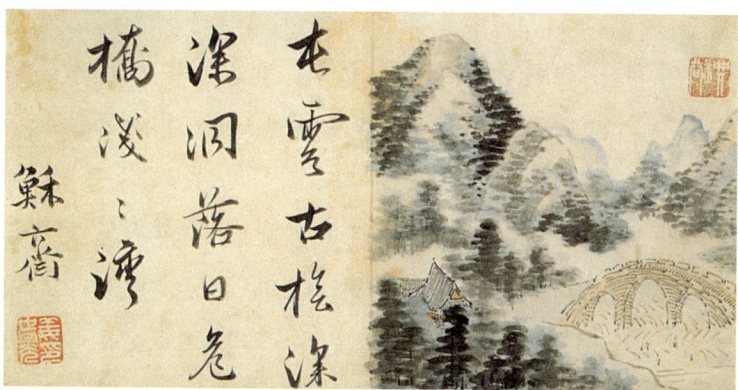

강세황, 〈금강산 비홍교(金剛山飛虹橋)〉, 45.2×23cm, 개인 소장.

금강산 장안사 앞 계곡에 훨훨 날 듯이 놓인 무지개다리를 그린 그림으로, 다리가 크게 부각되었다. 1788년 9월 김홍도 등과 금강산을 오른 강세황은 14일 장안사에서 정란을 만나 함께 등산했다. 김시(金禔)가 그린 금강산 그림에 소재(穌齋) 노수신(盧守愼)이 부친 "깊고 깊은 계곡의 노송에는 구름이 머물고, 얕고 얕은 물굽이의 위험한 다리에는 해가 저문다(屯雲古檜深深洞, 落日危橋淺淺灣)"라는 화제가 씌어 있다. 글씨와 낙관은 강세황의 것이다.

하여 발길이 네 번이나 비로봉 정상에 이르렀는데 그림을 그려 감상 자료로 삼았다. 그림은 최북(崔北)이 그렸고, 찬(贊)은 혜환(惠寰, 이용휴)이 지었으며, 글씨는 표암(豹菴, 강세황)이 썼으니, 이 셋을 삼절(三絶)이라 일렀다"[14]라고 했다. 다음에 인용하는 이용휴의 평이 남경희가 말한 찬임에 틀림없다.

지금까지 수많은 사람이 이 산에 다녀갔다 해도 오히려 빈산이다. 오늘 금강산이 그대를 만나자 모든 바위와 골짜기가 반가운 얼굴을 하는구나! 그대를 두고 산문(山門)을 처음 연 사람이라 해도 좋겠구나![15]

하늘 아래 응당 이런 산 하나쯤은 있어야 하리라. 만약 이 산이 없다면 조물주가 어찌하다 만들기를 잊어버린 탓이리라. 그러나 이 산이 없다 해도 이 노인장이 붓을 들어 꼭 채워 완성하였을 것이다.[16]

이 화첩에는 정란이 앉거나 선 모습, 길을 걷거나 청노새를 타고 홀로 가는 모습, 외로운 배에 홀로 기댄 모습, 지팡이를 짚고 먼 데를 가리키는 모습, 갓을 벗고 두 다리를 쭉 뻗은 모습 등등 갖가지 자세가 그려 있다. 화첩을 본 이용휴는 재치 넘치는 촌평을 했다. 금강산의 진면(眞面)을 제대로 이해한 최초의 사람은 정란이라고. 지금까지 수없이 많은 사람이 금강산을 다녀갔지만 빈산이라 했다. 그저 다녀만 갔을 뿐 산의 비경을 발견해내지 못했고, 금강산과 감정을 나누지 못했다는 것이다. 하지만 정란이 금강산에 오르자 모든 바위와 골짜기가 반가운 얼굴을 한다고 했다. 그의 탐방이 금강산

바위 하나하나, 골짜기 곳곳에 생기를 불어넣었다는 말이다. 금강산을 진정으로 느끼고 감상한 사람, 그가 바로 정란이었다. 당시 사람들은 그렇게 평가했다.

아침에는 백두산, 저녁에는 한라산

집을 나선 정란의 뒤를 따른 것은 청노새 한 마리, 어린 종 한 명, 보따리 하나, 이불 한 채였다. 쓸쓸하고 지루한 그의 여행길을 함께한 것은 동료 선비나 시인 묵객이 아니라 청노새 한 마리와 종 한 명이었다. 건장한 말을 타지 않고 야윈 청노새를 타고 다니며 느린 여행의 멋을 즐겼다. 서둘러 목적한 장소로 이동하지 않고 타박타박 먼 길을 걷는 세 개의 그림자가 오늘날 사람의 눈에도 선하다.

남경희의 〈정창해전〉에는 이 청노새 이야기가 등장한다. 충직한 청노새는 주인을 태우고 금강산을 오르고 관동팔경을 두루 구경하며 내려오다가 그만 삼척 땅에서 병들어 죽었다. 정란은 가던 걸음을 멈추고 청노새를 길가에 묻고 제문을 지어 애도했다. 그 제문이 너무도 처절하여 읽을 수 없을 정도였다고 한다. 그의 여정에 동반한 벗 중의 벗이 바로 이 청노새였으니 그럴 법도 하다. 사람들은 청노새가 죽어 묻힌 곳을 청려동(靑驢洞)이라 불렀다.

남경희는 다음과 같이 〈정창해의 청노새를 위한 노래〉를 따로 지어, 분신과 같은 청노새를 잃고 시름에 잠긴 정란을 달랬다.

창해 선생은 기이함을 좋아하는 분

타는 것은 청노새지 말이 아니라네.

청노새는 연하(煙霞)의 자태를 타고났기에

구슬 재갈을 물고 옥안장 얹은

붉은 도화마(桃花馬, 흰 털에 붉은 점이 있는 좋은 말)처럼

날마다 티끌세상을 어찌 달리랴?

맹호연(孟浩然, 당나라 시인) 진도남(陳圖南, 송나라 도사) 같은 오골(傲骨, 거만하여 남에게 굽히지 않는 사람)들이나

어깨를 움츠린 채 타도록 허락하지.

선생이 이를 타고 산수를 노닐어

청구(靑丘) 땅 수천 리를 걸어다니네.

편자와 재갈로 다루지 않아도 몹시 순해서

가자는 대로 동서남북 어디든 가네.

아침에는 백두산 아래를 걸어가고

저녁에는 한라산 꼭대기에 있네.

봄바람에는 물을 차며 천천히 가고

해질 무렵에는 산을 찾아 날 듯이 가네.

금강산을 오르는 데 길이 잘 들어

만이천봉 곳곳에 자취가 서려 있네

풍상에도 험한 데도 언제나 따라가니

주인의 산수벽을 잘도 이해했지.[17]

청노새를 묻고 난 정란이 부탁하여 지은 시다. 다른 말이 화려

❶

書安竹北靜瞻數贊後

余嘗喜讀漣上翁敍述其七帝紀三仁傳文章簡古述而不佞今見竹北子數贊題目新奇而贊詞亦絢然其好處不可夏僕數間或有螮蝀公主玉貌香語雜以俳偶者而要不能掩其百姝也云爾

題鄭滄海白頭山圖後

滄海翁東遊金剛西遊妙香至灣上北登白頭山頂俯瞰東韓北荒長嘯賦詩而師使崔七七寫爲圖始欲起居飮食與山接也又將南遊瀛洲過密

❷

之終南山訪白毫子而出示其圖白毫子乾繫老農也撫圖而歎曰壯哉遊也吾何修而可以此於翁之觀耶雖然遊亦多術有以足目遊者以新寐盛暑則止風雨止夜則止年老則止疆域有限之人不敢越白頭次西之頃步則止嗟乎滄海翁觀止是已吾所謂以心遊者美大寒永雪凝涵大熱流金爍石風雨之夕昏黑之夜衰暮之年疆域之限俱不害於吾遊也天下山川有一部槁在閉戶闔眼而誦之則崑崙支五嶽萬峯如以櫃

❸

擎而優之四瀆九河八水四瀛如使滄水使者棹舟而游焉若欲搜寄剔勝則試取山川史西湖體鳶蕩記武夷誌等書南誦之隨意遠遊不知老之將至未必不曰向之未始遊於是乎始

書黃岡督郵洪嶺南樓歌後

昔我佔畢文忠公作凝川竹枝詞八疊贈梁者榛疑其謹厚者亦復焉之政是眉公所謂道人作風搆猶仙翁眼中滴蠟腸涙矼雄枕上做州思夢而愚勁以爲宋廣平梅花賦鐵腸歎語效不今見洪督郵嶺南樓歌其非鋪歷落條鴇谷山老

신국빈(申國賓), 〈정창해의 백두산 그림 뒤에 부친 글(題鄭滄海白頭山圖後)〉, 《태을암문집(太乙菴文集)》 권5, 국립중앙도서관 소장 목판본.

백두산을 등반한 정란이 제주도 한라산을 오르기 위해 밀양을 지나다가 친구인 신국빈의 집을 방문했다. 그 자리에서 최북(崔北)이 그린 백두산 그림을 보여주자 이 글을 써주었다.

한 재갈과 안장으로 치장하고 도회지를 다니는 반면, 이 청노새는 세상에 얽매이지 않으려는 도도한 인간을 태우고 산수를 다닌다. 주인의 산수벽을 남김없이 이해하는 존재로 청노새를 예찬했다. 또 청노새는 죽었지만 정란을 그린 그림 속에선 마치 살아있는 듯 그 긴 얼굴이 생생하게 느껴진다고 했다. 청노새는 등짐에 넣은 화첩 속 그림으로 남아 주인과 함께 다시 산길을 따라 여행을 떠났다.

산과 예술의 결정체《불후첩》

정란은 전국을 떠돈 여행가지만 본래 시와 문장을 잘하는 문인이었다. 세상을 두루 노닐며 시와 글을 지어 해낭(奚囊, 명승지를 찾아다니며 읊은 시문의 초고를 넣는 주머니)에 넣었다. 산의 풍치를 묘사한 그림, 산맥과 수맥을 표시한《유산기(遊山記)》가 그 해낭에 들어 있었다.[18]

그는 여행의 의미를 예술적으로 승화시키는 것에도 주목해 각지에서 산수유기를 썼고, 화가와 문장가로부터 산행하는 자신을 묘사한 그림과 글씨를 받았다.[19] 이 서첩이《불후첩(不朽帖)》이다. 남경희는 "창해 선생이 외물(外物)에 뜻이 전혀 없었던 건 아니다. 법서(法書)와 명화(名畵)를 좋아하여 집에 소장한 것들이 대단히 풍성했다. 그 가운데 항상 휴대하고 다닌 것은 〈풍악도(楓嶽圖)〉와 표암(豹菴)·오로(五露, 이명기)가 그린 화첩 두 권인데, 이 둘은 선생의 모습을 그렸다"[20]라고 했다.

정란은 자신의 여행 체험을 후세에 전하고 싶었다. 그래서 서첩을 엮으며 썩어 없어지지 않는다는 뜻을 지닌 《불후첩》이라는 이름을 달았다. 그는 이 화첩을 당대 명사인 채제공과 성대중에게 보이고 글을 받았다. 정란을 보고 채제공은 "당신이란 사람 자체가 썩어서 사라지지 않는 존재다"[21] 라며 그림이나 찬사가 굳이 필요 없다고 말했다.

정란은 예술적 심성의 소유자였다. 그가 교유한 화가는 강세황, 최북, 김응환, 허필 등이었다. 특히 화가 김홍도와 맺은 인연은 각별하다. 김홍도가 그린 그림 가운데 대표작인 〈단원도(檀園圖)〉는 제목으로는 화가의 운치 있는 집을 묘사한 것처럼 보이나 실제로는 정란을 위해 그린 그림이다. 멋진 사연과 함께.

이 그림 상단에는 정란이 쓴 두 편의 시, 김홍도가 그림을 그리게 된 사연을 적은 제사(題辭)가 있다. 정란은 1780년 묘향산을 거쳐 의주로 해서 백두산 정상에 올랐고, 금강산을 거쳐 돌아온 뒤 김홍도의 서울 집을 방문했다. 그때가 신축년(1781년)으로 김홍도가 서른여섯, 정란은 쉰일곱이었다. 아마 백두산을 유람한 행적을 김홍도에게 전해주고 그림을 부탁하기 위해 찾아간 듯하다. 그 자리에 화가 강희언(姜熙彦, 1710~1784)도 함께 있었다.

여기서 정란은 필시 그 귀한 백두산 여행담을 재미있게 늘어놓았던 모양이다. 정란이 마루 끝에 앉았고, 젊은 김홍도가 거문고를 연주하며, 나이가 가장 많은 강희언은 뒤로 몸을 젖혀 부채를 부쳤다. 한 시대의 명사 세 명이 둘러앉아 즐겁고 진솔한 시간을 보내며 이를 진솔회(眞率會)라 불렀다.

정란을 그린 김홍도의 《단원도(檀園圖)》, 135×78.5cm, 개인 소장.
김홍도의 대표적 명작에 여행가 정란과 수행하는 종, 그리고 청노새가 등장한다.

〈단원도〉의 부분.

그로부터 약 삼 년이 지난 1784년 12월, 경상도 안기역의 찰방(察訪, 요즘의 역장)으로 재직하던 김홍도를 정란이 또 찾아갔다. 정란은 "얼굴과 용모에는 여전히 산수의 기운이 서려 있고, 늙었지만 정력은 쇠하지 않은" 모습으로 다음 해 봄 한라산을 등반하겠다며 의욕을 불태웠다.

김홍도는 그의 여행 욕심에 대해 "대단히 기이하고 웅장하다"라고 경탄하며 그와 "닷새 낮밤으로 취하면서 회포를 푼 뒤" 삼 년 전 모임을 추억하며 그림을 그려주었다.

그림을 보면, 멋들어진 정원의 초가집 마루에서 거문고를 뜯는 이가 김홍도이고, 그 옆에서 부채를 부치는 이가 강희언이며, 앞쪽으로 긴 수염에 늙수그레한 이가 정란이다. 화폭 아래쪽 버드나무 휘늘어진 열린 대문 앞에 벙거지를 쓴 채 쪼그려 앉아 졸고 있는 아이가 정란을 따라다니는 종이고, 그 옆으로 비쩍 마른 청노새도 보인다. 앞에서 이야기한 바로 그 청노새다.

당대 최고의 화가가 그린 명작 속에 당대 최고의 여행가 정란이 우연치 않게 등장하고 있다. 세상을 오시하는 오골의 자태를 지닌 것과 누가 뭐라 하든 열정적인 인생을 살아간다는 면에서 화가와 여행가는 통하는 데가 있었다.

"나는 아직 힘이 있어"

정란은 서른 살부터 이십여 년간 조선 팔도를 구석구석 탐방했다.

남으로는 낙동강, 덕유산·속리산·월출산·지리산을 엿보았고, 서로는 대동강을 굽어보았으며, 동으로는 태백산·소백산·금강산을 올랐다. 지리산이나 금강산을 앞마당으로 간주할 만큼[22] 조선의 산천을 돌아다녔다. 그러나 백두산과 한라산은 미답의 세계로 남아 있었다. 쉰다섯 되던 해에 정란은 백두산과 한라산 등반 계획을 세웠다. 18세기 이전까지만 해도 백두산에 대한 정보는 자세하지 않았다. 백두산이 등반의 대상이 된 것은 18세기 이후인데 그렇다고 해도 이의철, 홍계희, 박종, 김진상, 서명응, 조엄, 신광하 등 손가락으로 꼽을 정도만 백두산을 등반했다고 알려졌다. 대부분은 그 지역 관료로 부임하거나 귀양을 간 김에 백두산에 오른 것이었다. 신광하는 친지가 그 지역 지방관으로 부임한 기회를 이용해 십여 명에 이르는 등반대를 이끌고 오르기도 했다.

당시 백두산은 오지 중의 오지로, 등산이 아니라 탐험이라는 말이 더 어울릴 정도였다. 의욕만 앞세워서 오를 수 있는 산이 아니었다. 그러므로 백두산과 한라산 등반은 여행가에게 최종 목표였다. 정란은 오랜 준비 끝에 백두산 여행을 시도했다. 18세기 호남이 배출한 3대 천재 중 한 사람이라는 신경준(申景濬, 1712~1781)이 정란의 죽은 아들을 위해 써준 묘갈명(墓碣銘)에 정란이 백두산 여행 때 가졌던 포부가 적혀 있다. 1778년 정란이 찾아와 묘갈명을 부탁한 다음, "나는 곧 관서 땅으로 가서 왕검성에 이르러 토산(兎山)과 정전(井田)을 구경하고 태백산에 들어가 단군대를 방문하고 개마고원을 넘어서 불함산(不咸山, 백두산의 이칭)에 오를 것이오. 그리하여 이국(二國) 산천을 내려다본 다음 남쪽으로 내려와 지달산(금강산의

이인상(李麟祥, 1710~1760), 〈장백산도(長白山圖)〉, 26.2×122cm, 개인 소장.
이태호 교수가 엮은 《조선 후기 그림의 기와 세》(학고재)에 실려 있다. 백두산 천지를 상상하여
그린 그림으로 기품이 있다.

이칭)과 설악산을 노닐고서 돌아올 것이오"[23]라고 했다. 그 말을 하고 이태 뒤인 쉰여섯 살 때, 곧 1780년을 전후한 시기에 정란은 등반을 감행한 것으로 보인다.

정란은 이렇게 등반 계획을 남들에게 숨기지 않았다. 그는 열두 살 먹은 강이천에게도 백두산을 등반하려는 계획과 의욕을 드러냈다. 다음은 그의 말이다.

이 늙은이가 서른에는 청노새 한 마리, 아이 종 하나, 보따리 하나, 이불 한 채를 가지고, 남으로는 낙동강을 노닐고 덕유산을 오르고 속리산을 더듬고 월출산에 오르고 지리산을 엿보았고, 서로는 대동강을 굽

어보고, 동으로는 태백산과 소백산을 구경하고 단발령을 넘어 두 번 금강산에 들어가서 바닷가를 따라 돌아왔지. 오직 북쪽의 백두산과 남쪽의 한라산에는 아직도 창해 옹의 발자국이 없단 말씀이야. 하지만 나는 아직 힘이 있어.[24]

쉰다섯 살 노인에게 백두산과 한라산을 오르는 일이 생각만큼 쉬울 리 없다. 그래서 "나는 아직 힘이 있어"라는 말이 더욱 비장하게 들린다. 정란은 등반에 앞서 이용휴와 신경준 등 명사들을 두루 방문하여 여행 계획을 비추며 격려의 글을 받아냈다. 이용휴는 아래의 시를 써서 그의 등반 성공을 축원했다.

오래도록 백두산 좋다는 말 들어
흉중에는 고질병이 붙었거니
가다가 하늘 끝에 흰 눈이 보이거든
우선 술잔 들어 환희를 표하시게.

久聞白山好　胸中結白痞
行望天際白　擧盃先志喜

해와 달과 날의 기한을 정하지 말고
명승지를 두루두루 노닐고 나서
눈과 발이 번갈아 축하해주게.
"이제야 약속을 저버리지 않았다"라고.

勿限歲月日　徧遊名勝後
目與足交賀　今幸不相負[25]

　　멀리서 백두산 정상의 흰 눈을 처음 보고는 술잔을 들어 감격을 표시하고, 등반을 마친 뒤에는 눈은 발에게, 발은 눈에게 고마움과 위로를 전하라고 했다. 대망의 백두산 등반 여행이 얼마나 힘들고 감격에 찬 것인지를 두 편의 시가 잘 표현한다.

"이제 한라산만 남았다"

백두산 유람은 거의 일 년 정도 걸린 것으로 보인다. 등반의 구체적 내용은 전해지지 않는다. 정란은 백두산에서 놀아와 사람들에게 신기한 견문을 전했다. 강이천에게는 갖은 고생을 한 일, 유람하며 본 일, 산과 계곡의 기이함, 구름과 초목의 온갖 모습을 밤새도록 말해주었다. 화가 최북에게는 자신이 본 것을 그려달라고 부탁했고, 이 그림을 친구 신국빈에게 보여주었다. 최북의 그림 속 정란은 일거수일투족에서 백두산과 맥이 통해 있는 느낌이었다고 신국빈은 소감을 말했다.

백두산을 등반한 체험은 정란의 내면을 충만한 기상으로 가득 채웠다. 그의 백두산 등반은 백두산의 역사에 기록될 만한 큰 사건이었다. 19세기의 큰 학자 다산 정약용은 조선의 지리를 총정리한 저작 《강역고(疆域考)》를 편찬했다. 그 가운데 백두산을 상세하게 설명한 〈백산보(白山譜)〉에서 "근세에 창해거사 정란과 진택노인 신광하 두 사람이 백두산 정상에 올라 대택(大澤)을 내려다보았다"라고 언급했다. 백두산을 오른 인물 가운데 오로지 신광하와 정란만을 언급한 것은 두 사람의 등반이 남다른 의의를 지니기 때문이었다.

그 뒤 정란은 지인들과 담소를 나누는 자리에서 이젠 한라산만 남았다고 말했다. 그러자 이용휴가 이렇게 만류하는 글을 썼다.

정란 일사(逸士)가 나라 안의 수많은 승경지를 두루 노닐고서도 오히려 나라 밖의 명산을 보지 못한 걸 한스럽게 여겼다. 나는 일사에게 일렀다. "절세미인을 사모하던 자가 미인을 한 번 보고는 바로 마음이 심 드렁해지는 것에 비유할 수 있지요. 차라리 오랜 세월 마음에 놓아두 고 혹여라도 한 번 만나기를 기다리는 게 낫지 않겠소."[26]

절세미인은 직접 보는 것보다 보지 않고 그리워만 하는 게 오히 려 낫다는 말로 정란을 달래는 품이 재미있다. 이용휴는 명산 하나 쯤은 오르지 말고 남겨두라는 말도 건넸다. 이제 정란에게, 오르지 못한 명산으로는 한라산밖에 남아 있지 않았다. 정란의 의지는 불타 올랐고, 남들은 그런 의욕이 부담스럽기까지 했다.

당장이라도 떠날 듯한 기세였지만 정란이 한라산과 조우하기까 지는 시간이 걸렸다. 김홍도와 만난 1784년에 새봄이 되면 한라산을 오르겠노라고 한 걸 보면 1785년 봄 한라산 등반에 성공한 듯하다. 이승연의 글을 통해서 그가 한라산 등반으로 여행가의 마지막 장도 를 마쳤음을 알 수 있다.[27]

먼저 죽은 아들의 묘지명을 이용휴에게 부탁하다

서른 이후 정란이 본격적으로 여행에 빠지면서 그는 세속적 성공을 포기했을 뿐만 아니라 가정까지 거의 버린 듯하다. 채제공은 화첩을 들고 찾아온 정란을 평하여 "처자식을 버리고 명산대천 여행하기를 좋아한다"[28]라고 단호하게 말했다.

가정에 무책임한 정란을 대신한 사람은 외아들 정기동(鄭箕東,

1758~1775)이었다. 기동의 자는 동야(東野), 호는 만취(晚翠)로 열여덟 살에 요절했다. 그때 그는 신혼이었다. 소년으로 죽었으니 그에게 기록할 거리가 무엇이 있었겠는가?

정란은 아들이 죽은 후 1778년 서울을 방문하여 이용휴와 신경준에게 아들의 묘지명과 묘갈명을 부탁했다. 이용휴는 〈포의정군묘지명(布衣鄭君墓誌銘)〉을, 신경준은 〈정동야묘갈명(鄭東野墓碣銘)〉을 각각 지어주었다. 이용휴의 글 가운데 끝부분만 읽어보자.

> 눈을 한번 감고 나면 온갖 욕망이 사라져 만사가 끝이다.
> 그대는 부인으로 자식을 삼고 서책으로 순장(殉葬)을 해서 평소의 뜻을 이었구나!
> 지극한 정성은 쉼이 없다고 경전에 일렀고, 군자의 마음은 죽어서도 그치지 않는다고 선유(先儒)가 말하더니 바로 그대를 두고 한 말이다.
> 슬프다! 산길에 사람의 발길 끊어지고 숲에 걸린 해가 저물어갈 때면 문에 기대어 아버지를 기다리는 그대의 모습이 떠오르고,
> 달빛 처연하고 바람 시리게 불며, 나무가 흔들리고 새가 울 때면 밤늦도록 책을 읽는 그대의 독서성(讀書聲)이 들리겠지.[29]

이용휴는 정기동을 모범적 인간이라고 평가했다. 그런 모범적인 사람이 일찍 가버린 간절한 슬픔을 표현하되, 마지막 대목에서는 아버지가 돌아오기를 기다리는 모습을 담아냈다. 신경준이 써준 묘갈명에도 정기동은 효자라서 아버지가 밖에 나가 오래도록 돌아오지 않으면 얼굴에 걱정이 떠나지 않았고 반드시 도중에 나가 기다리다

부축해서 돌아오곤 했다고 씌어 있다. 여행에 빠진 아버지를 기다리는 아들, 그것이 정기동의 인생에서 가장 큰 부분이었던 것이다.

기동의 외삼촌은 조카가 그토록 좋아하던 공부를 마치지 못하고 일찍 죽은 것에 상심해 그에게 가르치려던 내용을 베껴《칠등귀독편(漆燈歸讀編)》을 만들어 무덤에 넣어주었다고 한다. '칠흑같이 깜깜한 등불 밑으로 가져가서 읽어야 할 책'이란 이름이니, 무덤에서나마 공부하라는 의미다. 공부도 마치지 못하고 죽은 조카를 애통해하는 마음이 뭉클하게 느껴진다.

한편 정란의 고향친구이자 사돈인 조술도(趙述道)는 정기동이 죽자 어디 있는지도 모르는 정란에게 편지를 보내 외아들이 죽어 청상과부 며느리가 불쌍하니 서둘러 귀가하라고 당부했다. 조술도가 쓴 편지에서 "쓸쓸한 규방의 부인은 노형을 눈이 빠지게 기다리며 가슴을 치면서 장탄식하고, 외로운 청상과부 며느리는 적막 속에서 벽을 등지고서 숨을 죽인 채 한숨을 쉬고 있다오"라는 한 대목은 가장이 가정을 돌보지 않는 사이 집을 지키고 있는 부인과 청상과부가 된 며느리의 딱한 처지를 묘사한다.[30]

유람으로 한평생을 소진한 선비

만년에 정란은 서울에 들러 성대중(成大中)을 찾아가《불후첩》을 내놓고 글을 받으려 했다. 성대중은 한 가지 일화를 들어 정란이 불후의 이름을 남기리라 예언했다.

창해 옹이 일찍이 내 집을 찾았는데 손님 가운데 옛일에 해박한 사람이 있어 그를 보고 내게 얼굴을 돌리며 말했다. "자네는 이마두(利瑪竇)를 본 적이 있는가? 저 노인이 그와 흡사하네그려!" 그 손님은 한 번도 창해 옹을 본 적이 없는데 창해를 그렇게 보았다. 창해 옹은 그 말을 흔쾌히 받아들이며 좋아했다. 이마두는 천하를 두루 구경했고, 창해 옹은 우리나라를 두루 구경했다. 크고 작기에서 차이가 있으나 두루 구경하기는 같다. 그들의 모습이 비슷한 것이 마땅하다.[31]

앞에 나온 김홍도의 그림에서 과연 마테오리치와 닮은 모습을 확인할 수 있을까? 진실이야 판명하기 어렵겠지만, 사람들은 정란의 풍모에서 마테오리치와 같은 위대한 여행가의 모습을 찾아냈다.

정란은 인생을 여행에 바친 선비다. 온 나라 안의 어린아이들과 종들조차 그를 '창해 선생'이라 불렀다고 한다. 현대적 개념으로 보자면 여행가, 산악인이라 이름 지어 부를 만큼 열정적 산수벽의 소유자로, 18세기 문화계의 한 마니아로 기억될 인물이다.

사대부에게 주어진 평범한 길을 가지 않고 전문 여행가로 나선 그의 행보에 대해 당시 사람들은 어떻게 생각했을까? 선비에게 주어진 틀에 박힌 삶을 버리고 여행가로 생을 보낸 정란을 모두가 환영하지는 않았다. 기성사회는 그를 비웃거나 우려의 시선을 보냈다. 친한 친구들조차 선비의 길을 버리고 산수에 탐닉하는 그를 비판했다. 그의 고향친구들은 말할 나위도 없이 비판 일변도였다. 이희사(李羲師) 같은 시인도, 유람으로 한평생을 소진하고 세상 사람을 인정하지 않는다면서 그를 비판적으로 보았다.[32] 그들에게 정란은 현

이용휴(李用休), 〈정일사의 산행도에 부치다(題鄭逸士山行圖)〉,
《혜환잡저(惠寰雜著)》, 국립중앙도서관 소장 필사본.

실에 정착하지 못하고 방랑벽에 빠진 자로 이해될 수밖에 없었다.

반면 일부 지식인은 그의 열정적 여행벽에 박수를 보냈다. 대표적인 사람이 바로 이용휴다.

대장부가 세상에 태어났으면 굳세게 자립하여 품은 뜻을 실천해야 할 뿐, 칠척(七尺)의 몸을 과거시험 답안지나 금전출납부 속에 매몰해서야 되겠는가? 정일사(鄭逸士)가 삼한 땅의 아름답다는 산수를 전부 유람하고 드디어 바다를 건너 탐라에 들어가 한라산을 유람한다고 한다. 그 소문을 듣고 사람들이 비웃는다. 속된 뿌리가 골수에까지 파고든 사람은 비웃는 것이 당연하다. 그러나 수백 년 뒤에 비웃는 사람의 이름이 남아 있을까? 아니면 비웃음을 당하는 사람의 이름이 남아 있을까? 나는 모르겠다.33

선비 정란은 남들이 추구하는 것과는 다른 삶을 살았다. 이백 년 전에 선비가 전문여행가로 산다는 것은 그만큼 용기가 필요한 선택이었다. 그렇기에 그의 행위는 종종 비웃음의 대상이 되었다. 이용휴는 수백 년 뒤에는 어떤 평가가 내려질지 기다려보자고 했다. 지금 사람들은 이용휴의 질문에 무어라고 답할지 궁금하다.

번잡한 세상을 등진 채
'꽃나라'를 세운 은사

원예가
유박

"기쁠 때도 화날 때도, 시름겨울 때도 즐거울 때도, 앉았을 때도 누웠을 때도, 언제나 화병의 꽃에 기대어 내 몸뚱어리를 잊은 채, 늙음이 곧 찾아온다는 사실도 모른 채 지낸다."

— 유박

◉──── 번잡한 세상을 등진 채 '꽃나라'를 세운 은사 · 유박

거제도 앞바다에 외도라는 섬이 있다. 섬 전체가 온통 특이한 꽃과 나무로 가득한 멋진 곳이다. 관광지로 명성이 높아 사람들이 많이 찾는다. 무인도를 꽃섬으로 개발하여 관광객을 끌어 모은 성공적 사례로 꼽힌다. 그처럼 온갖 꽃과 나무로 둘러싸인 세계를 일컬어 옛 사람들은 '중향국(衆香國)'이라고 했다. 오늘날은 전국 곳곳에서 화원(花園)이 개발되어 관광객을 불러들이고 있다. 하지만 대부분은 특이한 외국산 꽃이 주종을 이루는, 상업적으로 경영되는 화원이다. 전통사회에선 그런 종류의 화원을 찾아보기 어렵다. 손님을 끌어 모으는 화원이 존재하기도 어렵지만, 지금처럼 외래종 꽃을 마음대로 구할 수도 없었다.

대신 궁궐이나 개인저택에 화원을 조성해서 꽃을 즐기는 기풍은 아주 강했다. 18세기 조선에선 개인저택마다 화원을 조성하는 일이 서울과 평양, 개성 등지에서 유행처럼 번졌다.[1] 정원에 특이한 화훼와 수목을 구해 심고 친구들을 초청해 감상하는 모임이 곳곳에서

벌어졌다. 복사꽃이 만발한 봄철에는 꽃놀이 열풍이 불었다. 정조 연간의 시인 목만중(睦萬中)은 그 대열에 참여하지 못하고, 대신 화병 속의 꽃을 감상하며 이렇게 자위하기도 했다.

온 나라가 미쳐 날뛰는 것은 모조리 꽃,
나만은 작은 화병 속 맑은 꽃을 마주하네.
밤 들어 비바람이 속절없이 지나가도
주렴 안에 호젓이 앉은 나를 어찌하겠나.

一國顚狂總爲花 小甁淸影對婆娑
夜來風雨無端過 簾几蕭然奈我何 [2]

꽃과 나무의 아름다움을 즐기던 당시 호사가들의 취미가 오늘날의 꽃 애호가들에 결코 뒤지지 않는다. 갖가지 꽃에 대한 깊은 사랑을 표현한 글이 여기저기 등장하는 것은 물론이요, 꽃의 품종을 개량하는 등 광범위한 화훼 지식을 지닌 전문가도 많았다. 화벽(花癖, 꽃에 대한 병)을 지닌 마니아가 부쩍 늘었고, 꽃에 관한 심도 있는 정보도 적지 않게 오갔다. 강이천(姜彝天, 1769~1801)이 기록한 '국화 품종을 개량한 김 노인'에 관한 다음 이야기도 그 한 사례다.

옛날 여항(閭巷)에 김 노인이라는 자가 있었는데 국화를 잘 심어서 꽃을 일찍 피게도, 늦게 피게도 했다. 그의 꽃밭엔 크기는 손톱처럼 작아도 빛깔이 곱고 자태가 간드러진 꽃도 있고, 한 길 넘는 크기의 몹시

정선, 〈필운상화(弼雲賞花)〉, 1750년경, 18.5×27.5cm, 개인 소장.
봄을 맞아 복사꽃, 살구꽃, 오얏꽃 등 각종 꽃이 피어나는 풍경을 선비들이 필운대에 올라가 구경하고 있다. 18세기 서울에는 봄이 되면 도회 사람들이 꽃구경을 하기 위해 나들이하는 문화가 있었다.

큰 꽃도 있다. 게다가 꽃의 색깔이 옻칠을 한 듯 검기도 하고, 또 가지 하나에 여러 빛깔의 꽃이 섞여 피기도 했다. 귀공자들과 높은 벼슬아치들이 앞 다투어 꽃을 사 가 노인은 그 값으로 생계를 꾸렸다. 하지만 그 방법을 비밀에 부쳐 비방을 전하는 자가 없다.³

김 노인은 국화 품종을 개량하는 전문기술을 지닌 원예업자다. 검은색 국화를 피우는 수준이니 대단한 솜씨를 지녔음이 틀림없다.

조화옹이 부린 장난기는 꽃에서 가장 심하다

그런가 하면 피어난 꽃에서 천지의 조화를 읽어내는 그 시대 사람들의 정서도 흥미롭다. 다음은 18세기 중반의 시인 이봉환(李鳳煥, 1710~1770)이 꽃을 감상하는 방법을 두고 한 말이다.

> 화(花)라는 글자는 초(草)에서 나왔고 화(化)에서 나왔다. 천지의 조화를 엿볼 수 있는 사물이 한둘이 아니지만, 그 기묘한 변환의 극단을 달리는 것으로 초목의 조화에 비할 게 없다. 비유하자면 지인(至人)이 때때로 기묘한 말을 내뱉는 것과도 같고, 꽃봉오리가 찬란하게 꽃망울을 터트리는 사이에 몹시 오묘한 무늬가 보일락 말락 하는 것과도 같다. 그렇게 하고 싶지 않아도 마음대로 되지 않는다. 천지간에 본래 꽃이 없던 상황에서 처음으로 꽃 한 송이가 피었다고 하자. 그 꽃을 본 사람들은 이상한 물건, 괴이한 일로 여길 테고, 소식을 들은 사람들은 허황한 말이라 여겨 믿지 않을 것이다. 그러니 조화옹이 부린 장난기는 꽃에서 가장 심하다.[4]

이 글에서 볼 수 있듯 이 시대 사람들은 꽃을 가장 빼어난 자연의 조화라고 생각했다. 이봉환은 화(花)란 글자가 풀의 조화를 뜻하는 제작원리를 가졌다고 전제하고, 천지간에 가장 환상적인 변환(變幻)을 보여주는 존재가 바로 꽃이라고 극찬했다.

이가환(李家煥, 1742~1801) 역시 극도의 찬탄을 토해냈다. 그는 기원(綺園)이란 이름의 화원에 부친 글에서, 꽃을 가꾸어 구경하

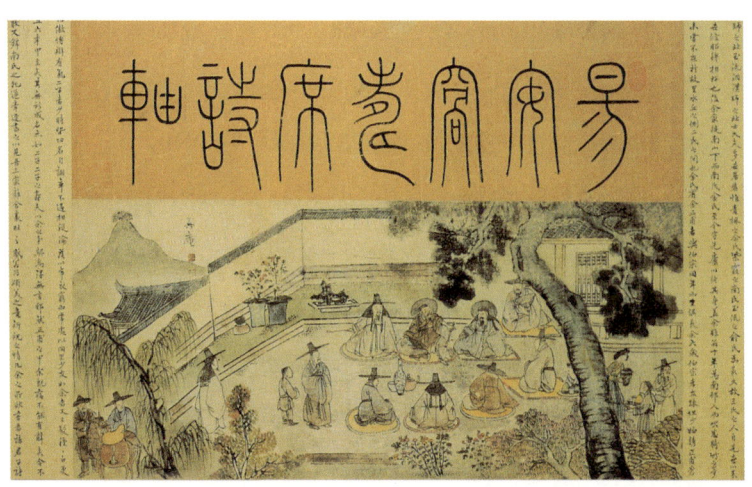

정황(鄭榥, 1735~?), 〈이안와수석시회도(易安窩壽席詩會圖)〉, 1789년, 25.3×57.0cm, 개인 소장.
사대부가의 정원에 화목이 잘 가꾸어져 있고, 분재와 괴석이 멋스럽게 놓인 모습을 엿볼 수 있다.

는 것이 천지 아래 최고의 유희라는 찬사를 보냈다. "하늘은 기이한 빛깔을 소유하고 인간은 그것을 빌려다 쓴다"라고 표현한 그는, 하늘이 소유한 기이한 빛깔을 빌려 쓰는 인간 가운데 솜씨가 가장 모자란 자가 비단 짜는 여인이고, 제법 약은 꾀를 뽐내는 자가 시인이며, 가장 잘 빌려 쓰는 자가 꽃을 가꾸는 원예가라는 기발한 생각을 표현했다.

그러니 그 누가 기원의 주인보다 낫겠는가? 기원 주인은 몇 이랑의 땅을 개간하여 이름난 화훼를 죽 심었다. 붉은색, 녹색, 자주색, 비취색, 옥색, 담황색, 단향목색, 흰색, 얕은 멋, 깊은 멋, 성글게 심은 꽃, 빽빽하게 심은 꽃, 새로운 꽃, 묵은 꽃, 일찍 피는 꽃, 늦게 피는 꽃, 저물

때 피는 꽃, 새벽에 피는 꽃, 갠 날 피는 꽃, 비 올 때 피는 꽃 등등. 온갖 꽃이 찬란하게 어우러져 빛깔을 뽐낸다. 이렇게 진짜 정취(情趣)로 진짜 빛깔을 대하는 꽃과 그 무엇이 우열을 다투겠는가.

그렇지만 주인은 화훼의 위치를 안배하고, 심고 접붙이고, 물을 뿌리고, 물길을 터주며, 흙을 북돋고, 가지를 쳐내는 고생을 하지 않을 수 없다. 그러니 멍청하고 완고한 야로(野老)가 한 해 내내 목 뻣뻣하게 베개 높이고 누웠다가, 기원 동산에 꽃이 한창이라는 소식을 듣고 흔연히 찾아가서는, 온종일 마음 편하게 구경하는 행복에 비교할 수 있으랴!5

꽃을 가꾸는 기원 주인이야말로 비단을 짜는 여인보다, 조화의 비밀을 표현해내는 시인보다 더 자연이 선사하는 진정한 빛깔, 진정한 아름다움을 즐기는 사람이라는 요지다. 꽃과 나무가 잘 가꾸어진 정원을 거닐다 보면 글쓴이의 생각에 공감을 표하지 않을 수 없다. 가끔 화원을 찾아 꽃을 감상하는 행복을 원예가보다 더 높은 자리에 올려놓은 이 글에서, 꽃을 향한 그 시대 사람들의 탐닉과 열정을 손에 잡힐 듯 가깝게 느낀다.

이렇듯 꽃을 열정적으로 사랑했던 당대의 마니아 가운데 단연 으뜸으로 꼽을 수 있는 이가 바로 화훼전문가 유박(柳璞, 1730~1787)이다. 꽃을 사랑한 열정과 전문지식에서 그를 따를 자는 많지 않다. 유박의 화벽(花癖)에 얽힌 사연을 더듬어보자.

유박은 영·정조 시대의 화훼전문가다. 본인이 직접 백화암(百花菴)이란 화원을 경영했고, 그 경험을 바탕으로《화암수록(花菴隨

錄)》이란 화훼 전문서를 지었다. 지금까지 전해오는 이 책은 조선 전기에 강희안(姜希顔)이 저술한 《양화소록(養花小錄)》과 짝을 이루는 소중한 저술이다.[6]

유박은 문화 유씨(文化柳氏)로 1730년에 태어나 1787년에 죽었다. 자는 화서(和瑞), 호는 백화암(百花菴)이다. 부인은 파평 윤씨로 윤석중(尹錫中)의 딸이다. 딸만 셋을 두었는데, 각기 신세창(愼世昌), 이정륜(李廷倫), 조항규(趙恒奎)에게 시집갔다. 유박은 일반 사람에게는 전혀 알려지지 않은 생소한 인물이지만, 실학자로 유명한 유득공(柳得恭)의 칠촌 당숙이란 관계를 알면 조금은 친숙한 느낌이 들지도 모르겠다.

언제나 화병의 꽃에 기대어

유박은 베일에 싸인 인물이다. 과거에 오르지도 벼슬을 하지도 않았다. 황해도 배천군 금곡(金谷)에서 살았다고 하는데, 그의 주변에는 내로라하는 명사가 별로 없었다. 《화암수록》에 실린 자작시를 근거로, 그가 1778년에 배천군 향교를 이전하는 공사를 감독한 사실과 가끔 서울에 들른 사실을 알 수 있을 뿐이다. 꽃을 가꾼 일을 제외하고는 거의 아무런 기록도 전하지 않는다.

그렇다고 그가 한 일을 밝히고 그의 속을 들여다볼 만한 글이 전혀 없지는 않다. 저명한 문인들 사이에 그의 애화벽(愛花癖)이 회자되었고, 그 또한 자신의 취미와 행적을 감추려 하지 않아, 비록 시

작자 미상, 〈태평성시도(太平城市圖)〉의 부분, 국립중앙박물관 소장.
저택을 짓는 공사장 옆으로 두 사람이 커다란 분재를 메고 가는 모습이 보인다. 18~19세기 도회지 풍경을 중국풍으로 그린 이 그림에서 분재가 성행했던 문화를 엿볼 수 있다.

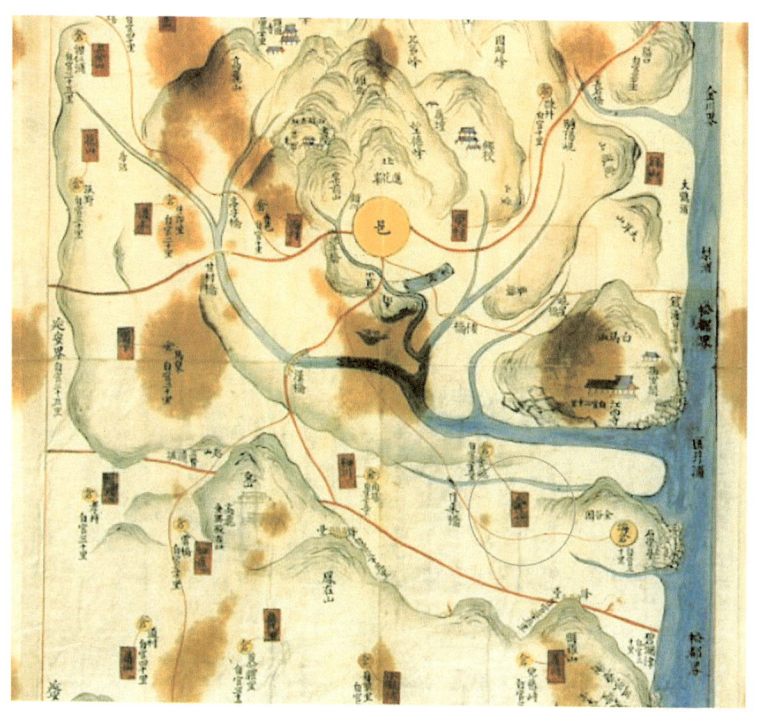

배천군 고지도. 규장각 소장 채색지도.
유박이 백화암을 조성한 예성강 주변의 옛 지도. 강과 산이 잘 어우러진 지역적 특색을 지니고 있다.

골에서 화원을 경영했지만 동시대 지성인들에게 받은 시와 산문이 적지 않게 남아 있다. 따라서《화암수록》과 지성인들에게 받은 글의 도움을 받는다면, 독특한 삶을 영위한 유박이란 인물의 내면과 활동을 얼마쯤은 복원할 수 있다.

유박이 살았던 곳은 황해도 배천군 금곡이지만 그곳이 고향은 아니다. 젊은 시절엔 한때 서울에 머물렀던 것 같다. 이십 대 초반이 되자 그는 금곡에 정착한다. 금곡은 배천군 군치(郡治)에서 동쪽으로 25리 떨어진 곳이다. 유명한 나루터 벽란도의 안쪽에 있는 포구로, 경기와 해서 지방 간의 해상교통을 중개하는 요충지며, 해서의 전세(田稅)가 모이는 금곡창(金谷倉)이 거기 있었다. 유득공은 그가 이곳으로 이주한 동기를 이렇게 설명했다.

> 꽃의 주인은 누구인가?
> 유아무개 선생이다.
> 헌원씨(軒轅氏)의 먼 후예로서
> 조선에 사는 베옷 입은 선비라네.
> 작은 녹봉 얻자고 허리 굽히지 않고 귀향하여
> 문 앞에 버들을 심은 도연명을 본받았고,
> 계획 하나 세워 홀연히 배를 타고서
> 황금을 버리고 떠난 범려(范蠡)를 사모했네.
> 남과 나 사이의 시시비비는 모두 잊었으니
> 나비가 장자가 되고 장자가 나비가 된 격이요,
> 귀천과 영욕을 입에 올릴 필요가 있으랴,
> 엄군평(嚴君平)이 세상을 버리고 세상이 엄군평을 버린 격일세.
> 그리하여 소요하고 노닐면서
> 세월을 보내는 방법을 강구하였네.[7]

이 글에 나타난 백화암 주인 유박은 한창 나이에 벼슬하기를 포기하고 바닷가에 정착한 은둔자의 모습이다. 시비가 난무하고 귀천과 영욕이 판치는 살벌한 현실과 단절하기로 마음먹은 그에게 무엇인가 계획 하나가 남았다고 했다. 유박에게 그 계획이란 바로 화원 경영이었다.

금곡에 정착한 유박은 지역 지식인들과 교유하며 무려 이십 년 동안이나 화원 경영에 정성을 기울였다. 그렇게 화원을 가꾼 지 이십 년, 불혹의 나이가 된 그는 지난날 자신의 삶을 되돌아보며 읊조린다. "물가에서 미친 노래를 부른 지 이십 년인데, 어느새 늙어버린 채로 온갖 꽃을 앞에 두고 있네."⁸

또 집에 걸 현판에 직접 쓴 〈화암기(花菴記)〉에서는 자신의 삶을 이렇게 묘사했다. 다음은 그 전문이다.

나는 타고난 성품이 졸렬하여 스스로 판단해도 쓸모없는 사람이다. 사는 곳의 산수는 무겁고 탁하여 유람할 만한 경치가 드물다. 거적으로 문을 단 궁벽한 집이라, 한 해가 다 가도록 고상한 선비를 태운 수레가 찾아오질 않는다.

근래 사시사철의 화훼 백 본(本)을 구해다가, 큰 것은 땅에 심고 작은 것은 옹기를 화단처럼 만들어 화암(花庵) 안에 두었다. 나는 그 사이에서 소일하며 세상을 잊고 즐거운 마음으로 지냈다. 분매와 금취(국화의 일종)는 그 정신을 찬찬히 관찰하고, 왜철쭉과 영산홍은 그 형세를 멀리서 살펴보며, 웅위한 자태는 단약(丹藥)에서 얻고, 계수와 복사꽃은 새로 얻은 첩인 양 사랑하고, 치자와 측백은 큰 손님을 대하듯 다루었다. 교태 있는 용모가 손에 잡힐 듯한 것은 석류요, 기상이 활달한 것은 파초다. 괴석으로 뜰에 명산을 조성하고, 비쩍 마른 소나무에서는 태곳적 얼굴을 만난다. 풍죽(風竹)은 전국시대의 기상을 띠고, 잡종 유박, 〈화암기〉, 《화암수록(花菴隨錄)》, 개인 소장 필사본.
세상을 등진 채 '꽃나라'를 세운 동기와, 꽃과 더불어 사는 즐거움을 묘사했다. 이 책은 강희안의 《양화소록》과 함께 조선시대의 대표적 화훼 전문서다.

꽃은 시자(侍者)가 된다. 연꽃은 주렴계(周濂溪)를 공손히 마주 대한 듯하다.

그 가운데 기이한 것과 예스러운 것을 취하여 스승으로 삼고, 맑은 것과 고결한 것을 취하여 벗을 삼으며, 소담스러운 것과 화려한 것을 취하여 손님을 삼는다. 이러한 즐거움을 남들에게 양보하고자 해도 그들은 팽개쳐버린다. 그러니 나 홀로 즐겨도 다행히 금하는 이가 없다. 기쁠 때도 화날 때도, 시름겨울 때도 즐거울 때도, 앉았을 때도 누웠을 때도, 언제나 화병의 꽃에 기대어 내 몸뚱어리를 잊은 채, 늙음이 곧

찾아온다는 사실도 모른 채 지낸다.9

남이야 뭐라 하든 자기가 좋아하는 즐거운 인생을 만들어갈 그만의 취미를 발견한 환희가 넘치는 글이다. 쓸모없는 사람이 선택한 행복 넘치는 인생, 그것은 온갖 꽃으로 찬란한 세계다.

완물상지의 경계를 넘어

유박은 자신을 주류사회에서 낙오한 사람이라 했다. 당시 주류에 편입되려면 과거를 치러 문과에 급제하여 조정에 출사(出仕)하는 과정을 거쳐야 했다. 능력이 부족한 자라면 성리학을 공부해 향리에서 산림처사(山林處士)로 행세하며 사는 과정이라도 밟아야 했다. 선비는 주류사회에서 낙오되지 않기를 지향한다. 유박은 이러한 선비의 삶을 살기가 어려웠고, 나중에는 스스로 거부했다. 사대부의 일원이었으나 옛 인생관과 가치관을 맹신하는 사회에서 어떤 성취도 이루지 못했다.

유박은 과감한 선택을 한다. 평생 꽃을 키우며 살겠다는 선택이다. 전통적 세계관으로 보자면 대장부가 꽃에 관심을 두는 건 완물상지(玩物喪志, 사물에 탐닉하면 의지가 손상된다)의 자세라며 비판받았다. 선비들의 세계에서는 정치나 교육, 학문 따위를 제외한 다른 일에 지나치게 관심을 기울이는 것은 완물상지라 하여 경계했다. 하지만 그는 개의치 않았다.

18세기 성리학자 봉암(鳳巖) 채지홍(蔡之洪) 같은 이는 뜰에다 많은 꽃을 심어놓고 감상하며 그 즐거움을, 시를 지어 표출했다. 그는 그 시집 서문에서 "적적함을 달래기 위해서일 뿐 감히 아름다움을 즐기기 위해서는 아니다. 요컨대 정자(程子)의 완물상지의 경계를 가슴속에 새겨 꽃에 젖어드는 우려를 없앨 것이다"라고 소회를 밝혔다.10 꽃을 즐기되 거기에 깊이 빠질까 우려하는 속내가 역력하다. 꽃에 탐닉하면 유학 공부에 소홀할까 염려한 것이다. 이렇듯 당시 대부분 사대부들은 완물상지의 계율을 저버리지 못했다.

　　그러나 유박은 선비의 의식 한구석을 짓누르는 중압감을 벗었다. 자신은 버림받은 자이니 꽃을 스승으로, 벗으로, 손님으로 삼아서 꽃과 함께 인생을 구가하겠다는 의지를 밝혔다. 남이 가는 길과는 다른 자신의 길을 선택했다. 유박만이 그런 것은 물론 아니다. 그보다 후배세대인 심로숭(沈魯崇) 역시 《자저실기(自著實紀)》에서, "연못가나 뜰에 이름난 꽃, 아름다운 나무를 심는다면 사람의 성령(性靈)을 배양할 수 있는데, 그것을 일러 완물상지라 말하는 건 잘못이다"라고 말해, 꽃을 즐기는 취미를 방해하는 완물상지 의식을 비판했다. 모두가 지향하는 하나의 길만을 추구하지 않고 색다른 길을 모색하는 다변화가 시도되던 시기였다. 유박은 그 새로운 길을 당당하게 걸어갔다.

사공들아, 유박의 꽃은 운임을 받지 말라

꽃과 나무를 향한 유박의 열정은 꽃 수집에서 두드러졌다. 그는 온갖 꽃을 구해다 심었다. 새로운 꽃이 있다는 소식이 들리면 때와 장소를 불문하고 불원천리 찾아갔다. 심지어는 외국의 선박에서 외국 종 꽃을 구해 오기도 했다. 그의 화원에는 사시사철 꽃이 끊이지 않았다. 그 노력을 목격하고 유득공은 이렇게 묘사했다.

> 온(溫)씨는 금전에 벽(癖)이 있고, 왕(王)씨는 말에 벽이 있다지만, 꽃에 벽이 있는 자는 몇이나 될까?
> 눈(雪)은 시원스러움을, 달은 외로움을 느끼게 하지만, 사람을 운치 있게 하는 건 바로 꽃이지.
> 남의 집에 기이한 꽃이 있다는 말을 듣기만 하면 천금을 주고라도 반드시 구하고,
> 외국의 선박에 깊이 숨겨둔 꽃이 있는 걸 엿보면 제아무리 만 리 길이라도 가져온다네.
> 여름에는 석류, 겨울에는 매화, 봄에는 복사꽃, 가을에는 국화이니 사시사철 꽃이 끊이랴.
> 치자는 흰색, 난초는 푸른색, 접시꽃은 붉은빛, 원추리는 노란빛이니 오색 가운데 검은 꽃이 없는 것이 한스럽다.
> ……
> 동(東)으로 들보를 던지네. 벽란도를 오가는 사공들아! 화분을 싣고 금곡으로 가거들랑 뱃삯으로 한 푼도 달라고 하지 말아라!

서(西)로 들보를 던지네. 돛배가 바람을 받아 떠나면 곧 청주(靑州)와 제주(齊州)라. 우리 동국에는 없어도 중국에는 있는 것이 여지와 종려나무이니 어찌하면 얻을 건가?

남(南)으로 들보를 던지네. 묻노니 뱃사람은 어느 땅 사나이인가? 혹시 강진·해남 사는 사람 아닌가? 동백과 치자, 석류와 감자나무를 가져와다오.

북(北)으로 들보를 던지네. 북으로 가서 꽃을 구하나 꼭 얻지는 못해. 황주(黃州)에는 배가 좋아 긴 나무로 두드려서 먹어야지.

상천(上天) 위에다 들보를 던지네. 흰 느티나무 두 그루가 곧추 서 있어, 월궁(月宮)으로 들어가 늙은 두꺼비를 걷어차고 붉은 계수나무를 꺾어온들 누가 막으랴?

아래 세상에 들보를 던지네. 세상의 화초를 기르는 자들은 종일토록 명리(名利)를 다투는 시장에서 달리다가 저녁에 들어와 뒷짐 지고 우아한 체하지.

엎드려 바라노니, 들보를 올린 뒤로는 새가 꽃술을 쪼지 말고, 벌레가 뿌리를 갉아먹지 말고, 바람이 버팀목을 쓰러뜨리지 말고, 얼음이 화분을 쪼개지 말고, 더위가 국화를 죽이지 말고, 추위가 매화를 병들게 하지 말지어다.

석류에는 향기가 찾아오고, 파초에도 꽃이 피기를 바라노라.
스물네 번 부는 바람 바람마다 좋아서 봄이 왔다 봄이 가고
삼백예순 날, 날마다 한가로이 꽃이 피고 꽃이 지기를 바라노라.[11]

화벽을 지닌 유박이 꽃을 구하려고 얼마나 많은 노력을 기울였

는지 짐작케 하는 예찬이다. 동으로 벽란도를 지나 금곡으로 오는 사공들에게 만약 유박의 꽃을 운반하거든 운임을 받지 말라고 했고, 서쪽으로 중국의 산동반도에 가서 동국에 없는 품종인 여지와 종려나무를 구해달라고 했다. 남쪽으로는 강진 등지에서 동백과 치자 품종을 구해 오고, 북쪽에는 꽃이 없으므로 황주의 특산인 배나무를 구해달라고 했다.

또 검은색 꽃이 없음을 한스럽게 여긴다는 말로 유박의 수집벽을 치켜세웠다. 천상의 달나라까지 가서 월계수를 꺾어 올 기세라고 익살을 부리면서, 꽃을 심기만 하고 감상하지 않는 현실세계의 속물들을 비아냥거렸다.

이렇게 꽃을 열성적으로 구하는 유박에게 감동한 뱃사공들이 나중엔 먼 곳에 가면 자발적으로 특이한 꽃을 구해다 주기까지 했다. 그는 그 지역에서 화훼전문가로 명성을 누렸다. 그렇게 화원을 꾸미는 과정엔 주변 사람들의 마음에서 우러난 도움이 있었다. 좌의정을 지낸 채제공(蔡濟恭, 1720~1799)이 유박을 위해 쓴 글에는 그에게 동화된 세 부류의 사람들이 나온다.

그대가 꽃을 심히 사랑하여 그대에게 동화되지 않은 사람이 없다고 들었소. 그대가 일 때문에 먼 곳으로 여행하여 며칠 몇 달 돌아오지 못할 때는 가족들이 흙을 북돋아 꽃을 심고 꽃에 물을 뿌려주어 적당한 때를 감히 놓치는 법이 없어, 그대가 집에 있을 때와 똑같다고 하오. 이것은 꽃을 사랑하는 그대의 정성이 집안사람을 동화시킨 것이오. 금곡 주위의 마을에서는 그대가 화계(花階)를 만들고 꽃뿌리를 심는다는 소식을 들으면, 명을 내리지도 않았는데 달려오고 권하지 않는 데도 일을 도와, 마치 제 일이라서 하지 않으면 안 될 듯이 한다고 하였소. 이것은 꽃을 사랑하는 그대의 정성이 이웃사람들을 동화시킨 것이오. 그 고을 사람 가운데 배를 타고 고기 잡는 것을 업으로 삼는 사람들은 감상할 만한 기이한 꽃을 보면 화분에 담아 배에 싣고 기뻐하면서 마치 재물을 바치듯이 와서 바친다고 하였소. 이것은 꽃을 사랑하는 그대의 정성이 뱃사람을 동화시킨 것이오. 그저 한 사람의 베옷 입은 선비에 불과한 그대가 무슨 힘이 있어 이런 화원을 만들 수 있겠소.[12]

유박의 정성에 감복한 집안사람들과 마을사람들 그리고 어부들까지 그를 위해 꽃 심는 일을 도와주었고 멀리서 꽃을 구해다 주었다. 모두가 꽃을 사랑하는 그에게 동화되어 나온 행동이다. 그렇지 않았다면 벼슬도 하지 않고 살림살이도 넉넉하지 않은 평범한 선비 유박이 그 같은 화원을 꾸밀 순 없었을 것이다. 앞서 소개한 심로숭도 자신이 꽃을 사랑하지만 화원을 만드는 일은 큰돈이 들어 쉽지 않다고 토로한 바 있다. 꽃을 향한 유박의 열정과 그에게 동화된 주변 사람들이 화원과 주변의 동산에 온갖 품종의 꽃과 나무를 심어 중향국(衆香國)을 만든 것이다.

화원을 경영한 지 십 년 가까이 되자 유박은 초가를 개축하여 새 집을 짓고 백화암(百花菴)이라 이름 붙였다. 기록에 따르면, 그는 우화재(寓花齋)와 백화암이라는 두 채의 집을 지었다. 하나는 꽃에 파묻혀 산다는 의미이고 다른 하나는 일백 종의 꽃으로 둘러싸인 집이라는 의미이니, 꽃에 미친 사람의 집 이름으론 썩 잘 어울린다.

꽃 박물관, 백화암을 짓다

우화재에 관한 기록은 채제공이 쓴 글에만 보이나 백화암에 관한 기록은 유득공, 유금, 이헌경, 목만중, 정범조 등 여러 사람의 글에 등장한다. 이로 미루어볼 때 우화재와 백화암이 같은 건물로 보이진 않는데, 그렇다면 서로 다른 시기에 지었다는 이야기다.

백화암을 지은 동기와 과정은 유득공이 〈금곡의 백화암에 부친 상량문〉의 다음 구절에서 구체적으로 밝히고 있다.

> 여기에 낡은 집 있거니, 옛날 집 그대로다.
> 낮에는 지붕을 얹고 밤에는 새끼줄을 꼬아
> 모든 일은 농사짓는 여가를 이용했다.
> 애꾸눈이 수준기(水準器)로 재고, 곱사등이가 흙손질을 하니
> 멋모르고 일을 시킨다는 비방이 나오랴?
> 향기롭다, 들보 올리는 제사에는
> 연안(延安)의 좋은 음식을 장만했네.
> 영롱하다, 왕골자리 재료로는
> 강서(江西)의 용수초(龍鬚艸)를 엮었네.
> 숲과 수석(水石)의 아름다움은 우리 당숙이 말씀하던 바요,
> 시문과 서화를 전해온 분들은 한 시대의 명사인 아무개라네.
> 비록 초가 한 채에 불과하나
> 백화암이라 부르기에 넉넉하네.
> 제자들이 늘어서서, 혹은 마루에 오르고 혹은 방 안에 들어간 일과 같

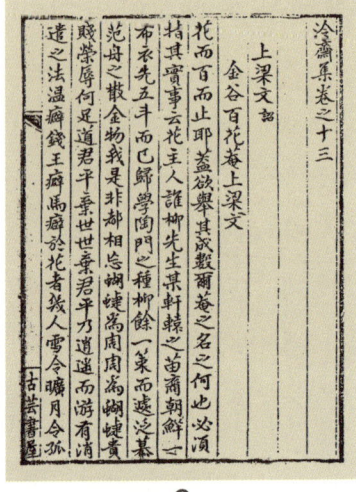

유득공, 〈금곡의 백화암에 부친 상량문(金谷百花菴上梁文)〉,
《영재집(泠齋集)》 권13, 국립중앙도서관 소장 필사본.

지 않은가?

서로들 주인과 손님으로 나뉘어

너는 동쪽 계단에 서고 나는 서쪽 계단에 서네.

나무를 잘 심는 곽탁타(郭槖駝, 당나라의 원예가)를 만나면 상객(上客)으로 모시고,

도화마(桃花馬)를 자랑하던 옛사람과 비교해 어떠한가?

정말로 변화하던 금곡(金谷)이

어느새 향기의 나라로 변했구나!

어떤 사람은 "무엇 하러 그리하나? 힘든 일을 그만두게나!" 편잔하지만

웃고 대꾸하지 않으며 유유자적 지낼 뿐이라.

십 년 세월 강호에 머물러 도리(桃李) 만발한 권세가 집에는 발길 끊고서
한 봄 내내 화폭이라 벌과 나비가 나는 풍경 속으로 꿈이 자주 찾아가네.13

백화암을 예찬한 글이 많은데 그중 유득공의 글이 가장 상세하다. 십 년 세월 강호에 머물러 있다 했으니 금곡에 정착한 지 십 년 만에 개축한 셈이다. 비록 초가 한 채지만 안팎으로 꽃과 나무를 심어 백화암이라 하기에 충분한 꽃의 나라라고 했다. 다른 사람이 힘든 일을 왜 하느냐고 핀잔해도 그는 대꾸 없이 유유자적했다고 추켜세웠다.

백화암을 지은 유박은 저명한 문인들에게 그 사실을 알리고 글을 써달라고 부탁했다. 꽃에 대한 사랑과 전문성에 대한 자긍심이 엿보이는 행동이다. 채제공을 비롯해 이용휴, 유금, 유득공, 이헌경, 목만중, 정범조 등이 시와 문장을 써서 그에게 부쳤다. 모두 문명(文名) 높은 남인 학자들이다. 그 가운데 이용휴가 지은 시에는 꽃과 더불어 살아가는 유박의 멋스러움이 잘 드러나 있다.

다시 신기한 구경거리를 갖추고자
먼 곳에서 종려나무 사 왔다네.
시내를 걷다 동산을 건너올 때
작은 수레를 굳이 탈 필요 있나?
낮은 가지가 때로 갓을 치고

작자 미상, 〈옥호정도〉 부분, 19세기, 150×280cm, 개인 소장.
19세기 세도 정치가인 김조순(金祖淳)이 종로구 삼청동에 조성했던 대규모 정원 그림. 건물과 조경수, 화훼가 자연스러우면서도 운치 있게 배치된 모습을 보여준다.

떨어진 꽃술이 소매에 달라붙네.
이것이 아니면 즐겁지 않아
아침저녁으로 숲을 거니네.
집에서 진지 차렸다고 불러도
"천천히 하지" 답하면 그뿐.
꽃부리 먹고 열매를 먹는 그대는
어엿한 태곳적 성인일세.
"조물주는 청복(淸福)을 아끼건만
어째서 내게만 듬뿍 주셨을까?"
꽃 아래서 때때로 술잔을 들며
내 자신에게 축하도 하고 칭찬도 하네.
동전 구린내와 고기 비린내는
온갖 꽃냄새가 씻어주네.[14]

남이야 무어라 하든 꽃에 파묻혀 자족하며 살아가는 유박의 삶이 그려져 있다. 조물주가 아끼는 청복을 듬뿍 누리는, 한없는 여유로움을 부러워하는 마음이 느껴진다.

"매화가 나고 내가 매화다"

유박은 저명한 학자 문사들에게 시와 글을 받는 데 머물지 않았다. 자신도 백화암을 묘사하는 〈화암기〉를 지어, 집까지 짓게 된 동기와 과정을 밝혔다. 그리고 꽃과 더불어 지내는 즐거움을 〈화암만어(花菴謾語)〉 네 개 조에 멋지게 표현했다. 그중 세 개 조는 이렇다.

달도 서산에 숨은 적적한 삼경, 이 몸 홀로 꽃 사이에 서니 옷깃 가득 이슬과 천연의 향기에 젖는다.
화암에서 잠을 실컷 자고 나니 흰 갈매기가 모두 날아간다. 뜰 가득 석양볕 내리쬐고 강마을은 적적하다. 어디선가 뱃사공이 뱃노래 한 가락을 뽑아 어기여차 소리 원근에서 들려온다.
붉고 흰 꽃포기에서 향기가 코를 찌른다. 다정한 사람은 술병을 들고 나귀방울을 울리며 온다. 서안에는 책, 시렁에는 거문고. 웬일인지 아이들이 바둑판 하나를 다시 내온다.[15]

세속적이고 번잡한 일을 떠나, 자연과 더불어 지내고 꽃과 함께 보내는 여유로운 모습이 눈에 선하다. 더욱이 유박은 원예가이기 이전에 선비이자 시인이었다. 그는 시조와 한시로 꽃과 함께 사는 여유와 즐거움을 표현했다.

한시야 당시 사대부의 교양으로 쳐도 좋다. 시조까지 지은 것은 참으로 소중한 일로 평가할 만하다. 그의 시조는 자연에 동화되기를 희구하는 조선 선비의 정신이 잘 표현된 작품으로도 가치가 있다. 〈화암구곡(花菴九曲)〉 아홉 수 연작과 〈매농곡(梅儂曲)〉과 〈촌구(村謳)〉 각 한 수가 있는데 연작시조 가운데 일부를 보자.

꼬아 자란 층석류(層石榴)요 틀어 지은 고사매(古楂梅)라

삼봉괴석(三峰怪石)에 달린 솔이 늙었으니
아마도 화암풍경(花菴風景)이 너뿐인가 하노라.

오동(梧桐)에 우적(雨滴, 빗방울이 떨어짐)하고 죽림(竹林)에 연롱(煙籠, 안개가 뒤덮임)이라
소정(小艇, 작은 배)에 사립(簑笠) 두고 등상(藤床)에 누웠더니
어디서 닻 드는 소리는 잠든 나를 깨우나니.

첫 번째 시조는 멋진 자태를 자랑하는 괴석 위의 소나무, 석류, 매화가 있는 풍경을 백화암에서 제일가는 것이라 했다. 두 번째 시조는 비가 내려 죽림에 안개가 덮인 날 앞강에 배를 띄우고 노니는 여유를 읊었다. 백화암에서 태평세월을 즐기는 만족감이 잘 드러난 시조들이다.

그가 화품(花品)에서 1등에 넣은 꽃이 바로 매화다. 매화를 각별히 사랑하는 마음을 담은 시조가 〈매농곡〉이다. 매화가 나고, 내가 매화란 의미를 지닌 제목부터가 재미있다.

풍설산재야(風雪山齋夜)에 상대일수매(相對一樹梅)라
웃고 저를 보니 저도 나를 웃는구나
웃어라 매즉농혜요 농즉매(梅則儂兮 儂則梅, 매화가 나요 내가 매화다)인가 하노라

비바람 치는 산골 집에 매화 한 그루와 마주 앉아 웃으니 매화

《화암수록(花菴隨錄)》에 실린 시조.
유박은 산수에 몰입한 선비의 심미안을 보여주는 시조시인으로도 유명하다.

도 나를 보고 웃는다. 매화가 나고 내가 매화라고 느끼며 피아(彼我)의 구분이 사라져 물아일체(物我一體)가 되는 경지를 표현했다. 유박은 자신의 호를 아예 매농(梅儂)으로 쓰기도 했다. "매화는 나다!"라는 선언이다. 이 정도면 매화 사랑이 얼마나 깊은지 알 만하다.

'화목품제'로 연 꽃 품평회

화원을 경영한 지 거의 이십 년 되던 해인 1772년 이전에 유박은 〈화목품제(花木品題)〉를 지었다. 친구인 안습제(安習濟, 1733~?)와 주고받은 편지를 볼 때 이 무렵에 쓴 글임을 알 수 있다. 꽃과 나무의 등급을 나누어 평가한 이 저술에는 오랫동안 꽃을 키우고 감상한 체험과 지식의 정수가 담겨 있다. 이 책에서 유박은 꽃을 모두 9등급으로 나누었다. 그가 매긴 등급을 간략히 정리하면 이렇다.

1등: 매화, 국화, 연꽃, 대나무, 소나무. 기준은 고표일운(高標逸韻)
2등: 모란, 작약(芍藥), 왜홍(倭紅), 해류(海榴), 파초. 기준은 부귀(富貴)함
3등: 치자, 동백, 사계(四季), 종려, 만년송(萬年松). 기준은 운치(韻致)
4등: 화리(華梨), 소철, 서향화(瑞香花), 포도, 귤. 기준은 운치
5등: 석류, 복사꽃, 해당화, 장미, 수양버들. 기준은 번화(繁華)함
6등: 두견, 살구, 백일홍, 감, 오동. 기준은 번화함
7등: 배, 정향(庭香), 목련, 앵두, 단풍. 기준은 제각각의 장점. 이하

같다.

8등: 목근(木槿, 무궁화), 패랭이꽃, 옥잠화, 봉선화, 두충(杜沖)

9등: 규화(葵花, 접시꽃), 전추사(剪秋紗), 금전화(金錢花), 창잠, 화양목(華楊木)

모두 45종의 꽃을 각각의 기준에 따라 9등급으로 나누어 배치했다. 그가 보기에 가장 빼어난 45종의 꽃을 선발했다. 또 9등급에서 제외된 화목(花木) 가운데 능금, 단내(丹柰), 산수유, 위성류(渭城柳), 백합, 상해당(常海棠), 산단화(山丹花), 철쭉, 백자(栢子), 측백, 비자(枇子), 은행 등 12종의 화목을 뽑아서 더 보태지 못한 아쉬움을 달랬다. 45종의 꽃에는 상세한 설명이 붙었는데 작약을 예로 들면 이렇다.

작약: 귀우(貴友)이다. 꽃의 재상이다. 금사낙양홍(金絲洛陽紅), 천엽구(千葉臼), 천엽순홍(千葉純紅)이 귀한 품종이다. 가을에 파종하는 것이 좋다. 작약은 한번 화가 나면 삼 년 동안 꽃을 피우지 않는다. 그럴 때는 반드시 인분을 주어 화를 풀어주어야 한다.[16]

각각의 꽃을 설명한 대목에는 주목할 만한 견해가 많다. 또 꽃 이름의 고증에도 적지 않게 신경을 썼다. 해당화를 설명한 대목에는 이런 언급도 보인다.

해당화: 대체로 우리나라 사람들은 꽃의 명칭과 품종에 익숙하지 않

다. 동백꽃을 산다(山茶)로 알고, 백일홍을 자미(紫薇)로, 향불(香佛)을 신이화(辛夷花)로, 소철을 비파(枇杷)로 알고 있다. 서향(瑞香)은 진짜와 가짜를 구별하지도 못한다. 월사계(月四季)도 《본초강목》에서는 무엇이라 이름 하는지 모른다. 해마다 북경에 들어가는 사신들은 그 책임을 면하기 어렵다.

그는 수많은 꽃에 자신의 미학적 기준을 적용하여, 꽃 품평회를 열었다. 이미 강희안이 《양화소록》에서 자신의 기준대로 꽃을 품평한 일이 있지만 그는 관점이 달랐다. 그 기준을 자세하게 밝히지는 않았지만 〈화목구등품제에 쓴 자서〉에 한 가지가 드러나 있다.

근래 여러 공자와 부마도위의 저택에서는 소철, 화리, 종려를 경쟁하듯 숭상하여, 먼 지역에서 나오는 것을 연모해 정원 화목의 윗자리를 내준다. 반면 거리낌 없이 매화와 국화를 둘째가는 품질로 여긴다. 그래서 평범한 화목과 고귀한 품종을 나란히 줄 세운다. 이제 꽃의 세계에서 순서를 정하는 사람은 엄정하게 하지 않을 도리가 없다. 사영(絲櫻)은 아직 바다를 넘어오지 않았고, 우리나라에서 난초와 지초, 여지라고 부르는 것들은 진품이 아니다. 따라서 하나도 수록하지 않았다.[17]

그는 신기함만을 좇아 품평하지 않았다. 즉 중국이나 일본에서 들어온 신품종이라 해서 후한 점수를 주지 않았고, 진품이 아닌 종자에 대해서는 평가를 유보했다. 엄정한 잣대를 적용해 꽃의 등급을 정하려고 애썼다.

조희룡(趙熙龍), 〈홍매도(紅梅圖)〉.

꽃의 등급을 정한 다음에 꽃의 품평회를 따로 열었다. 〈화품평론(花品評論)〉조에서 갖가지 꽃의 특징을 네 글자와 여덟 글자로 품평하고 그 근거를 제시했다. 품평한 말을 가려 정리해보면 이렇다.

매화: 강과 산의 정신, 태곳적 면목.
국화: 혼연한 원기, 무한한 조화.
연꽃: 얼음같이 차고 가을 물같이 맑다. 갠 하늘의 달과 햇볕 속의 바람이다.
모란: 부귀하고 번화한 모습이라고 공론이 벌써 정해졌다.

작약: 수많은 꽃 가운데 우뚝 선 최고로, 붉고 흰 꽃이 패권을 다툰다.

왜홍: 현란함이 온갖 꽃을 어지럽게 하며 꽃의 숲에서 권력을 휘두른다.

해류: 서시(西施)가 찡그린 모습이라 사람으로 하여금 애가 끊어지게 한다.

석류: 조비연(趙飛燕)과 양귀비가 모든 후궁을 제치고 총애를 독차지한다.

서향화: 한가로울 때의 특별한 벗으로 십 리에 맑은 향기가 풍긴다.

치자: 비쩍 마른 두루미, 구름 위를 나는 기러기의 자태로서 곡기를 끊고 세상에서 도망한 듯하다.

동백: 선풍도골(仙風道骨)로 세속과 단절하고 사람과 떨어져 산다.

해당화: 말쑥한 모습이 고운데, 잠에서 덜 깨어 몽롱하다.

장미: 샛노란 정색(正色)이, 그 자태가 우아하다.

백일홍: 어찌 순영(舜英, 무궁화)만 고우랴? 얼굴이 붉구나.

살구꽃: 빼어나게 예쁜 젊은 소실.

배꽃: 우아한 부인.

패랭이꽃: 곡할 줄 모르는 어린아이.

정향: 질박한 행자(行者).

옥잠화: 영리한 사미승(沙彌僧).

전추사: 문밖에서 시중하는 동자.[18]

여러 꽃의 각기 다른 특징과 인상을 명확히 포착하여 상징적인 언어로 표현했다. 본래 동양사회에서는 인간을 비롯해서 가치 있는 온갖 사물을 상징적인 언어로 표현하기를 즐겼다. 대표적인 것으로 인품(人品)이 있고, 시품(詩品), 서품(書品), 화품(畵品) 등이 있는데, 유박은 꽃의 특징을 묘사하는 방법으로 전용했다.

그의 화품(花品)을 살펴보면 꽃의 특징과 썩 잘 맞아떨어진다. 패랭이꽃을 곡할 줄 모르는 어린아이(不哭孩兒)라고 표현한 것이나, 살구꽃을 빼어나게 예쁜 젊은 소실이라고 표현한 것은 참으로 문학적이면서도 기묘하다.

학문적 경지에 오른 불멸의 원예가

안습제는 유박의 화평(花評)을 보고, 소박한 성품과 병적인 사랑이 아니라면 이렇듯 미묘하게 꽃을 표현할 수 없다고 했다. 유박의 정신이 꽃의 정령과 몰래 만나 은밀히 통한 결과라며 탄복했다. 유박이 사람인지 꽃인지 헷갈린다고도 했다. 꽃이 말을 할 줄 안다면 다들 유박에게 "(당신이) 내 주인이오, 내 주인이오!"라고 할 것이라며 감탄을 금치 못했다.

꽃의 아름다움과 품격을 평가해 그 높낮이를 가려내고, 다양한 품종의 꽃이 지닌 특징을 파악하는 건 안목과 미학의 깊이가 전제되지 않으면 불가능하다. 더구나 자기 멋대로의 잣대를 적용한 자의적 평가가 아니라, 강희안 이래 전해 내려온 조선 선비의 미의식을 바탕에 깔고 중국 측 전례까지 섭취한 뒤에 이루어졌다. 그런 점에서 유박은 단순한 원예업자나 화훼전문가 수준을 넘어 학술적 의미에서도 한 시대를 대표하는 학자로 평가받을 만하다. 그는 꽃을 품평하고 노래하고 토론한 갖가지 시와 글을 모아 《화암수록》을 편찬했다.

유박은 꽃 사랑을 실천하여 백화암을 경영한 원예가다. 우리가 원예가라고 부를 수 있는 얼마 되지 않는 역사 속 인물일 것이다. 화원을 만들어 꽃과 더불어 인생을 아름답게 살며 그 즐거움과 지식을 저서로 남겼다. 남들이 추구하는 인생과는 몹시 다른, 자기만의 색다른 길을 선택하여 그 세계에서 전문가가 되었다. 전통시대에 아름답고 멋진 인생을 살아간 보기 드문 선비라는 찬사를 바치고 싶다.

"그래, 나는 종놈이다"
외친 천재 문인

시인
이단전

"부귀란 수레바퀴가 구르는 것과 같아. 나는 망하지 않는 부귀를 본 적이 없어. 해진 옷 한 벌에 막걸리 한 잔이면 나는 족하지. 죽으면 바로 그 자리에 묻어줘. 허나 이 삶 앞에 있는 숲과 물, 바람과 달은 어쩌면 좋지!"

— 이단전

◉ ── "그래, 나는 종놈이다" 외친 천재 문인 · 이단전

1781년 어느 봄날, 못생긴 청년 하나가 재야 문단의 권력을 한 손아귀에 쥐고 있던 일흔세 살의 대작가 이용휴(李用休)를 찾아왔다. 그 청년은 소맷자락에 넣어 온 시집을 노인에게 건넸다. 노인은 천천히 시집을 훑어보고선 좋다 나쁘다 말도 없이 곁에 있던 벽도화(碧桃花) 가지 하나를 꺾어 청년에게 주었다. 청년은 깜짝 놀랐다. 의사 표현이 담긴 기발한 행위가 틀림없는데, 벽도화 가지는 어떤 평가를 뜻하는 것일까?

청년은 감격하지 않을 수 없었다. 부처가 빙그레 웃으며 제자 가섭에게 꽃을 주어 그를 인정한 염화시중(拈花示衆)의 옛 사연이 떠올랐기 때문이다. '내 너를 훌륭한 시인으로 인정하겠노라' 하는 허락의 심경이 벽도화 가지로 표현된 것이다. 이용휴로부터 이렇게 격외(格外)의 인정을 받은 그 청년이 다름 아닌 이단전(李亶佃, 1755~1790)이다.

당대 최고 작가와 천민 시인의 만남

이용휴는 당대 최고의 작가였던 반면, 이단전은 이름 없는 천민 시인이었다. 그가 천민이란 사실을 모를 리 없는 이용휴가 초면에 이단전을 인정해주었다. 신분이나 빈부를 문제 삼지 않고 오로지 작품만으로 작가를 평가하겠노라고 전에 이미 선언한 이용휴였다. 이단전은 몹시 감격했다. 감격과 감사하는 마음이 뒤섞인 가슴 뭉클한 이날의 사연은 이용휴가 세상을 떴을 때 이단전이 지어 올린 만시의 서문에 실려 있다.

이단전이 이용휴에게 내밀었던 시집은 《하사고(霞思稿)》였다. '노을의 그리움'이라는 제목부터가 기발하다. 이용휴는 이 시인을 위해 서문을 써주었다.

노인이 할 일이 없어 곁에 앉아 있는 손님에게 평소에 본 기이한 구경거리나 특이한 소문을 말해달라고 해서 들었다. 그중 한 분이 이렇게 말했다.
"아무 해 겨울, 날씨가 봄처럼 따뜻하였는데 홀연 바람이 일더니 눈이 내렸습니다. 밤이 되어 눈이 그치고 나서 무지개가 우물물을 마셨습니다. 마을 사람들이 깜짝 놀라 일어나 소란을 피운 일이 있답니다."
다른 손님은 이런 이야기를 들려주었다.
"지난번에 만난 행각승(行脚僧)에게서 이야기를 들었습니다. 언젠가 깊은 산골짜기에 들어갔을 때 한 짐승을 맞닥뜨렸는데 범의 몸뚱어리에 푸른 털을 하고 뿔이 난 데다 살에 날개가 돋쳐 있고 소리는 어린아이와 같았다고 합니다."

이야기를 듣기는 했으나 그들의 이야기가 황당한 거짓말에 가까워 믿을 수 없었다.

다음 날 아침 한 소년이 찾아와 시를 봐달라고 했다. 성명을 물었더니 이단전(李亶佃)이라고 했다. 이름이 벌써 남들의 이름과 다른 데서 놀랐는데, 시고를 펼치자마자 괴상하고 번쩍번쩍한 빛이 솟구쳤다. 무어라 형용하기가 어려울 만큼 평범한 시상을 초월했다. 그제야 비로소 두 손님이 말한 이야기가 거짓이 아님을 믿게 되었다.[1]

많은 시집의 첫머리를 장식하는 흔한 서문과는 몹시 다른 글이다. 황당하고 거짓말 같은 이야기를 듣고서 현실에 존재할 수 없는 현상이라고 생각했는데 이단전의 시를 보고서 그럴 수도 있음을 깨달았다고 했다. 지금까지 만나볼 수 없었던 특별한 시의 세계를 이단전의 《하사고》에서 발견한 경이로움을 그렇게 표현했다. 시가 얼마나 특이했으면 이용휴는 특별한 선물을 주고 저와 같은 특이한 평을 내렸을까?

내 이름은 '진짜 하인놈'

이용휴는 이단전이란 이름을 듣고는 남들의 작명(作名)과 달라서 놀랐다고 했다. 단(亶)은 '진실로'라는 의미요, 전(佃)은 소작인 또는 머슴이라는 뜻이니, 단전이란 이름은 영락없는 머슴, 진짜 하인이라는 뜻이다. 누가 그런 자기모멸석인 이름을 지어주었을까? 이용휴가 이상하다고 여길 만도 하다.

이단전은 실제로 그 이름처럼 남의 집 종이었다. 그는 연암 박지원의 절친한 친구로 정승을 지낸 유언호(兪彦鎬) 집의 종이었다. 어머니가 그 집의 여종이었고, 아버지는 누구인지 알 수 없다고들 했다. 한편, 이설도 있다. 《수헌고(壽軒稿)》〈정봉한점(晶峰閒點)〉에는 신녕 현감(新寧縣監)을 지낸 유언육(兪彦銷)의 종이라고 했고, 황인기(黃仁紀)의 문집 《일수연어(一水然語)》에 실린 〈이단전전(李亶佃傳)〉에는 병조 소속 아전이 그 아버지라는 증언도 있다. 황인기의 전기와 《풍요속선》의 작가 소개란에서 이단전이 연안(延安) 이씨라고 밝힌 것을 보면, 아버지가 병조 소속 아전이라는 주장은 설득력이 있어 보인다. 황인기는 이단전과 친하게 지낸 인물이고, 《풍요속선》의 편찬자는 이단전의 인적사항을 충분히 알 만한 인물이므로 근거 없진 않을 것이다.

주인과 아비야 어찌 되었든, 계집종에게서 난 천출(賤出)인 것만은 분명하다. 이단전을 직접 만나 교유했던 임천상(任天常)도 그를 "지체가 지극히 낮고 미천하며, 사람도 엉성하고 물정에 어둡다"라고 말했다. 그 점에는 사람들 모두가 이구동성으로, 다른 말이 없었다.

놀라운 건 이름만이 아니다. 그는 아호조차 필한(疋漢)이라고 했다. 필한이란 호가 너무도 이상해서 무슨 뜻이냐고 묻는 사람들에게 이단전은 이렇게 대꾸했다.

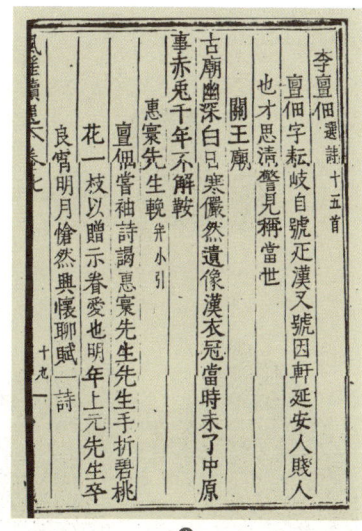 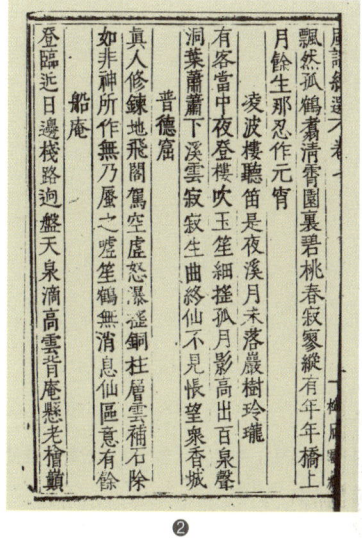

천수경(千壽慶) 등 편, 《풍요속선(風謠續選)》, 장서각 소장 활자본.
18세기 후반기에 활동한 여항문인의 시를 수록한 시선집이다. 여기에는 이단전의 시가 15수나 뽑혀 있다.

"필(疋)은 하인(下人)이다. 내가 바로 하인놈이니 호를 필한이라고 하는 것이 합당하지 않겠소?"

 필(疋)은 하(下)와 인(人)을 합친 글자요 한(漢)은 천한 사내라는 뜻이니, 필한은 '하인놈'이라는 뜻이다. 수많은 인물의 호를 듣고 보았지만 자신을 '하인놈'이라고 떠벌리는 호는 듣도 보도 못했다. 우아하지 않으면 상징적이고 멋지지 않으면 품위 있는 호를 쓰는 것이 상례고, 더구나 시인들이란 그런 데 매달리는 존재 아닌가? 그렇건만 이단전은 이름과 호를 통해 '나는 종놈이다' 하고 선전하고 다

이단전의 주인으로 알려진 유언호의 초상. 일본 텐리대 소장.
그는 연암의 절친한 친구로 우의정을 지낸 정치가였다. 《연석(燕石)》이란 문집을 남겼는데 이단전을 언급한 대목은 보이지 않는다.

녔다. 게다가 자(字)까지도 운기(耘岐) 또는 경부(耕傅)라고 썼다. 김매고 밭갈이하는 사람이라고 너스레를 떤 것이다. 또 인헌(因軒)이란 호도 썼는데, 인(因) 자는 큰 사람이 울타리에 갇혀 있다거나 한 사람의 수인(囚人)이라는 뜻으로 읽을 수 있다. 이처럼 이단전은 스스로 자신이 종이란 사실을 이름과 자호에 숨김없이 드러냈다.

애꾸에 곰보, 어버버한 말씨

이단전은 이름을 통해 자신이 천민임을 밝힌 데 그치지 않고 자신이

유씨 집의 종이라는 사실도 스스럼없이 밝혔다. 자신의 좋지 못한 내력은 고사하고 조상의 낮은 출신을 발설하기라도 하면 죽일 듯 덤벼드는 것이 우리네의 타고난 근성임을 생각하면, 이단전의 행동과 처신은 파격이었다. 더욱이 명분과 체면을 중시하던 시대가 아닌가? 그런 이유로 지인들은 이단전의 인간됨을 더욱 높이 평가했다.

그는 천출일 뿐만 아니라 용모도 볼품이 없었다. 몹시 왜소한 체구에 애꾸였고 곰보가 심해 생김새가 형편없었다. 깡마르고 파리하여 옷 무게도 견디지 못할 만큼 허약해 보였다. 또 말이 어버버하여 조리가 없었다. 그야말로 인간적 불행을 골고루 갖춘 사람이었다.

그런 그가 종이란 신분에는 가당치도 않게 시를 짓겠다고 문사들을 찾아다니며 배웠다. 알다시피 시란 본래 신분이 높고 지식이 많은 선비들의 전유물이었다. 다른 나라의 경우를 찾아볼 필요도 없이, 한국의 경우만 보아도 삼국시대 이래로 시인의 99퍼센트는 신분이 높은 남성이다. 가뭄에 콩 나듯 승려나 여성, 평민이 시인으로 나서기도 했다. 그러나 그들은 모두 예외에 속한다. 조선 후기에 서민문화가 발달하여 여항인들도 문학에 동참하기는 했지만, 그렇다고 해서 양반 사대부 중심의 문단 구조가 바뀐 건 결코 아니다. 설사 여항시인들이 활발한 문학활동을 했다고 쳐도 그들은 대부분 중인(中人)이었다. 일반 평민이 아니었고, 더구나 노비와는 비교도 할 수 없이 높은 신분이었다. 중인 가운데는 여가활동을 즐길 수 있는 부를 소유한 자가 많았다.

조선시대에 노비들이 자유롭게 창작할 수 있는 공간은 어디에도 없었다. 사실 어떤 주인이 시를 짓는답시고 멋 부리고 다니는 노비를 용납하겠는가? 노비 출신 시인이 전혀 없었던 건 아니다. 김해의 관노였던 어무적(魚無跡), 전함노(戰艦奴)였던 백대붕 같은 이가 있었다. 홍세태(洪世泰)의 경우는 천민이지만 워낙 시를 잘 써서 당시의 명사들이 돈을 내어 그를 노비 신분에서 풀려나게 해주었다. 그렇지만 이런 사례는 극히 드물다. 시를 쓴 노비의 숫자는 손가락으로 헤아릴 정도에 불과하다.

유씨 집안에선 하라는 일은 안 하고 시를 짓는답시고 떠도는 이단전을 어떻게 대우했을까? 그 점이 몹시 궁금하다. 그 사정을 알려주는 자료는 황인기가 쓴 〈이단전전〉이 유일하다. 거기에는 이렇게 밝혀져 있다.

> 어렸을 때 유씨 집 소년들이 글을 읽을 때 그 곁에서 숨어 듣고서 몰래 외웠는데 대강의 뜻을 알았다. 주인이 기특하게 여겨 나무하고 소 치는 일을 맡기지 않고 자기 하고 싶은 대로 하도록 내버려두었다. 그래서 드디어 문자를 다루는 일에 종사하게 되었고, 예술적 재능이 크게 발전하였다.[2]

우의정을 지낸 유언호가 공부에 능력을 보인 종에게 인정을 베풀며 배려해준 것이다. 할 일은 안 하고, 공부하며 시 쓰는 종을 달갑게 여기진 않았겠지만, 기특하게 여겨서 하고 싶은 공부를 하도록 허용했다.

그가 성장한 뒤로는 어떻게 대우했을까? 당대의 명사들과 허교(許交)하는 처지가 된 이단전을 주인집에서 솔거노비로 데리고 있기는 어려웠으리라. 이십 대 이후에는 이단전의 명성이 서울 장안에 널리 퍼졌으므로 그를 독립시켰을 가능성이 높다. 이단전 같은 명사를 제 소유의 종이라 하여 학대하는 건 주인의 명예가 손상되는 일이다. 그렇다고 이단전을 면천(免賤)시켰다는 기록은 없다. 아쉽게도 신분의 변동을 밝힐 만한 자료가 발견되지 않는다. 다만 그가 집도 없이 빈궁한 처지여서 남의 집 골방을 세내어 살았다는 기록이 있는 것으로 보아, 주인집을 벗어나 독립해 산 것은 틀림없다. 물론 그가 장성한 이후의 일일 것이다.

그 스승에 그 제자

이단전은 시를 잘 지었다. 인간으로나 환경으로나 최악의 조건을 구비한 그였지만 시를 짓는 재능 하나는 하늘이 흔쾌히 허락했다. 시를 잘하는 노비로서 그의 이름은 사대부들 사이에 널리 알려졌다. 하지만 그가 천재적 능력만으로 시를 지은 건 아니다. 엄청난 노력을 기울이는 노력형 시인이었다.

그에게 인생의 의미란 술을 마시고 시를 쓰는 것뿐이었다. 그는 "인생 백 년이란 그리 길지 않다. 쌀과 소금, 땔감과 기름에 머리를 처박고 사는 건 슬픈 일이다. 술은 청주·탁주를 가려서는 안 되고, 시는 고고하지 않으면 신기하지 않다"[3]라는 말을 한 적이 있다. 허무의 냄새가 풍기는 발언이다. 하지만 그 이면에는 밋밋한 인생을 버리고 무언가에 도취하지 않으면 견디지 못하는 열정이 도사리고 있다.

그가 도취한 것은 술과 시였다. 술에 취해선 머리매무새를 다듬지도 않은 채 시를 퇴고했다. 시구를 고치고 또 고쳤다. 그렇게 시를 고치다 보니 처음 지은 시가 완전히 탈바꿈하여, 처음 지은 시에서 남은 것이라곤 운자(韻字)밖에 없을 지경이었다. 그렇게 밤이고 낮이고 피곤함도 잊은 채 끙끙대며 청신(淸新)한 시를 얻어야만 직성이 풀렸다. 그는 창작에 도취되어 노력에 노력을 거듭했다. 이단전이 자주 찾아간 윤기(尹愭)란 시인은 이런 시를 그에게 준 적이 있다.

술 한 잔에 시 한 편,
기세도 드높아라!
길게 읊고 무릎장단 치며
호기를 누르지 못하네.
취한 눈으로 건곤을 보면
뵈는 것 하나 없건만
세상 사람 너를 무시하지.
구우일모(九牛一毛)쯤으로.

一盞一篇意氣高　長吟猛拍不勝豪
醉看乾坤無一物　世人輕汝九牛毛[4]

술을 마시고 호기롭게 시를 짓는 이단전의 모습을 시적으로 포착했다. 그를 세인들은 모두 소 아홉 마리의 털 가운데 한 가닥처럼 멸시했지만 그는 아랑곳하지 않았다.[5]

시창작에 도취된 이단전의 정신 상태를 황인기는 "크게 취한 그가 시를 읊조려 현묘한 지경에 막 이르렀을 때에는 비와 바람, 천둥과 벼락도 그의 귀를 방해하지 못했고, 미모와 요염함, 기이함과 사악함도 그의 눈을 현혹하지 못했다"[6]라고 했다.

광적인 몰입과 집착이 있었으나 그는 결코 막돼먹은 창작을 하지는 않았다. 그가 이용휴로부터 인정을 받은 합당한 이유가 있다. 그는 저명한 시인에게 시를 배웠다. 그가 시를 배운 스승은 누구일까? 조수삼은 그가 처음엔 남초부(南樵夫)에게 시를 배웠고 나중엔 이덕무에게 배웠다고 증언했다. 첫 스승인 남초부는 남공철의 집안 아저씨인 남유두(南有斗, 1725~1798)다. 남유두는 《병세재언록》에도 소개될 정도로 이름 있는 시인이었으나, 비정상적으로 게으르고 물정에 어두운 사람이었다. 남공철의 〈지산초부전(芝山樵夫傳)〉에 그의 우스꽝스러운 면모가 묘사되어 있다. 쌀독이 비었다고 하소하는 처자식에게 "편안히 생각하라"라고 말하고, 한 달 내내 머리를 빗지 않고 일 년 내내 발을 씻지 않아서 딸아이가 그의 등을 긁으면 먼지와 때가 손톱에 가득했고, 현실의 급선무를 묻는 정승 유언호에게 "독서에 더욱 힘쓰고, 그런 후에 물으시오"라고 말한, 세상물정에는 까막눈인 시인이었다.

이단전이 나중에 스승으로 모신 이덕무는 당대를 대표한 유명한 시인이었다. 시를 잘 가르치는 선생으로서 명성이 드높아 사대부부터 여항의 비천한 사람까지 그를 찾아왔다. 유득공의 저서 《고운당필기(古芸堂筆記)》에는 '보파시장(補破詩匠)'이란 조목이 있는데, 잘못 쓴 시구를 고쳐주는 시 땜장이 신세를 자조적으로 묘사한 글이

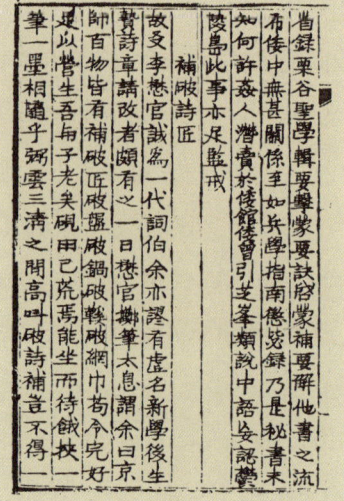 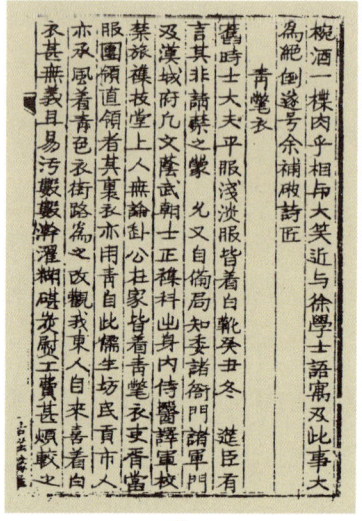

유득공, 《고운당필기》, '보파시장' 대목.
이덕무는 "붓 한 자루 먹 한 개를 가지고 필운대와 삼청동 사이를 오가며 '부서진 시 고쳐요!' 라고 크게 외치면 술 한 사발 고기 한 접시 못 얻겠나?"라며 시인의 궁핍을 자조적으로 표현했다.

다. 한 시대의 사백(詞伯)인 이덕무가 시를 배우기 위해 찾아오는 사람들을 지도하지만 가난을 벗어나지 못하자, 망건 수선공·짚신 수선공·솥 땜질공·소반 수선공과 같이 자신을 시 땜장이란 이름으로 불렀다는 사연을 기록했다. 이덕무에게 시를 배운 사람으로 이서구가 있었고, 김우문(金又門)이란 형조 아전도 있었다. 신분을 가리지 않고 시를 가르친 이덕무에게 이단전도 시를 배웠다. 그의 시에 산뜻한 감각이 살아 있는 것은 스승 이덕무의 영향이 없지 않다.

남공철이 쓴 이단전의 시집 서문에는 그의 젊은 시절 시 쓰는 모습이 이렇게 묘사되어 있다.

이단전은 밤마다 기름을 사서 등불을 밝히고 꼿꼿이 앉아 시를 썼다. 시를 짓고 나면 또 직접 깨끗이 베껴 썼다. 북학파(北學派) 학자에게 보여줄 때는 분전태사지(粉箋太史紙)에 쓰고, 그들을 배척하는 학자에게 보여줄 때는 보통 종이에 썼다. 날이 밝기를 기다려 문밖으로 나가 많은 문인과 명사들을 두루 찾아보고 비평을 받았다. 그러기를 십여 년 동안 게을리한 적이 없다. 그로 인해 이군의 명성이 세상에 널리 알려졌다.7

집념이 엿보인다. 십 년 동안 한결같이 시를 써 남들의 비평을 받아 고쳤다. 그가 비록 다른 종과 달랐다고 하지만 종이 해야 할 일을 전혀 안 할 수는 없는 일, 낮에는 일하고 밤이 되어서야 시를 쓸 수밖에 없었을 것이다. 등불을 밝히고 밤새 시를 쓰고 또 깨끗하게 정서하여 날이 밝으면 저명한 시인들을, 품평을 해달라며 찾아다녔다. 흥미롭게도 그는 저명한 시인들을 두 집단으로 나누어 상이한 종이에 시를 써서 보여주었다. 그가 시를 배운 이덕무를 비롯한 북학파 시인들에게는 분전태사지에 쓴 시를 내밀었다. 이는 조선에서 생산된 종이가 아니라 중국에서 생산된 죽지(竹紙) 계열의 종이로 북학파들이 즐겨 사용했다. 그들이 필사한 책에 가끔 이 종이가 쓰였다.

반면에 북학파를 배척한 학자들에게는 보통 종이에 썼다. 기호에 따라 종이도 서로 다른 것을 사용할 정도로, 당시에는 북학파가 새 바람을 일으켰고 그에 대한 반발도 있었다. 그때는 추구하는 학문에 따라 문방구부터 읽는 서책까지도 서로 달랐는데, 이단전은 그런 속사정을 파악하여 대응했다. 이단전은 신경향의 시를 추구하는 북학파 시인들의 세계에 젖어들었다. 그는 시대 분위기를 빠르게 흡수하여 자신의 시세계를 구축해나갔다.

과부가 밤에 곡하듯

시인 이단전은 항상 닷 되들이 주머니를 하나 차고 다녔다. 좋은 구절을 얻기만 하면 바로 그 주머니 속에 던졌다. 먼 옛날 당나라 때의 천재 시인 이장길(李長吉)[8]도 그랬다. 그렇게 쌓인 시를 고치고 또 고쳤다. 그 다음엔 저명한 시인들을 찾아다니며 품평을 구했다. 차츰 명성이 퍼졌고, 대가들로부터 인정을 받았다.

이단전은 참신한 시풍을 추구했다. 이덕무로부터 시를 배우게 되자 예전에 쓴 시고는 모두 불태웠다. 그가 내세운 변은 이렇다.

> 시는 당시(唐詩)가 가장 뛰어나다. 그러나 진실한 감정과 경물을 그려낼 수 없다면 모의작이 되어 음식을 죽 늘어놓고 옷감을 덕지덕지 쌓아놓은 것과 같아. 붓과 벼루에서 손을 떼자마자 벌써 진부한 말, 죽은 시구가 되어버린다. 차라리 명(明) 이후의 작가를 스승으로 삼아서 가슴속에 쌓인 울분과 기굴(奇崛)한 기상을 쏟아내는 것이 낫겠다.[9]

낡은 것을 버리고 새로운 것을 추구하겠다는 의지가 보인다. 그것이야말로 자기 개성을 발휘하는 길이라고 생각했다. 실제로 그의 시는 색다른 시풍을 띠었다. 남공철은 〈이단전의 시를 읽고〉에서 그의 시가 지닌 특색을 이렇게 정리했다.

> 이군이 지은 시는 영롱한 마음과 지혜가 담겨 있는데, 때로는 곤궁함과 불평의 언어를 드러내기도 한다. 따라서 군의 시는 마치 화를 내는 듯하고 비웃는 듯하기도 하며, 과부가 밤에 곡하는 듯하고 나그네가 추운 새벽에 일어나는 듯하기도 하다. 비록 일가를 이루지는 못했으나 분명히 취할 만한 작품이 있다.[10]

남공철은 원굉도(袁宏道)가 〈서문장전(徐文長傳)〉에서 명대의 기발한 시인 서위(徐渭)의 시가 지닌 특징을 평한 대목을 빌려다 이단전의 시를 평했다. 울분이 담기고 신기를 추구하는 시를 창작한 점에서 유사하고, 자유로운 예술가의 삶과 광태(狂態)를 보인다는 점에서도 비슷한 측면이 없지 않다.

기발한 착상, 비유의 명수

그렇다면 이단전이 지은 시는 구체적으로 어떠한 내용과 특징을 보일까? 작품을 읽어보자.

〈관왕묘에서(題關王廟)〉

낡은 묘는 으슥하여 대낮에도 스산하고

의젓한 관우(關羽) 상은 한(漢)나라 의관 걸쳤네.
중원을 평정하려는 사업을 마치지 못해선가
천년토록 적토마는 안장을 풀지 않네.

古廟幽深白日寒　儼然遺像漢衣冠
當時未了中原事　赤兎千年不解鞍

〈거미(蜘蛛)〉

불룩한 뱃속에는 경륜을 채워 넣고
먹이를 얻으려 그물을 쳐놓았네.
이슬방울 군데군데 깔아놓은 데로
바람 타고 날아온 나비 걸려드누나!

滿腹經綸在　謀身網罟爲
露珠能點綴　風蝶使橫羅

〈관왕묘에서〉는 그의 대표작이라 해도 과언이 아니다. 그가 사대부들 사이에 시인으로 명성이 나게 된 것이 이 시를 짓고부터라고 전한다. 조선시대 남대문 밖, 현재의 힐튼호텔 부근에 있던 남관왕묘(南關王廟)에서 지었다. 당시 서울에는 관왕묘가 두 군데 있었다. 남관왕묘는 사라지고 현재는 동대문 밖의 동관왕묘(東關王廟)만 남았는데, 삼국시대의 명장 관우를 모신 사당이다. 관우는 중국인에게

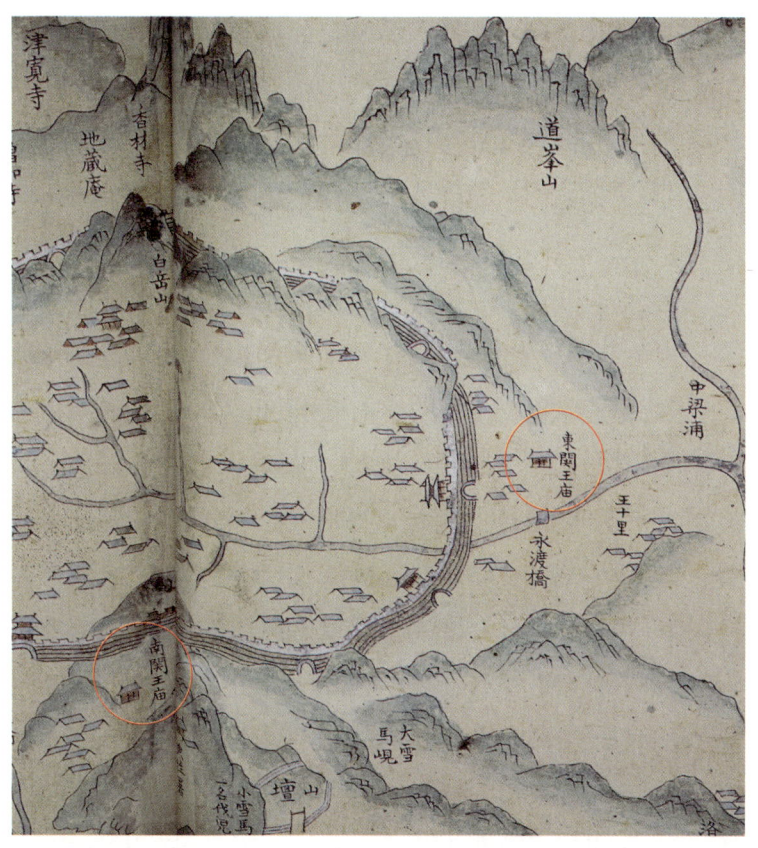

《동여비고(東輿備攷)》에 실린 한양 지도에 남대문 밖의 남관왕묘와 동대문 밖의 동관왕묘가 동시에 표시되어 있다. 관왕묘가 랜드마크로서 중요하게 다루어졌음을 알 수 있다.

전쟁신으로 알려져 있다. 임진왜란 때 조선에 출병한 명나라 장군의 부탁으로 선조가 명령하여 관우를 제사 지내게 한 곳이 바로 관왕묘다. 그 사당에는 적토마를 탄 관우의 소상(塑像)을 안치했는데, 이단전이 이를 소재로 시를 썼다. 1, 2구는 대낮에도 으스스한 옛 사당을 제시하여 살기 띤 전쟁영웅의 분위기를 느낄 수 있게 했다. 3, 4구에서 이단전은 기발한 착상을 하고 있다. 관우를 태운 적토마의 모습에 착안하여, 적토마가 아직도 안장을 풀지 않은 이유가 중원을 차지하지 못한 영웅의 한 때문이라고 해석했다. 《풍요속선》에서는 이 시를 재치있는 생각이 정말 놀랍다고 평했는데, 올바른 평이다. 이 시는 인구에 회자되었다. 시는 유명한 반면 이단전의 이름은 잊혀 김삿갓의 시로 오인되기도 했다.

거미를 소재로 한 시도 착상이 참신하다. 거미의 불룩한 배는 거미의 경륜이 담긴 것이라든지, 거미줄에 달랑달랑 붙어 있는 이슬 방울은 나비를 속이기 위해 배치한 것이라는 등 기묘한 착상이 보인다. 사물의 기이한 측면을 포착하는 솜씨가 돋보인다. 조언림(趙彦林)은 이 두 편의 시를 보고서 그를 기이한 재사라 아니할 수 없다고 치켜세웠다.

이 외에도 기발한 시가 적지 않다. 현재 그의 시집이 전하지 않아 작품세계를 면밀히 검토할 방법은 없지만, 흩어져 전하는 시구들을 통해 그의 수준을 엿볼 수 있다.

  바람벽이 고요하니 벌레들이 입을 들이대고
  뜰이 비자 학 하나만이 지키고 있다.

壁靜蟲多口　庭虛鶴一身

바위틈 샘물은 지혜롭게 울고
나뭇등걸의 새는 천치인 양 앉아 있다.

寶泉鳴其慧　槎鳥坐如癡

젓대소리는 밤을 흔들며 감돌고
등불 그림자는 강을 거두며 돌아간다.

笛聲搖夜落　燈影斂江歸[11]

새벽녘 빈 다락에는 외로운 달이 나오고
두 산 사이 흐르는 물에 일만 솔은 시리다.

五夜虛樓孤月出　兩峯流水萬松凉[12]

　첫 번째 시구는 정적 속의 존재들을 포착한 시선이 참신하고, 두 번째 시구는 감각이 탁월하다. 졸졸졸 흐르는 샘물소리가 지혜롭다며 인간에 대한 평으로 바꾸어 표현한 것이나, 나뭇등걸 위에 앉아 있는 새의 모습을 천치와 같다고 표현한 점이 그렇다. 소리와 동작이 싱싱하게 다가온다. 은유와 직유를 통해 사물을 인간화했다. 세 번째 시는 더욱 그렇다. 젓대소리가 밤을 '흔들며' 감돈다고 했고, 등불 그림자가 강을 '거두며' 돌아간다고 했다. 네 번째 시는 사람이 없는 쓸쓸한 풍경을 묘사했는데, 고독한 시인의 내면을 보여주는 듯하다. 하나같이 평범하지 않고, 자연에 대한 심도 있는 관찰력을 보여준다.

"그의 시는 기상천외하여 사람을 놀라게 할 만한 것이 아니면 입 밖에 내지 않았으니, 두보가 이른바 '시어가 사람을 놀라게 하지 않으면 죽어도 쉬지 않겠노라(語不警人死不休)'라고 한 말은 먼 훗날의 이단전을 위한 것"[13]이라고 조희룡은 말한 바 있다. 위에 소개한 몇몇의 단편적 시구만 보더라도 헛말이 아니다. 이 시를 뽑아 제시한 임천상은 "시가 대단히 놀라우며 귀신이 하는 말 같다"라고 했는데 그런 인상을 가질 만도 하다.

불청객으로 떠돌다

이단전이 시인으로 이름을 날린다 해도 사대부 사회에서 그를 따뜻하게 맞이했을 리 없다. "시를 잘 짓고 글씨를 잘 쓰기로 이름을 일세에 떨쳐 사대부와 교유하였다"[14]라고 해서, 대다수 사대부가 그를 친근하게 대한 건 아니다. 하지만 이단전은 남들의 싸늘한 시선에 아랑곳하지 않고 자기가 가고 싶으면 어디든 갔다. 수많은 시인 묵객을 두루두루 방문했는데, 동서남북을 가리지 않았고 지위와 신분의 높고 낮음과 거리의 멀고 가까움을 가리지 않았다. 마음에 맞으면 번거로움과 귀찮음을 사양치 않았으며, 뜻에 맞지 않으면 바로 자리를 떴다. 당파로 사대부 사회가 나뉘어 있었지만, 당파는 그의 안중에 없었다.

그는 선비들이 모여 시를 짓는 곳에 불청객으로 나타났다. 남공철은 "시를 짓고 그림을 그리는 우리들의 산수(山水) 모임에 굳이 번번이 뒤를 따라왔다"고 추억했다. 그가 그나마 친밀하게 지낸 사대부로는 윤기, 이덕무, 남공철, 임천상, 황인기, 심로숭, 임하상, 조수삼 등이 있었다. 또 그가 잘 따른 선배로는 유명한 화가 최북이 있었다. 최북을 남공철에게 소개해준 사람도 다름 아닌 이단전이었다. 이단전은 비록 천민이었지만 당시 예단에서 마당발 노릇을 했다.

남공철의 시집에는 〈봄날에 이단전이 이르렀다(春日李佃至)〉라는 제목의 시가 있다. 어느 봄날 이단전이 불쑥 찾아왔을 때 지은 시로, 그 뒤 대목은 이렇다.

호사가로 그대만 한 사람 없어
약속도 하지 않고 불쑥 찾아왔네.
얼굴은 갈수록 주름 잡혀가고
옷과 모자는 누더기일세.
본분을 지켜 시구에만 탐닉하니
처자들은 겨죽을 달갑게 여기네.
맹세코 고관을 찾아다니며
청탁하는 일은 하지 않는다.
본분을 지키는 그대가 반가워
대화를 나누는 사이 해가 저문다.

好事莫如君 偶然來不約 容鬢漸疲皴 衣巾亦弊落

守素癖詩句 妻子甘藜藿 誓不謁公侯 屑屑事干囑

喜玆有素心 晤言日將夕

남공철은 이단전을 호사가라고 했다. 약속도 없이 불쑥 찾아온 이단전을 보고, 용모가 갈수록 쭈그러들고 옷도 꾀죄죄하다고 묘사했다. 그는 제아무리 지위가 높은 사람이라도 미리 알려 약속을 잡고 가는 법이 없었다. 이단전이 죽고 나서 그의 전기를 지은 조수삼은 그를 추억하는 일화 한 편을 이렇게 기록했다.

나는 이단전의 친구다. 일찍이 바람이 세게 불고 눈이 몹시 내리는 날이었는데 몹시 다급하게 문을 두드리는 소리가 나서 나가 보니 다름 아닌 단전이었다. 단전은 소매에서 자기가 지은 금강산 시를 꺼내 보이며 말하는 것이었다. "구천구백구십구 인의 사람이 모두 좋다고 해도 안 되고, 오로지 선생 한 분이 좋다고 해야 만족입니다. 그러니 선생께서 평가를 내려주시지요." 그러고는 더불어 밤새 술을 마시고 시를 읊은 뒤 갔다. 되돌아보니 그때 나눈 한마디 말이 천고(千古)의 마지막 말이 되었다.[15]

그와 조수삼은 이덕무에게 동문수학한 사이다. 조수삼과 마지막으로 만났을 때도 그는 불쑥 찾아가 금강산 여행시를 모은 시첩을 보이며 평을 부탁했다. 그는 죽기 일 년 전인 정조 12년 가을에 금강산을 64일 동안 여행하고는 50수의 시를 지었다.[16] 이단전은 그렇게 어디선가 불현듯 사람들 앞에 나타났다. 조수삼에게만 그런 것이 아니라 누구에게나 그랬다. 결례가 될 수 있는 행동을 아무렇지 않게 하는 사람이었다. 그는 세속적 예법에 개의치 않았다.

그가 예절이나 체면을 따지지 않았다고 해서 자의식이 없는 위인이었을까? 오히려 그는 강한 자의식을 지녔다. 그의 내면에는 형언할 수 없는 고독감과 자기존재에 대한 의식이 숨어 있었다. 제목을 알 수 없는 그의 시 가운데 이런 것이 있다.

조물주는 대관절 무슨 생각으로
해동 한 모퉁이에 나를 낳았을까?
심성은 바보와 멍청이를 겸했고,
행색은 말라깽이에 홀쭉이.
사귀는 이는 모두가 양반이지만
지키는 분수는 남의 집 종놈.
천축(天竺)에 혹시라도 가게 된다면
무슨 인연인지 부처께 물어보리라.

化翁亦何意　生我海東隅
心性兼愚拙　形容自枯槁
交結皆士子　守分是人奴
天竺如能到　前緣問佛徒[17]

그의 시로는 드물게 내면세계를 드러내 보였다. 남의 집 종으로 태어나 선비들과 사귀는 기구한 운명을 스스로도 해명하지 못하고 의문으로 남겨두었다. 성품도 용모도 만족스럽지 못하고, 지켜야 할 분수도 그렇다. 시를 읽으면 그의 뼈저리게 아픈 심경이 시리게 다가온다.

광인과 자유인

세속적 기준으로 보면 이단전은 현실에 적응하지 못한 기인이다. 노비였음에도 내키는 대로 행동한 거침없는 성격의 소유자였다. 그의 거친 성격은 그를 기억하는 사람들 여럿이 공통으로 지적했다. 이단전의 시를 논하는 자리에서 남공철은 이렇게 말했다.

> 군이 역사서를 읽을 때, 충신과 열사가 절개를 지켜 항거하고 의를 좇아 목숨을 버리며 창과 칼날을 밟고 쏟아지는 화살과 바위를 무릅쓰고 나아가는 장면을 보면, 책 위에서 데굴데굴 구르고 펄쩍펄쩍 뛰다가 어떤 때는 하염없이 목을 놓아 통곡하기도 했다. 그러다가 천하가 잘 다스려져 유술(儒術)을 높이고 예악을 일으키는 장면에 이르러서는 멍하니 걱정이 사라져서 대낮인데도 꾸벅꾸벅 졸았다.
> 기이하고 특이한 것을 기준으로 사람을 찾으면 제대로 된 사람을 잃을 우려가 있기는 하지만 왕왕 뛰어난 사람을 얻기도 한다고 생각하는데, 이군을 보니 맞는 생각임을 알 수 있다.
> 군은 술을 즐기는데 술을 마신 뒤에는 사대부를 만나 그들의 잘못을 직

선적으로 지적하였으며, 때로는 모욕을 주고도 그 사실을 깨닫지 못했다. 이로 말미암아 그를 비방하는 사람이 매우 많아 군을 광생(狂生), 망자(妄子)라고 지목했다. 그러나 우리 모두는 그의 재주를 아꼈다.[18]

역사책을 읽다가 의인의 활약상을 보면 책 위에서 데굴데굴 구르고 펄쩍펄쩍 뛴다고 했다. 제 기분에 압도되어 책을 읽고서 흥분하고 만다. 보통 사람과는 거리가 멀다. 언젠가 나이가 같은 친구 임천상을 좇아서 과거 시험장에 들어가 다른 사람을 위해 시권(試券)을 베껴주다가 몇 구를 쓰고 나선 붓을 내던지며, "나는 괴로워 견디지 못하겠소!"라고 하기도 했다. 구속을 싫어하는 성격이 단적으로 드러나는 사연이다. 그는 곳곳에서 세인과 어울리지 못하는 독특한 행동을 했다. 그래서 세인들은 그를 미치광이(狂生), 망령꾼(妄子)이라고 지목했다.

조수삼의 〈이단전전〉에는 그의 광적인 행동이 이렇게 묘사되어 있다.

이단전은 성품이 산수를 좋아하여, 남들이 그를 잡고 함께 놀러 가자고 하면 일이 있다는 핑계로 사양하는 법이 없었다. 산수에 이르면 큰 술잔을 휘두르면서 웅얼웅얼 끙끙대며 시를 짓다가 누워서는 깔아놓은 자리에 잔뜩 구토를 하였다. 비가 오고 눈이 오고 서리와 이슬이 내리는 때라도 드르렁드르렁 코를 골며 개의치 않았다. 언젠가는 상복을 입고서는 시를 짓고 술을 마시는 자리에 평소처럼 출입했다. 누군가가 훈계를 하자 그가 웃으며 말했다. "예절이란 게 우리 같은 놈을 위해 만들어놓은 것인가? 예절은 잠방이 속에 기어다니는 이와 같은 것일 뿐이야!" 거침없이 행동하여, 구속과 장애를 받지 않는 행동이 대개 이런 식이었다.[19]

산에 가자면 만사 제쳐놓고 당장 떠나고, 산수에 이르면 만취하여 구토를 해놓고, 춥건 비가 오건 상관없이 누워서 자는 위인이다. 상주로서 해선 안 될 일조차 거침없이 하는 사람, 그는 세상이 만들어놓은 예절을 자기와는 상관이 없는 것이라고 무시했다. 그야말로 자유롭게 세상을 휘저으며 살고자 했다. 그물에 걸리지 않는 바람과 같은 존재였다.

그는 집안이 가난하여 늘 글을 베껴주는 일을 하였는데, 하루에 서른 장에서 쉰 장을 신물이 나도록 베끼고서 돈을 얻으면 바로 술을 받아다 마셨다. 취하면 초서(草書)를 휘갈겨 썼는데 한두 줄에 겨우 십여 자를 썼다. 어떤 때는 글자를 오른쪽부터 쓰기 시작하여 왼쪽을 쓰기도 했고, 어떤 때는 아래쪽부터 쓰기 시작하여 위쪽을 쓰기도 했다. 간혹 주문(籒文)을 사용하기도 했는데 종횡으로 울퉁불퉁하게 써서 위치가 제대로 잡혀 있지 않았다. 그러나 글자가 모두 마른 가지나 괴석과 같이 비쭉비쭉 살아 움직여, 곁에서 구경하는 사람이 아름다운 필체라는 느낌을 받았다.[20]

그는 먹고살기 위해 이른바 용서(傭書)를 했다. 이 일은 초서(抄書)라고도 하는데, 남에게 고용되어 글을 필사해주고 대가를 받

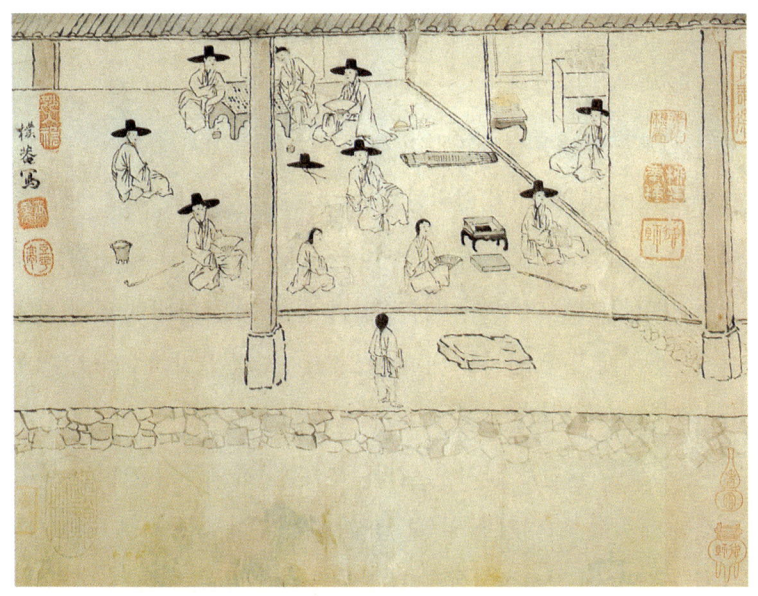

강세황, 〈현정승집도(玄亭勝集圖)〉, 1747년, 35.0×101.8cm, 개인 소장.
넓은 대청마루에서 시 짓고 바둑 두는 등 편한 자세가 인상적이다.

는 밥벌이다. 당시 가난한 선비들은 아주 빠르게 필사할 수 있는 재주를 이용해 밥벌이를 했다. 이단전은 그렇게 번 돈으로 술을 사서 마셨다. 실제로 권상신(權常愼)이 이단전에게 시고를 베끼게 했다는 기록도 보인다.[21] 그는 글씨도 아주 잘 써서 힘이 느껴지는 필체를 자랑했다. 흥이 나서 마음껏 글씨를 쓰면 마치 한 폭의 산수화를 보는 느낌이었다고 한다. 초서를 할 때도 평범하게 쓰지 않고 밑에서 위로, 또는 오른쪽에서 왼쪽으로 쓰기도 하는 등 괴기한 성미를 드러냈다. 그의 괴벽하고 이상한 행동은 평범한 생활인의 눈으로 평가할 대상이 아니었다. 예술가의 광적 행위의 일종이었다.

술에 취해 객사하다

천한 신분으로 자유를 구가하며 예술가의 삶을 살고자 했던 이단전, 그의 말로(末路)는 그가 영위한 삶 이상으로 비참했다. 평소 그는 누더기 옷을 입었고, 밥을 먹지 못해 자주 꼬르륵 소리를 내며 다녔다. 어떤 사람이 그를 불쌍히 여겨 집안의 한 처녀를 아내로 삼게 하고 사대부들에게 두루 편지를 내어 돈을 모아 살림을 차려주려고 했다. 그런데 그마저도 이단전을 미워하는 사람이 방해하여 성사되지 못했다. 이후 이단전은 날이면 날마다 머리를 풀어헤치고 미친 듯이 노래를 불렀다. 그러기를 일 년 남짓, 그는 길에서 쓰러져 죽었는데 그때 그의 나이 서른여섯이었다. 장사를 치를 수도 없어서, 평소 그를 알고 지내던 사람들이 돈을 모아 서산(西山) 산자락에 묻어주었다. 이단전의 묘를 찾아가 조문하는 시를 문집에 실어놓은 황인기와 그 주변사람들이 장례를 주선한 것으로 보인다. 조희룡은 이단전이 병으로 죽었다고 기록했으나, 참혹한 죽음을 있는 그대로 말하기 어려워 돌려 말한 것으로 보인다.

그의 비참한 죽음을 정확하게 기억하고 기록으로 남긴 사람이 있다. 바로 심로숭(沈魯崇)이다. 《자저실기(自著實記)》에서 그는 자신이 목도한 이단전의 죽음을 안타까워하며, 비명횡사한 경과를 기록해놓았다.

이단전은 네 분의 검서관으로부터 시를 배웠다. 지은 시에는 왕왕 지혜가 번뜩이는 구절이 있다. 때때로 나를 찾아와, 서로 마주하고 술을

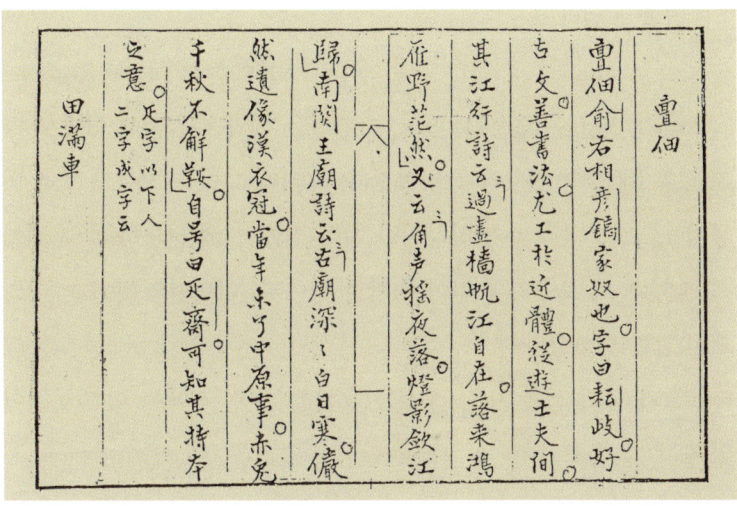

윤행임(尹行恁), 《방시한집(方是閒集)》 1권 1책, 규장각 소장 필사본.
사대부를 제외한 여항시인 마흔아홉 명의 시와 일화를 소개한 18세기 시화다. 이단전이 주요한 시인으로 소개되었다.

마시고 시를 지었다. 을사년(1785) 겨울에 내가 원정(園亭)에 머물 때 마침 큰 눈이 내리고 방안의 매화가 몇 송이 꽃을 피웠다. 쓸쓸히 멍하니 있노라니 홀연히 단전이 오는 것이 보였다. 서둘러 술을 내어 마시게 했다. 날도 저물어 만류하고, 더불어 대화나 나누자고 하였더니 단전이 사양하며, "밤에 다른 사람과 놀기로 약속했으므로 식언할 수 없습니다"라고 했다. 할 수 없이 그러라고 했다. 그러고 나니 몰취미하기 짝이 없었다. 다음 날 아침 들려오는 소문에, 단전이 이웃 동네에 사는 선비 임하상(任夏常)의 집에서 죽었다는 것이 아닌가! 임하상과 술을 마시기로 약속했는데 술이 과하여 갑자기 죽은 것이다. 그냥 보내지 않았던들 죽지 않았을 것을…… 지금 생각해도 대경실색하는 심정을

금할 수 없다.²²

죽기 전날 큰 눈이 내렸고, 이단전은 예와 다름없이 약속도 하지 않은 채 불쑥 심로숭을 찾아갔다. 그러나 그는 거기서도 오래 머물지 않고 그 동네의 임하상이란 선비 집에서 폭음을 하고 그 집에서 죽었다. 심로숭의 증언이 정확할 것이다. 이단전의 말로는 이렇게 비참한 객사였다.

그가 죽기 전에 지은 〈수성동(水聲洞)〉이란 시에는 이런 구절이 있다.

떨어지는 해 남은 힘이 없고
뜬구름은 스스로 그 모습 바꾸네.

落日無餘力　浮雲自幻容

왠지 조락(凋落)과 죽음을 암시하는 듯하다. 그의 쓸쓸한 운명을 암시한 참시(讖詩)라고들 수군거렸다. "사람으로서 누군들 죽지 않으리오만 이런 아름다운 구절을 얻는다면 죽어도 무엇이 안타까우랴"라는 말이 있는데 이는 이단전을 위해 한 말일 것이라고 조희룡은 위로했다.²³

이단전은 언젠가 이렇게 말했다. "부귀란 수레바퀴가 구르는 것과 같아. 나는 망하지 않는 부귀를 본 적이 없어. 해진 옷 한 벌에 막걸리 한 잔이면 나는 족하지. 죽으면 바로 그 자리에 묻어줘. 허나

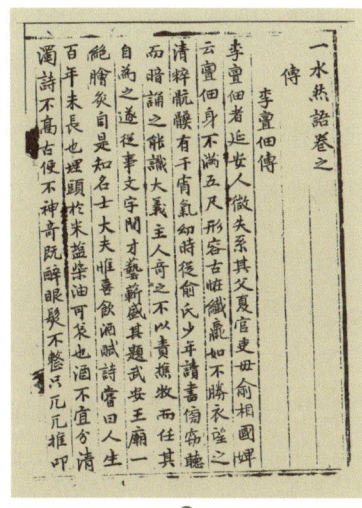 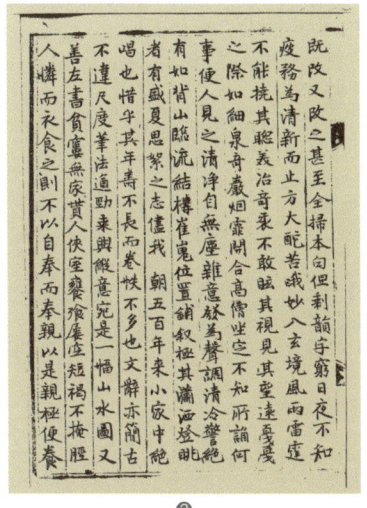

황인기(黃仁紀), 《일수연어(一水然語)》, 〈이단전전〉, 국립중앙도서관 소장 필사본.
이단전의 기구하면서도 열정적인 삶을 깊은 연민의 정을 갖고 묘사한 전기로서 가치가 크다.

이 삶 앞에 있는 숲과 물, 바람과 달은 어쩌면 좋지!"24

 어딘가 무척 쓸쓸해 보인다. 죽은 뒤에 그의 종적은 남은 것이 없었다. 그가 남긴 시집도 누군가의 집에 보관되었을 뿐 간행해준 사람이 없었다. 조수삼은 그의 시집을 출간해줄 사람을 기다린다고 했으나 그런 일은 일어나지 않았다. 그저 그가 쓴 초서가 가끔 인간 세상에 떠돌아다닐 뿐이었다. 하지만 그를 추억하는 사람이 적지 않았다. 그는 역경을 딛고 일가를 이룬 기인의 한 사람으로, 조선왕조 오백 년에 걸쳐 신분이 낮은 시인들 가운데 대표적 절창(絶唱)으로 기억된다. 조선 후기에 여항문인들이 적지 않지만 이단전처럼 노비로서 명성을 날린 시인은 그와 정초부(鄭樵夫, 1714~1789)뿐이다.

처절한 삶을 맑고 고고한 시로 남기다

조수삼의 《추재집》에 이단전을 추모하는 시가 실렸는데, 거기서는 이렇게 읊고 있다.

글씨는 전서(篆書)요 얼굴은 원숭이 꼴,
시는 신선의 말이요 읊기는 귀신의 휘파람 소리라.
부용꽃이 정정하게 진흙탕에서 피어오른 듯
겨울 솔이 낙락하게 구름 낀 산봉우리에 가로 자라듯.
그의 힘은 조물주를 밀치고 신기함을 다퉜으며
그의 광망(光芒)은 번쩍번쩍 신령한 지혜 일어났다.
눈 내리는 빈산에 만취해 누워서는
긴 밤 내내 다시는 일어나지 않았네.
오호라, 세 번째 노래 부르니 그 노래 처량하여라
풀숲 사이 둥그런 무덤에는 나이 젊은 시인 묻혀 있네.

書如鳥篆面猴獠　詩是仙語吟鬼嘯
芙蓉亭亭出汚泥　寒松落落橫雲嶠
力排化兒爭神奇　光芒熠爍生靈竅
雨雪空山大醉臥　長夜漫漫曾未料
嗚呼三歌兮歌凄凄　草間纍纍埋年少[25]

또 장혼(張混)은 칠언절구 한 수로 그의 죽음을 애도했다.

그 시절 시명(詩名)이
우레 치듯 내 귓가를 맴돌던 시인이
해진 베옷 입고 처량하게
깜깜한 무덤에 갇혀 있네.
우스워라! 조물주는
장난기가 심해서
심심찮게 궁하고 천한 사람들 틈에
기이한 재사를 태어나게 하네.

   詩聲當日耳如雷　弊褐凄凉掩夜臺
   翻笑天公多戲劇　有時窮賤産奇才

  그를 추억하는 동시대의 시인들은 조물주가 짓궂은 장난을 쳤다고 했다. 저런 빼어난 재사를, 천민의 굴레를 씌워 세상에 내보낸 것이 안타까워 한 말이리라.
  이단전, 그는 "그래 나는 종놈이다!"라고 외치며 세상을 조롱했다. 노비 신분에 어울리지 않게 고급문화에 참여하려 했던 한 종의 처절한 삶이, 군더더기 하나 없는 맑고 고고한 심상의 시로 남아 있다.

신분의 경계를 뛰어넘은
희대의 공연예술가

탈춤꾼
탁문한

"탁문한은 한양의 양민 출신이다. 기량과 국량이 뛰어났고, 기가 세어 날래고 사나웠다. 술을 한번 마시면 기어코 만취하는 것을 법으로 삼았다. 술에 취하면 성깔을 부리고 뻣뻣하게 행동했다. 길에서 기분에 맞지 않는 일을 보면 남을 대신하여 화를 내서 가는 곳마다 소란을 피웠다. 그 때문에 거듭하여 법망에 걸렸으나 평소의 행실을 버리지 않았다. 동료들이 그를 미워하였으나 감히 그와의 관계를 끊지 못했다."

— 심능숙

● ── 신분의 경계를 뛰어넘은 희대의 공연예술가 · 탁문한

전통사회에서는 대중예술가와 장인이 제아무리 뛰어난 재능을 발휘했다 해도 대부분 익명의 인간으로 존재했다. 그렇다 보니 어느 한 분야에서 일가를 이루었다고 평가받는 거장조차 예술가나 기술자로서 이름이 드러난 사례는 거의 없다. 이유는 크게 두 가지다. 대중예술이 높은 평가를 받지 못한 사회 분위기와 담당자들의 신분과 사회적 지위가 아주 낮은 현실 탓이었다. 실제로 그들은 특별히 예외적인 경우를 빼놓고는 대부분이 평민 출신 혹은 천민 계층이었다. 그래서 예술을 즐기되 예술가는 천시하는 풍토가 장기간 지속되었다.

그 같은 실정은 화가처럼 고급예술 창작자가 자기 이름을 내걸고 활동한 사정과 대조를 이룬다. 이들은 상대적으로 신분과 사회적 지위가 높았고, 상류층을 비롯해 그 가까운 계층과 교유했다. 당연히 고급예술을 조명한 시와 산문이 적지 않았고 창작을 담당한 예술가 자체를 조명한 저작도 많을 수밖에 없었다.

이름 없는 존재로 남아야 했던 조선의 대중예술가

조선 후기 들어 대중예술의 예술성이 향상되고 대중적으로도 큰 인기를 얻으면서 그 담당자를 보는 시선이 점차 변화를 보였다. 대중예술가를 평가하고 그들의 행적을 묘사한 시문도 등장했다. 송흥록이나 고수관을 비롯한 판소리 명창을 다룬 시문이 창작되고 운심 같은 검무의 거장을 묘사한 시문도 여러 편 보인다. 그들이 탁월한 예술성을 선보이고 대중적 인기를 누린 덕분에 나타난 현상이다. 사대부 계층은 이 두 가지 요소를 간과할 수 없었고, 그에 따라 대중예술의 의의를 적극적으로 평가하기 시작했다.

반면 예술성을 낮게 평가받은 대중예술과 그 담당자는 더욱더 좋지 못한 대우를 받았다. 이를테면 재담, 사당패놀이, 꼭두각시놀이, 탈춤과 같은 공연문화를 우호적으로 묘사하여 가치를 평가하고 그 담당자를 소개한 글은 어떤 형태로도 찾기 힘들다. 아주 특별한 능력을 보여 인기를 얻은 인물을 제외하면 거의 대부분 익명의 공연예술 담당자로 남았다. 자기 존재를 세상에 드러낸 공연예술가로는 17세기의 배우 박남(朴男)[1]과 18세기의 광대 달문(達文, 1707~?)[2]을 대표적 인물로 꼽을 수 있다. 그들은 한 시대에 상하 계층 가릴 것 없이 큰 인기를 누린 인물로서 그 행적이 상당히 풍성하게 기록되어 있다. 그러나 이들을 제외하면 다시 적막할 뿐이다.

그런 가운데서도 간혹 어느 분야에 특별한 관심을 기울인 기록자 덕분에 대중예술가가 그 이름을 드러내기도 했다. 하나의 사례로 18세기 전기에 활동한 박만회(朴萬會)가 있다. 전라도 무안 출신의 줄타기 명인으로 한양에서 활약하다가 고향으로 돌아갔다. 서종화(徐宗華)란 선비가 고향 무안으로 떠나는 그를 배웅하며 다음 글을 써주었다.

> 광대 박만회는 무안 주산(舟山) 사람이다. 내가 사마시(司馬試)에 합격했을 때 데리고 온 사람이다. 창우(倡優) 잡기를 못하는 것이 없지마는 그 가운데서도 특히 줄타기를 잘한다. 뜰의 좌우에 몇 길 되는 나무를 세우고 나무 끝에 줄 하나를 가로로 걸친다. 그러고서 펄쩍 뛰어 줄에 올라타서 앉기도 하고 무릎을 꿇기도 하며 눕기도 일어나기도 한다. 다리를 꼬고 걸터앉기도 하고 한 발로 서기도 하며, 노래를 부르기도 춤을 추기도 휘파람을 불기도 젓대를 불기도 한다. 옷을 벗어 다시 입기도 하고 망건을 벗어 다시 쓰기도 한다. 활보하기도 하고 급히 뛰어가기도 하며, 몸을 돌려 동쪽으로 가기도 하고, 동쪽으로 가다가 몸을 돌려 서쪽으로 가기도 한다. 곤두박질했다가 뛰어오르기도 하고 줄을 안고 돌기도 한다. 거미처럼 휘늘어지고 학처럼 다리 들고 호미로 김매고 풀무질하며 얼음 지치고 널뛰기하는 기술이 한두 가지가 아니어서 구경꾼들이 에워싸서 머리끝이 솟구치고 혀를 내밀며 기이하다고 칭송하지 않는 자가 없다. 참으로 빼어난 기예라고 할 만하다.[3]

박만회는 외줄타기 공연을 했는데, 서종화는 이 시기에 더욱 정교해진 각종 기술을 묘사했다. 줄타기를 이만큼 자세하게 묘사한 글은 아직까지 보이지 않는다.[4] 명문 사대부 작가가 천민에 속하는 줄타기 공연자에게 송서(送序)를 써준 이유는 현란한 기예를 높이 평

줄타기
머리에 고깔을 쓰고 장삼을 걸친 채 줄광대가 땅 위에 서 있는 어릿광대와 재담을 하면서 조심스럽게 줄을 타고 있다. 광대란 천민 신분으로 탈춤·인형극·줄타기 등을 업으로 삼던 전문 예능인이다. 이 중 줄타기를 전문으로 하는 이를 줄광대라 했다. 줄타기는 사대부의 잔치나 마을 놀이판에서 행해졌는데, 줄광대와 어릿광대 그리고 삼현육각(三絃六角)잡이로 구성되는데, 그림에는 장구잡이만 보인다. 기산(箕山) 김준근(金俊根), 《조선풍속도》(스왈론 수정본), 숭실대 기독교박물관 소장.

가해서다. 개인적 친분 때문에 줄타기 광대의 기예를 자세하게 묘사한 것은 아니다. 줄타기 기예는 18, 19세기에 대중적 공연예술의 총아였다. 관람객의 호응을 얻어내 찬탄을 자아낼 만한 기량으로 탄탄한 대중적 인기를 등에 업기도 했다. 그런 만큼 지식인들의 기록에도 등장했고 그림으로도 꽤 많이 그려졌다. 줄타기가 지닌 높은 수준의 기예는 천하에서 조선이 최고라는 자부심으로 표현되기도 했다.[5] 서종화가 박만회의 기능을 적극적으로 묘사하고 그의 생활모습까지 서술하며 그에게 양반사대부끼리나 주고받는 글을 선사한 이유가 여기 있다.

공연에 관심이 생기자 자연스럽게 공연자에게도 관심이 쏠려, 아주 뛰어난 기량을 보인 거장은 상류층 작가들까지 주목하기 시작했다. 탁문한(卓文漢)이 바로 그런 인물이다.

사대부로부터 낮게 평가되던 연희 공연

대중적 인기를 크게 누린 공연물인데도 상류층 감상자로부터는 예술성을 인정받지 못한 대표 종목이 탈춤과 같은 연희물이었다. 유만주(兪晩柱, 1755~1788) 같은 사대부는 수준 높은 산대놀이조차 거칠고 난잡해 아무런 의의도 없는 공연물이라고 혹평했다.[6] 산대놀이를 구경하고서 〈남대문 밖에서 산대놀이를 구경하다(南城觀戱子)〉라는 시를 지은 강이천(姜彝天)은 공연을 상세하게 묘사하면서도 뒷부분에선 그 가치를 낮추어 말했다. 이렇듯 낮은 평가를 내리는 것이 보

유명한 초상화가 이명기가 그린 강이천의 초상화.
강이천은 열 살 때 남대문 밖에서 공연된 산대도감극을 보고 장편시를 남겼다.

강이천의 문집 《중암고(重庵藁)》에 실려 있는 〈남대문 밖에서 산대놀이를 구경하다〉의 원문.
그는 1778년 산대놀이를 보고서 자세하게 공연 모습을 묘사했다. 연극사에서 소중한 기록이다.

통이었다.

　여기에는 공연 담당자를 향한 멸시가 뿌리 박혀 있다. 탈춤을 비롯한 대부분의 연희는 천민들이 맡아서 공연했기 때문이다. 산대도감(山臺都監)에서 공연하는 선발된 연희패조차 조정에선 무뢰배로 인식하여 모욕적인 말로 불렀다. 그러니 민간에서 행해지는 공연을 사치스럽고 방탕하며 천박하고 외설스럽다고 평가하는 것도 당연했다. 설령 뛰어난 예술성을 보유했다 해도 점잖은 선비가 기록하기는 쉽지 않았다.

　한편 18세기 이후에는 각종 의궤를 시작으로《일성록》과《승정원일기》따위의 사서에 국가의 공식행사에 동원된 공연문화 종사자들의 성명이 종종 등장한다. 참여자의 인적사항을 아주 상세히 기록하는 의궤에는 산대도감 공연에 참여한 인명이 세세히 나오기도 한다. 그렇다 해도 그들의 활동상은 거의 적혀 있지 않아 익명성의 굴레에서 벗어나기는 여전히 힘들다. 또한 사료에는 아무래도 큰 소요를 일으킨 사건과 관련된 존재가 부각되므로 그 실체를 규명하기가 힘들다.

　조선시대 탈춤 공연자도 거의 대부분 익명으로 존재할 뿐이다. 이런 실정에서 탁문한이란 인물은 탈춤꾼을 비롯한 공연문화의 주동자로서 특별한 경우에 속한다. 내 판단으로 탁문한은 18세기 후기와 19세기 전기의 공연문화계를 대표하는 인물로 주목할 만한 가치가 있다. 그런데도 연희를 다룬 적지 않은 연구에서 지금껏 그는 거의 주목받지 못했다. 하지만 조선 후기 연희문화를 해명하는 데 그의 존재와 활동상은 기여하는 점이 많을 것이다.

탁문한은 영조 시대 한양에서 연희가 열릴 때마다 최고라는 평을 들은 광대 달문 이후 가장 두각을 나타낸 인물이다. 산대놀이를 묘사한 시를 강이천이 1778년에 썼는데, 바로 이 시기를 전후해 탁문한은 한양에서 타의 추종을 불허하는 연희패의 수령으로 인정받았다. 정조 시대에 나례청(儺禮廳)을 중심으로 전개된 연희패의 활동 정점에 그가 위치한다.

최고의 연희패 수령으로 떠오른 탁문한

탁문한의 활동상을 검토할 때 우선 살펴볼 기록이 조수삼의 《추재기이》다. 제64화에 '탁반두(卓班頭)'라는 제목으로 실린 그 기사 전체는 이렇다.

> 탁반두의 이름은 문환(文煥)으로 나례국(儺禮局)의 변수(邊首)이다. 젊어서부터 황진이 춤과 만석중의 노래 및 우스개몸짓을 잘하여 반중(班中)의 자제 가운데 그를 따라잡을 자가 없었다. 늙어서 청나라 사신을 영접한 노고를 인정받아 가선대부의 품계를 하사받았다.
>
> 황진이는 활보하며
> 얼굴을 수그리고
> 만석중은 비틀비틀
> 장삼 입고 춤을 춘다.

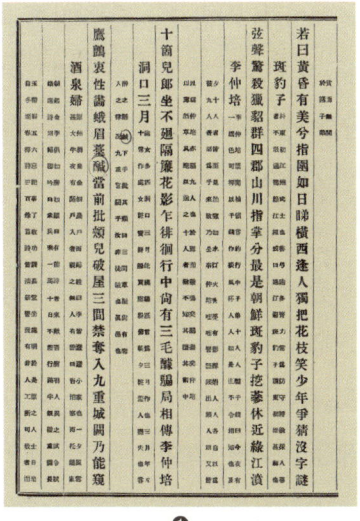 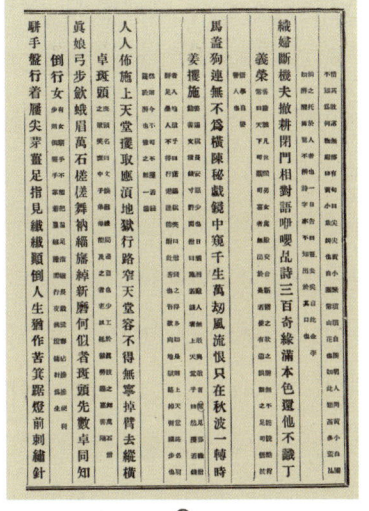

《추재기이》의 64화 '탁반두' 조항.
1939년 보진재에서 연활자로 간행된 《추재집》 제4책에 실려 있다. 필자 소장.

황번작과 경신마를
빼닮은 자 누구더냐?
반두인 탁동지(卓同知)[7]를
첫손가락 꼽는다네.[8]

조수삼은 탁문환이라는 나례도감 변수를 당대의 가장 빼어난 실력을 지닌 춤꾼으로 내세웠다. 그의 장기는 황진이의 춤과 만석중의 노래 및 우스개몸짓 두 가지라고 했다. 지금껏 연희를 다룬 연구물에서는 《추재기이》의 이 기사를 거의 주목하지 않았다.[9] 탁문환이 실존인물인지 아닌지조차 학계에선 관심의 대상이 되지 않았다. 《추재기이》를 야담으로 간주한 학계의 태도 탓이 크다. 대체로 이 기사를 아예 무시했거나, 다룬다고 해도 칙사를 영접하기 위한 나례 공연에서 담당자가 가선대부 작위까지 받은 사례를 입증하는 기사로만 활용했다.

그러나 이 기사는 더 면밀하게 살펴볼 필요가 있다. 무엇보다 우선 탁문환의 실존 여부를 판정해야 한다. 내가 확인한 결과 그는 18세기 후반에 실존한 인물로서 명성을 먼 후대까지 떨쳤다. 또 정조 시대를 대표하는 탈춤꾼으로서 공식 기록에도 등장하는데, 거의 모든 기록에 그 이름이 탁문한으로 표기되었다. 탁문환이라는 표기는 탁문한이 구두로 전해지는 과정에서 발생한 착오다. 조수삼의 그릇된 기억과 기록 탓에 오류가 발생한 것이다.

광대의 끼를 타고난 한양 양민

그렇다면 탁문한은 도대체 어떤 인물이고 구체적 행적은 무엇일까? 《추재기이》는 그 구체적 사실을 거의 전하지 않는다. 그런데 그의 가계와 행적, 활동상을 보여주는 또 하나의 중요한 문건이 있다. 장편 한문소설 《옥수기(玉樹記)》를 지은 심능숙(沈能淑, 1782~1840)이 쓴 〈탁문한기실(卓文漢紀實)〉이다. 이 실기의 주인공 탁문한이 《추재기이》에 나오는 탁문환과 동일인임에 틀림없다. 그가 산대놀이 연희패에서 활동하는 내용이 실기에 나오는 것만 봐도 그렇다. 실기 서두는 탁문한의 태생과 성격을 이렇게 서술했다.

탁문한은 한양의 양민 출신이다. 기량과 국량이 뛰어났고, 기가 세어 날래고 사나웠다. 마음껏 행동하고 일정하게 하는 일이 없던 데다 술을 즐겼다. 술을 한번 마시면 기어코 만취하는 것을 법으로 삼았다. 술에 취하면 성깔을 부리고 뻣뻣하게 행동했다. 길에서 기분에 맞지 않는 일을 보면 남을 대신하여 화를 내서 가는 곳마다 소란을 피웠다. 그 때문에 거듭하여 법망에 걸렸으나 평소의 행실을 버리지 않았다. 동료들이 그를 미워하였으나 감히 그와의 관계를 끊지 못했다.[10]

이 글에서 시선을 끄는 대목은 탁문한이 천한 신분이 아니라 한양의 양민 출신이라는 사실이다. 잘 알려진 대로 탈춤을 비롯한 각종 연희와 관련된 직종은 주로 천민이 담당했다. 재인(才人)이나 광대 따위로 불린 이들은 크게 보아 세습무계의 연희자, 북방 유목민 계통의 수척(水尺), 재승(才僧) 계통의 연희자, 관노, 유랑예인 집단으로 나눈다. 어느 편이든 천인에 속한다는 것을 부정하기 어렵다.[11] 그중 중국 사신 영접 시에 산대희에 참가하여 공연한 놀이꾼은 관에 매인 교방 기녀와 악공, 각 도(道) 재인청(才人廳)에 속한 재인들 그리고 서울에 거주하며 산대도감 또는 나례도감에 소속된 반인(泮人) 이렇게 세 부류였다.[12] 이 역시 천민 신분을 벗어나기 어렵다.

반면 탁문한은 한양 출신에 양민이었다. 양민 출신인 그가 신분의 경계를 넘어서 천민들이나 하는 연희판에 뛰어들었다. 평범한 사람과는 달리 호협한(豪俠漢)의 기질을 지닌, 거침없고 자유분방한 그의 성격이 크게 작용한 것임을 앞서 소개한 기록을 통해 엿볼 수 있다. 제멋대로인 성격 때문에 법망에도 자주 걸리던 그였다. 집안

무동춤

어린 재인이 무동 위에 올라 양손을 흔들며 춤을 추고 그 오른쪽에는 고깔을 쓴 쇠잡이가 장단을 치며 흥을 돋우고 있다. 유랑 예인집단 가운데 최고의 기예를 가졌던 굿중패의 무동춤으로 보인다. 기산 김준근, 《조선풍속도》(스왈론 수정본), 숭실대 기독교박물관 소장.

의 위신을 실추시키는 연희패 활동을 한다 해도 집안에서 막지 못했을 것이다. 그런 사정을 유추할 만한 정황이 앞서 언급한 실기에 등장한다.

　탁문한의 집안과 선대 계통을 더 자세히 밝히기는 어렵지만 그가 적어도 양민이거나 그보다 높은 신분이라는 점만은 분명하다. 그의 집안이 한양의 군영(軍營)에서 일하는 군인 가족이었다는 점은 특히 중요하다. 그 자신은 물론 친형과 조카까지 모두 군영에 소속된 군인이었다. 그의 부친은 기록되지 않았기에 판단을 유보한다. 《승정원일기》에 따르면, 그의 친형 탁문주(卓文周)는 1778년에 금위영(禁衛營) 뇌자(牢子)로 재직했고 1788년에는 금위영의 삼패(三牌) 순라패장(巡邏牌將)이자 별기위(別騎衛)로 재직했다. 게다가 탁문주의 아들이자 탁문한의 조카인 탁민수(卓敏秀)는 용호영(龍虎營) 소속의 능력 있는 기병이었다. 그는 《현륭원행행절목》에 금군 소속 병사로 나오고, 《승정원일기》에서도 1796년부터 1818년까지 가후금군(駕後禁軍) 병사로서 그의 이름이 여러 차례 확인된다. 순조 연간에는 첨사를 지내기도 하여 1822년 경상우도 암행어사 윤명규(尹命圭)의 서계(書啓)에서 "구산첨사(龜山僉使) 탁민수는 상당히 세심하여 작은 진을 잘 다스렸다"라는 평가까지 받았다. 탁민수가 능력 있는 기병이었다는 사실은 〈탁문한기실〉에서도 자세하게 언급된다.

검술 기량이 탁월한 직업군인

그럼 탁문한은 본분이 무엇이었을까? 그는 공연계에 발을 들여놓기 이전부터 금위영 소속의 군인이었다. 《금위영초등록》 4책은 1774년 10월 초하루에 있었던 장교와 군병의 무예 평가와 시상 내역을 자세히 기록했다. 여기서 형인 탁문주는 활쏘기에서, 동생 탁문한은 검술에서 상하(上下)의 평가를 받은 일흔세 명 가운데 수석으로서 포목 한 필을 부상으로 받았다. 영조 말엽의 이 기록은 나이 서른을 넘기지 않은 젊은 시절 탁문한의 행적을 보여준다. 결국 탁문주는 사수(射手), 탁문한은 검술, 탁민수는 기병으로서 집안사람 모두가 한양 군영에 복무하고 있었다.

이 시기에는 군인 직업을 세습하는 경우가 많았다는 점을 미루어보면 탁문한과 그의 자식대만이 아니라 그의 선대부터 직업군인의 길을 밟았을 가능성이 크다. 그 실마리를, 탁문한이 어렸을 때부터 검무에 뛰어난 능력을 발휘했다는 점에서 찾을 수 있다. 〈탁문한기실〉에는 검무에 달통한 그의 실력을 이렇게 기록했다.

(탁문한은) 어릴 적부터 검무에 능통하여 회오리바람에 꽃잎이 떨어지는 것과 같은 검술을 할 줄 알았다. 세상에서는 김광택(金光澤)이 죽은 지 백 년 만에 탁문한이 그 신비한 기술을 터득했다고 말했다. 드디어 검술에 자신감을 가져서 산붕(山棚)의 연희장(演戱場)에 갔을 때 검무를 추는 자가 기예가 졸렬하여 형세를 타지 못하는 것을 보고 탁문한이 그 자리에서 검술을 혹평했는데 좌우에서 그에게 눈짓을 했다. 탁

문한은 자리를 박차고 일어나 곧장 선(楦)을 빼앗아 소매를 치고서 기세가 등등하게 춤을 추었다. 그 사실을 모든 이가 세상에 전하자 집안 사람들이 부끄럽게 여겼다.[13]

탁문한이 추었다는 검무는 18세기에 유행한 기녀들의 검무와는 성격이 다른 춤이다. 그가 어릴 때부터 검무에 능통한 동기가 무엇인지 의문이지만, 무인 집안에 내려오는 기예를 닦았다고 보면 제일 무난할 듯싶다. 산대도감의 연희장에서 공연하기 전에 이미 그가 검술에 상당한 조예를 가졌음을 이 기록에서 확인할 수 있다.

그의 검무 솜씨가 김광택의 솜씨를 이었다는 평가에 눈이 번쩍 뜨인다. 김광택은 결코 단순한 검술가가 아니었기 때문이다. 김광택은 숙종 시절 훈련도감 교련관이자 유명한 검술가였던 김체건의 아들로, 신비한 검법을 구사하고 검무를 춘 검술가로 한 시대를 호령하던 사람이다.

그의 삶과 행적은 유본학(柳本學)의 〈김광택전〉에 소개되어 있다.[14] 김광택은 아버지를 이어 홍봉한 가에서 식객으로 지내며 영조의 호위무사로 인정받은 뒤 위장(衛將)과 첨사를 지낸 당대 최고의 무사였다. 부자(父子)는 조선 후기 검술의 주요한 맥을 잇는 검술가다. 탁문한이 그렇게 막중한 인물에 비견되었다는 것은 소홀히 볼 수 없다. 설령 과장이 있었다고 해도 그의 검술 실력이 그 정도로 대단했고 상당히 인정받았음은 의심하기 어렵다.

가족들이 군영 소속 군병이고 자신도 군영 소속인 데다 검술과 검무에 발군의 실력을 지녔다는 사실은, 탁문한이 조선 후기 연희를 주도하는 군영과 긴밀한 관련을 맺었다는 의미다. 잘 알려졌다시피 조선 후기에 한양의 연희패는 의금부와 포도청을 비롯해 용호영, 훈련도감 등의 군영에 소속되어 활동했다. 그뿐 아니라 한양의 유흥을 주도하고 관리하는 세력으로도 활동했다.[15] 탁문한 본인은 연희패에 직접 가담하지 않고 패트런 역할을 하는 계층이었다. 그러나 그는 그런 자리를 박차고 직접 연희패에 가담했다. 한양 연희패 출신과 관련하여 그의 처신은 하나의 중요한 사례가 될 법하다.

천인이나 하는 연희패에 뛰어들다

탁문한이 양인 출신의 무인집안 사람으로서 천인들이나 할 일로 여겨지던 연희패 놀이에 직접 가담한 것은 당시로서는 흔치 않은 경우였다. 자유분방한 성격과 주체하지 못하는 끼가 사회적 제약과 시선에도 불구하고 그를 과감하게 연희패로 이끌었다. 〈탁문한기실〉에선 그가 산붕의 연희장에서 검무를 추었다고 기록되었으나, 앞서 《추재기이》 기록에서 보았듯이 그는 '젊어서부터' 탈춤에서 자타가 공인하는 최고의 춤꾼이었다. 〈탁문한기실〉은 탁문한과 집안사람의 의리와 덕망을 찬미하는 데 초점을 맞춘 글이다. 찬미의 글이므로 언급하면 할수록 집안의 격을 낮추는 기능을 할 게 틀림없는 연희패 활동은 일부러 생략했을 가능성이 높다.

그가 양인인데도 연희패에서 기세가 등등하게 춤을 춘 한 가지 사실만으로도 집안사람들은 몹시 수치심을 느꼈다. 그가 연희패에서 활동한 행적은 집안의 격을 나락으로 떨어뜨리는 일이었다. 친형 탁문주는 자신의 뜻을 굽혀 탁문한을 아꼈다고 말했는데, 이 역시 천민이나 하는 탈춤꾼으로 활동함으로써 집안의 격을 떨어뜨린 동생의 행동이 못마땅했으나 애써 우애를 유지했다는 의미로 해석된다.

그의 경력이 뒤에 다시 문제가 된 것을 봐도 그렇다. 후에 대장(大將)이 문벌을 기준으로 기병을 도태시키려고 했다. 용호영 소속 기병인 조카 탁민수는 문벌을 조사하다 보면 숙부 탁문한이 산붕의 연희장에서 활동한 행적이 폭로되어 숙부에게 욕이 돌아갈 낌새를 눈치 채고 자진 사퇴하고자 했다. 그는 "소인의 문벌은 대대로 증거가 있습니다. 다만 숙부께서 젊은 시절에 행한 실수가 저 때문에 드러날 듯하므로 자진하여 물러나겠습니다"라고 했다. 다행히 그의 처신을 높이 평가한 대장 덕분에 일은 무마되었다.[16] 유명한 무인인 이득연(李得淵)이 우연히 탁문한의 족보를 얻어 보고서 그가 천민이 아니라 양민임을 확인했다는 내용도 함께 나와 있다.

탁문한이 "일찍이 산붕의 연희장에 들어갔다"라는 기술은 검무를 한두 차례 추었다는 수준을 말하지 않는다. 양인 신분의 탁문한은 젊은 시절 상당한 기간 동안 연희패에서 적극적으로 활동했고 대단한 명성을 구가했다.

누구도 따라갈 수 없는 경지에 오른 탈춤꾼

앞서 소개한 기록들을 근거로 탁문한의 행동을 이렇게 정리할 수 있다. 첫째, 무인으로서 검술과 검무에 대단한 실력을 갖추었다. 둘째, 양인 신분으로 군영에 소속된 직업군인이었다. 셋째, 성격이 괄괄했고 제멋대로 행동해 여러 차례 범죄를 저질렀다. 넷째, 술을 많이 마셔서 늘 아버지로부터 꾸중을 들었다. 다섯째, 젊은 시절 상당한 기간 동안 연희패에서 활동했다. 여섯째, 탈춤에서 타의 추종을 불허하는 실력을 뽐냈다.

연희패에 속해 그가 어떤 활동을 보였는가를 주요하게 살펴봐야 할 것이다. 그러나 이 부분은 기대한 만큼 자세하게 밝혀져 있지 않다. 《추재기이》가 "젊어서부터 황진이 춤과 만석중의 노래 및 우스개몸짓을 잘했다"라고 지적했는데, 이 말이 사실이라면 그는 젊은 시절부터 산대도감에 속해 탈춤 분야에서 실력을 인정받으며 공연한 것으로 볼 수 있다. 탁문한과 동시대를 산 학자 유득공은 《경도잡지》에서 "연극에는 산희(山戱)와 야희(野戱) 두 부류가 있는데 나례도감에 소속되었다. 산희는 산붕(山棚)을 매고 휘장을 치고 사자, 호랑이, 만석중 따위의 춤을 춘다. 야희는 당녀(唐女)와 소매(小梅)로 분장하고 논다"[17]라고 기록했다. 탁문한이 빼어난 실력을 보인 황진이 춤과 만석중의 노래 및 우스개몸짓은 바로 유득공이 언급한 만석중 춤을 추고 노래와 재담을 공연한 것을 가리킨다. 이 분야에서 최고의 실력을 보였기에 "반중의 자제 가운데 그를 따라잡을 자가 없었다"라는 평가를 얻어냈다. 여기서 반중이란 산대도감에서 연희를 하는 연희패를 가리키는 용어다.

탁문한이 공연했고 《경도잡지》에서 언급한 만석중 공연이 만석중놀이 자체를 가리키는 것인지 아니면 만석중과 황진이가 등장하

〈담락연도(湛樂宴圖)〉 중 처용무와 오방처용, 18세기.

는 춤을 가리키는 것인지는 분명하지 않다. 그리고 실제로 탈을 쓰고 공연한 것인지도 명확히 언급하지 않았다. 오늘날까지 전승된 산대탈놀이에서 노장 과장에 등장하는 인물과 관련되었다는 점만은 분명해 보인다. 그렇다면 황진이탈과 만석중탈을 쓰고 공연하는 탈춤을 의미한다고 볼 수 있다. 조수삼이 시에서 "황진이는 활보하며 얼굴을 수그리고 / 만석중은 비틀비틀 장삼 입고 춤을 춘다"라고 묘사한 걸 보면 그가 역할을 바꿔 가며 탈을 쓰고 공연했으리라 짐작할 수 있다.

　　탁문한은 이렇게 양인 신분에 검술가라는 평범하지 않은 경력을 지닌 연희패로서 산대도감에 소속되어 탈춤과 검무 따위로 명성

을 얻었다. 춤꾼으로서 명성을 얻어 산대도감에서 활약한 시기는 그
가 젊을 때였다. 그런데 어느 때부터 그는 연희에 직접 가담하기보
다 연희에 필요한 도구를 만드는 제작자로 활동의 폭을 넓혔다. 연
희를 작파하고 장인이 되었다는 의미는 아니다. 그 둘을 겸한 것으
로 보인다. 〈탁문한기실〉은 집안에서 그의 연희패 활동을 부끄럽게
여겼는데 그 이후 탁문한이 갑자기 술도 끊고 행실도 바꿨다고 서술
했다.[18] 아버지에 대한 효도 때문이라고 그 동기를 댔으나 그것은 윤
리적 설명에 지나지 않는다.

공연 도구의 장인

그는 이십 대 젊은 시절부터 벌써 나례청에 소속되어 공연 도구를
만드는 장인(匠人)으로서도 두각을 나타냈다. 이는 탁문한이 정조와
순조 연간의 각종 의궤에 공연 도구를 제작하는 장인변수(匠人邊
首), 곧 탈을 비롯한 도구를 제작하는 책임자로 거듭 이름을 올린 사
실로 입증된다. 그의 이름이 올라간 의궤를 정리해보면 옆의 표와
같다.

 1776년부터 1821년까지 그는 국장이 있을 때마다 연희패들이
담당하는 직역에서 주도적 구실을 했다. 국장에서는 나례청이 방상
시(方相氏) 제작을 맡고 또 다른 기관에서 죽산마(竹散馬)의 제작을
담당했는데 이 임무에서 탁문한은 장인도변수(匠人都邊首)로 활동
했다. 여기서 방상시란 국장 때 악귀를 쫓는 탈로 사용된 것이고, 죽

조선왕조 의궤에 나타난 장인 탁문한의 활동 내역

	연도	의궤 이름	역할	동참자	비고
1	1776	[영조] 국장도감도청의궤	방상시장	김유복 심사득 한경희	나례청
2	1800	[정조] 국장도감의궤	죽산마장	박선욱 유성득 김정대 신갑득 임범득 임창대 박흥복 김창인 조귀손 정운기 전영 정흥 전경철	
3	1805	[정순왕후] 국장도감우주소의궤	죽산마장	유성득	
4	1815	헌경혜빈상례도감의궤	죽산마장	박선욱 홍광주 임범득 김용흥 전창국	
5	1821	[효의왕후] 국장도감의궤	죽산마장	김용흥 이용현	
6	1821	[정조] 건릉천봉도감의궤	방상시장	김희대 양완실 김의득 김돌몽	나례청

산마란 국장 때 대나무를 사용해서 만든 말을 가리킨다. 모두가 연희 때 사용하는 도구와 관련된 의장용 도구다. 탁문한은 1776년 영조국장과 1821년 정조천릉국장 때 나례청에 소속되어 방상시를 만들었고, 그 외에도 네 번에 걸쳐 죽산마를 제작했다. 무려 사십여 년이나 국가의 가장 중요한 의례가 있을 때마다 나례청에서 책임지는 의장도구 제작의 최고책임자로 활동한 것이다. 주목할 점은 1776년에도 그가 변수였다는 점이다. 이때 그는 아직 이삼십 대의 젊은 나이였던 것으로 추정된다. 젊은 시절에 이미 변수로 등재된 점으로 미루어보아 그의 위상이 어떠했는지 짐작할 만하다.

탁문한이 1776년에 만든 두 좌의 방상시[19]와 1800년에 만든 열 좌의 죽산마는 현재 전하는 의궤를 통해 기본 형태를 가늠할 수 있다.[20] 그 그림은 각각 〈공장질(工匠秩)〉의 '흉의장질(凶儀仗秩)'과

1776년 영조 《국장도감도청의궤》의 〈반차도(班次圖)〉에 보이는 방상시 두 좌 중 하나.
이 실물을 탁문한이 책임지고 제작했다.

〈반차도(班次圖)〉에 실려 있다. 의궤에 실린 그림만으로도 그가 제작한 것이 탈춤에서 사용하는 탈과 밀접한 관련이 있고, 그는 거의 사십여 년 동안 국가에서 사용한 탈과 관련해 가장 우수한 제작자였다는 사실이 충분히 입증된다.

일반적으로 연희를 연행하는 사람들 모두가 연희에 사용하는 도구를 직접 제작했다고 보기는 어렵다. 하지만 탁문한은 젊은 시절부터 연희 도구 제작자로서 권위를 인정받은 사람이었다. 더욱이 그가 나례도감 도변수로서 칙사 영접 때 산대(山臺)와 잡상(雜像) 제

1800년 정조 《국장도감의궤》에 실린 죽산마 모형.
이 의장의 실물을 탁문한이 책임지고 제작했다.

작을 총지휘하는 책임자였다는 점이 장인 탁문한을 이야기하는 데 중요하다.

정2품에 오른 도변수

장인으로서 그의 활동은 〈탁문한기실〉에서도 언급했다. 부친과 형이 죽고 난 뒤 탁문한은 "이윽고 재인(榟人, 장인)을 쫓아서 장(長)이 되었다. 앉아서 궁실(宮室)을 논하고 서서는 승묵(繩墨)을 살폈는데 속으로 설계하여 입으로 불러주면 마치 부절을 합친 듯했다. 일이 있을 때마다 능력이 있다며 칭찬을 받았고 상을 받아 자품(資品)을 뛰어넘었다"[21]라고 기록한 대목이 그것이다. 이 기사는 그가 건축술을 배워 집을 짓는 장인으로 성공적 변신을 꾀했고, 후에는 도편수가 된 것처럼 서술했다. 그의 실력을 입증하기 위해 그에게 서실 건축을 맡긴 사람이 그의 능력을 칭찬한 내용을 첨부하기도 했다.[22] 탁문한의 행적으로 볼 때, 앞서 소개한 의궤에서 그가 방상시 탈과 죽산마를 제작한 장인으로 활동한 이력이 잘못 전해져 건축 일을 했다고 와전된 것으로 추정한다. 그러나 그가 한 가지 기능에서만 탁월한 능력을 발휘한 게 아니라 건축 분야에서도 능력을 발휘했으리라고 볼 여지는 충분하다. 근대 이전의 기술자나 기예를 연마한 사람들은 장기를 하나만 가졌던 게 아니라 다양한 능력을 발휘하는 사례가 많았다.[23]

탁문한은 탈춤에서 가장 빼어난 기량을 보였으나 실은 다른 기예에도 능했다. 〈탁문한기실〉에서 일이 있을 때마다 능력 있다며 칭찬받았다는 것은 단순하고 개인적인 일이 아니라 큰 국사가 있을 때마다 재능을 발휘해 능력을 인정받았다는 의미로 해석된다. 그래야만 상으로 자품을 뛰어넘는 높은 품계로 올라갔다는 뒷부분의 서술과 어울린다. 이것은 《추재기이》에서 "늙어서 사신을 영접한 노고를 인정받아 가선대부(嘉善大夫)의 품계를 하사받았다"라고 기록한 것과 부합한다. 그가 품계를 하사받은 사실은 기록을 놓고 볼 때 의심의 여지가 없다. 다만 그것이 사신 영접 때 세운 공로 때문인지 아니

아극돈(阿克敦), 〈봉사도(奉使圖)〉, 북경(北京) 중앙민족대학 소장.
1725년(영조 1년) 청나라 사신 아극돈이 조선에 왔을 때 각종 행사와 절차를 그린 화첩이다. 제7폭에 재인들의 공연 모습이 담겨 있는데 탁문한이 나례도감에서 준비한 공연도구의 모습을 이 그림을 통해 짐작할 수 있다.

면 국장에서 세운 공로 때문인지가 분명치 않다. 실상은 둘 다일 가능성도 배제하지 못한다.

공식 기록에선 그가 탈춤꾼으로서 활동한 내용보다 장인으로서 더 자주 등장한다. 이는 탁문한이 탈춤꾼 활동을 중단했다는 증거가 될 수 있을까? 그리 보기는 힘들지 않을까 판단한다.

《추재기이》에서는 그를 반수 또는 반두라고 표현했다. 두 표현 모두 변수와 같은 말로서 무리의 우두머리를 뜻하는 용어다. 각종 단체나 무리의 우두머리에 붙여 쓰는 말이다. 기록에는 탁문한이 변수 가운데 가장 높은 도변수를 지낸 것으로 나타난다. 그는 칙사를 영접하는 공연에서 반수로 활약한 공로를 인정받아 가선대부의 작위를 받았다고 했다. 이 작위는 종2품 관작으로, 높은 작위다. 또 심능숙은 이득연이 보여준 탁씨 집안 족보를 보니 그의 집안이 대대로 녹봉을 받는 관직을 받았다고 했고, 탁문한은 임금으로부터 특별한 은사(恩賜)를 받아 자헌대부(資憲大夫)에 올랐다고 했다.[24]

자헌대부는 정2품이므로 가선대부보다 한 등급이 높다. 조수삼은 시에서 만석중놀이를 공연하는 모습을 묘사하면서 당나라를 전후한 시기에 중국의 대표적 배우였던 황번작[25]과 경신마[26]에 버금가는 배우로서 탁문한을 인정했다. 이들 배우의 특징은 민간에서 활약한 인물이 아니라 황제의 사랑을 받은 궁정배우였다는 공통점을 지닌다. 나례도감 변수로서 큰 활동을 한 탁문한의 경력과 부합하는 비교다.

1784년 11월, 나례청에서 일어난 사건들

탁문한이 나례도감에서 활동한 구체적 내용은 1784년 정조 8년 갑진년 11월의 사건을 통해 크게 부각된다. 이해 문효세자 책봉식이 거행되어 11월 청나라로부터 봉전칙사(封典勅使)가 왔다. 정조는 1738년(무오년) 사도세자 책봉을 위한 봉전칙의 전례를 따라 나례를 설행(設行)하도록 명했다. 거의 오십 년 만에 정식으로 나례가 설행된 것이다.

11월에는 칙사가 한양에 당도하기 때문에 영접을 위한 준비가 그 이전부터 바쁘게 진행되었다. 정조는 "이번 칙사 행차는 사체(事體)가 절로 특별하다. 나례만을 놓고 말하더라도 그만둔 사례가 많으나 일부러 설행을 명하고자 한다. 그러나 시민들에게 폐를 끼친다면 그만두어도 무방할 것이다"[27]라고 말할 만큼 특별한 의미를 부여해 칙사를 환영하고자 보기 드문 환영식을 준비했다. 그러나 대대적 환영행사를 준비하는 과정에서 큰 사건이 세 건이나 발생해 정조의 애초 구상과는 달라졌다. 이 사건의 여파로 칙사가 올 때 나례를 설행하던 관례가 이후부터 폐지되기에 이른다. 1784년의 나례도감 사건은 조선 후기 연극사에 매우 중요한 영향을 끼쳤는데 탁문한이 사건의 핵심 관련자였다.

1784년 11월 칙사가 도착하기로 예정되어 조정에서는 영접도감을 설치했다. 나례를 설행하는 준비로 국왕은 담당 당상관으로부터 상황을 보고받고 크게 세 가지 사항을 지적했다. 첫째는 나례 공연의 면밀한 관리였다. 《승정원일기》의 10월 6일, 8일, 9일 기사는 신료를 접견하고서 나례를 중심으로 나눈 대화가 실려 있다. 모화관에서 설행하면 장소가 넓어 구경하는 인원이 부상당할 염려가 있고, 나례도감 인력은 무뢰배가 많으므로 좌우 포도청에서 특별히 관리하라고 당부했다.[28]

둘째로는 나례의 도구 제작과 관련한 주문이었다. 도구를 지나치게 크게 하여 사람이 부상을 당하는 폐단이 없도록 지시했는데 이는 광화문 높이만큼 커다란 산대로 인해 자주 사고가 발생한 전례를 파악해 염려한 것이다. 우려에 대해 정일상은 헌가(軒架)와 산붕(山棚)은 목재가 아니라서 제대로 갖추어 만들 것이라고 보고했다. 정

조는 나차(儺車)는 규격이 커야 광대들이 그 위에서 연희할 수 있다며 수긍했다.[29]

셋째로는 나례 도구와 공연에 드는 비용과 관련한 문제였다. 정조는 특별히 전교를 내려 문제를 해결하려는 강한 의지를 피력했다. 칙사를 영접하려고 나례를 설행할 때 연희 도구와 임시무대, 가설재목 따위를 경강상인(京江商人) 부호들과 시전상인들에게 대납시켜 큰 민폐를 끼치는 행위가 관습처럼 내려온다고 지적하고 그 행위를 일절 금지하고 모든 비용을 관에서 마련할 것이며, 담당 고위 관료가 이를 직접 챙기라는 명을 다음과 같이 하달했다.

청나라 칙사 일행을 맞아 나례를 설행할 때 해당 도감에 소속된 자들이 도구를 만드는 밑천 값이라며 부잣집에 돈을 요구한다. 또 가설무대에 쓸 재목 건으로 강가 백성들을 괴롭혀 각종 폐단이 한두 가지가 아니라고 한다. 이번에는 포도대장 종사관이 담당하는 관례를 벗어나 따로 낭청에게 지시하고, 연접도감(延接都監)의 당상관에 한성판윤과 평시서 제조를 겸직하게 한 것도 지금까지의 폐단을 통렬히 금지하려는 의도였다. 이런 뜻으로 얼마 전 연석(筵席)에서 지시했다. 이 지시 이후에도 만일 그릇된 관례를 그대로 답습하며 낱낱이 금지하지 못한다면 책임자 이하 모두에게 무거운 죄가 있을 것이다. 또 나례 비용을 모두 시민에게 부담시킨다고 들었는데, 이것도 아무런 근거가 없다. 심지어 부유한 백성의 재물을 강제로 빼앗는 일은 더더욱 금지할 것이다. 이번에는 들어갈 비용을 계산해서 해당 부서에서 물력을 헤아려 지급함으로써 털끝만큼도 민폐를 끼치는 단서가 없게 하라. 이 일을

의정부로 하여금 연접도감에 엄중히 지시하라.[30]

이렇게 국왕이 나서서 나례의 설행에 큰 관심과 염려를 표명했는데도 불구하고 준비 과정에서 큰 사건이 발생했다. 이번 나례에서 연희와 관련한 부분은 두 사람의 변수가 책임을 맡고 있었다. 도변수는 탁문한이었고 변수는 심사득이었다. 심사득은 1776년 탁문한과 함께 방상시를 만든 장인이다. 탁문한은 산대의 조성을 책임진 장인변수였고, 심사득은 공연, 즉 유희를 책임진 유희변수였다. 전체 책임자, 즉 도변수가 탁문한이었다. 이때 발생한 사건을 세 가지로 정리해서 살펴보자.

한밤중 방포 소동

가장 먼저 일어난 사건은 한밤중 방포 소동이다. 훈련도감에서 사건 경위를 조사한 내용이 《훈국등록(訓局謄錄)》과 《승정원일기》에 상세히 나온다. 11월 4일 나례청에서 한밤중에 연습을 한다고 금위영 대년군(待年軍)으로서 나례청에서 일하던 임광록이 조총을 세 방 쏘았는데 총성이 너무 커서 도성 안 사람들이 모두 놀라 동요하는 소동이 발생했다. 다음 날 정조는 조사와 처벌을 지시했다. 임광록은 세 번이나 나례청에서 일한 변수 심사득으로부터 연희를 사습(私習)할 때 총을 쏘고 취타하는 관례가 있다는 말을 들었다. 총을 쏘면 좋은 구경거리가 되겠다고 생각한 그는 최태겸을 비롯한 여럿과 상의

해 조총과 화약을 가져다가 쏘았는데 화약을 너무 많이 넣은 탓에 총성이 매우 커서 소요를 일으켰다.

나례청 연희의 총책임을 맡은 도변수 탁문한은 취조에 응하여 이렇게 진술했다. "본인이 장인변수로서 산대의 조성을 담당했는데 처음 만든 산대가 바로 무너져서 전날 겨우 산대의 난간을 조성했다. 구경하려는 양반과 여러 사람이 난간에 올라가 사습 장면을 구경한다고 난간을 다시 무너뜨릴까 염려하여 사습하는 갖가지 유희를 모두 함께 문밖으로 내쫓았다. 산대를 검사하는 중에 총성을 듣고 깜짝 놀라, 밖으로 나가 여러 사람을 질책하고 다시 들어왔다. 난간을 관찰하고 여러 사람에게 사연을 물었을 뿐 다른 잘못이 없다."[31]

훈련도감에서는 사건을 조사하고서 "대체로 나례청은 예로부터 좌변(左邊) 우변(右邊)으로 나뉘어 서로 이기려는 고질병이 있어서 유희할 때 갖가지 변괴의 일을 숱하게 만들어내고는 기이한 구경거리로 삼아 누가 이기고 누가 지는지 겨뤘다. 세상이 다 알고 있다"[32]라고 보고했다. 산대를 조성하고 유희를 연습하는 과정에서 발생한 사건이 이렇듯 커져버렸다. 사건을 조사하는 과정에서 탁문한이 산대 제작자로 활동한 내역과 산대 조성 과정이 어느 정도 밝혀졌고, 인명과 행적이 밝혀진 거의 유일한 산대 제작자로서 그가 주목된다.[33] 이 사건의 여파로 금위대장 서유대가 파직당하고 탁문한과 심사득은 일단 곤장을 맞고 변수에서 물러나게 한 뒤 나중에 죄를 묻기로 했다. 당장은 나례를 준비하지 않을 수 없어서였다.[34]

국기일에 춤추고 노래 부르다

그리고 열흘 뒤 또 다른 사건이 발생했다. 탁문한은 특별히 방면되어 여전히 산대 조성과 유희 연습에 간여하고 있었다.[35] 변수 자리는 다른 이로 교체되어 딴 사람이 책임을 맡았으나 여전히 탁문한의 입김 아래 있었다. 11월 13일과 14일은 영릉(永陵), 다시 말해 영조 맏아들의 제삿날이라서 어떤 풍악과 유희도 금지되었다. 하지만 칙사 영접을 위한 산대 조성과 연습은 시일이 촉박하다는 이유로 법을 무시하고 진행하다가 적발되었다. 당시에는 매우 중대한 범죄행위였기에 사건처리가 의금부에 배속되었다. 현직 변수와 함께 연습을 방치하고 게다가 구경까지 한 포도대장 둘과 다른 고위 장교들까지 파직과 구금을 당하는 것으로 확대되었다.

조사 결과 새로 임명된 변수 이호만(李好萬)과 김수태(金壽泰)는 탁문한으로부터 "얼마 전에도 공역이 지체되어 엄중하게 독촉을 받았거늘 언제 일을 다 마치려는가?"라는 지시를 듣고 죄를 입을까 두려워 16일과 17일 사이에 일을 마치려고 서둘렀다. 가장 시급한 일은, 산대가 대단히 커서 남대문으로 산대 틀의 아랫부분을 끌고 들어오기 위해 높이와 넓이를 조정하는 작업이었다. 13일 아침 탁문한을 주축으로 하여 작업을 했을 때 대궐 안에서 벌일 춤과 노래는 물론 음악까지 연습했다. 한술 더 떠 연습행사 자체가 대단한 구경거리여서 포도대장을 비롯한 다른 고위 무관들까지 나와 구경꾼 대열에 합류했다. 《일성록》을 비롯한 각종 사료에 이와 관련한 정조의 개탄과 처벌 내용이 상세하게 실려 있다. 정조는 이 사건을 사대부

의 법 준수와 의식 문제를 판단하는 척도로 삼을 만큼 아주 심각하게 생각했다.[36]

이 사건으로 인해 탁문한은 평안도 벽동군으로 유배가 결정되었다. 정조는 전날 총포를 쏜 사건에도 불구하고 특별히 방면해준 그가 다시 중대한 범죄를 저질렀다며 분개하여 그를 엄형에 처했다.[37] 《정조실록》 14일자에는 수많은 관료를 문책하는 국왕의 전교가 실려 있다.[38] 나례도감 행사에서 발생한 사건이 정치적으로도 중요한 문제로 인식되었음을 알 수 있는 대목이다.

나라의 기일에 연습한 일로 문제가 발생하기는 했으나 칙사가 오기 직전에 성문을 나서 연습하는 것은 관례였다. 순조 때 만들어진 《빈례총람(儐禮總覽)》에서는 "칙사가 한양에 들어오기 직전에 헌가(軒架)를 교외로 끌고 나가 의례를 연습한다"[39]라고 기록하고 이 관례가 1784년의 칙사 때에만 지켜지지 않았다고 밝혔다. 책에서는 그 사유를 따로 언급하지 않았으나 이 사건에 내린 정조의 처분 때문으로 보인다.[40] 사건이 발생하자 정조는 "이번 칙사 영접 나례는 무오년(1738) 전례를 따랐으나 처음부터 부득이한 조치였다"라며 나례 설행을 후회하고 한발 물러섰다.

가중처벌을 받은 탁문한

그러나 사건은 여기에 그치지 않았다. 앞서 밝힌 것처럼 정조는 나례 설행을 구실로 하여 경강상인과 시전상인 및 지방 관아에 비용

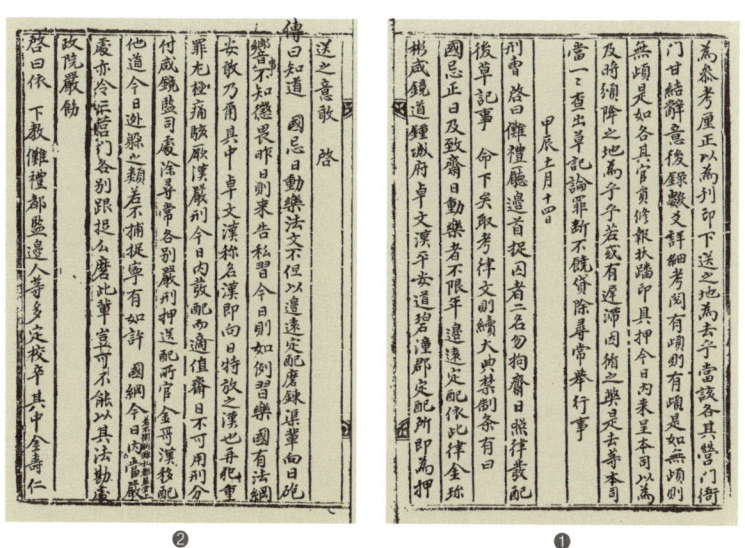

《어영청등록(御營廳謄錄)》 76권, 갑진(甲辰) 십일월(十一月) 십사일(十四日) 기사,
한국학중앙연구원 소장 필사본.
탁문한 처벌을 보고하는 상주와 정조의 지시가 실려 있다.

전가하기를 금하고, 이를 범하는 자를 색출하라는 엄한 명령을 내린 바 있다. 그러나 두 건의 사건이 일어나자 정조는 이미 내린 명령이 제대로 지켜졌는지를 염탐해 보고하게 했다. 조사한 결과 국왕의 명령이 전혀 지켜지지 않고 있었다. 그해 11월 16일 《승정원일기》를 비롯한 각종 기록에는 자세한 불법행위를 적고,[41] 그 책임자가 이미 죄를 받고 유배를 간 탁문한 등이라는 사실을 지적하면서 다시 형장을 가하라고 주청했다.[42] 이 사건으로 탁문한은 가중처벌을 받았다.

1784년 11월에 발생한 일련의 사건은 모두 칙사 영접을 위해 산대를 만들고 연희를 연습하는 과정에서 발생한 것이었다. 어느 하나도 작은 사건이 아니었다. 모두가 도변수 탁문한과 직접적으로 관련되었고, 그는 죗값을 치르느라 벽지로 유배를 갔다. 1790년 6월 24일 진도에 있는 죄수 탁문한을 방면한다는 《일성록》 기사에 따르면 이해에 방면되었음을 알 수 있다. 무려 육 년 동안 유배를 산 것이다.

사건이 발생했으나 미봉하고 영접을 위한 나례 행사는 일단 거행되어 온 성안이 나례 구경으로 떠들썩했다.[43] 문제는 그 이후다. 사건이 일어나자 이후 조정에서는 다시는 나례를 설행하지 않았다. 본래 나례는 길례(吉禮)일 경우에만 설행했다. 그러나 1784년 이후에는 길례라 해도 우리와 저쪽의 사정 때문에 나례를 거행하지 않기로 했다고 《의례총람》에 기록했다.[44] 따라서 건륭제 사망 부고를 가져온 칙사를 영접하기 위한 1799년 1월의 행사에서 이서구가 관례를 들어 거부한 일은 당연하지만,[45] 같은 해 12월 24일 세자책봉 칙사는 충분히 나례를 거행할 만한 경사였는데도 저들이 요청할지라도 나례를 설행하지 않겠다는 뜻을 정조는 밝혔다.[46] 상복을 벗기는 했어도 스물일곱 달밖에 지나지 않았다는 핑계를 대고 정조가 원접사에게 명하기는 했으나 그 근본 동기는 밝히지 않았다. 1784년 사건을 기회로 복잡한 문제를 일으킬 소지가 충분한 산대희 자체를 조정 차원에선 설행하지 않겠다는 의도인 것으로 보인다. 정조의 조치는 이후 불문율처럼 지켜졌다.

그 같은 정황은 저 유명한 〈갑신완문(甲申完文)〉에서 확인된다. 이것은 1824년 팔도 광대들이 모여 인원 동원과 관련하여 광대 조직을 정비하면서 관의 허가를 받은 문서다. 그 내용 가운데 이런 대목이 있다.

위 완문은 거행할 일을 알게 하고자 한 문서이다. 팔도 재인들은 병자년 이후 칙사 행차에 좌우 산대를 설치하여 거행해야 했으나…… 지난 갑진년 이후로는 좌우 산대를 설행하지 않되, 전례에 실린 칙사 행차 때……47

그동안 학계에서는 〈갑신완문〉에 근거하여 산대도감 나례가 완전히 폐지된 시기를 1784년으로 보았다. 앞서 살펴본 사료와 일치한다. 그러나 그것이 사라진 이유에 대해선 분명히 설명하고 있지 못하다. 사진실은 "임금의 환궁행사로서 나례는 인조 이후에 폐지되었고, 중국 사신을 환영하는 행사로서 나례는 정조 8년(1784)에 폐지되었다. 나례를 폐지한 것은 물자를 징발하고 재인을 동원하는 일이 점점 어려워졌기 때문이다"라고 분석하여 폐지의 원인을 물자 징발과 재인 동원의 어려움에 돌렸다.48 제기한 문제가 나례 폐지의 주요 원인 중 하나라 할 수 있다. 그러나 더 직접적 동기는 앞서 살펴본 것처럼 탁문한이 직접적으로 관련된 사건에 있다. 그 사건으로 불거진 산대도감 나례의 여러 폐단이 결정적 원인이 되어 국왕 정조가 아예 폐지하기로 방향을 정한 것으로 보인다. 결국 산대도감 나례를 폐지하게 만든 장본인 중 한 사람이 바로 탁문한인 셈이다.

산대도감 나례를 책임진 마지막 도변수

탁문한은 마지막으로 거행된 칙사영접 산대도감 나례행사에 도변수로 활약하다가 불미스런 사건 때문에 중도 하차했다. 그렇기는 해도 그는 마지막 도변수로서 지위와 영광을 누렸다. 인기 탈춤꾼이자 산대도감 조성 장인이라는 지위를 가진 인물이 19세기 전반기에 조수삼과 심능숙에 의해 비중 있게 서술된 것은 당사자인 탁문한이 지닌 독보적 기예 자체에 우선 그 이유가 있겠지만 위와 같은 역사적 맥락과도 관련이 있을 것이다.

조선시대에는 비록 그 예술행위가 수준 높다 해도 공연예술가 자체를 부정적인 시선으로 바라보았다. 탈춤을 비롯한 연희 계통에서는 더더욱 자기 이름을 당당히 내놓을 조건이 형성되지 못했다. 그렇기 때문에 예술가 본위로 연희를 점검할 경우 탁문한의 사례는 주목할 만하다.

그가 정조와 순조 연간의 나례청과 나례에서 막중한 책임을 진 위치에 있었고, 그의 예술이 최고라는 인정을 받았기 때문에 그를 자세하게 살펴보는 것은 당시 나례의 전개 과정을 이해하는 데 적잖이 도움이 된다. 다만 그에 관한 문헌이 단편적이어서 그의 삶과 예술활동을 정확히 재구성하는 데는 한계가 많다. 탈춤꾼으로서 그의 실력과 개성 그리고 검무와 검술 실력을 어느 정도로 인정할 것인지는 더 연구가 필요하다. 양인 신분과 관련한 문제 역시 한두 가지 자료로만 확정하기에는 여전히 불확실하다.

그렇다고 해서 그의 위상을 부정하기는 어렵다. 특히 산대 조성 장인으로서, 방상시와 죽산마 조성의 장인으로서 그가 지녔던 위상을 의심하긴 어렵다. 연희 제작자와 관련한 구체적 사실은 이 글에서 거의 처음으로 조명되었다. 의문점을 남겨놓는다 해도 이만한 관런 문헌을 남긴 연희자 역시 없다. 이를 계기로 삼아 탁문한과 탈춤꾼 및 제작자에 관한 문헌 조사와 치밀한 분석은 앞으로도 계속되어야 할 것이다.[49]

주

과학자・정철조

1 황윤석(黃胤錫), 《이재난고(頤齋亂藁)》, 《한국학자료총서(韓國學資料叢書)》1, 한국학중앙연구원, 689~690쪽. "尹琨甫言, 其外四寸鄭喆祚〔주: 大司諫運維子, 家在京中集巨洞〕, 庚戌生, 能科文而專精曆象算數之學, 以利瑪竇遺法爲宗, 今二十餘年矣. 居一室, 所粹西書, 充衍其中. 雖其弟, 不許入也. 自製日晷, 用之測影. 善治硯石, 又工古畵. 聞人家有西書, 雖所不識卿相, 必以踁徑得而借出."
2 청나라 강희제(康熙帝) 때 벨기에 선교사인 베르비스트(Ferdinand Verbiest, 중국명 南懷仁)가 저술한 천문서로, 1715년(숙종 41) 4월 허원(許遠)이 청나라에서 들여왔고, 관상감에서 이 책을 토대로 그림 2책을 포함해 15책으로 간행했다.
3 박제가(朴齊家), 《정유각시집(貞蕤閣詩集)》권1, 〈왕어양의 세모회인시를 장난삼아 본뜬다(戲倣王漁洋歲暮懷人六十首)〉, 《정유집(貞蕤集)》, 한국사료총서(韓國史料叢書) 제12집, 국사편찬위원회, 1961).
4 조재삼(趙在三), 《송남잡지(松南雜識)》, 동서문화원 영인본, 2861쪽. "近世鄭弼祚有硯癖, 人謂石癡, 仍自號焉."
5 이규상(李奎象), 《병세재언록(并世才彦錄)》(《한산세고(韓山世稿)》권30, 〈일몽고(一夢稿)〉), 〈화주록(畵廚錄)〉, '정철조전(鄭喆祚傳).' 민족문학사연구소 옮김, 《18세기 조선 인물지》, 창작과비평사, 1997 참조. "鄭正言喆祚, 號石癡, 善畵竹石山水, 癖痼刻硯石. 刻硯人例具刀錐, 名曰刻刀. 喆祚只以佩刀刻硯, 如削蠟, 勿論石品, 見石輒剜, 頃刻而成, 貯硯滿案, 有求輒與."
6 유득공의 벼루 사랑은 졸저, 《선비답게 산다는 것》, 푸른역사, 2007 참조.
7 황윤석, 위의 책, 3책. "姜又言: '鄭喆祚, 甲午已登文科. 其人製硯, 殆冠一世, 不獨書畵九數而已. 其人又嘗言, 硯破, 則只用麥糊而可. 盖石理不令水漏, 異於木理引水故耳.'"
8 심노숭(沈魯崇), 《효전산고(孝田散稿)》, 〈자저실기(自著實記)〉, '문견내편(聞見內編)', 〔정석치연소지(鄭石癡硯小識)〕. "石癡鄭氏之硯, 近世有重名, 藝游家恥不得蓄. 余少時亦有之, 爲遷徙遺失, 深恨之. 嘗以此語姜聖章, 聖章爲: '吾家舊有石癡所爲. 嘗乞書其先世墓文, 以硯爲贄. 吾祖考每言, 見硯千數, 此爲絶之. 子欲見否?' 余欣然而請. 硯在安山, 聖章爲挈至. 風字形治之, 仍其本性, 不嫌微凹與凸, 而磋切之精, 殆非人所能, 石癡之充贄, 豹庵之稱詡, 可知其爲甚奇品也. 余固乞借, 聖章許之. 余所深喜, 能有其副名之實."
9 유만주, 《흠영(欽英)》6책, 1785년 8월 초사흘 기사. "聞鄭石癡又能刺繡, 可是異樣神才, 眞不可兒曉也."
10 이덕무(李德懋), 《청장관전서(靑莊館全書)》제33권, 《청비록(淸脾錄)》2, 문집총간 258집.

〈절협추성경목엽(絶峽秋聲驚木葉)〉."有趣有理, 亦澹亦精, 欲倩石癡謙玄之筆, 畫此扇頭."

11 황윤석, 위의 책, 제3권, 665쪽. "是日, 尹上舍在德, 又自泮齋來, 約以明日送餽崔北畵八帖. 因請假帖六丈. …… 近世畫家公評, 以爲東國無畵, 久矣. 自鄭敾首倡以來, 傳習者多, 駸駸然上逼唐宋. 沈師貞當爲第一, 鄭敾當爲第二, 而崔北·姜世晃又次之, 皆大家高品也. 其餘如柳德章之竹, 柳默之之梅, 尹德熙之僧馬, 李麟祥之芝蓮, 俱偏才名家云. …… 尹上舍又言, 鄭喆祚, 近世年少中亦云能畵, 而但稍生手."

12 이용휴(李用休), 《혜환잡저(惠寰雜著)》 2책, 〈정석치의 새 그림에 부치다(題鄭石癡異鳥圖)〉.

13 채제공(蔡濟恭), 《번암집(樊巖集)》, 〈정철조의 잉어 그림 장지에 부치는 노래(題鄭注書喆祚畫鯉魚障子歌)〉, 문집총간 235집, 290쪽. "細看非魚卽畫魚, 畫者逼神神應愁."

14 성대중, 《청성집(靑城集)》, 〈정철조가 그린 사슴 그림에 부치다(題鄭石癡喆祚畫鹿)〉, 문집총간 248집, 371쪽.

15 임천상(任天常), 《쇄편(瑣編)》 5책, 규장각 소장 사본. 정철조가 사망 직전에 금강산을 비롯하여 관동 일대를 탐방하며 스케치 여행을 한 것은 아주 중요한 의미를 지닌다. 그 전체 내용은 이렇다. "鄭石痴喆祚東遊, 遇余於通川, 同舟入金欄窟. 至, 則急索紙畵之, 目瞻手寫, 如恐有失, 一舟人無不捨眞境, 玩其畵. 及歸, 余搜其行橐, 金剛內外山, 及關東九郡諸勝, 皆在. 未幾, 石癡卒, 畵逡零落, 未有別本, 甚可惜爾."

16 정약용(丁若鏞), 《여유당전서(與猶堂全書)》 제1집, 〈정석치의 용 그림 장지에 부치다(題鄭石癡畫龍小障子)〉, 문집총간 281집, 15쪽. "時師畵龍如畵鬼, 任作魅頭與蛇尾. 人稀見龍信其然, 茫洋眩惑雲氣靉. 鄭公發憤思逼眞, 一鱗一晴皆傳神. 天螭直愁仰衝屋, 奮發常疑橫觸人. 此畫難得如珠玉, 密室潛描避人目. 戒我勿洩我發之, 丹靑小數要矯俗."

17 임천상, 위의 책, 같은 곳. "鄭石癡喆祚, 善畵, 尤妙於龍, 有求者, 終不聽, 意到卽自爲之. 嘗過家季父田舍, 季父飮之酒, 出側理紙, 求畵龍. 石癡執筆熟視, 忽漬墨, 作古木大鵑, 題之曰盖世英雄."

18 숭실대 기독교박물관 설립자 김양선 소장 〈견도(犬圖)〉의 제발. "(李喜英), 仿西洋畵法寫之者, 爲我邦嚆矢. …… 學畵於石癡鄭喆祚, 嘗爲靑城成大中, 仿石癡畵仙麋圖者, 成氏世守, 今亦歸余書榻."

19 박규수(朴珪壽), 《장암시집(莊菴詩集)》, 〈이호산장도가(梨湖山莊圖歌)〉 《환재총서(瓛齋叢書)》 5, 대동문화연구원), 124~128쪽. "我家亦有山莊圖, 皇考燕岩先生之所築. 考槃之亭臨磵崖, 荷堂竹閣在池北. 星羅棊置面面新, 雖不丹臒樣山谷. 鄭公石癡爲之圖, 闕風之篇輞川圖. 縷分毫析眼森森, 眞境妙於玻瓈縮. 樹葉深中栢黃鸝, 磵水流處飮蒼鹿. 欲往逍遙路悠悠 展之中堂心逐逐. 雖然鄭老妙於畵, 畵外莫畵堂裏蓄. 雖然鄭老妙於畵, 一紙難寫雪与海."

20 박규수의 시에는 파려축경법을 설명하는 다음과 같은 주석이 달려 있다. "파려축경법은 대단히 오묘하다. 날씨가 몹시 맑은 날 처마가 짧은 방 안에 들어가 창문을 틀어막고 한밤중처럼 깜깜하게 만든다. 창문에 작고 둥근 구멍 하나를 뚫어서 물건을 크게 보이게 하는 확대경 한 알을 창문에 붙인다. 바깥의 밝은 햇볕이 쏟아져들어오는 곳에 바탕이 흰 물건으로 빛을 받으면 창밖의 산빛, 수목, 인물, 누대가 하나하나 거꾸로 쏟아져들어와서 종이 위에 펼쳐진다(玻瓈縮景法, 甚妙. 天氣晴朗日, 入短簷室中, 障蔽窓戶, 令囪黑暗如昏夜. 只穿囪間一小圓孔, 以大視眼鏡一隻, 傳作囪眼, 隨其明光透入處, 承之以白本, 則囪外山光樹木人物樓臺, ――倒影射入, 着在紙上)." 파려축경법은 곧 카메라 옵스큐라(camera obscura) 방법을 가리킨다. 정약용은 이를 '칠실파려안

주 **445**

(漆室玻瓈眼)'이라 설명한 바 있다. 카메라 옵스큐라는 암실이나 밀폐된 공간에 작은 구멍을 통과해서 들어온 빛이 영상으로 변하는 자연 현상을 응용한 광학적 투영기구로, 어둠 속에 바늘구멍으로 들어온 빛을 따라 일정한 거리의 벽면이나 흰 종이에 밖의 풍경이나 물상들이 거꾸로 비치게 되는 원리를 일정한 틀로 개발한 것이다. 이에 대해서는 이태호, 〈조선후기에 '카메라 옵스큐라'로 초상화를 그렸다〉(《다산학》 제6호, 다산학술문화재단, 2005, 105~134쪽)를 참조하라.

21 박종채(朴宗采), 김윤조 옮김, 《역주 과정록》, 태학사, 1997, 311쪽. "石癡文雅, 有絶藝. 凡機轉諸器, 如引重升高磨轉取水之類, 能心究手造, 皆欲倣古試今, 需諸世用也."

22 황윤석, 위의 책, '이십육일임자(二十六日壬子)'. "李德懋言, 近日京中, 以西學數理專門者, 徐命膺及子浩修, 而又有李瀷, 卽武人格之弟也. 廢擧不出, 爲人高潔, 方居紵洞. 又有鄭厚祚, 卽文官喆祚之弟也. 專意於天下輿圖之學."

23 한영호, 〈조선의 신법일구(新法日晷)와 시학(視學)의 자취〉, 《대동문화연구》 제47집, 2004. 9, 361~396쪽.

24 황윤석, 위의 책, 〈정철조에게 보낸 편지(與鄭君喆祚書)〉. "惟日間, 侍暇學履增吉. 區區馳仰, 實非常品. 頃者何幸得邃玄賞, 庶幾少慰夙昔之願. 則東士所稀, 自吾來上國, 所遇惟徐子先·李振之二先生者, 高明之謂矣. 剡聖朝儀器之制之精, 斷自今始, 將有太史氏迹焉, 寧不韙哉! 自念無狀, 非不欲更造, 而職事所拘, 又此持被, 無以日源源飽聽崇論. 若幸不鄙, 重有以見教, 則爲賜大矣. 早晩脫直擬一前, 不備. 伏惟俯亮, 謹上候狀. 戊子九月四日, 胤錫拜手."

25 박지원, 《열하일기(熱河日記)》, 〈알성퇴술(謁聖退述)〉, '관상대(觀象臺)'.

26 김정호(金正浩), 《청구도(靑邱圖)》 건, 〈범례(凡例)〉, 민족문화추진회, 1971, 3쪽. "正廟朝, 分命諸州郡, 圖形該地方以上. 於是有經緯線表, 或以八道分幅, 或以州縣分俵, 任意裁作. 鄭喆祚·黃曄·尹鍈之本, 最著焉."

27 이규경, 《오주연문장전산고(五洲衍文長箋散稿)》, 〈경사편(經史篇)〉, '지지변증설(志地辨證說)'. "輿地圖, 則尹鍈《輿地圖》, 鄭喆祚《輿地圖》, 黃曄《輿地圖》, 爲地圖之第一."

28 황윤석, 위의 책, '이십일일계해(二十一日癸亥)'. "近間前監察安鼎福居廣州慶安驛西南十里地, 故監役李瀷門徒也. 以史學稱, 嘗考論東國古今事實, 以至輿地官制, 勒成一家言. 又因鄭運維之父一寧及子喆祚, 三世所修輿地文字訂正, 而以浿水可疑者, 質之瀷. 瀷曰: '浿水, 何必求諸我國. 蓋我國之謂猪灘及大同鴨綠二江, 疑其爲浿水, 而實則正在遼東, 卽泥河當爲古浿水故也.' 其所質正, 多類此. 近日文獻備考之役, 申景濬乃取鄭安二家私蘽用之, 而不歸功於安, 安以此大慍云."

29 신택권(申宅權), 《저암만고(樗庵漫藁)》 권4, 〈정성백철조애사(鄭城伯哲祚哀辭)〉, 규장각 소장 사본. 소주: "辛丑十二月初五日. 當在上."

30 박지원, 《연암집(燕巖集)》 권10, 〈정석치제문(祭鄭石癡文)〉. "生石癡, 可會哭, 可會吊, 可會罵, 可會笑, 可飮之數石酒, 相贏體毆擊, 酩酊大醉, 忘爾汝, 歐吐頭痛, 胃翻眩暈, 幾死乃已. 今石癡眞死矣. 石癡死, 而環尸而哭者, 乃石癡妻妾昆弟·子姓親姻, 固不乏會哭者. 握手相慰曰: '德門不幸, 哲人云胡至此?' 其昆弟子姓, 拜起頓首, 對曰: '私門凶禍.' 其朋朋友友, 相與歎息, 言: '斯人者, 固不易得之人.' 而固不乏會吊者. 與石癡有怨者, 痛罵石癡病死. 石癡死, 而罵者之怨已報, 罪罰無以加乎死. 世固有夢幻此世, 遊戱人間, 聞石癡死, 固將大笑, 以爲歸眞, 噴飯如飛蜂, 絶纓如拉朽. 石癡眞死, 耳郭已爛, 眼珠已朽, 眞乃不聞不覩. 酌酒酹之, 眞乃不飮不醉. 平日所與石癡飮徒, 眞乃罷去不顧. 固將罷去不顧, 則相與會, 酌一大盃, 爲文而讀之, 曰: '缺.'"

31 임천상, 《쇄편》 3책, 규장각 소장 사본. "鄭石痴喆祚一日不病而化, 前夜其從姪七歲兒, 忽火呼曰, 天人來召叔, 叔騎龍而去. 兒父母記爲讖語. 是夕石痴果歿."
32 임천상, 《궁오집(窮悟集)》 권1, 〈석치 선생을 곡하다(哭石癡先生五十韻)〉, 규장각 소장 필사본. "國器宜需國, 斯人乃止斯. 平生終轗軻, 此世儘嶔崎. 徒爾稱多藝, 于何可一施."
33 임천상, 위의 글. "硯譜添新品, 興圖補舊遺. … 醇釂何擇也, 賢聖輒中之. 箕踞嵇康傲, 車窮阮籍悲. 畵廚隨跌宕, 醉墨或淋漓. 絹角圖猶牢, 龍睛點故遲. 百工皆備是, 三絶可方誰."
34 정인보(鄭寅普), 〈담헌집서(湛軒書序)〉, 《담헌집(湛軒集)》, 문집총간 248집. "雖門戶有閱, 聲氣互流, 同焉者應. 故先生所善朴燕巖趾源, 朴楚亭齊家, 皆夙擂星湖僿說, 而皆善鄭石癡喆祚, 楚亭又善茶山."
35 정인보, 《담원문록(薝園文錄)》, 〈정석치의 노래(鄭石癡歌)〉, 《담원 정인보전집》 제1권, 연세대 출판부, 1983. "從來玆學要精博, 自非尃工成無由. 剗爾十法術猶疎, 儒士窺衡俗所羞. 頗怪酒人多脫略, 那得蠶絲牛毛到."
36 정인보, 위의 글. "始知斯人自有眞, 閱識早先天下憂. 漢上是時人物盡, 盱衡羞受舊絆縲. 德操辯博自新學, 美鑣記覽思廣裒. …… 少見多怪未可郵, 重之積痼在薰私, 鉛刀爲銛美爲醜, 奇氣擁腫四望悲, 人間窄窄那可投. 何以忘憂憂無涯, 聊復爾耳酒相酬."
37 임천상, 《쇄편》 3책, 규장각 소장 사본. "鄭石癡喆祚, 酒戶甚寬, 家貧不能劇飮. 苟得燒酒, 輒沽濁醪和之, 酌用大磁器, 名之曰混沌酒."
38 임천상, 위의 책, 같은 곳. "鄭石癡, 自金剛山來江陵, 盛初問金剛如何. 石癡曰: '只恨不得死在這裏.'"
39 임천상, 위의 책, 같은 곳. "鄭石痴喆祚東遊, 過江陵. 時盛初從大人在府, 爲設素絹粉墨. 公愛一小妓, 持絹熟視曰, '伊正顔無動, 我且畵之.' 妓謂將寫起其像, 忽以彩筆揮洒, 作一牧丹, 曰, '此爾畵像!'"
40 임천상, 위의 책, 같은 곳. "鄭石痴喆祚爲明陵郞時, 或問長日何以消遣. 石痴曰是不難, 就樹陰布茵, 臥看葉葉交錯, 自有無限意趣."

화가 · 최북

1 이가환(李家煥), 민족문학사연구소 한문분과 옮김, 〈이가환의 《정헌쇄록(貞軒瑣錄)》〉, 《민족문학사연구》 통권 30호, 2006, 381~440쪽. "崔北, 字七七, 初名埴, 字聖器, 慶州人. 肅宗壬辰生, 計士尙餘子也. 畵幅題星齋·三奇齋·居其齋·坐隱, 毫生館者尤多."
2 이규상(李奎象), 〈병세재언록(幷世才彦錄)〉, 《한산세고(韓山世稿)》 권30, 〈일몽고(一夢稿)〉, 〈화주록(畵廚錄)〉, '최북전(崔北傳)'(민족문학사연구소 옮김, 《18세기 조선 인물지》, 창작과비평사, 1997). "生寒微, 或曰京城閭巷人."
3 그의 초명인 식(埴) 자에서 눈 목(目) 자를 빼면 북(北) 자의 형태가 나온다. 초명을 바탕으로 개명했을 가능성이 높다. 홍선표도 〈최북의 생애와 의식세계〉(《미술사연구》 제5호, 미술사연구회, 1991, 14쪽)에서 그 가능성을 제시했다.
4 조희룡(趙熙龍), 《호산외기(壺山外記)》, 〈최북전(崔北傳)〉(실시학사 고전문학연구회 역주, 《조희룡전집》 6, 한길사, 1999), 59~60쪽. "崔北, 字七七, 字亦奇矣. 善畵山水屋木, 筆意蒼鬱, 擣香

大癡, 終以己意成一家者也. 自號毫生舘."

5 황윤석(黃胤錫),《이재난고(頤齋亂藁)》3,《한국학자료총서(韓國學資料叢書)》3, 한국학중앙연구원, 1997, 665쪽. "최북은 경성의 여항인이다. 자는 칠칠인데 그 이름 북이 좌우에 칠 자가 있기 때문이다(崔北者, 京城閭巷人. 字七七, 以其名北, 左右從七故也)." 또 남공철도 〈최칠칠전(崔七七傳)〉에서 "최북 칠칠(七七)은 집안의 내력과 본관을 세상에서는 잘 알지 못한다. 이름을 쪼개 자를 만들어서 당시에 행세하였다(崔北七七者, 世不知其族系貫縣, 破名爲字, 行于時)"라고 했다.

6 이용휴(李用休),《탄만집(歎歎集)》,〈풍악도에 부치다(題楓嶽圖)〉, 문집총간 223집, 25쪽. "殷七七非時開花, 崔七七不土起山, 皆以頃刻, 異哉!"

7 그 하나의 사례로 황윤석은 "최북은 …… 스스로 호를 호생관이라 했거니와, 붓끝으로 생계를 꾸려가기 때문이다(崔北者, …… 自號毫生舘, 謂其筆端資生故也)"(황윤석, 위의 책, 같은 곳)라고 했다.

8 이규경(李圭景),《시가점등(詩家點燈)》,〈지두나문인성화(指頭螺紋印成畵)〉와 〈화명호생(畫名毫生)〉, 아세아문화사 영인본, 1981.

9 동기창(董其昌),《용대별집(容臺別集)》 권4,〈제발(題跋)〉, '화지(畵旨)'. "衆生有胎生卵生濕生化生, 余以菩薩爲毫生, 盖從畫師指頭放光拈筆之時菩薩下生矣. 佛所云, 種種意生身, 我說皆心造, 以此耶. 南羽在余齋中, 寫大阿羅漢, 余因贈印章曰毫生舘."

10 홍선표는 위의 논문에서 이 호가 붓으로 먹고사는 화업(畫業)을 천시하던 시대의 자기비하적 의식의 반영이기보다, 화업을 전문적으로 수행하며 살아가는 전문인으로서 강한 의지를 표명한 것이 아니었을까 추정하면서도, 최북이 실제로 이러한 의미까지 염두에 두고 자호했는지 확인하기는 어렵다고 말했다.

11 김광국(金光國),〈운산촌사도(雲山村舍圖)에 부친 발문〉, 간송미술관 소장. "崔北, 字七七, 號三奇齋, 盖自許以文章書畵俱奇也. 晩以毫生名其館, 人有問者, 輒謬應曰:'吾以毫端作生涯也.' 崔之舐筆, 殆將七十年, 畫法頗爲瞻濃, 然終不能脫去北宗習氣, 可惜. 石農元賓書."

12 신광하(申光河),《진택문집(震澤文集)》《숭문연방집(崇文聯芳集)》, 아세아문화사, 1985) 권7,〈최북의 노래(崔北歌)〉. "北也爲人甚精悍, 自稱畫師毫生舘. 軀幹短小眇一目, 酒過三酊無忌憚."

13 조희룡, 위의 책, 위의 글. "一貴人要畫於北, 而不能致, 將脅之. 北怒曰:'人不負吾, 吾目負吾!' 乃刺一目而眇. 老掛靉靆一圈而已."

14 조희룡, 위의 책, 위의 글. "壺山居士曰:'北風烈也. 不作王門伶人, 足矣. 何乃自苦如此?'"

15 정약용,〈혼돈록(餛飩錄)〉(다산학회 편,《여유당전서보유(與猶堂全書補遺)》 제2책), 134쪽. "崔北, 字七七, 近世名畵也. 晩年眇一目, 遂取舊所御靉靆, 亦去其一眼, 其性情可見."

16 이규상, 위의 책, 같은 곳. "北性如刀鋒火焰, 小忤意, 輒辱之, 咸目以妄毒. 不治生, 老寄人家, 至死."

17 남공철(南公轍),《금릉집(金陵集)》,〈최칠칠전(崔七七傳)〉. "七七性亢傲, 不循人. 一日與西平公子圍碁, 賭百金. 七七方勝, 而西平請易一子, 七七遽散黑白, 斂手坐曰:'碁本於戲, 若易不已, 則終歲不能了一局矣.' 後不與西平碁. 嘗至貴人家, 閽者嫌擧姓名, 入告:'崔直長至!' 七七怒曰:'胡不稱政丞而稱直長?' 閽者曰:'何時爲政丞?' 七七曰:'吾何時爲直長耶? 若欲借啣而顯稱我, 則豈可捨政丞而稱直長耶?' 不見主人而歸."

18 임천상(任天常),《시필(試筆)》 5책, 규장각 소장 사본, 71~72쪽. "崔北爲人妄率, 雖士夫, 苟有

不禮於己者, 輒辱之. 一日畵於人家, 或呼以崔直長, 北便閣筆曰, '曾見何處都目崔北爲直長麽?'" 이 인용문의 '직장(直長)'이란 어휘 아래에 "동방의 풍속에 중인을 부르는 호칭으로 직장이나 봉사라는 것을 많이 사용한다(東俗稱中人者, 多以直長奉事)"라고 주석을 붙여놓았다.

19 조희룡, 위의 책, 위의 글. "嘗於某家, 逢達官, 達官指北, 向主人曰: '彼座者, 姓誰?' 北仰面向達官曰: '先問, 君姓誰乎?'" 其傲慢如是".

20 정약용, 위의 책, 같은 곳. "嘗於宰相家, 貴游子弟展畵看閱, 必曰, '畵則吾不知.' 崔便勃然曰, '畵則吾不知, 他物皆知之乎!' 人皆愧笑."

21 남공철, 위의 글. "人有求爲山水, 畵山不畵水, 人怪詰之. 七七擲筆起曰: '唉! 紙以外, 皆水也.' 畵得意而得錢少, 則七七輒怒罵, 裂其幅, 不留. 或不得意而過輪其直, 則呵呵笑拳, 其人還負出門, 復指而笑: '彼竪子, 不知價.'"

22 남공철, 위의 책, 〈최북에게 답한다(答崔北)〉. "朝自南衙還, 聞虛過, 恨然也, 僮僕皆傳, 生來時被酒, 亂抽案上書帙, 紛然滿前, 仍欲狂叫嘔吐, 爲人扶出而止. 能免街上顚仆之患不?"

23 조희룡, 위의 글. "爲人, 激仰俳兀, 不以小節自束."

24 마쓰자키 간카이(松崎觀海), 〈내정집(來庭集)〉(이원식, 《조선통신사》, 민음사, 1991, 204쪽). "居此處, 號居其齋. 忙甚, 未答問." 거기재란 호는 〈논어〉에 나오는 "북두칠성이 제자리에 있으면 뭇 별이 그 별을 받든다(北辰居其所, 而衆星拱之)"라는 공자의 말에서 글자를 가져왔다. 그의 이름이 북(北)이기에 위 구절을 따왔는데 거기재 역시 그의 도도함을 표현하는 호다.

25 이현환(李玄煥), 《섬와잡저(蟾窩雜著)》, 〈일본에 가는 최북을 배웅하는 글(送崔北七七之日本序)〉, 《근기실학연원제현집(近畿實學淵源諸賢集)》 6, 성균관대 대동문화연구원, 2002. "(崔北)請語於余曰: '是任也, 國之命, 義固不敢辭. 且人生於偏壤, 所見不過數百里之間, 無高山大川, 可登眺而自廣其心胸. 諸子百家之書, 雖或徧覽, 不過古人之陳跡, 亦不足以激發其志氣. 恐遂汨沒, 決然捨去, 將欲浮海而東, 求天下奇聞壯觀, 以知天地之廣大而歸焉.'" 정은진, 〈《섬와잡저》와 최북의 새로운 모습〉(《문헌과 해석》 16호, 문헌과해석사, 2001)에서 처음 소개되었다.

26 이현환, 위의 글. "夫倭人國于島, 琵琶形局, 外亂不入, 鐵劍利而詐力究. 其中桀驁之輩, 以技藝賈勇者, 顯矣. 今國之揀子以行者, 子其知乎? 倭人有來而求畵者, 奮袂如風, 縱筆揮灑, 出新意於法度之中, 寓深機於豪放之外, 寫奔湍巨浪·奇巖怪石, 隨物而賦形焉. 其揮洒之直, 與東海之長波怒濤, 並氣勢而爭力量, 則彼桀驁者, 皆將調幻藥而奉生綃, 必足相屬於子所館之門矣. ……苟使彼倭者留意於此, 則亦必招走餇復壁之禍矣. 又有輕死生之心, 不翅若君子之爲患, 而反將奉一國寶莊而慕效之, 忘心於戰伐之事, 祈中時好之不暇, 顧安有武力之競也?"

27 이현환, 위의 글. "且其暇也, 潛畵其山川人物城池器械而歸, 以爲我國他日戰守之機宜, 則子之三寸之管, 可使國重於鼎呂, 而亦爲干城之用矣."

28 조희룡, 위의 책. "兢齋金得臣, 毫生館崔北, 古松流水館道人李寅文, 與檀園竝名于世."

29 황윤석, 위의 책, 제3권, 665쪽. "自鄭敾首倡以來, 傳習者多, 駸駸然上逼唐宋. 沈師貞當爲第一, 鄭敾當爲第二, 而崔北·姜世晃又次之, 皆大家高品也."

30 정범조(丁範祖), 《해좌집(海左集)》, 〈김홍도에게 편지를 부쳐 산수조충도를 그려달라고 부탁하는 노래(寄金弘道求爲山水蟲鳥圖歌)〉, 문집총간 239집. "往者崔七七, 馳譽沈鄭間. 爲我掃古梅, 筆力破天慳. 斯人已黃土, 代起誰爲勝."

31 신광하, 위의 책, 권9, 〈정대부가 김홍도에게 그림을 부탁한 시에 부치다(題丁大夫乞畵金弘道)〉, 262쪽. "吾觀其人貌甚靜, 每畵一物心若悟. 豈如崔北衆中恣醉罵, 目見曺稱稱獨步? 北也

窮死畵亦賤, 休道物情隨時變."

32 이현환, 위의 책,〈최북의 그림에 대하여(崔北畵說)〉. "七七以善畵名于世, 人有持屛簇以請者, 七七始喜之, 奮袂如風, 須臾而成, 其應若流. ……四方之人, 來請畵者, 足相躡於其門. 王公貴人, 甚或使之以畵師, 七七終厭之. 人有以素紈來者, 輒受而置之, 盈盆軸而積箱篋, 或有經歲而不肯下筆者, 夥矣. 昔文與可善畵竹, 人持縑而來者, 殆無數. 與可厭之, 投諸地而罵曰: '吾將以爲襪!' 今七七山水花卉, 與與可竹幷掊而齊其名, 其厭之之意, 亦欲襪其縑矣."

33 이현환, 위의 글. "七七曰: '惟畵, 適吾意而已. 世之知畵者, 鮮矣. 誠如子之言, 雖百世之下, 觀此畵者, 可以想其人. 吾欲以俟後之知音也.'"

34 박윤묵(朴允默)의〈호생관의 화본에 부친다(題毫生館畵本後)〉(《존재집(存齋集)》, 총간 292집, 379쪽)에선 "호생관의 필법은 지극히 맑고도 야위어서, 한 폭 그림도 당시에는 명성이 높았지. 그림값을 얻으면 바로 술을 샀기에, 부엌에는 여전히 밥 짓는 연기 일지 않았네(毫生筆法極淸瘦, 名重當時一幅圖. 若得畵錢便沽酒, 廚中依舊饕煙無)"라고 묘사했는데, 그가 그림을 팔아 얻은 돈을 모두 술값으로 써버리고 생계는 거들떠도 보지 않았음을 짐작케 한다.

35 신광수(申光洙),《석북문집(石北文集)》, 총간 231집,〈최북이 그린 설강도에 부친 노래(崔北雪江圖歌)〉. "崔北賣畵長安中, 生涯草屋四壁空. 閉門終日畵山水, 琉璃眼鏡木筆筩. 朝賣一幅得朝飯, 暮賣一幅得暮飯. 天寒坐客氈毛上, 門前小橋雪三寸." 홍선표의 앞의 논문에 따르면, 이 시는 최북의 오십 대 생활을 묘사하고 있다.

36 박은순의〈호생관 최북의 산수화〉(《미술사연구》제5호, 미술사연구회, 1991, 31~73쪽)에서 최북이 남종화풍을 구사한 점을 집중적으로 조명했다.

37 이규상, 위의 글. "善畵法, 主筋力, 雖細畵草畵, 莫不鉤索狀也. 以是, 頗有粗厲容. 尤善畵鶉, 人稱崔鶉. 嘗畵蝴蝶, 異凡蝶, 問之, 則曰: '深山窮谷, 人不見處, 有許多蝶形云.' 又善草, 幾半行, 婉嶲奇絶."

38 김기서(金箕書),《화초만고(和樵漫稿)》,〈제천익수금강도(題千益壽金剛圖)〉, 연세대 소장 필사본. "崔北號毫生館, 以畵名. 嘗寫樹木, 多奇怪不曾見者. 人問之, 笑曰: '不妨! 千萬樹人何盡見? 如此樹, 山中或當有之. 畵者常欲似眞, 安知眞者之不欲似畵. 此畵之所以將造化. 化者畵也.' 余聞於悠悠齋中."

39 이규경, 위의 책, 308쪽. "崔北, ……醮墨指頭, 善寫山水, 柳彈素琴有詩曰: '壁看崔七指頭畵, 案有泰西面角圖.'"

40 서유구,《임원십육지(林園十六志)》,〈유예지(游藝志)〉, 오사카 시립 나카노시마 도서관 소장 자연경실장본(自然經室藏本).〈나문지두화(螺紋指頭畵)〉. "崔北, 字七七, 號毫生館, 畵史也. 醮墨指頭, 善畵, 諸法俱妙." 글은《국사소지(菊史小識)》에서 인용한 것이다.

41 이학규(李學逵),《낙하생고(洛下生藁)》,〈최칠칠의 살구꽃 아래 비둘기 그림(崔七七杏花鵓鳩圖)〉, 아세아문화사 영인본. "○色欲雨鳩勃磎, 雄飛逐雌雌怒啼. 回飛不向林間棲, 錦襠繡褓不自惜. 翩然下啄山田泥, 田間碧草紛萋萋. 上有雨鳩行得得, 雙睛活相射. 一鳩瘿頸俯自矜, 兩鳩刷翎回其臆. 西林老杏花作團, 上枝下枝漫天白. 花梢雨雀復喧爭, 搖蕩殘英墜香陌. 却憶圓山小園林, 欄前一樹春陰陰. 欲晴不晴雨不雨, 遭○聒聒愁煩襟. 怒鳴喜啼皆同會, 從來物情隨臆度. 焉知喜怒必有心."

42 이학규, 위의 글. "毫生畵手出邊趙, 尤工竹石兼花鳥, 今之此圖自譏戱, 仍須玉蹙絥綾標. 摩挲墨迹久已昏, 有眼何須款識存. 南儕竟是寒具手, 況論薑篌篪溫麐. 一別京城十八載, 展卷重見毫生

43 남공철, 위의 글. "李佃言: '七七好讀西廂記水滸傳諸書, 爲詩亦奇古, 可諷而秘不出'云."
44 임천상, 위의 책. "雖非驚絶, 亦頗自佳."
45 성해응(成海應), 《연경재전집(研經齋全集)》《속집(續集)》16책, '최북의 그림 뒤에 부치다(題崔北畫後)', 문집총간 279집, 405쪽. "崔北, 號毫生館, 委巷人, 畫有偽材, 晩益精工, 好遊妓館, 群妓不敢違其令, 常爲絲竹之主. 此幅寫觀瀑圖, 淸冷之趣襲人, 宜於東華軟紅車塵馬跡中觀之, 有以自警也."
46 조희룡, 위의 글. "遊金剛, 至九龍淵, 忽大叫曰: '天下名士, 死於天下名山, 足矣.'墜淵, 幾至不救." 남공철, 위의 글. "嗜酒, 喜出遊, 入九龍淵, 樂之甚, 飮劇, 醉, 或哭或笑. 已又叫號曰: '天下名人崔北, 當死於天下名山.' 遂翻身躍, 至淵旁, 有救者, 得不墮. 异至山下盤石, 氣喘喘臥, 忽起, 劃然長嘯, 響動林木間, 棲鶻皆磔磔飛去."
47 신광하, 위의 책, 〈최북의 노래(崔北歌)〉. "君不見崔北雪中死, 貂裘白馬誰家子, 汝曹飛揚不憐死. ……索酒狂呼始放筆, 高堂白日生江湖. 賣畫一幅十日餓, 大醉夜歸城隅臥. 借問北邙塵土萬人骨, 何如北也埋却三丈雪. 嗚呼! 北也身雖凍死名不滅."
48 유만주(兪晩柱), 《흠영(欽英)》3책, 규장각, 1997. "畫者崔北有少婦, 善畫美人, 人多見之云."

무용가 • 운심

1 박제가(朴齊家), 《정유집(貞蕤集)》, 〈검무기(劍舞記)〉, 국사편찬위원회, 1961. "予之觀, 匪其至者焉. 故其奇變, 不可得而詳之也."
2 박제가, 위의 글. "近世舞劒, 稱密陽姬雲心, 此蓋弟子."
3 성대중(成大中), 《청성잡기(靑城雜記)》62장, 구 이병도 소장 필사본. "雲心, 密陽妓也. 選至都下, 劍舞名於一世."
4 송방송, 〈조선 후기 選上妓의 사회제도사적 접근〉, 《한국음악사논총》, 민속원, 1999, 193~227쪽; 정은경, 〈조선시대 선상기에 의한 궁중정재와 민간연희의 교섭〉, 《한국민속학》제39집, 한국민속학회, 2004.
5 유본학(柳本學), 《문암문고(問菴文藁)》제2책, 〈김광택전(金光澤傳)〉, 개인 소장 필사본.
6 심능숙(沈能淑), 《후오지가(後吾知可)》6책, 〈탁문한기실(卓文漢紀實)〉, 개인 소장 필사본.
7 정현석(鄭顯奭), 《교방제보(敎坊諸譜)》63장, 개인 소장 필사본. "四妓齊拜而立, 樂作. 第二鼓, 擧一袖. 第五鼓, 擧二袖. 或一擧一休, 雙雙對舞, 對坐裧劍, 先拾一劍, 次拾一劍而舞, 乃起而舞, 進退如數. 相逐相擊, 終爲軟豐臺. (卽揮劍旋身周行. 一名軟風隊) 挾劍一回, 揮一劍一回, 揮雙劍一回, 刺劍一回. (每一妓舞時, 三妓休.) 擲劍拜出."
8 김창업(金昌業), 《노가재연행일기(老稼齋燕行日記)》권9, 계사(癸巳) 3월 18일 을미(乙未). "劍舞, 我輩兒時所未見, 數十年來漸盛, 今遍于八道. 有妓邑, 皆具其服色, 動樂, 必先呈此技, 如此少兒, 亦能爲此, 殆世變也."
9 권섭(權燮), 《옥소고(玉所稿)》권8, 〈십육찬(十六贊)〉, '오순백검무(吳順白劍舞)'. "吳順白, 西門外賤人, 劍舞與其女月梅相勝, 而國中無敵. 不知黃昌郎用劍之術果何如也. 翻霜閃電, 白日昏霧. 父子雙戲, 一市驚走."

10 합천군수를 역임한 풍류남아다. 가객과 악공의 후원자로, 《청구야담》에 실린 〈평양에 노닐면서 풍류를 즐긴 성대한 사건(遊浿營風流盛事)〉에 그의 진면목이 잘 묘사되어 있다.

11 전국시대 초(楚)나라 서울 사람이다. 코끝에 회반죽을 파리 날개만치 바르고 서서 장석(匠石)이라는 목수로 하여금 대자귀로 깎아내게 했는데 회반죽만 살짝 벗겨내고 코는 조금도 다치지 않았다. 영인도 장석의 기술을 믿었기 때문에 까딱 않고 서 있었다는 고사다.

12 박제가, 위의 책, 〈검무기(劒舞記)〉. "二妓舞劒, 戎服氈笠, 雲拜逈對, 徐徐而起. 旣掠其鬢, 又整其襟, 翹襪蹴裳, 以擧其袖. 劒器在前, 若將不顧, 悠揚折旋, 惟視其手. 室之隅樂作, 鼓隆笛亮. 於是, 二舞齊進, 頡頏久之, 張袖而合, 亞肩而分, 迺翩然而坐, 目注於劒, 欲取未取, 愛而復惜, 將近忽却, 將襯忽驚. 如將得之, 又將失之, 虛挐其光, 乍攫其旁. 袖欲與之掃, 口欲與之呷, 腋臥背起, 欹前側後, 以至衣帶毛髮, 無不飛揚頓挫, 而十指無力, 幾委復擧, 舞之方促, 手如搖綏, 翻然而起, 劒不知處, 仰首撅之, 雙墜如霜, 不徐不疾, 奪之空中. 以鐔尺臂, 昻然而退, 颯然相攻, 猛如可刺. 劒至於身, 不能以寸, 當擊不擊, 若相讓者, 欲閃未閃, 如不肯者, 引而莫伸, 結而莫解, 合而爲四, 分而爲二. 劒氣映壁, 若波濤龍魚之狀, 驀焉分開, 一東一西. 西者揷劒于地, 垂手而立, 東者奔之, 劒爲之翅, 走而剚衣, 仰而刮頰. 西者寂然, 立不失容, 若郢人之質也. 奔者一躍, 賈勇于前, 耀武而還, 立者逐之, 以報其事, 掀如馬笑, 忽如豕怒, 俯首直赴, 如冒雨逆風而前趁也, 鬪而不能鬪, 止而不可止, 二肩候搏, 各自不意踵隨而旋, 如斡樞機. 俄之, 東者已西, 而西者已東, 一時俱回, 額與之撞. 容與于上, 飛騰于下, 劒爲之眩, 希見其面. 或自指于身, 以示其能, 或虛迎于空, 以盡其態. 輕步而跳, 若不履地, 盈之縮之, 以達餘勇. 凡擊者, 擲者, 進者, 退者, 易地而立者, 拂者, 扯者, 疾者, 徐者, 皆以樂之節而隨其數焉. 已而鏗然有聲, 投劒而拜, 能事畢矣. 四坐如空, 寂然無言. 樂之將終, 細其餘音, 以搖曳之. 其始舞而拜, 左手捧心, 右手鉗笠, 遲遲而立, 若將不勝者, 始條理也. 鬖鬙其鬢, 顚倒其裾, 倐忽俯仰, 翻然擲劒者, 終條理也."

13 이 이야기는 《동야휘집(東野彙輯)》에 실린 〈운심의 집에서 광문이 춤을 구경하다(雲妓家廣文觀舞)〉에 나온다.

14 이 글을 처음 발표한 《신동아》 통권 541호, 2004년 10월호의 '조선의 奇人 名人 ④ 춤꾼 운심'(560~573쪽)에서는 이 자료를 제시하지 못했다.

15 신국빈(申國賓), 《태을암문집(太乙菴文集)》 권2, 〈응천교방죽지사(凝川敎坊竹枝詞)〉.

16 그 주에서 "운심의 또 다른 이름이 연아(雲心, 一名煙兒)"라고 밝혔다.

17 신국빈, 위의 시. "雲心劍舞, 玉娘琴歌, 俱擅名一代."

18 대궐의 경비와 임금의 의장(儀仗)을 맡은 근위병.

19 임금의 사위가 사는 저택.

20 박지원(朴趾源), 《연암집(燕巖集)》 권8, 〈방경각외전(放璚閣外傳)〉 '광문자전(廣文者傳)'. "漢陽名妓, 窈窕都雅, 然非廣文聲之, 不能直一錢. 初羽林兒·各殿別監·駙馬都尉儳從, 垂袂過雲心. 心, 名姬也. 堂上置酒皷瑟, 屬雲心舞. 心故遲, 不肯舞也. 文夜往, 彷徨堂下, 遂入座, 自坐上坐. 文雖弊衣袴, 擧止無前, 意自得也. 眦膿而眵, 陽醉歍, 羊髮北髻. 一座愕然, 瞬之, 欲毆之. 文益前坐, 拊膝度曲, 鼻吟高低. 心卽起更衣, 爲文劍舞. 一座盡歡, 更結友而去."

21 성대중, 위의 글. "尹白下淳眄之. 白下故善書, 戲語之曰: '汝之劍舞, 能使我悟草書乎?' 雲亦雅慕公書, 願得而寶藏之. 公諾之而未就. 嘗秋雨獨坐, 落葉滿庭, 雲忽奉酒而至, 歌以侑公. 公欣然小醉, 屢睇筆硯. 雲遽解錦裙, 前鋪曰: '公不念前諾耶?' 公乃放筆書歸去來辭, 自以爲得意, 戒雲秘蓄母出. 醉偶泄之趙豊原, 豊原召雲問之, 雲不敢匿, 遂爲豊原有. 雲終身以爲恨."

22 성대중, 위의 글. "雲老而徧遊名勝, 關西劍妓多其弟子者."
23 이덕무,《청장관전서(靑莊館全書)》권66,〈입연기(入燕記)〉. "密陽雲心, 名妓也. 李節度殷春之守寧邊, 以其嘗爲大人所眄, 載來. 時心已老白首矣, 登東臺, 眺望之良久, 忽慷慨語曰: '後世若曰, 密陽雲心, 登藥山東臺, 不勝其樂, 擲死于臺下, 豈不壯哉!' 因攝裙迅奮而投, 左右愕然, 挽之而免焉. 傳以爲勝事."
24 성대중, 위의 글. "藥山, 天下名區, 雲心, 天下名妓. 人生會當一死, 得死於此, 足矣!"
25 성대중, 위의 글. "雲之風韻性氣如彼, 故能擅名一世."
26 이면승(李勉昇),《감은편(感恩編)》,〈만덕전(萬德傳)〉, 규장각 소장 필사본. "我國娼妓, 以一節稱者, 多矣. 於酒有丹山之杜香, 於詩有咸關之可憐, 密陽之雲心, 以劍名, 長城之蘆兒, 以歌名. 然皆不出綺羅圈套中, 何足道哉?"

책장수 • 조신선

1 이민희,〈서적 중개인의 역할과 소설 발달에 관한 연구〉,《관악어문연구》제29권, 2004, 399~438쪽.
2 《중종실록》, 중종 24년 5월 25일. "若立書店, 則欲賣者賣之, 欲買者買之. 爲儒者, 若畢讀一冊, 則賣其冊, 而買他冊讀之, 交相買賣, 以爲悠久之計矣. 古人云: '借書癡, 還書癡.' 世人以賣祖上傳來之書爲非, 而不肯爲之. 然束之高閣, 一不披讀, 其爲蠹蟲之食, 亦何益哉? … 古人家貧無冊者, 閱書於市肆, 而成功者有之. 今設書店, 出置書冊, 則有志者, 雖不買讀, 終日披閱, 猶可記憶矣, 至爲便益. 請令該曹磨鍊設立."
3 안대회,《윤춘년과 시화문화》,〈윤춘년 간행 시화문화의 비교문학적 분석〉, 소명출판, 2001.
4 정상기(鄭向驥),《농포문답(農圃問答)》,〈서적을 널리 배포함(廣書籍)〉, 을유문화사, 1974, 318쪽. "京中設校書館, 多作鑄字活字, 三南及西北之通都大邑, 亦多木刻之板, 以印書冊. 士大夫及中庶輩之好文者, 多貿奇文異書於中國以來, 故卽今書冊, 比古頗多, 而國中尙無書肆, 以通交易. …… 今當自朝家, 特設數三十間板屋於紙廛之傍, 以爲書肆."
5 유몽인,《어우집(於于集)》'후집' 권3,〈박고서사서(博古書肆序)〉, 신익철 옮김,《나 홀로 가는 길》, 태학사, 2002.
6 박제가 원저, 안대회 옮김,《북학의》,〈골동품과 서화〉(원제목〈고동서화(古董書畫)〉), 돌베개, 2002, 128~129쪽.
7 조수삼(趙秀三),《추재집(秋齋集)》4책, 보진재, 1939. "始余七八歲時, 頗解屬文, 先子嘗一日拉生至, 買八家文一部, 賜之曰: '此鬻書生, 而家藏書, 皆從生來.' 以其貌若四十者, 而計其時, 亦四十年. 生不老, 生固異於人也. 時余喜見生, 生亦愛余甚, 數過余. 余今髮種種, 已抱孫數歲, 而生則長軀朱頰, 綠瞳烏髭, 顧曩日曺生, 吁! 已奇矣."
8 유만주(兪晩柱),《흠영(欽英)》. "冊曹申議合綱三六千, 更求天朝史綱·經書大本."
9 유만주, 위의 책. "冊曹以合綱全帙至. 計徽綱爲三十冊, 續綱爲十四冊, 徽綱發明爲四冊, 合爲四十八冊. 擬停丸劑, 而以其直代易之, 先越綱直."
10 유만주, 위의 책. "冊曹至, 續越綱直."
11 유만주, 위의 책. "冊曹至, 議易通鑑輯覽·漢魏叢書. 告明史終无善本, 而瓊山史綱, 亦難得云. 聞鄭氏全史, 爲春坊新儲, 金氏全書爲徐閣曾有, 咸直四萬餘云. 另求浙江書目, 出示合綱, 俾以鬐鬣

照見, 字樣越大, 如思政殿刻本. 仍求如此板本, 毋論經史子記小說, 毋拘一冊十冊百冊, 止管得來. 曰: '是甚難. 第當另圖之.' 稱有宋板經書大本, 問可易未, 第令取示."

12 유만주, 위의 책. "薄昏冊曺示文選律賦二冊, 識廣運之室. 余謂 '曾求板本之大者, 固自有意趣, 非如或者之必求錦帙, 玉籤整貯丌牀, 等作器服玩好之具也. 伊欲以是衒我與, 則遠矣.' 督要浙江總目."

13 유만주, 위의 책. "冊曺以松雪學士全集留去. 及晏冊曺復至, 以從古三花二十玄易之."

14 유만주, 위의 책. "冊曺示三編小本四冊, 係古香齋新刻. 議以西墨十襲易之, 出而不肯, 乃還之."

15 서유영(徐有英), 《금계필담(錦溪筆談)》, 국립중앙도서관 소장 필사본. "曺神仙者, 不知何許人. 嘗以冊儈行於世. 綱目一帙, 每收藏於身, 或有求見者, 輒自身邊連續出, 置於座, 積滿房中. 人皆神之, 莫知其所以然."

16 황윤석(黃胤錫), 《이재난고(頤齋亂藁)》 3책, 789쪽. "鷄未鳴, 發行, 至德坪, 買靑泡療飢, 至院基私店, 朝飯. …… 在院基店中, 遇李義天妻子一行. 自黑山島中, 蒙宥北歸. 哀哉! 孤煢何論識否."

17 조수삼, 위의 책, 같은 글. "書皆生有, 而亦解其義耶?' 曰: '我雖無書, 而某氏藏某書若干歲, 某書自生賣之若干編矣. 是以, 雖不知其義, 亦能知某書爲某著某釋, 幾套幾冊也. 然則, 天下之書, 皆吾書也. 天下之知書者, 亦莫吾若也. 使天下無書, 吾不走也. 天下之人不買書, 吾不得日飮醉也. 是天以天下之書命吾, 而以吾了天下之書.'"

18 조수삼, 위의 책, 같은 글. "且疇昔者, 某氏之祖之父, 買書而身貴顯. 今也其子孫賣書, 而家窮窶. 吾以書閱人多, 而天下之智愚賢不肖, 比類從群, 生生不息, 則吾豈特了天下書也, 將以了天下人世也."

19 조희룡(趙熙龍), 《호산외기(壺山外記)》,《조희룡전집(趙熙龍全集)》6), 한길아트, 1999, 99~100쪽. "問其年, 輒曰六十. 有七十歲人, 自言: '兒時見曺, 亦云六十.' 以是推之, 可百三四十歲, 而顏貌如四十而未及也. 以此, 人稱神仙."

20 정약용,《여유당전서(與猶堂全書)》,〈조신선전(曺神仙傳)〉, 문집총간 281집. "乾隆丙申間, 余游京師, 始見曺神仙, 顏髮如四五十者. 至嘉慶庚申間, 其貌不小衰, 一如丙申時. 近有人云: '道光庚辰間亦然.' 但余未之目見也. 昔少陵李公云: '乾隆丙子間, 吾始見此人, 亦如四五十.' 總計前後, 已踰百年久矣. 紫髥, 噩理耶? 外史氏曰: '道家以淸心寡慾, 爲飛昇之本, 乃曺神仙多慾, 猶能不老如此, 豈世降俗渝, 神仙猶不能免俗耶!'"

21 서유영(徐有英), 위의 책, 같은 곳. "石醉尹判書致定, 嘗謂余言, 其祖考參判公, 兒時見曺神仙, 至大牲之, 亦見之. 自家兒時, 亦見之. 戲書曺神仙三字, 納于麻鞋, 過數年見之, 尙繫於麻鞋. 計其壽, 近數百年, 而恒如四十許人. 至丁卯, 更不得見. 世無神仙云者, 眞虛言也."

음악가 · 김성기

1 김안로(金安老),《용천담적기(龍泉談寂記)》,《한고관외사(寒皐觀外史)》5, 한국학중앙연구원 영인본, 2005. "人生百年, 奄若駒隙, 富貴榮華, 春夢一覺. 英豪意氣, 沈沒誰知? 獨能文章者有其述, 工書畫者留其蹟, 垂之後世, 托名不朽. 後之人, 較其跡, 而知其所得之淺深, 千百萬歲如一日, 若余者, 身先草露, 泯然如烟消雲滅. 雖云李馬智善於音, 後人何從而知其品第耶? 瓠巴伯牙, 天下

之妙, 身歿之夕, 已無從考其聲, 矧今千載之下乎!"

2 김용찬,《교주 병와가곡집》,〈목록(目錄)〉, 월인, 2001, 88쪽."金聖器, 字子豪, 號漁隱, 江湖客. 肅宗朝, 琴瑟簫笛有名."

3 정내교(鄭來僑),《완암집(浣巖集)》권4,〈김성기전(金聖基傳)〉, 문집총간 197집."琴師金聖基者, 初爲尙方弓人, 性嗜音律, 不居肆執工, 而從人學琴, 得精其法, 遂棄弓而專琴. 樂工之善者, 皆出其下. 又旁解洞簫琵琶, 皆極其妙."

4 조수삼(趙秀三), 안대회 옮김,〈추재기이(秋齋紀異)〉, 한겨레출판, 2010. 101~103쪽."琴師金聲器, 學琴於王世基. 每遇新聲, 王輒秘不傳授, 聲器夜夜來附王家窓後, 竊聽. 明朝能傳寫不錯. 王固疑之, 乃夜彈琴, 曲未半, 瞥然拓窓. 聲器驚墮於地, 王乃大奇之, 盡以所著授之."

5 정내교, 위의 글."能自爲新聲, 學其譜擅名者亦衆. 於是洛下有金聖基新譜, 人家會客讌飮, 雖衆伎充堂, 而無聖基則以爲歉焉. 然聖基家貧浪遊, 妻子不免飢寒."

6 정내교, 위의 글."晩乃僦居西湖上, 買小艇簫簽, 手一竿往來, 釣魚以自給, 自號釣隱. 每夜, 風靜月朗, 搖櫓中流, 引洞簫三四弄, 哀怨瀏亮, 聲徹雲霄. 岸上聞者, 多徘徊不能去."

7 이영유(李英裕),《운소만고(雲巢謾稿)》,〈기악공김성기사(記樂工金聖基事)〉."辛丑年間, 築舍西湖上, 釣魚自娛."이 자료를 비롯한 새 자료는 김윤조의〈歌客 金聖基와 그 주변〉(《문헌과해석》통권 5호, 1998년 겨울, 문헌과해석사, 113~127쪽)에서 처음으로 소개되었다.

8 김천택 편,《청구영언(靑丘永言)》, 조선진서간행회, 1948, 59~60쪽."盖漁隱, 逍遙天地間一閒人也. 凡於音律, 莫不妙悟. 性好江山, 構屋于西湖之上, 號漁隱, 晴朝月夕, 或拊琴坐柳磯, 或吹簫弄煙波, 狎鷗而忘機, 觀魚而知樂, 以自放於形骸之外, 此其所以自適其適, 而善鳴於歌曲者歟."

9 김천택, 위의 책, 같은 곳."吾與漁隱, 十數年同遊江湖, 其平日敍懷寓興者, 盡記而有之. 其中多有油然感人者. 聾俗不知, 故藏諸巾笥, 而待好事者久矣. 子言如是, 玆曲將行于世也."

10 김천택, 위의 책, 같은 곳."三復諷詠, 其得於跌宕山水之趣者, 自見於辭語之表, 飄飄然有遐擧物外之意矣."

11 김창업(金昌業),《노가재집(老稼齋集)》권5,〈병신년 윤삼월 초엿새에 배를 타고 행주로 가다(丙申閏三月初六日, 以舟往幸州)〉, 문집총간 175집."金聖器, 京城樂師也. 性通絲竹, 無不妙解. 中歲棄家, 自放江湖間, 以釣魚爲事. 余是來, 物色遇於陽川江中, 扁舟簫笠手一竿, 望之若物外人. 其年六十八, 而貌亦不衰. 記昔丁巳元夜, 在鐘樓大街聽聖器笛, 後不復見. 今四十年, 而遇於此亦奇矣."

12 김창업, 위의 책,〈사경에게 화답하다(和士敬)〉."西湖釣翁善吹簫, 三十年前識面目. 中流相見各敬愧, 往事猶記踏橋夕. 自言賣家買一舟, 釣魚懶復向城郭. 嗟汝身世亦不俗, 此日堪爲舟中客."

13 이영유, 위의 글."時年八十餘. 聖基旣老, 韶顔鬚眉若神. 日駕小艇載酒, 酒後獨漁釣於江干, 或信宿而歸. 歸時心吹簫鼓琴, 有飄然遺世意. 余過西湖, 湖上人猶傳誦之."

14 "古無此曲, 浪翁新製焉."

15 김용찬, 위의 책,〈음절도(音節圖)〉, 80쪽."本朝梁德壽作琴譜, 稱梁琴新譜, 謂之古調. 本朝金成器作琴譜, 稱漁隱遺譜, 謂之時調."

16 김성기,《낭옹신보(浪翁新譜)》."近世無唱此曲者."

17 김성기, 위의 책."此曲近世無傳焉. 盖失之於兵火中, 而且自中古以來, 絶無唱之者故也. 今浪翁博採今古諸譜, 以成此曲焉."

18 이규경,《오주연문장전산고(五洲衍文長箋散稿)》,〈악기(樂器)〉, '동금류변증설(東琴類辨證

說)." "黃眞玉伽倻琴, 眞玉, 松京盲嫗之女也. 能詩, 能歌, 善鼓琴, 爲松都三絶. 玉琴, 後互相流傳, 爲李大將漢所藏, 後傳爲李承宣元默家物云."

19 김성기, 위의 책, 최탁지제사(崔濯之題辭). "樂師金聖基, 以琴名於世, 自號浪翁, 又稱漁翁. 宗卿南原君, 嘗從學焉. 浪翁死後, 公子與同學諸人, 傳記所授之曲, 而名之曰, 浪翁新譜. 公子於琴道, 大有功矣. 公子名橲, 字子直, 號隨樂窩. 戊申菊秋崔濯之題."

20 김수장(金壽長) 편, 김삼불(金三不) 교주(校注), 《해동가요(海東歌謠)》 부록 《청구가요(靑丘歌謠)》, 정음사, 1950, 132쪽. "右士淳, 卽故金君士彬之子也. 幼聰明過人, 志氣豪雄, 琴聽於漁隱, 洞簫於漁隱, 古昔群賢名琴之後."

21 정내교, 위의 글. "宮奴虎龍者, 上變起大獄, 屠戮搢紳, 爲功臣封君, 氣焰熏人. 嘗大會其徒飮, 具鞍馬禮請金琴師聖基. 聖基辭以疾不往, 使者至數輩, 猶堅臥不動. 虎龍怒甚, 乃脅之曰: '不來, 吾且大辱汝!' 聖基方與客鼓琵琶, 聞而大恚, 擲琵琶使者前, 罵曰: '歸語虎龍, 吾年七十矣. 何以汝爲思? 汝善告變, 其亦告變我殺之.' 虎龍色沮, 爲之罷會. 自是聖基不入城, 罕詣人作伎. 然有會心者, 訪至江上, 則用洞簫爲歡, 而亦數弄而止, 未嘗爛漫."

22 남유용(南有容), 《뇌연집(雷淵集)》 권27, 〈김성기전(金聖基傳)〉, 문집총간 218집. "宜陽子曰 高漸離擧筑而秦政折其驕, 雷海淸投樂器而祿山沮其氣, 金聖基擲琵琶而虎龍亡其膽. 三子者皆賤工也, 君子不齒. 然及其義有所激, 卒以其技成其名, 洒磊磊如此. 高審事, 史記綱目皆特書, 至今照人耳目. 獨不知國史能書聖基事否, 姑立傳以俟."

23 정내교, 위의 글. "余自幼少時, 習聞金琴師名. 嘗於知舊家遇之, 鬚髮皓白, 肩高骨稜, 口喘喘不絶咳聲. 然强使操琵琶, 爲靈山變徵之音, 座客無不悲愴隕涕. 雖老且死, 而手爪之妙, 能感人如此, 其盛壯時可知也."

24 이영유, 위의 글. "戊辰冬臘月, 獨宿安國坊第, 會大雪寒甚. 夜深忽聞敲門聲, 急起開門, 乃瞽師也. 驚問曰: '風雪何來爲?' 曰: '偶有興, 聊爾來耳.' 語畢, 引酒酌數盃, 索素抱留琵琶. 問: '他日每鼓時, 有難色, 今索之, 何也?' 曰: '雪晴, 月已高否?' '然.' 遂滅燈, 呼曰: '子且臥聽, 吾將敲之.' 鼓商聲數曲, 其鉤指結擊, 極有力, 使木聲絲聲均諧. 其所自出, 屈折頓挫, 幽眇悲壯, 有動人者. 余臥復起, 曲且闋, 謂師曰: '子殆有憤厲乎? 何聲之異于前也?' 笑曰: '然.' 又唧然欷曰: '此聲其絶于我乎! 記少時從聖基, 學琵琶頗久. 甲辰冬, 聖基忽自湖舍入京城, 時國哀猶未畢, 獨携師手, 入空第密室中. 自燃燦, 悄然相對, 出琵琶鼓數曲曰: 「此高麗舊調也. 舊調獨此曲存. 蓋出松京妓眞, 而金成川家女嫌不能絃, 以口度曲, 而授余者也.」 因噓唏流涕曰: 「余獨彈此曲, 得其妙, 嘗自愛, 不肯授人, 已老矣. 玆授爾, 勿輕與人, 可也.」 遂盡授其按撥運手之法. 余又老矣. 恨無人授此曲也. 後聞余彈琴, 驚曰: 「子何以得此聲也? 幾矣, 猶未也.」 略之指示其按絃發指之法. 其後, 瞽師歿, 而余遂斷絃不復鼓者, 已十餘年矣.'"

25 신익(申悊), 《소심유고(素心遺稿)》 권2, 〈이현정에게 주는 글 (贈李顯靖序)〉. "初, 君與公子南原君, 俱學琴於金聖基. 金聖基者, 奇男子也. 隱迹漁釣, 自號曰釣隱. 工於琴, 得古人不傳之妙. 當壬寅誣獄後, 睦賊虎龍, 願聽琴, 不可則劫之. 遂對其使, 痛罵破琴, 不復彈. 獨授二子琴, 盡其情. 及釣隱死, 君與南原, 負其屍, 往葬於廣陵之山. 于時浮雲變色, 山谷窈冥, 鳥獸紛紛哀鳴而上下. 酒以一大白, 澆其土, 相向大哭, 哭罷按琴, 各奏其所學. 曲未終, 悲風從白楊起, 颯然有聲, 舍瑟復大哭. 道傍過者, 皆莫測其意也."

기술자 • 최천약

1 졸고, 〈茶山 제자 李綱會의 利用厚生學 — 船說·車說을 중심으로〉, 《한국실학연구》 제10호, 2005;
  《林園經濟志》를 통해 본 徐有榘의 利用厚生學〉, 《한국실학연구》 제11호, 2006 ; 〈조선 후기 燕行
  행을 보는 세 가지 시선—燕行使를 보내는 送序를 중심으로〉, 《한국실학연구》 제19호, 2010.
2 박제가 원저, 안대회 옮김, 《북학의》, 〈기술자의 대우〉(원제 〈사정리의지검구견이길대서(謝鄭吏議志
  儉求見李吉大書)〉), 돌베개, 2002.
3 서유구, 안대회 옮김, 《산수간에 집을 짓고》, 〈사대부는 공업제도에 유의해야 한다〉(원제 〈논사부의
  유의공제(論士夫宜留意工制)〉), 돌베개, 2005, 358~361쪽.
4 최천약의 출생 연도는 영조가 1753년 비망기를 내려 그의 나이가 일흔을 넘겼으므로 특별히 품
  계를 올려주라고 명령한 것에서 유추할 수 있다. 《승정원일기》, 1753년 9월 17일. "備忘記, 傳于趙
  明鼎曰: '前僉使崔天若, 年過七十, 能爲四中, 特爲加資.'"
5 《존숭도감의궤([雍正四年]尊崇都監儀軌)》. "傳曰: '玉寶篆刻武人崔天若, 自癸巳先朝上號時, 至
  于今日, 國有大禮, 連爲效役, 不可無別爲賞功之道, 特爲加資.'"
6 《승정원일기(承政院日記)》, 숙종 39년 윤5월 15일. 원본 478책, 탈초본 25책. "泰耈曰: 本監方有儀
  象志開刊之役, 其中雖有圖本制法, 有未能瑩然者云. 如得巧思之人, 諦觀其器, 而得其製造之法,
  誠爲多幸. 而如李敏哲者, 今已老病矣. 武人崔天若, 曾於都監治玉時見之, 頗有巧思. 許遠與崔天
  若及其他年少聰敏者, 擇出送之, 善爲解問, 則似或有學得之路矣."
7 조선시대 국가의 토목 공사나 서적 간행 등 특별한 사업을 감독, 관리하는 것을 말하며, 감동을 위해
  임시로 임명된 관원을 감동인(監董人), 감동관(監董官)이라 한다.
8 《승정원일기》, 숙종 39년 9월 18일. 원본 480책, 탈초본 26책. "入侍時, 知事趙泰耈所啓: '五官司
  曆, 持來儀器, 欲爲學得, 依樣製造. 當初陳達本意, 許遠及觀象監官員趙琦, 入送館所. 時武士崔天
  若, 有巧思, 可以學得製造, 故同爲陳達入送. 其後乃陳達, 追往義州, 盡學其法而來, 儀器制樣, 前
  日自役中貿來圖本中有之, 已經睿覽. 而今又親見其器, 學得其法. 若不趁今製造, 恐有日後迷昧之
  慮. 故今方製造, 而崔天若其後見差摠戎廳敎鍊官, 長在軍門, 不得往看其役云. 使之除本司, 與本
  監官員許遠等同議, 監董其役, 何如?' 上曰: '依爲之!'"
9 《승정원일기》, 경종 원년 10월 3일. 원본 534책, 탈초본 28책. "而閑良崔天若, 素稱雕刻妙手. 故自
  前都監, 凡有彫役, 皆爲擔當矣. 今番玉印彫刻時, 亦當其役, 而以非匠手之類, 不得竝爲書入之意,
  敢啓."
10 《승정원일기》, 경종 2년 9월 19일. 원본 545책, 탈초본 29책. "今番各殿玉寶雕琢時, 前日使役武人
  崔天若招致, 使之付役. 而渠以曾任將校之故, 恥與工匠爲伍, 旣不受料布, 又不欲混入書啓中, 不
  可無別爲論賞之道."
11 이규상(李奎象), 《병세재언록(幷世才彦錄)》 《《한산세고(韓山世稿)》 권30, 〈일몽고(一夢稿)〉〉,
  〈방기록(方伎錄)〉, '최천약전(崔天若傳).' "崔天若, 東萊人, 貌魁多鬚身長, 以善雕刻金石木名
  世. 或曰: '會幻術.' 以多勞國役, 累恩擢至武功二品職. 余少時遇天若於笠洞李判書家. 天若曰:
  '余東萊民家子, 少魯鹵無才技. 十餘歲出田野, 見人去沙之沈田, 人負沙出外, 勞而少功. 余敎兩
  長木中繫空石, 兩人擔沙出, 一擔幾四五部. 長老皆讚. 余二十後赴京, 武擧不中, 時値辛亥大無,
  行具盡.'"
12 이규상, 위의 글. "進退難, 愁歇一藥局. 局人適棄蠹川芎. 余偶拔佩刀, 彫大芎一頭, 像山岳卉禽,

劃與芎勢, 隨手成功. 又刻一頭芎龍形, 與眞龍無異. 余心自驚怪."

13 이규상, 위의 글. "局人見之吐舌曰: '請君少坐. 吾將告西平君大監.' 局人往, 少時西平君招之, 往見, 則扇懸兩芎頭搖之曰: '吾閱中原雕刻, 其天然之刻, 始見於汝.' 卽出琥珀, 使刻狻猊, 示狻猊畵本. 余揮刀, 筒筒肖形. 西平君擊節曰: '此公輪般.' 留家, 使造燈. 時近四月八日懸燈節. 余見前燈, 輒移法絶妙. 西平攜其絶品, 進大內, 造畢, 賞錢五十兩, 使余歸家, 卽復來京. 余依其分付爲之, 則自大內待來, 卽進現次差備門外. 英廟使進便殿, 出自鳴鍾落一釘者曰: '京城匠手, 皆莫敢措手. 汝能改釘否?' 余一見, 卽入意匠, 卽鍊銀釘, 釘之如合符. 英廟諦視曰: '天下良工.' 仍下敎曰: '汝效鑄此鍾乎?' 余周覽鍾勢, 意亦順臣, 卽伏對曰: '平生初當刀刻役, 而意思則洞然.' 命定治炭, 天若曰: '二十石足矣.' 上笑, 加四十石. 冶畢, 炭果僅足, 天若始知天縱之聖. 自鳴鍾之成於我國, 始於天若."

14 서평군의 이력은 졸저 《선비답게 산다는 것》(푸른역사, 2007)에 상세하다.

15 《비변사등록(備邊司謄錄)》, 경술년 10월 초엿새. "'若知其法, 可以用於我國, 而無人可學. 有崔세天若者, 乃是不易得之巧才. 今若率去, 則可以學得燔甕及石炭等法矣.' 正使橚曰: '旣發言端, 故臣且仰達矣. 蓋崔天若之才, 數百年來不可復得者矣. 彼國則百物簡便, 可以取法者多, 而有天柱堂·測候等事, 天若則可以學來矣.' 浟曰: '至於利用厚生之具, 皆有可法者. 天若則目所擊者, 一見而輒學得, 今若帶去, 必有所益矣.'"

16 이규상, 위의 글. "天若曰: '吾當木石金, 意匠先立, 手始隨下, 把筆不能畵, 把刀無不物形之曲盡. 吾亦不自知何然也.'"

17 강이천(姜彝天), 《중암고(重菴藁)》,〈이화관총화(梨花館叢話)〉, 규장각 소장 사본. "兪公集海東金石搨板塌本, 京兆門板, 金尙書鎭圭八分書, 門極高峻, 召崔天躍問之, 乃仰視移寫若臨帖狀, 還獻. 公怒以爲慢己, 遂爲懸梯以塌視之, 字無毫絲差爽."

18 김려(金鑢), 《담정총서(潭庭叢書)》,〈이안민전(李安民傳)〉; 남문현·한영호,〈조선조 중기의 혼천의(渾天儀) 복원 연구: 이민철의 혼천시계(渾天時計)〉, 《한국과학사학회지》 19권 1호, 1997, 3~17쪽.

19 이이명(李頤命), 《소재집(疎齋集)》 권12,〈만록(漫錄)〉, 문집총간 172책, 299쪽. "余庶叔敏哲氏, 自幼有巧思. 自鳴鐘初來我國萊人學其轉軸之法於倭人, 傳之于京, 不能詳. 雖有其器, 不知所用."

20 황윤석(黃胤錫), 《이재난고(頤齋亂藁)》 1, 《한국학자료총서(韓國學資料叢書)》 3, 한국학중앙연구원, 1994, 38쪽. "後聞晋州地師文再鳳言, 崔天若熊川人, 洪壽海機張人, 並有巧且能, 入倭館, 傳習金木土石攻治之法, 種種精絶而輪鐘火器尤妙. 爲世大用, 俱沾末官. 或云倭人者, 過也. 天若至全州府冶家鑄銅, 蛙腹中引火藥貯水, 亦能自躍自尿, 由是知名, 壽海亦所不及云."

21 이 역사의 과정을 기록한 《명릉〔양릉〕개수도감의궤(明陵〔兩陵〕改修都監儀軌)》를 규장각이 소장하고 있는데, 최천약의 제안과 공과가 상세히 기록되어 있다.

22 황윤석, 위의 글. "英宗遣崔千若·康順益, 起大役, 使之換浦. 則千若輩, 不先疏浚舊水道, 使江水有所歸宿, 而只就外坪築長堤, 欲塞水入舊道, 所費累萬, 而終不就. 人言千若本倭人, 而非我人也. 雖有若干巧思, 不過爲倭奴, 竭我財力耳."

23 《승정원일기》, 영조 28년 3월 16일. "上曰: '崔天若, 今番彼中耶?' 益炡曰: '前已屢往, 而天若以東萊之人, 倭人之巧無不通知, 而無不能爲矣.' 一衡曰: '聞是釜山人云矣.' 在魯曰: '天若之巧才, 無異倭人, 故人有以倭人之種識之矣.'"

24 황윤석, 위의 글. "蓋是鍾始出西洋. 或云: '歷倭國傳至我國, 其能倣製者, 京城則崔天若·洪壽

海, 湖南則同福縣人羅景勳而已.'"

25 이규경(李圭景),《오주연문장전산고(五洲衍文長箋散稿)》,〈자명종변증설(自鳴鍾辨證說)〉, 명문당 영인본. "近世崔天岳者, 善製此種. 嗣此, 姜僉樞信及其胤彝中, 彝五及金興德命烨最精, 然不知有製作之成書也."

26 《승정원일기》, 영조 31년 1월 11일. "上曰: '石馬翁仲, 似尖弱矣.' 景夏曰: '臣曾看役, 而聖敎如此, 惶恐矣.' 上笑曰: '崔天若爲之, 卿豈爲之乎?'"

27 《승정원일기》, 영조 29년 7월 7일. "上曰: '文武石, 今無爲之者, 而豐原君墓, 獨爲之云, 豐原終始以將自處矣. 抑其子載得, 有乃父風而爲武石乎? 崔天若者, 知其遺意而爲之耶?' 益炡曰: '蓋今則無爲武石者矣.'"

28 《영조실록》, 영조 51권, 16년(1740, 경신), 4월 5일. "拓基言: '世宗朝所造布帛尺, 在三陟府, 令該曹取來. 令巧手如崔天若者, 依《大典》分寸較正, 則黃鍾尺·周尺·禮器尺·營造尺, 皆可以因其制而不差. 旣成, 可頒布中外也.' 上從之."

29 남문현·손욱,《전통 속의 첨단공학기술》, 김영사, 2005, 98~99쪽.

30 서명응(徐命膺),《보만재집(保晚齋集)》권13,〈영종대왕행장(英宗大王行狀)〉, 문집총간 233집, 320쪽. "以李延德兼掌樂院正, 使考正雅樂. 國家經亂以後, 雅樂散軼, 笙簫管琴皆不備. 皇壇樂器, 太半以俗樂代, 亦不能備宮軒之制. 王慨然命掌樂院提調閔應洙, 購得四器於燕京. 然其彈吹曲譜, 無知之者. 或薦延德知樂, 故有是命. 王且欲復世宗朝報漏閣制, 命延德與巧思人崔天若講究之."

31 자세한 내용은 김문식·신병주,《조선 왕실 기록문화의 꽃, 의궤》(돌베개, 2005, 228~245쪽)에 밝혀져 있다.

32 《인정전악기조성청의궤(仁政殿樂器造成廳儀軌)》. "今此樂器改造時, 其中編磬編鍾, 有非生疏匠手所可造成, 毫釐有差, 難期諧律. 在前辛酉設廳始役也, 使崔天若監董造成, 而天若時在蛇島鎭任所 離鎭上來, 雖似不便, 而鍾磬造成, 旣係莫重樂器, 比諸役尤宜詳審, 而從他他都監造等事, 崔天若亦嘗因草記, 自鎭所上來董役矣. 今亦依前分付道臣, 使之罔夜上送, 以爲監造之地, 何如?"

33 송지원,〈1744년(영조 20) 인정전(仁政殿) 화재와 1745년《인정전악기조성청의궤》〉,《규장각소장 의궤 해제집 1》, 서울대학교 규장각, 2003.

34 《승정원일기》, 영조 29년 12월 27일. "看役人崔天若, 昔癸巳年, 始看此役, 于今癸年, 又看此役. 人雖微矣, 其宜厚賞, 令該曹邊遞遞來後, 永付其料."; 같은 책, 1754년 1월 11일 기사. "看役崔天若, 昔年癸巳, 始看國役, 昨年癸酉, 又爲看役, 人雖微矣, 事實貴矣. 于今八日, 連爲看役, 特加一資."

35 정조(正祖),《홍재전서(弘齋全書)》제58권,〈천원사실(遷園事實)〉, 문집총간 263집, 404쪽. "筵臣言 '石品待往審決定, 而雖可合用. 看役之人, 今世如崔天若者, 豈可得來?' 予曰: '才固不借, 一丁遇泰, 優可敵天若數輩.'"

36 《행친제잉봉심원상(行親祭仍奉審園上)》. "其工不下於崔天若矣."

37 조선 후기 국장(國葬) 등 나라에 큰 일이 있을 때 그것을 감독하는 임시 벼슬로, 잡직(雜職)을 지낸 사람에게 맡겼다.

38 《현륭원소도감의궤([莊祖]顯隆園園所都監儀軌)》, 규장각 소장 의궤. "鄭道弘, 則只合於看役牌將, 而別看役之任, 若非手才如崔天若之類, 則當取自中之地處履歷, 卿等須廣求可合之人, 可也."

주 459

바둑기사 · 정운창

1 유몽인(柳夢寅), 《어우야담(於于野談)》, 돌베개, 2006, 218~219쪽. "西川令, 宗室人也. 善奕, 爲東方第一手, 曠世无敵, 至今奕者, 傳妙法, 謂西川令手法. 有上番老卒, 自下番來, 牽駿馬, 上謁曰: '聞公子善奕, 試與戰, 不勝任此馬.' 三戰兩輸, 竟進其馬而去, 曰: '請公子善喂此馬, 他日踐更期滿, 當與再戰, 騎此馬而歸.' 西川令笑曰: '諾!' 自以得駿馬, 喂養倍他, 甚肥腯. 他日, 老卒期滿, 果再來請奕. 西川令三戰三不勝, 遂取馬歸, 曰: '小人愛此馬, 自知上番, 京師客中難於喂養, 姑托公子家耳. 今蒙公子善養, 變玄黃爲肥澤, 不勝感激.'"

2 최근에 발굴된, 이운영(李運永, 1722~1794)이 쓴 《영미편(潁尾編)》이란 필기의 〈기장(棋場)〉 항목에 실린 일곱 편의 이야기 가운데 두 편이다. 이 새로운 자료는 신현웅의 〈옥국재(玉局齋) 이운영(李運永)의 《영미편(潁尾編)》에 대하여〉(한국한문학회 2010년 춘계발표회)에서 소개되었고, 원 자료는 교토대학(京都大學) 가와이문고(河合文庫)에 소장되어 있다. 저술 연대는 1781년이다.

3 김윤조, 〈조선 후기 바둑의 유행과 그 문학적 형상〉, 《한국한문학연구》 제30집, 2002, 381~407쪽.

4 이서구(李書九), 《자문시하인언(自問是何人言)》, 〈기객소전(棋客小傳)〉. "初, 生學棋於其從父兄某, 積五六年, 足不履戶外, 輒日忘其寢食. 某每日: '弟, 毋多苦! 不若是, 尙足行也.' 生猶益勤勵不止."

5 영조 임금 시절의 무장으로, 영조의 신임을 받아 1760년대부터 금위대장(禁衛大將)과 훈련대장(訓練大將)을 오랫동안 역임했다. 탐학하고 재물을 밝혀 1776년에 파직당하고 진도에 유배되었다.

6 이옥(李鈺), 〈정운창전(鄭運昌傳)〉, 《이옥전집(李鈺全集)》, 소명출판, 2001. "初游京師, 人無知其能者. 時前金城令鄭樸, 聞र基. 運昌知樸以基會南山, 往觀之. 基失, 運昌矧之, 樸顧曰: '客亦能乎?' 運昌謝曰: '鄕里人, 早知圍則食.' 樸見其容貌甚愿, 出最下єй對之, 行十餘著, 樸曰: '非汝敵.' 命次强者, 才半局, 樸曰: '非汝敵.' 又命副己者, 局就不足計, 樸曰: '非汝輩敵.' 奮然引局, 自當之, 三戰而三敗, 左右皆曰: '子誰也? 國基也.' 於是, 運昌之名, 一日而遍京師."

7 이서구, 위의 글. "士之抱才器而不相遇, 猶如是乎? 吾不忍返矣. 夫自吾所去之土, 距平壤, 幾數千里, 所以不憚亭埃之險·羇旅之勞, 而艱難到此者, 欲以一藝, 与人決雌雄, 以供少須臾之快, 竟不遇而歸, 豈不奇哉?"

8 이서구, 위의 글. "果也則, 生之所欲見者, 僕已知之矣. 然柰期不在此何? 無已則, 此中有比期雖少遜, 亦能与期相上下者, 其可以先試之?"

9 이서구, 위의 글. "彼欲 鍾期角藝, 而今期不在, 將若之何? 而其代期."

10 이서구, 위의 글. "往日与樗蒲奴對局, 輒鼓掌吐氣, 自以爲通國寡二, 今者乃蹙縮若失意人, 手勢不敢快, 何也?"

11 이옥, 위의 글. "丞相某, 性愛基, 召運昌, 使與金鍾基·梁益彬·卞膺平之徒, 日鬪棋, 運昌無甚高. 丞相疑其不力, 出南原霜華紙二百番注之, 戒曰: '努力能十捷, 以賚子, 且撻鍾基.' 運昌乃下子, 堂堂出以萬全, 圍者如嘯, 斷者如鋒, 立者如箕, 合者如縫, 應者如鑾, 峙者如峯, 掩者如置, 照者如烽, 陷者如坒, 變者如龍, 聚者如蜂. 鍾基汗流被額, 不能抵. 過三局, 鍾基起如廁, 晌運昌出. 良久, 入復棋, 運昌時時誤, 鍾基巧之也."

12 이서구, 위의 글. "一日天寒, 大雨雪, 鍾期勑家人, 盛置酒, 夜邀鄭生飲, 酒酣, 鍾期親執刀俎, 切

肉奉盃而進曰: '先生, 誠賢豪長者, 倘識此盃意乎? 弟子有一言, 敢以累先生.' 生稱名謝曰: '運昌, 不敢當公厚意, 然公名譽悠揚一世, 當今之公卿士大夫, 皆莫不愛厚公. 運昌幸与公同輩行, 竊想公無可以俯敎於不肖者, 敢請敎!' 期曰: '然. 弟子自早學棋, 特專聲譽, 出入諸公閒, 已十年于玆矣. 自得交先生來, 諸公長者, 恐皆翕然推謝, 以爲如期者, 不足預弟子之列, 顧弟子豈敢与先生抗? 願先生少讓我, 但使得有其前名, 可乎?' 生曰: '諾!' 遂竟夕盡歡而去. 自是, 每生与期逢, 若衆人在坐, 則輒兩相逡巡, 誓不復相敵."

13 김도수(金道洙), 《춘주유고(春洲遺稿)》, 〈기자전(棋者傳)〉, 문집총간 219집. "棋, 小數也. 然有妙焉, 妙而至於通神. 雖小, 盖亦難也. 宣祖時有宗室德源令者, 善棋. 德源, 七八歲時已學棋, 嗜棋異甚. 於所居房室四壁, 盡棋局, 日日臥其中, 以手點壁局作勢. 已而得妙, 出而棋, 無敵. 每對人棋, 輒痛飮酒, 動手如飛, 出奇無窮, 顧笑嘩然, 閒暇自得. 遇難處, 始凝然思, 熟視局, 下必中敵, 至要害. 對者若釘入骨痛苦, 不能平氣坐, 非至强者, 不能堪一二局. 以是無與德源者棋也. 德源旣老壯, 鬱鬱無盡其才處, 嘆曰: '猛勢人不樂, 低勢吾不忍.' 遂廢棋, 但飮酒, 日酩酊, 無所省. 萬曆中, 明使有善棋者來, 求東國一手, 德源應選, 往與棋. 人傳德源之與明使棋也, 亦痛飮酒一大椀, 跂坐垂目, 兩肩聳立, 如老鷲窺兎狀. 春然落一子, 子活動如生物, 光搖搖然, 已占一局大勢. 明使大驚推局, 拜問: '落子法, 何神也!' 德源莫曰: '龍至柔物也, 一怒廻蹲, 成潭於大石之上. 吾亦莫知其所以然.' 德源死後五十年, 閭巷有庾鑽洪, 亦以國棋名, 而神解不及德源遠甚云."

14 필자 미상, 《허주유고(虛舟遺稿)》, 〈기설(棋說)〉, 영남대 소장 필사본. "近日, 則中人多專其藝, 名庚贊洪者, 最有名, 士夫無角之者. 如兩對, 則輒去八去六云. 不知去德源, 又何界限也."

15 이운영(李運永), 《영미편(潁尾編)》, 〈기장(棋場)〉, 교토대학 가와이문고 소장 필사본. "德源後當有許多國手, 史闕不傳. 六七十年前有崔器祥獨步, 崔之後進又有卞興平, 少劣於崔, 對局必先下一字. 崔之晩年, 崔多見敗於卞, 卞或去其一字, 而亦得贏. 卞輒曰: '比年以來, 吾之手長得一層, 崔主簿已衰矣. 直與我敵手, 從今許我先下之子.' 崔微笑曰: '定然乎!' 卞曰: '定然矣.' 崔曰: '爾妄耳. 爾且明日早來.' 卞應諾而去. 翌日淸朝, 卞造崔, 崔乃曰: '我衰矣. 精力大減, 每胡亂着去, 故爾妄言乃爾. 我今日終日但下三局, 爾必三局連輸, 三局之內一局必倍數而輸矣.' 卞冷笑曰: '豈其然乎? 其則不遠.' 遂開局. 是日崔置爐於前, 爇火於爐, 取童便一大椀, 照火而煖之. 其始下手也, 徐徐緩緩也, 談笑而應之. 及到平原曠野, 萬馬爭馳之勢, 則晴天之飛雹·飄風之急雨也似, 一連下數十子, 局外之觀者, 未及推步而見之. 若遇垓城十月月暈重重危急存亡, 迫在呼吸之形, 則乃袖手却坐, 以雪綿子漬童便洗眼, 數食頃始下子. 卞茫然莫知所以應之. 自朝旭初滿東窓時, 至終南擧烽, 纔了三局. 其第一局, 崔贏倍數. 第二局贏五局, 第三局贏一宮. 崔乃大喝卞曰: '爾今復敢妄撓舌乎!' 卞不能開口, 觀者皆吐舌."

16 유본학(柳本學), 《문암문고(問菴文藁)》 제2책, 〈바둑에 능한 김석신에게 주는 글(贈善棋者金錫信序)〉, 개인 소장 사본. "金君錫信, 以國棋行于世五十餘年, 爲人灑脫, 有士人風, 素不營生, 圍棋賭錢, 沽酒食, 與朋友共醉飽. 其對局, 注目端坐, 手不弄棋, 口不爭道, 雍容如不欲棋. 及其應敵也, 鏗然下子, 如兎起鶻落. 嘗自言圍棋以正範, 不以曲跂欺人."

17 유본학, 위의 글. "棋雖小技, 苟能善此, 則亦可以行于世, 爲人所悅, 與他藝相埒焉. 夫爲人所悅而所尙者, 藝莫如文詞書法. 然今有人於此, 能文章焉, 能筆法焉, 未必爭慕聚觀如恐失之. 一有國師布奕, 招呼相集, 詑作異玩, 此所謂小道有可觀不可廢者, 而至於國棋, 則尤難也."

주 **461**

여행가 • 정란

1 강경훈의 논문 〈滄海翁 鄭瀾 小考〉에서 정란의 가계와 문학을 개략적으로 소개하고 있다.
2 신유한(申維翰), 《청천집(靑泉集)》, 〈정란에게 주는 글(贈鄭幼觀瀾序)〉, 문집총간 200집, 306쪽. "鄭生日: '嘻! 吾眠世間百種利欲, 一無所好, 所好獨古人文章. 童而習之, 壯而蒙昧, 恥也. 願從文殊問疾, 與聞於維摩說法.'"
3 그러나 이용휴는 "이 세계에는 이 사람을 위한 자리가 없다. 그래서 부득이 그로 하여금 이름난 명승지, 오래된 산골짜기 사이를 오가며 소요하게 하는 것이다(寰中無此人坐, 不得已, 使之往來遊於名區古洞之間)"라고 말하기도 하여, 세상에서 뜻을 펴지 못한 반발로 여행을 하게 되었다고 해석하기도 했다(〈정란의 산행도에 부치는 글(題鄭逸士山行圖)〉, 문집총간 223집, 25쪽).
4 남경희(南景羲), 《치암집(癡庵集)》, 〈정창해전(鄭滄海傳)〉, 국립중앙도서관 소장 간본. "先生狀貌, 枯奇異衆, 性亢傲, 好笑罵, 不規規於禮法, 詞藝夙成, 又不肯屈首爲公車業. 弱冠從申靑泉遊, 聞文章大旨. 已而喟然歎曰: '大丈夫生於海東, 縱不能如司馬子長之爲, 觀盡海東名山大川, 足矣.' 於是, 備一匹驢, 蕭然獨行."
5 채제공(蔡濟恭), 《번암집(樊巖集)》 권56, 〈정창해가 지닌 화첩에 부친다(題鄭滄海瀾所持畵帖)〉, 문집총간 236집, 548쪽. "鄭滄海, 不羈人也. 棄妻子, 好遊名山大川, 窮北漠以臨白頭澤, 凌大瀛以登漢拏頂, 天下萬物, 顧無以易其樂也."
6 강식준(姜式儁), 《소은선생문집(素隱先生文集)》 권2, 〈창해 정란에게 주는 글(贈滄海鄭幼觀瀾序)〉. "人之所尙不同, 而各自成其趣而已. 世人不知滄海, 滄海亦豈以世人知! 吾於滄海, 竊有獨知者. 滄海遺外世事, 膏肓山水, 自以約鴻濛·遊汗漫, 爲天下之樂, 無以易也, 至老而不知倦. 視世之名利家, 以榮枯得喪爲心者, 相萬萬, 滄海旣不以形骸爲累, 又安用其他哉!"
7 강이천(姜彛天), 《중암고(重菴藁)》, 〈창해옹이 산을 여행한 이야기(記滄海翁遊山事)〉, 규장각 소장 사본. "人之生, 所遊者神也; 所交者觀也. 神滯則痞, 觀狹則眇, 神觀俱錮, 而氣不宜矣. 老夫視居此人間世者, 特泥頻醅瓹耳. ……夫推其虛, 不若遇其眞; 閱其語, 不若大其眼. 海東之國, 國雖小, 窮吾觀, 亦足以夷驥吾神."
8 강이천, 위의 글. "吾今知先生, 其古之環奇倜儻飄然而遐擧者乎! 吾見先生, 不敢復以世之役役出沒見小利害輒遑汲然喪其生者以爲士也."
9 신국빈(申國賓)의 본관은 평산(平山), 자는 사관(士觀), 호는 태을암(太乙菴)이다. 경상남도 밀양에 세거(世居)한 사람으로 과거에 거듭 낙방하자 낙향해 후진 양성에 힘썼다. 《태을암문집(太乙菴文集)》이 남아 있다.
10 신국빈, 《태을암문집(太乙菴文集)》 권4, 〈정창해에게 주다(與鄭滄海幼觀瀾)〉. "吾子不喜看宋以下書, 止讀兩漢文, 慕子長壯遊, 謂'天地之大, 造化之無窮, 不可徒讀而得之.' 欲出遊, 極變化詭之觀, 以壯其心目. 殊不察朱夫子海闊天高溥博川流之功, 在此房闥中. 盖其志固壯矣, 顧其學或失之矣. 夫學, 其本在靜, 參天地, 贊化育, 洋洋乎發育萬物. 舍是靜, 奚所本哉."
11 조석철(趙錫喆), 《정와문집(靜窩文集)》 권5, 〈정창해의 유산록 뒤에 쓴다(跋鄭滄海〔瀾〕遊山錄後)〉. "而第其遊觀一念, 老而不衰, 未免膏肓於泉石, 痼癖於煙霞, 東游西泛, 溺喪而不知歸. 未知此事於已分有何所益, 於世敎有何所關, 而汩沒心身於此, 爲終身事業耶?"
12 조석철, 위의 글. "莫如趁早還家, 捲放逸之遐心, 遊道德之平林. 或頤養神精, 爲延壽之資, 或著成文章, 爲傳後之計, 則是豈非老境第一樂事耶."

13 강세황,《표암유고(豹菴遺稿)》권4,〈유금강산기(遊金剛山記)〉.
14 남경희, 위의 글. "尤好楓嶽, 履四及於毘盧之上. 作畵以資翫賞, 崔七七所寫也. 惠寰之贊, 豹庵之筆, 幷稱三絶."
15 이용휴, 위의 글. "前時雖人跡相交, 猶爲空山. 今一得君, 而巖壑皆爲之動色. 雖謂之開山之祖, 可也."
16 이용휴, 위의 글, 제3수. "天下應有此山. 設或無是, 造化偶遺忘處, 不妨此翁將筆補成."
17 남경희, 위의 책,〈정창해의 청노새를 위한 노래(鄭滄海瀾靑驢歌)〉. "滄海先生好奇者, 騎用靑驢不用馬. 靑驢自有烟霞姿, 不似桃花五花駬. 肯受珠勒與玉鞍, 日日馳逐塵埃間. 只容浩然圖南輩, 傲骨高坐肩如山. 先生得之遊山水, 踏遍靑丘數千里. 不蹄不齕甚順適, 東西南北惟其使. 朝從白頭山下歸, 暮憩漢挐之翠微. 春風颭水遲遲去, 落日尋山速似飛. 最向金剛慣登歷, 萬二千峯皆是跡. 風霜險阻長相隨, 似解主人山水癖."
18 정란이 죽었을 때 정종로(鄭宗魯, 1738~1816)가 쓴 만시에서 그가 방여도(方輿圖)를 그리려 했다고 하였다. 정란이 지도 제작까지 구상했을 가능성도 배제하지 못한다. 그 만시는 이렇다(《입재집(立齋集)》권7,〈정창해 만시(輓鄭滄海瀾)〉, 문집총간 253집, 139장).
하늘이 이 노인에게 기이한 기를 모아주어
성벽(性癖)이 속인들과 같아본 적이 없네.
만사를 건곤에 맡겨 마음 전혀 쓰지 않았고
일생을 산과 바다로, 발걸음이 쉬지 않았네.
행장을 대강 꾸려 나귀는 달 아래 울고
신세는 표표히 백로가 바람에 떠밀리듯.
방여도(方輿圖) 그리는 일 채 마치지 못하고선
푸른 구름 속으로 훌쩍 떠나버렸네.
天將奇氣鍾斯翁　性癖何曾與俗同
萬事乾坤心不管　一生山海跡無窮
行裝脫略驢嘶月　身世飄飄鷺逐風
畵得方輿猶未了　倏然歸去碧雲中
19 이동급(李東汲),《만각재문집(晩覺齋文集)》권3,〈창해옹 불후첩 뒤에 쓰다(滄海翁不朽帖後)〉, 문집총간 251집, 485쪽. "滄海翁, 古之所謂奇偉偶儻之士也. 脫畧世累, 遊名山大川, 北窮白頭之澤, 南臨漢挐之頂, 東西幷海, 以盡其壯觀. 所歷處, 皆有詩與記, 而獨懼夫久而朽也. 之漢陽, 寫眞於豹庵姜尙書, 其所謂曠野平林, 攜筇獨行者, 海翁之天遊也. 疎林茆屋, 開樽獨酌者, 海翁之眞趣也. 於是, 樊巖蔡相公叙之, 海左丁學士評之. 夫豹庵, 當世之名畵也. 樊翁, 當世之名相也. 海左, 當世之名士也. 夫以滄海翁之奇偉偶儻, 已足以不朽, 而幷此三君子之畵與叙與評焉, 則是帖之得以不朽也, 明矣."
20 남경희, 위의 글. "先生非無意於物者也. 好法書名畵, 藏之家者甚富. 所常以自隨者, 楓嶽圖與豹庵五露所寫二卷. 二卷皆先生眞也."
21 채제공, 위의 글. "滄海自足不朽."
22 성대중(成大中),《청성집(靑城集)》권8,〈창해일사의 화첩 뒤에 쓴다(書滄海逸士畵帖後)〉, 문집총간 248집, 502쪽. "滄海鄭幼觀, 嗜觀名山. 北登白頭, 南入漢挐·頭流·楓岳, 直戶庭間爾."
23 신경준(申景濬),《여암유고(旅庵遺稿)》권11,〈정동야묘갈명(鄭東野墓碣銘)〉, 문집총간 231

주 463

집, 150쪽. "戊戌夏, 滄海翁過余于洛曰: '吾將西至王儉城, 見兎山聖人藏井田制, 入太白, 訪檀君壇, 踰盖馬大嶺, 上不咸山, 俯覽二國山川之紆曲, 南遊枳怛·雪嶽而歸.'"
24 강이천, 위의 글. "老夫三十, 而以一驢一僮一槖一襆被出, 南遊洛東, 上德裕, 探俗離, 陟月出, 窺方丈. 西臨浿江, 東覽大白小白, 歷斷髮, 再入金剛, 浮海而歸. 惟是北之白頭, 南之漢拏, 尙無滄海翁脚跡. 然老夫今猶未衰矣."
25 이용휴, 《혜환거사시집(惠寰居士詩集)》,〈백두산을 찾고 역내의 명산을 두루 여행하는 정란을 배웅하며(送鄭大士尋白頭山回遍遊域內諸名山)〉.
26 이용휴, 《탄만집(歎欸集)》,〈정일사의 백산록 뒤에 쓰다(題鄭逸士遊白山錄後)〉, 문집총간 223집, 23쪽. "逸士遍遊域內諸勝, 猶以未見域外名山爲恨. 余謂: '譬之慕絶艶者, 一覯則心便懈, 不如長時懸想, 冀其或遇也.'"
27 〈염주세고(鹽州世稿)〉 내 〈강재유고(剛齋遺稿)〉(이승연 – 식산 이만부 집안 세고) 〈送滄海生鄭幼觀〔瀾〕遊漢拏山序〉 138쪽.
28 채제공, 위의 글. "鄭滄海, 棄妻子, 好遊名山大川."
29 이용휴,〈모범이 되는 인간〉(원제〈포의정군묘지명(布衣鄭君墓誌銘)〉),《나를 돌려다오》, 태학사, 2003, 129~132쪽. "目一瞑而百念息矣, 萬事已矣. 君欲以婦爲子, 以書爲櫬, 續成其志. 傳曰: '至誠無息.'先儒言: '君子之心, 死而不已'者, 君是也. 噫! 山徑人絶, 林日欲昏, 猶疑君之候父於門也. 月苦風酸, 木鳴鳥呼, 或者君之夜讀哢唔邪?"
30 조술도(趙述道)《만곡문집(晚谷文集)》,〈여정유관(與鄭幼觀)〉. "生涯以天地爲家, 江山爲眷屬, 以烟霞雲月爲糧食, 之南之北, 之東之西, 可無難者, 而獨恨其望望寒閨, 掆心長歎, 寂寂孤孀, 背壁潛歔, 雖兄有丈夫之心哉, 豈不擾撓於方寸中邪? 伯倫之達, 步兵之狂, 曼卿之奇, 同甫之宕, 其病與不病, 過中與不及中, 兄平生讀古人書, 顧不知此邪?"
31 성대중, 위의 책,〈창해일사의 화첩 뒤에 쓰다(書滄海逸士畵帖後)〉. "〔滄海翁鄭幼觀〕, 嘗至余所, 客有博古者遇之, 面余而笑曰: '君見利瑪竇像乎? 彼翁似之.'客未嘗知翁, 而相之如此, 翁益欣然自喜. 瑪竇徧觀天下, 翁徧觀海左, 大小雖異, 徧觀則同, 宜其像之似之也."
32 이희사(李羲師),《취송시고(醉松詩稿)》권3,〈집안인 정란이 찾아와 시를 지어달라고 채근하므로 서둘러 지어 준다(鄭戚兄幼觀瀾歷訪索詩甚勤, 率題以歸)〉소서(小序). "鄭兄嶺南人, 以遊覽盡一生. 且於世上少可人, 余常病之."
33 이용휴, 위의 책,〈바다 건너 한라산에 노니는 정일사를 보내며(送鄭逸士入海遊漢拏山)〉, 문집총간 223집, 23쪽. "丈夫生世, 當卓然自立, 以行其志. 豈忍將此七尺, 埋沒於帖括冊·錢穀簿中耶! 鄭逸士盡觀三韓佳山水, 將泛海, 入耽羅, 遊漢拏山, 聞者笑之. 此事, 俗根入髓者, 笑固也. 然數百年後, 笑者在耶? 見笑者在耶? 我不能知."

원예가 · 유박

1 심경호,〈화원에서 얻은 단상 – 조선 후기의 화원기〉,《한문산문의 내면풍경》, 소명출판, 2001, 89~132쪽.
2 목만중(睦萬中),《여와집(餘窩集)》,〈화병 속의 꽃(甁花對人酬韻)〉.
3 강이천(姜彝天),《중암고(重菴藁)》,〈이화관총화(梨花館叢話)〉(안대회 지음,《고전산문산책》,

2008), 휴머니스트, 465쪽. "中古閭巷有金老翁者, 善種菊, 能使早開, 能使晚開, 能使短才數寸而花小如爪, 色鮮姿嬌, 能使長過丈餘而花絶大. 又能花色有如染者, 又於一莖花雜開衆色. 公子貴宰爭之, 老以此資生. 方秘, 後無有傳之者."

4 이봉환(李鳳煥), 《우념재시문초(雨念齋詩文鈔)》권8, '관화(觀花).' "花之爲字, 從草從化, 天地之化, 可見者非一, 而其奇幻之極, 莫如草木之化. 比如至人時作奇語, 縈然至幻之文, 隱現於蓓蕾離披之間, 雖欲不爲, 不自由也. 使天地初無花, 而一花始出, 則見之者以爲異物怪事, 聞之者以爲誕而不信也, 造化之戲劇, 至於花而極矣.

5 이가환(李家煥),〈기원이란 화원〉(원제〈기원기(綺園記)〉),《나를 돌려다오》, 안대회 편역, 태학사, 2003, 157~160쪽. "故其難工而易窮, 豈若綺園主人, 闢地數畝, 羅列名品, 紅綠紫翠, 縹緗檀素, 淺深疏密, 新陳早晚, 昏曉晴雨, 斐亹掩映, 以眞趣對眞色哉! 然猶有求覓位置, 栽接澆灌, 培壅扢剔之勞, 又不若癡頑野老, 終歲兀然高臥, 閒園中盛開, 欣然便來, 來便竟日, 坐而觀也."

6 이 책의 저자를 유박으로 확정하고 그 가치를 분석한 최신 연구로는 정민,〈《花庵九曲》의 작가 柳璞(1730~1787)과《花菴隨錄》〉(《한국시가연구》14권, 2003, 101~134쪽)이 있다.

7 유득공(柳得恭),《영재집(泠齋集)》(송준호,《유득공의 시문학 연구》, 태학사, 1985 부록),〈금곡의 백화암 상량문(金谷百花菴上梁文)〉. "花主人誰, 柳先生某, 軒轅之苗裔, 朝鮮一布衣. 先五斗而已歸, 學陶門之種柳; 餘一策而遽泛, 慕范舟之散金. 物我是非都相忘, 蝴蝶爲周周爲蝴蝶; 貴賤榮辱何足道, 君平棄世世棄君平. 乃逍遙而游, 有消遣之法."

8 유박,《화암수록(花菴隨錄)》,〈그저 읊다(漫吟)〉. "澤藪狂歌二十年, 居然老大百花前."

9 유박, 위의 책,〈화암기(花庵記)〉, 41쪽. "余賦性拙, 自分無用. 所居山水, 重濁鮮遊覽之勝. 席門窮巷, 終歲絶長者車近. 求四時花卉總百本, 大者栽培, 小者瓷瓦, 塢而藏之菴之中, 而身在其間, 消遣與世相忘, 怡然自得. 粉梅禁醉, 細察精神, 倭躅映山紅, 遠觀形勢; 雄偉取丹藥, 桂桃如卜新姬; 梔柏若對大賓, 嬌容可掬; 石榴意思軒豁; 芭蕉怪石, 爲庭除名山; 瘦松得太古顔面; 風竹帶戰國氣像, 雜種爲侍者. 蓮花若敬對茂叔. 取其奇者古者爲師, 淸者潔者爲友, 繁者華者爲客. 欲讒人而人棄, 故幸自適無禁. 喜怒憂樂坐臥, 都付此抵君忘形, 不知老之將至耳."

10 채지홍(蔡之洪),《봉암집(鳳巖集)》,〈정훼잡영서(庭卉雜詠序)〉12권, 9~10장. "儘有以爲窮寂也. 非敢爲玩美計, 要當以程先生喪志之戒, 橫在胸中, 庶可無浸染之患矣." 조선 후기 화훼에 관한 사대부의 다양한 견해는 안대회,〈한국 蟲魚草木花卉詩의 전개와 특징〉(《한국문학연구》제2집)을 참조하라.

11 유득공, 위의 글. "溫癖錢, 王癖馬, 癖於花者幾人; 雪令曠, 月令孤, 令之韻者此物. 聞人家有異畜, 雖千金而必求; 窺海舶之閟藏, 在萬里者亦致. 夏榴冬梅, 春桃秋菊, 寧四時而絶花; 梔白蘭青, 葵赤萱黃, 恨五色之闕黑. …… 抛梁東, 分付碧瀾諸舵工, 有載華盆向金谷, 莫求船價一文銅. 抛梁西, 一帆風去是靑齊, 我東不有中原有, 荔支棕櫚安得兮. 抛梁南, 借問船人何土男, 莫是居生康海邑, 將來冬栢柿榴柑. 抛梁北, 北去求花不必得, 只見黃州好生梨, 百拳長木打而食. 抛梁上, 天上白楡立兩兩, 直入月宮躅老蟾, 折來丹桂誰能當. 抛梁下, 世俗之爲花卉者, 終日忙馳名利場, 夕來負手作文雅. 伏願上梁之後, 鳥不啄蘂, 蟲不囓根, 風不棚披, 凍不盆壅, 熱不殺菊, 寒不病梅, 石榴香來. 芭蕉花作. 二十四番風風好, 春去春來: 三百六旬日日開, 花開花落."

12 채제공(蔡濟恭),《번암집(樊巖集)》권35,〈우화재기(寓花齋記)〉, 문집총간 236집, 114쪽. "吾聞君愛花甚, 人莫不化之. 君以事而遠遊, 不能以時月返, 則家人封植花, 澆灌花, 莫敢失其機, 一如君在家, 此君之愛花之化家人也. 環金谷而村者, 聞君築花塢, 培花根, 不令而趨, 不勸而役, 有若己事之不

주 465

可已者, 此君之愛花之化隣比也. 州里人之操舟業日南者, 見奇品異種, 可供翫賞, 盛以盆, 寄之船, 怡怡來呈, 若納錫然. 此君之愛花之化船人也. 君一布衣, 何嘗有力而致此."

13 유득공, 위의 글. "有敞廬於斯, 仍舊館而已. 畫爾茅, 宵爾索, 無非農隙之功; 眇者準, 偏者塗, 寧有武斯之謗. 馨香上梁之祭, 打延州之粉䬪; 玲瓏下莞之簀, 織江西之鬚䰐. 山林水石之勝, 吾堂叔云云; 詩文書畫之傳, 一時人某某. 雖不過一艸屋, 足可謂百花菴; 無乃若弟子之行. 或升堂而或入室, 自相爲賓主之位; 爾東塔而我西塔, 遇種樹之橐駝, 引爲上客; 詫桃花之驛馬, 何如古人. 果然金谷繁華, 忽成香國世界. 或曰胡爲役役亦已焉哉; 笑而不答, 悠悠聊復爾耳. 十年居湖海, 跡掃桃李門前; 一春如畫圖, 夢牽蜂蝶風裏."

14 이용휴, 《혜환잡저(惠寰雜著)》, 〈멀리서 백화암에 부친다(寄題百花菴)〉. "復欲備奇賞, 遐域購栟櫚. 緣溪轉涉園, 何勞命小車. 低枝時拘冠, 墮蘂或粘裾. 非此意不樂, 林經朝夕。. 家人告食具, 戲答且姑徐. 餐英而咀實, 依然古几蘧. 造物惜淸福, 何爲偏餉予. 花下時擧杯, 自賀復自譽. 銅臭與鯖氣, 衆香爲祓除."

15 유박, 위의 책, 〈화암만어(花菴謾語)〉, 39쪽. "月隱西岑, 夜闌三更. 此身獨立, 花間滿襟. 風露天香. / 睡足花菴, 白鷗飛盡, 滿庭夕陽, 江村寂寂時, 何處舟子, 一曲欸乃聲近遠. / 紅白花數株香郁馥, 有心人携壺鳴驢來. 書一床, 琴一架, 何事兒童更進一局棋."

16 유박, 위의 책, 〈화목구등품제(花木九等品題)〉. "芍藥. 貴友. ○ 花相. ○ 金絲洛陽紅, 千葉白, 千葉純紅爲貴. 栽植, 宜秋種. ○ 芍藥一怒, 三年不花, 須以人糞汁, 解怒."

17 유박, 위의 책, 〈화목구등품제(花木九等品第)〉, 1쪽. "近來諸公子都尉第宅, 爭尙蘇鐵華梨棪欄, 艷慕遠産, 取冠庭實, 而肆然以梅菊, 號爲亞品. 遂令凡才與吉士並駕, 則今定華林位次者, 不得不謹嚴. 絲櫻尙不渡海, 蘭草芝草荔芰, 我國所稱者, 非眞物. 故都不錄."

18 "梅, 江山精神, 太古面目; 菊, 渾然元氣, 無限造化; 蓮, 氷壺秋水, 霽月光風; 牧丹, 富貴繁華, 公論已定; 芍藥, 卓冠群芳, 爭伯紅白; 倭紅, 眩脫百花, 擅權華林; 海榴, 西子含嚬, 令人斷腸; 石榴, 飛燕玉眞, 寵傾六宮; 瑞香花, 閑中殊友, 十里淸香; 梔子, 瘦鶴雲鴻, 絶粒逃世; 冬栢, 道骨仙風, 絶俗離群; 海棠, 淸揚婉兮, 睡痕朦朧; 薔薇, 純黃正色, 都雅其姿; 百日紅, 何必舜英, 顔如渥丹; 杏, 絶等小星; 梨, 閑雅婦人; 石竹, 不哭孩兒; 庭香, 朴茂行者; 玉簪花, 伶俐沙彌; 剪秋紗, 應門童子."

시인·이단전

1 이용휴, 〈하사고에 부친다〉(원제 〈제하사고(題霞思稿)〉), 《나를 돌려다오》, 안대회 편역, 태학사, 2003, 103~105쪽. "老人無事, 使坐客說平生奇觀異聞而聽之. 一客云: '某年冬暖如春, 忽風作雪下, 入夜雪止, 虹飮于井, 村人驚起塞焉.' 一客云: '儂有行脚僧言, 曾入深峽, 遇一獸, 虎軀綠毛, 角而肉翅, 聲如嬬兒.' 余謂: '是近謊說, 不可信.' 翌朝有一少年子來謁, 以詩爲贄, 問其姓名, 曰李亶佃, 已訝其異乎人之命名. 及開卷, 光怪陸離難狀, 有出思慮之外者. 始信二客之說非謊也."

2 황인기(黃仁紀), 《일수연어(一水然語)》, 〈이단전전(李亶佃傳)〉, 국립중앙도서관 소장 필사본. "幼時從兪氏少年讀書傍, 竊聽而暗誦之, 能識大義. 主人奇之, 不以責樵牧而任其自爲之. 遂從事文字間, 才蓊盛."

3 황인기, 위의 글. "嘗曰, '人生百年, 未長也. 埋頭於米鹽柴油, 可哀也. 酒不宜分淸獨, 詩不高古,

便不神奇.'"

4 윤기(尹愭), 《무명자집(無名子集)》, 〈이단전에게 주다(贈李亶佃)〉, 문집총간 256집.

5 윤기는 또 이단전이 지은 시에 차운하여, 남들의 비웃음에도 초연한 채 술을 마시고 시를 짓는 그를 치켜세우는 시를 지었다. 〈또 이단전의 시에 차운하다(又次李佃韻)〉(위의 책, 26쪽). "固是常情侮賤貧, 超然獨也爾何人. 靈心炯似照犀水, 外物輕如棲草塵. 磊磊謾成詩酒傑, 嬉遊時夢葛義民. 不須後世子雲識, 席上分明自有珍."

6 황인기, 위의 글. "方大酣苦哦, 妙入玄境. 風雨雷霆, 不能撓其聰. 美冶奇衰, 不敢眩其視."

7 남공철(南公轍), 위의 글. "夜輒買油燭, 兀坐作詩, 作已又自寫, 欲以示世所稱爲中原學者, 則書以粉箋太史紙, 其斥中原學者, 書以常紙, 竢天明出去, 遍謁諸文人名士, 受批評, 如是十餘年不怠. 於是君之名遍世間."

8 이하(李賀). 중국 당나라 때 시인으로 장길은 그의 자다. 일곱 살에 시를 쓰고 스물일곱 살에 요절한 천재로, 외출할 때마다 조랑말을 타고 등에 금낭(錦囊)을 메고 다니다가 좋은 구절을 얻으면 그 주머니 속에다 넣었다는 일화가 유명하다.

9 남공철, 《금릉집(金陵集)》, 〈이단전의 시를 읽고(李君詩序)〉, 문집총간 272집. "詩莫盛於唐, 而旣不能得其情境之眞, 則爲一摹擬飣飿襞積, 纔離筆研, 已成陳言死句, 寧以明以後諸子爲師, 以洩其傀儡奇崛之氣."

10 남공철, 위의 글. "其詩有靈心慧識, 時又發之以困窮不平之言, 故如嗔如笑, 如寡婦之夜哭, 羈人之寒起. 雖未成一家, 而亦自有可取焉."

11 임천상의 《시필(試筆)》에 소개되어 있다.

12 《수헌고(壽軒稿)》, 〈정봉한점(晶峰閑點)〉(이세찬(李世燦) 편, 《한산세고(韓山世稿)》, 1935년 석판본, 필자 소장). 이 시는 이단전이 금강산에서 지은 "五夜虛明長似曙, 四時寥落昜爲秋"라는 이름난 시구와 그 시상과 정조가 비슷하다. 짙은 고독감이 산수 묘사에 투영되어 있다.

13 조희룡(趙熙龍), 《호산외기(壺山外記)》, 〈이단전전(李亶佃傳)〉. "其爲詩, 落想空外, 不警人, 不出口. 老杜所云, '語不驚人死不休', 遙遙爲亶佃發也."

14 조희룡, 위의 글. "工詩善書, 名動一世, 與士大夫遊."

15 조수삼, 위의 글. "於亶佃交也, 嘗一日大風雪, 有敲門聲甚急, 視之則佃也. 袖出其金剛山詩曰, '九千九百九十九人皆曰可, 不可. 獨先生一人曰可, 則可也. 先生定之.' 遂相與竟夕酬詠而去, 顧今一語千古矣."

16 황인기, 《일수연어》, 〈이단전유금강기(李亶佃游金剛記)〉.

17 《수헌고(壽軒稿)》, 〈정봉한점(晶峰閑點)〉.

18 남공철, 위의 글. "君讀史, 見忠臣烈士抗節殉義, 蹈鋒刃冒矢石者, 則翻身跳躍於卷上, 或放聲哭不已. 及夫天下治安, 敦儒術, 興禮樂, 則嗒然慮散, 若白日而欲睡者. 余嘗謂求人於奇且異, 則患失人, 而往往得其長者, 亦在此不可諱. 君嗜酒, 酒後雖遇士大夫, 直言其失, 或侵侮而不自覺. 由是, 謗者甚衆, 且君以狂生妄子. 然吾輩皆愛其才."

19 조수삼, 위의 글. "性喜山水, 人拉與之遊, 不以事辭, 至則揮巨帆, 軋軋作苦吟, 臥而嘔吐, 滿薦席. 雖被之雨雪霜露, 尉恟而不知也. 嘗服齊衰, 往來詩酒所如故, 或戒之, 則亶佃笑曰, '禮豈爲我輩設哉? 是如禪褡中蟣蝨耳. 其蕩率無拘檢, 槪如此."

20 조수삼, 위의 글. "家貧裏, 常備書, 日三五十紙而壓之. 旣得錢, 輒酤飮. 醉, 作草書, 行一二字止十餘, 字或先右後左, 或由下而至於上. 間用籒文, 縱橫磊磊, 若無位置. 然而字皆如枯枝怪石, 岌

주 **467**

炎飛動. 旁觀者自覺楷模之頹顏也."
21 김려(金鑢),《담정유고(潭庭遺藁)》권10,〈제일홍당만고권후(題日紅堂漫稿卷後)〉, 문집총간 289집, 536쪽. "公亦自愛惜其咳唾, 常使李亶佃, 揚淨紙欸寫."
22 심로숭(沈魯崇),《효전산고(孝田散稿)》33책,〈자저실기(自著實記)〉, '문견내편(聞見內編).' "李亶佃, 京師賤人, 善飮酒, 有詩才, 自號乏漢, 取正之從下從人, 以自識也. 從四撿書遊, 學爲詩, 往往有慧語. 時時過訪余, 對飮賦詩. 乙巳冬, 余在園亭, 適大雪, 閒梅開數花, 悄悄無懷. 忽見僧佃來, 亟出酒飮之. 日且夕, 留與爲語, 辭曰, '夜與人約遊, 不可負也.' 不得已許之, 殊沒趣思. 翌朝, 聞僧佃死於洞隣任斯文夏常家. 盖與任約飮, 飮過暴絶也. 若使不放遣者, 不死. 至今思之, 錯愕不能已也."
23 조희룡, 위의 글. "人孰無死, 得此佳句, 死亦何傷, 此可爲亶佃道也."
24 황인기, 위의 글. "視富貴如草芥, 日, '富貴如車輪轉, 吾未見無不敗之富貴也. 破衣一領, 濁酒一盃, 足矣. 死便埋之. 奈此生前林泉風月何哉!'"
25 조수삼,《추재집》권5,〈구가(九歌)〉, '이필한운기(李泌漢耘岐)', 문집총간 271집.

탈춤꾼·탁문한

1 김종철,《판소리사 연구》, 역사비평사, 1996, 27~31쪽; 사진실,《공연문화의 전통》, 태학사, 2002, 489~491쪽; 손태도,《광대의 가창문화》, 집문당, 2003, 396~397쪽.
2 사진실,〈광막한 천지에 부는 바람 같은 사내, 광대 달문〉,《우리 고전 캐릭터의 모든 것》1(서대석 엮음), 휴머니스트 2008, 164~183쪽; 차충환,〈상하 경향을 아우른 휴머니즘과 자유인의 형상, 달문〉,《조선 후기 소수자의 삶과 형상》(김진영 외), 보고사, 2007, 128~154쪽; 안대회,〈당대를 쥐락펴락한 만능 엔터테이너 광대 달문〉,《조선을 사로잡은 꾼들》, 한겨레출판, 2010, 91~103쪽.
3 서종화(徐宗華),《약헌유집(藥軒遺集)》4권 33장,〈송우인박만회서(送優人朴萬會序)〉, 국립중앙도서관 소장 목판본. "優人朴萬會者, 務安舟山人, 乃吾司馬新恩時所率者也. 於優倡雜技, 無所不能, 而尤善於乘索之戱. 植廠仞之木於庭之左右, 木頭橫亘一索. 於時躍而升之, 或坐或舞, 或臥或起, 或盤膝而衣, 或獨足而立, 或歌或舞, 或嘯或笛, 或脫衣而衣, 或解巾而巾, 或闊步或急趣, 或轉身而東, 旣東又轉身而西, 或筋斗而超, 或抱索而環. 至於蛛躪鶴企鋤耘踏冶走氷探板之技, 不一而足. 觀者堵立, 莫不竦髮吐舌, 噴噴稱奇, 可謂技之精者也."
4 한국 줄타기의 역사와 관련 기록을 종합적으로 검토한 이호승의〈한국 줄타기의 역사와 연행 양상〉(《공연문화연구》제14집, 2007, 387~426쪽)을 볼 때도 거의 사례가 없다.
5 이익은 성호사설(星湖僿說)에서 "시금 우리나라 풍속에서 이 기예는 대단히 정교하여 청나라 사신이 보고 천하에 없는 재주라 말했다"(今我東之俗, 此伎絶巧, 北使見之, 以爲天下無有云)라고 지적했고, 박제가도〈성시전도(城市全圖)〉에서 "동방의 쌍줄타기는 천하에 없는 거라, 줄타기와 공중제비를 하며 거미처럼 매달렸다. 한 곳에서는 꼭두각시 무대에 올라오자 동방에 온 칙사가 손뼉을 친다"(東國撞竿天下無,步繩倒空縋如蟢. 別有傀儡登場來, 勅使東來掌一抵.)라고 하여 줄타기 기예가 천하에 없는 대단한 기예임을 평가했다. 그런 자부심은 청나라 사람들의 높은 평가를 바탕으로 한다.

6 유만주(兪晩柱), 《흠영(欽英)》 3권, 179쪽, 규장각 영인본. "東俗之山臺, 卽中國之戲場雜劇也.…乃若山臺所謂鐵網僧之類, 都無義意, 只是粗陋胡亂而已, 何足道哉?" "東舞處容黃倡, 猶有可據, 不至如山臺之沒下落也." 乍

7 동지는 동지중추부사(同知中樞府事)의 약자로 종2품 벼슬이다. 실직이 없는 중추부의 한 직책으로, 명예직일 뿐이다.

8 조수삼, 《추재기이》, 한겨레출판, 2010, 233~236쪽. "班頭名曰文煥, 儺禮局濚首也. 少工於眞妓之舞·萬石僧之歌笑, 班中子弟毋能及之者. 老以延勑勞賜嘉善階. (眞娘弓步斂蛾眉, 萬石傞傞舞袘縰. 旛綽新磨何似者, 班頭先數卓同知.)"

9 사진실의 《한국연극사연구》와 손태도의 《광대의 가창문화》가 탁문한의 행적을 인용한 정도다.

10 심능숙(沈能淑), 《후오지가(後吾知可)》, 〈탁문한기실(卓文漢紀實)〉, 필사본, 개인 소장. "卓文漢, 漢陽良族也. 爲人多器局, 尙氣驍悍, 恣行而無所業. 且嗜麴蘖, 飮必劇醉爲度, 醉則肆氣放ато. 塗見不慊, 爲人任怨, 隨處犯攫, 重罹法繩, 不去其行. 儕人惡之, 亦不敢絶之."

11 전경욱, 《한국가면극, 그 역사와 원리》, 열화당, 1998, 141~164쪽; 《한국의 전통연희》, 학고재, 2004, 319~338쪽.

12 전경욱, 위의 책, 182~183쪽. 그런데 전경욱이 본산대 탈놀이를 한 사람으로 '반인(泮人; 성균관 노비)'을 제시한 것은 손태도의 〈본산대 탈놀이패에 대한 시각〉(《고전희곡연구》 제4집, 2002, 135~177쪽)에서 전면적으로 부정되었다. 손태도는 '반인'은 '평인(萍人)' 또는 '팽인(伻人)'에서 와전되었고, 본산대 놀이패를 '편놈'이라며 다른 집단에서 낮추어 부른 명칭을 표기하는 과정에서 이런 오해가 생겼을 것으로 추정했다. 그는 '반인'이 산대희나 나례희의 공연자로 활동하지 않았음을 고증했다. 여기서는 손태도의 설을 따른다.

13 심능숙, 위의 글. "自幼通劍舞, 能作廻風落花之狀. 世言金光澤死後百年, 文漢得其神云. 遂以劍自奇, 往山棚之戲, 見舞劍者偏拙, 不能乘勢, 立評其劍, 左右目之. 文漢挺然而起, 直奪槴打袂而舞騰騰. 人皆傳之, 家人恥之."

14 안대회, 《고전산문산책》, 유본학에 번역·소개되어 있다.

15 사진실, 《한국연극사연구》, 태학사, 1997, 232~249쪽.

16 심능숙, 위의 글. "他日其姪敍秀, 以騎屬龍虎營, 帥第之門閫, 以次汰之. 自思其叔曾入於山棚之戲, 乘間自陳曰: '小人之閫, 代有徵矣. 第恐家叔少日之累, 因已而現, 敢以自退.' 帥警而不許."

17 유득공, 《경도잡지(京都雜誌)》 권1, 조선고서간행회. "演劇有山戲野戲兩部, 屬於儺禮都監. 山戲結棚下帳, 作獅虎曼碩僧舞, 野戲扮唐女小梅舞."

18 심능숙, 위의 글. "家人恥之, 其後忽斷飮改行."

19 의궤의 〈흉의장질(凶儀仗秩)〉 '방상시사(方相氏四)'에 그 모양과 기능, 위치 따위를 이렇게 설명했다. "在後殿大旗之後分左右, 所以辟除陰邪者. 朱漆假面, 黃金四目, 玄衣朱裳, 蒙熊皮, 執戈揚. 看來兩輪車, 梓宮上山陵時, 先至退壙上, 以戈聲四隅車子四, 自一房待令."

20 "竹散馬二匹, 先設井字板, 鑿孔於四隅, 磨造四蹄, 安於孔上. 次造四脚, 樹於蹄孔, 蹄脚相接處, 着鐵釘. 次造形體, 以空石裏之. 次以藁草編結, 裹以席子生布, 以紙再塗編束尾 黑漆作加羅色 長八尺七寸高五尺立之兩輪車上用禮器尺."

21 심능숙, 위의 글. "乃從梓人爲長, 坐論宮室, 立視繩墨, 心計而口授, 若合契焉. 有事稱能, 以賞超資."

22 심능숙, 위의 글. "公洞人曰: '往年余營小山書室, 有言卓文漢之能, 見其狀矯健, 語又敏快, 亦

知其可用, 而未之詳也.' … 吁! 文漢末乃從匠氏爲長者, 亦寓小試其器者歟."
23 이 책에 등장하는 정철조와 최천약이 그런 경우다.
24 심능숙, 위의 글. "又見李君所收籍, 則世有祿秩, 而文漢階資憲, 恩賜也."
25 황번작은 당나라 현종(玄宗) 때의 저명한 공연예술가다. 그는 〈참군희(參軍戲)〉 공연의 명인으로서 삼십 년 동안이나 궁궐에서 공연한 저명인이다. 참군희는 참군(參軍)과 창골(蒼鶻) 두 배우가 등장하여 멍청이 배역과 기지를 부리는 배역을 각각 맡아 풍자와 우스개 연극을 했다.
26 경신마는 오대(五代) 후당(後唐) 때의 배우다. 장종(壯宗)의 총애를 받은 배우로서 군주를 풍자하고 익살을 부린 일화가 많이 남아 있다. 구양수(歐陽脩)가 편찬한 《신오대사(新五代史)》 〈영관전(伶官傳)〉에 그의 활약상과 특기가 잘 묘사되어 있다.
27 《승정원일기》, 정조 8년 10월 6일. "今番勅行, 事體自別, 雖以儺禮言之, 多有已例, 故欲命設行, 而若有弊於市民, 則置之無妨矣."
28 《승정원일기》, 위의 글. "(徐)有隣曰: '雖有些少弊端, 亦爲賁飾之一端, 壬寅戊午兩年, 前例皆爲之矣.' 上曰: '觀光之人, 或有傷之者云, 然否?' (鄭)一祥曰: '寬曠處爲之, 則似無傷人之慮矣.' 上曰: '儺禮都監, 皆是無賴之流, 京中若有竊發之事, 亦屬可悶矣.' 一祥曰: '左右捕將, 例皆句管, 若嚴加禁戢, 庶無此患矣.'"
29 《승정원일기》, 정조 8년 10월 8일. "上曰: '儺禮勿令張大, 俾無傷人之弊, 可也.' (鄭)一祥曰: '軒架山棚, 全無木物, 此則不可不備矣.' 上曰: '儺車體大, 然後倡優可以戱其上矣.' 對曰: '然矣.'"
30 《승정원일기》, 정조 8년 10월 9일. "上命書傳敎曰: '每當勅行, 有儺禮設行之時, 該都監所屬, 稱以像帖價本, 侵漁富戶. 又於假家材木, 作弊江民, 種種弊端, 不一而足云. 今番則以捕廳大將從事官例管之外, 別爲啓下, 堂郞延接都監諸堂, 亦以京兆長壽·平市提調兼帶者, 蓋欲痛禁前日之弊. 俄於筵席, 亦有敎飭. 如是申飭之後, 萬一有任其習謬, 不能一一禁戢, 自館伴以下, 當有重勘. 且聞儺禮之需, 皆令市民責應, 此亦無意. 至於勒奪富民貨貸, 尤所當禁. 今番則計其所入, 自該曹上下物力, 俾無一毫貽弊之端事. 亦令廟堂, 嚴飭延接都監."
31 《훈국등록(訓局謄錄)》, 한국학중앙연구원 소장 필사본, 37책, 甲辰十一月初五日條. "都邊首卓文漢所供內. '矣身以匠人邊首, 次知造山, 而初大造山, 旋卽頹. 故昨日董董造成欄干, 而觀光兩班與諸人登欄干, 觀其私習. 故爲慮欄干之更頹, 私習諸般遊戱, 皆逐出門外, 看檢山帶之際, 聞砲聲驚動, 出去問責諸人, 還爲入去看察欄干, 質問諸人, 則矣身之初不干涉, 可以洞燭, 更無所達.' 云."
32 《훈국등록》, 위의 글. "大抵儺禮廳, 自古分左右邊, 各自勝癖. 遊戱之際, 百怪之事, 互相層出, 作爲奇觀, 自以爲孰勝孰負, 世所共知."
33 현재 산대의 구조와 제작 과정은 구체적으로 밝혀져 있지 않다. 그 가운데서 가장 자세하게 자료를 통해 설명한 것이 사진실의 〈산대의 변천과 무대미학〉(《공연문화의 전통》, 176~215쪽)이다.
34 이 사건은 노상추(盧尙樞)의 일기에도 기록되었다. 〈정종팔년갑진일기(正宗八年甲辰日記)〉 11월 5일자 일기에 그는 "是夜, 迎勅山臺都監軍, 私自放砲習儀, 砲聲達于大內, 使之往察, 則此所也軍亦借砲於禁營, 故禁衛大將徐有大罷職."(《노상추일기》Ⅰ, 국사편찬위원회, 2005, 668쪽)이라고 기록했다.
35 노상추, 위의 책. 11월 8일자 일기에서 칙사를 맞이할 때 산대를 공연하는 것은 잡희로서 오랫

동안 폐지되었다가 이번에 다시 설행한다고 기록했다. 이 무렵 거듭 습의(習儀)하는 것을 목도했기에 이런 기록을 남겼을 것이다. "初八日己未, 賜寒. 迎勅時山臺者, 乃雜戲, 而中間廢之已久矣, 今亦更設云."

36 노상추, 위의 책, 668~669쪽. 무인 노상추는 11월 13일자 일기에서 이날 성안이 떠들썩할 정도로 중신과 명사들이 구경하러 와서 야간 통행금지가 제대로 지켜지지 않았다는 사유로 정조가 포도대장을 해임했다고 기록했다. "十三日甲子, 賜而大寒. 是夜, 山臺都監習儀, 重臣·名士以玩景次, 傾城來會矣. 自上聞其事, 以爲夜禁解弛, 罷職左右捕將."

37 《어영청등록(御營廳謄錄)》76권, 갑진년 11월 14일, 한국학중앙연구원 소장 필사본. "國忌日動樂, 法文不但以邊遠之定配磨鍊. 渠輩向日砲響之事, 不知懲畏, 昨日則來告私習, 今日則如例習樂. 國有法綱, 安敢乃爾? 其中卓文漢稱名漢, 卽向日特放之漢也. 再犯重罪, 尤極痛駭. 厥漢嚴刑, 今日內發配, 而適値齋日, 不可用刑, 分付咸鏡監司處, 除尋常各別嚴刑."

38 《정조실록》, 정조 8년 11월 14일. "搢紳間名敎日就掃地, 豈特作今日設棚張樂事爲然? 然堂郎之躬參身犯, 猶是意慮之所未到, 良亦痛駭. … 所謂堂上, 雖曰武弁, 俱是已躋躋宰列者, 至於郎廳, 訓正·訓副, 堂下極望, 而率皆無難犯科. 張樂之不足, 至於設棚, 設棚之不足, 甚至以私習之意, 來告政院, 要卽轉稟. 政院亦不能退斥, 士大夫風習至此, 寧不寒心?"

39 변호(邊鎬), 《빈례총람(儐禮總覽)》, 규장각 소장 활자본, 1819년. "勅使入京臨時, 軒架曳出郊外, 私習儀." 이 자료는 그동안 학계에서 관심을 두지 않았으나 조선후기의 나례 설행과 관련해서 주목할 문서다.

40 《빈례총람》 같은 조에 "乾隆甲辰不爲習儀"라는 주석과 보권(補卷) 권1에 "在前多因勅使言曳止城外, 而甲辰不爲習儀, 前期結棚於迎恩門左右, 迎勅後, 卽爲撤去. ○送勅時元無設棚之例"라는 주석을 달아 이 사실을 밝혔다.

41 《승정원일기》, 정조 8년 10월 16일. "今番儺禮設行時, 京外恤民弊之前後飭敎, 旣勤且摯, 輅都民則革貰帖之謬例, 輅江民則禁帆竹之取用, 工匠雜費, 竝令官辦. 而臣等不善對揚, 本廳所用木物·雜物, 徒襲舊例, 多定外邑, 不察之失, 已無所逃. 而今因敎, 各人等處, 一邊嚴加査問, 一邊別岐廉探, 則防納受略之數, 若是狼藉, 渠等雖以計程遠近, 量木大小, 論定捧價爲言, 而如是之際, 操縱抑勒之弊, 不言可知, 況其數爻, 決不止此者乎?"

42 《승정원일기》, 위의 글. "邊首輩則前邊首卓文漢金珍彬, 雖以他罪發配, 而新邊首姜世珍·李好萬等, 渠旣同在一廳, 則萬無不知之理. … 至於前邊首兩漢所爲, 節節痛駭. 令各該所道道臣, 卓文漢·金珍彬等稱名漢, 更加決杖發配. 如已發配, 待拷限捉來擧行事分付. 其餘各人等, 竝放送, 可也."

43 앞서 산대잡희를 폄하한 유만주는 《흠영》 5권(규장각 영인본, 1997)에서 11월 초하루에는 밤에 산대희를 구경한 것을 자랑하는 손님을 기록했고("夕客傳棚觀", 《흠영》 5, 407쪽), 초사흘에는 당시 서울에서 큰 일은 두 가지로 하나는 칙사를 맞이하는 산대희 광경이고, 하나는 성균관에서 거행되는 과거시험이라고 할 정도로("京中止有目下兩事而已. 觀勅棚之光也, 赴泮庠之試也." 위의 책) 산대도감의 나례 구경으로 떠들썩했음을 전해준다.

44 변호, 위의 책. 보권 권1. "儺禮, 別設都監擧行, 而必設於吉禮勅. 故近例則乾隆戊午封典勅·甲辰封典勅, 皆設行. 其後各勅, 皆因彼我國有故, 不爲擧論."

45 《승정원일기》, 1799년 1월 25일. "李書九, 以迎接都監言啓曰: '取考謄錄, 則傳訃勅行時, 不設儺禮矣. 今亦不爲設行之意, 儐臣處分付, 何如?' 傳曰: '允.'"

46 《승정원일기》, 1799년 12월 24일. "上曰: '勅行, 雖在除服後, 而旣在二十七月之內, 賀表等節, 亦旣停止, 則彼雖以宴儺禮爲言, 以此據義防塞, 俾不得更請, 爲好. 遠接使知此擧行, 可也.'"
47 〈완문 등장팔도재인(完文 等狀八道才人)〉. 김동욱, 《한국가요의 연구》(을유문화사, 1961, 301~307쪽)에서 재인용. "右完文爲知悉擧行事. 八道才人等, 丙子以後, (當)爲勅行而設爲左右山擧行 …… 去甲辰年以後, 左右山不爲設行是乎乃. 前例所載勅行時, ……."
48 사진실, 《공연문화의 전통》, 348쪽.
49 탁문한을 다룬 이 단원은 《정신문화연구》 제33권 4호(2010. 12)에 실린 〈18,19세기 탈춤꾼·산대 조성 장인 탁문한 연구〉를 수정하여 실었다.

참고문헌

- 강명관, 〈한 지식인의 독서체험과 조선 후기 문학〉,《대동한문학》13집, 대동한문학회, 2000.
- 강세황,《표암유고(豹菴遺稿)》,정문연 영인본.
- 강식준(姜式儁),《소은선생문집(素隱先生文集)》, 국립중앙도서관 소장 목판본.
- 강이천(姜彝天),《중암고(重菴藁)》, 규장각 소장 필사본. 안대회 옮김, 〈강이천 소품문〉,《현대시학》, 2004.
- 강희안(姜希顏), 서윤희 이경록 옮김,《양화소록(養花小錄)》, 눌와, 1999.
- 강희안, 이병훈 옮김,《양화소록》, 을유문화사, 1973.
- 김도수(金道洙),《춘주유고(春洲遺稿)》, 문집총간 219집.
- 김동욱,《한국 가요의 연구》, 을유문화사, 1961.
- 김성기(金聖基),《낭옹신보(浪翁新譜)》, 한국음악학자료총서 14, 국립국악원, 1989.
- 김성기,《어은보(漁隱譜)》, 한국음악학자료총서 17, 국립국악원, 1989.
- 김수장(金壽長) 편, 김삼불(金三不) 교주(校注),《해동가요(海東歌謠)》, 정음사, 1950.
- 김안로(金安老),《용천담적기(龍泉談寂記)》,《한고관외사(寒皐觀外史)》5, 한국학중앙연구원 영인본, 2005.
- 김영진, 〈조선후기 중국 사행과 서책 문화〉,《19세기 조선 지식인의 문화지형도》, 한양대 한국문화연구소, 2006.
- 김용찬 역주,《교주 병와가곡집》, 월인, 2001.
- 김용찬, 〈閭巷六人의 作品世界와 18세기 초 時調史의 일국면〉,《시조학논총》제12집, 1997.
- 김용찬, 〈金聖器와 그의 작품세계에 대한 고찰〉,《한국시가연구》제2집, 1997.
- 김윤조, 〈歌客 金聖基와 그 주변〉,《문헌과해석》통권 5호, 문헌과해석사, 1998.
- 김윤조, 〈저촌 이정섭의 생애와 문학〉,《한국한문학연구》제14집, 1991.
- 김윤조, 〈조선후기 바둑의 유행과 그 문학적 형상〉,《한국한문학연구》제30집, 2002.
- 김정호(金正浩),《청구도(青邱圖)》, 민족문화추진회, 1971.
- 김종철,《판소리사 연구》, 역사비평사, 1996.
- 김진상(金鎭商),《퇴어당집(退漁堂集)》, 국립중앙도서관 소장 간본.
- 김창업(金昌業),《노가재집(老稼齋集)》, 문집총간 175집.
- 김천택(金天澤) 편,《청구영언(青丘永言)》, 조선진서간행회, 1948.
- 김춘복, 〈미리벌의 이야기 2004〉, CD 1장, 미리벌신문 영상제작팀.
- 남경희(南景曦),《치암집(癡庵集)》, 국립중앙도서관 소장 목판본.
- 남공철(南公轍),《금릉집(金陵集)》, 문집총간 272집.
- 남유용(南有容),《뇌연집(雷淵集)》, 문집총간 218집.

· 노상추(盧尙樞),《노상추일기(盧尙樞日記)》4권, 국사편찬위원회, 2005~2006.
· 대동문화연구원 편,《근기실학연원제현집(近畿實學淵源諸賢集)》, 성균관대 대동문화연구원, 2002.
· 동기창(董其昌),《용대집(容臺集)》, 규장각 소장 중국 목판본.
· 목만중(睦萬中),《여와집(餘窩集)》, 규장각 소장 필사본.
· 미상,《허주유고(盧舟遺稿)》, 영남대 소장 필사본.
· 박규수(朴珪壽),《환재총서(瓛齋叢書)》, 대동문화연구원 영인본.
· 박윤묵(朴允默),《존재집(存齋集)》, 문집총간 292집.
· 박은순,〈호생관 최북의 산수화〉,《미술사연구》제5호, 미술사연구회, 1991.
· 박제가(朴齊家),《정유집(貞蕤集)》, 한국사료총서 제12집, 국사편찬위원회, 1961.
· 박제가, 안대회 옮김,《궁핍한 날의 벗》, 태학사, 2000.
· 박제가, 안대회 옮김,《북학의》, 돌베개, 2002.
· 박지원(朴趾源),《연암집(燕巖集)》, 계명문화사 영인본.
· 박지원, 신호열 김명호 옮김,《연암집》, 돌베개, 2007.
· 박효은,〈홍성하 소장본 김광국의《석농화원》에 관한 고찰〉,《온지논총》5호, 온지학회, 1999.
· 변호(邊鎬),《빈례총람(儐禮總覽)》, 규장각 소장 활자본, 1819.
· 부유섭,〈허균이 뽑은 중국시〉,《문헌과해석》통권 27호, 2004년 여름.
· 사진실,《공연문화의 전통》, 태학사, 2002.
· 사진실,《한국연극사연구》, 태학사, 1997.
· 사진실,〈광막한 천지에 부는 바람 같은 사내, 광대 달문〉,《우리 고전 캐릭터의 모든 것》1(서대석 편), 휴머니스트, 2008.
· 서유구(徐有榘),《임원십육지(林園十六志)》, 오사카 시립 나카노시마 도서관 소장 자연경실장본(自然經室藏本).
· 서유영(徐有英),《금계필담(錦溪筆談)》, 국립중앙도서관 소장 필사본.
· 서인화,〈《漁隱譜》靈山會上과 靈山會上甲彈의 4大綱과 8大綱〉,《한국음악사학보》제20집, 1998.
· 서종화(徐宗華),《약헌유집(藥軒遺集)》, 국립중앙도서관 소장 목판본.
· 섭덕휘(葉德輝),《서림청화(書林淸話)》, 중국 간본.
· 성대중(成大中),《청성잡기(靑城雜記)》, 구 이병도 소장 필사본.
· 성대중,《청성집(靑城集)》, 문집총간 248집.
· 성해응(成海應),《초사담헌(草榭談獻)》, 국립중앙도서관 소장 필사본.
· 손태도,《광대의 가창문화》, 집문당, 2003.
· 손태도,《본산대 탈놀이패에 대한 시각》,《고전희곡연구》제4집, 2002.
· 송방송,〈조선후기 選上妓의 사회제도사적 접근〉,《한국음악사논총》, 민속원, 1999.
· 송태원,〈호생관 최북의 인물화〉,《미술사연구》제5호, 미술사연구회, 1991.
· 신경준(申景濬),《여암유고(旅庵遺稿)》, 문집총간 231집.
· 신광하(申光河),《진택문집(震澤文集)》와《숭문연방집(崇文聯芳集)》, 아세아문화사, 1985.
· 신국빈(申國賓),《태을암문집(太乙菴文集)》, 국립중앙도서관 소장 목판본.
· 신유한(申維翰),《청천집(靑泉集)》, 문집총간 200집.

- 신익(申懌), 《소심유고(素心遺稿)》, 규장각 소장, 필사본.
- 신택권(申宅權), 《저암만고(樗庵漫藁)》, 규장각 소장 필사본.
- 심경호, 《한문산문의 내면풍경》, 소명출판, 2002.
- 심능숙(沈能淑), 《후오지가(後吾知可)》, 개인 소장 필사본.
- 심로숭(沈魯崇), 〈효전산고(孝田散稿)〉, 연세대 소장 필사본.
- 아극돈(阿克敦), 〈봉사도(奉使圖)〉, 요녕민족출판사(遼寧民族出版社), 1999.
- 안대회, 《고전산문산책》, 휴머니스트, 2008.
- 안대회, 《조선을 사로잡은 꾼들》, 한겨레출판, 2010.
- 안대회, 《선비답게 산다는 것》, 푸른역사, 2007.
- 안대회, 《尹春年과 詩話文話》, 소명출판, 2001.
- 안대회, 〈한국 蟲魚草木花卉詩의 전개와 특징〉, 《한국문학연구》제2집, 2002.
- 안대회, 〈18세기와 21세기를 읽는 키워드 마니아〉, 《디지털과 실학의 만남》, 이지앤, 2005.
- 어영청(御營廳), 〈어영청등록(御營廳謄錄)〉, 한국학중앙연구원 소장 필사본.
- 오세창(吳世昌), 《근역서화징(槿域書畫徵)》, 일본 국서간행회, 1971.
- 오수경, 《연암그룹 연구》, 한빛, 2003.
- 유득공(柳得恭), 《경도잡지(京都雜誌)》, 조선고서간행회, 1910 활인본.
- 유득공(柳得恭), 《영재집(泠齋集)》, 태학사 영인본.
- 유만주(兪晩柱), 《흠영(欽英)》, 규장각 자료총서, 서울대 규장각 영인본, 1997.
- 유몽인(柳夢寅), 신익철 외 옮김, 《어우야담(於于野談)》, 돌베개, 2007.
- 유몽인(柳夢寅), 《어우집(於于集)》, 신익철 옮김, 《나 홀로 가는 길》, 태학사, 2002.
- 유박(柳璞), 《화암수록(花庵隨錄)》, 개인 소장 필사본.
- 유본학(柳本學), 《문암문고(問菴文藁)》, 개인 소장 필사본.
- 유홍준, 《화인열전》, 역사비평사, 2001.
- 윤기(尹愭), 《무명자집(無名子集)》, 문집총간 256집.
- 이가환(李家煥), 민족문학사연구소 한문분과 옮김, 〈이가환의 《정헌쇄록(貞軒瑣錄)》〉, 《민족문학사연구》통권 30호, 2006.
- 이겸노, 《통문관 책방비화》, 민학회, 1986.
- 이규경(李圭景), 《시가점등(詩家點燈)》, 아세아문화사 영인본, 1981.
- 이규경(李圭景), 《오주연문장전산고(五洲衍文長箋散稿)》, 명문당 영인본.
- 이규상(李奎象), 《병세재언록(幷世才彦錄)》·《한산세고(韓山世稿)》권30, 〈일몽고(一夢稿)〉, 민족문학사연구소 옮김, 《18세기 조선 인물지》, 창작과비평사, 1997.
- 이덕무(李德懋), 《청장관전서(靑莊館全書)》, 문집총간 257~259집.
- 이동급(李東汲), 《만각재문집(晩覺齋文集)》, 문집총간 251집.
- 이명오(李明五), 《박옹시초(泊翁詩抄)》, 국립중앙도서관 소장 활자본.
- 이민희, 〈서적 중개인의 역할과 소설 발달에 관한 연구〉, 《관악어문연구》제29권, 2004.
- 이봉환(李鳳煥), 《우념재시문초(雨念齋詩文鈔)》, 국립중앙도서관 소장 활자본.
- 이상원, 〈조선후기 예인론 – 악사 김성기〉, 《한국시가연구》제18집, 2005.
- 이상희, 《꽃으로 보는 한국문화》 1~3, 넥서스, 1998.
- 이서구(李書九), 《자문시하언(自問是何人言)》, 개인 소장 필사본.

- 이세찬(李世燦) 편,《한산세고(韓山世稿)》, 1935년 석판본.
- 이영유(李英裕),《운소만고(雲巢謾稿)》, 규장각 소장 필사본.
- 이옥(李鈺), 실시학사 고전문학연구회 옮김,《이옥전집》, 소명출판, 2001.
- 이용휴(李用休), 조남권 박동욱 공역,《혜환 이용휴 시전집》, 소명출판, 2002.
- 이용휴,《탄만집(歎歎集)》, 문집총간 223집.
- 이용휴,《혜환잡저(惠寰雜著)》, 국립중앙도서관 소장 필사본.
- 이용휴 이가환(李家煥), 안대회 편역,《나를 돌려다오》, 태학사, 2003.
- 이원명(李源命),《동야휘집(東野彙輯)》, 보고사 영인본.
- 이원식,《조선통신사》, 민음사, 1991.
- 이의철(李宜哲),《수서잡지(修書雜志)》,《패림(稗林)》 10책, 탐구당 영인, 1970.
- 이익,《성호사설(星湖僿說)》, 민족문화추진회.
- 이익,《성호전집(星湖全集)》, 문집총간 198~200집.
- 이주성,〈최북 관계 문헌자료〉,《미술사연구》 제5호, 미술사연구회, 1991.
- 이태호,〈조선후기에 '카메라 옵스큐라'로 초상화를 그렸다〉,《다산학》 제6호, 다산학술문화재단, 2005.
- 이학규(李學逵),《낙하생전집(洛下生全集)》, 아세아문화사 영인본.
- 이헌경(李獻慶),《간옹집(艮翁集)》, 국립중앙도서관 소장 목판본.
- 이현환(李玄煥),《섬와잡저(蟾窩雜著)》, 국립중앙도서관 소장 필사본.
- 이호승,〈한국 줄타기의 역사와 연행 양상〉,《공연문화연구》 제14집, 2007.
- 임상원(任相元)·임천상(任天常),《쇄편(瑣編)》, 규장각 소장 필사본.
- 장혼(張混),《이이엄집(而已广集)》, 문집총간 270집.
- 전경욱,《한국 가면극 그 역사와 원리》, 열화당, 1998.
- 전경욱,《한국의 전통연희》, 학고재, 2004.
- 정내교(鄭來僑),《완암집(浣巖集)》, 문집총간 197집.
- 정민,《18세기 조선 지식인의 발견》, 휴머니스트, 2007.
- 정범조(丁範祖),《해좌집(海左集)》, 문집총간 239집.
- 정상기(鄭尙驥), 이익성 옮김,《농포문답(農圃問答)》, 한길사.
- 정약용(丁若鏞),《여유당전서(與猶堂全書)》, 문집총간 281~286집.
- 정약용, 다산학회 편,《여유당전서보유(與猶堂全書補遺)》 제2책, 경인문화사 영인본.
- 정연식,〈조선시대의 시간과 일상생활- 시간의 앎과 알림〉,《역사와현실》 제37호, 2000.
- 정은경,〈조선시대 선상기에 의한 궁중정재와 민간연희의 교섭〉,《한국민속학》 제39집, 2004.
- 정은진,〈《섬와잡저》와 최북의 새로운 모습〉,《문헌과해석》 16호, 2001.
- 정인보(鄭寅普),《담원 정인보전집》, 연세대 출판부, 1983.
- 정종로(鄭宗魯),《입재집(立齋集)》, 문집총간 253집.
- 정현석(鄭顯奭),《교방제보(敎坊諸譜)》, 개인 소장 필사본.
- 조수삼 저, 안대회 옮김,《추재기이》, 한겨레출판, 2010.
- 조수삼(趙秀三),《추재집(秋齋集)》, 문집총간 271집.
- 조언림(趙彦林) 저, 안대회 점교,《이사재기문록(二四齋記聞錄)》,《문헌과해석》 창간호, 1997.
- 조재삼(趙在三),《송남잡지(松南雜識)》, 동서문화원 영인본.

· 조희룡(趙熙龍), 실시학사 고전문학연구회 역주, 《조희룡전집》, 한길아트, 1999.
· 차충환, 〈상하 경향을 아우른 휴머니즘과 자유인의 형상, 달문〉, 《조선 후기 소수자의 삶과 형상》 (김진영 외), 보고사, 2007.
· 채제공(蔡濟恭), 《번암집(樊巖集)》, 문집총간 236집.
· 채지홍(蔡之洪), 《봉암집(鳳巖集)》, 문집총간 205집.
· 천수경(千壽慶) 등 편, 《풍요속선(風謠續選)》, 국립중앙도서관 소장 화자본.
· 최선아, 〈《漁隱譜》의 체제와 편찬에 관한 연구〉, 서울대 음악학과 석사학위 논문, 2003.
· 한영호, 〈조선의 신법일구(新法日晷)와 시학(視學)의 자취〉, 《대동문화연구》 제47집, 2004.
· 홍대용(洪大容), 《담헌집(湛軒集)》, 문집총간 248집.
· 홍석모(洪錫謨), 《도애시문선(陶厓詩文選)》, 장서각 소장 필사본.
· 홍선례, 〈《漁隱譜》의 靈山會上 甲彈〉, 《한국음악연구》, 1980.
· 홍선표, 〈최북의 생애와 의식세계〉, 《미술사연구》 제5호, 미술사연구회, 1991.
· 홍한주(洪翰周), 《지수염필(智水拈筆)》, 국립중앙도서관 소장 필사본.
· 황윤석(黃胤錫), 《이재난고(頤齋亂藁)》, 《한국학자료총서(韓國學資料叢書)》, 한국학중앙연구원, 1994〜2002.
· 황인기(黃仁紀), 《일수연어(一水然語)》, 국립중앙도서관 소장 필사본.
· 황정연, 〈석농(石農) 김광국(金光國)이 애장(愛藏)한 그림들〉, 《문헌과해석》 20호, 2002.
· 훈련도감(訓練都監) 〈훈국등록(訓局謄錄)〉, 한국학중앙연구원 소장 필사본.

찾아보기

인명

| ㄱ |

가련(可憐) • 133
강세황(姜世晃) • 29~33, 79, 128, 310~312, 316, 317, 397
강식준(姜式儁) • 305
강신(姜信) • 237
강윤 • 249
강이문(姜彛文) • 31
강이오(姜彛五) • 237
강이중(姜彛中) • 237
강이천(姜彛天) • 227, 307, 322, 325, 336, 411, 412, 414
강희안(姜希顔) • 341, 346, 363, 366
강희언(姜熙彦) • 317, 320
고수관 • 175, 408
고점리(高漸離) • 201
고흐, 빈센트 반(Gogh, Vincent van) • 69
공손대랑(公孫大娘) • 125
공수반(公輸般) • 222
곽탁타(郭槖駝) • 354
광문 • 120, 122, 123, 129
권상신(權常愼) • 397
권섭(權燮) • 108
김계온(金啓溫) • 267
김광국(金光國) • 67
김광택(金光澤) • 104, 420, 421

김기서(金箕書) • 38, 83
김도산(金道山) • 27~29
김도수(金道洙) • 281, 282, 284
김득신(金得臣) • 79
김려(金鑢) • 177
김만덕 • 132
김만수(金萬秀) • 254
김명국(金明國) • 297
김명혁(金命爀) • 237
김문찬(金文燦) • 159
김삼현(金三賢) • 189
김삿갓 • 388
김석신(金錫信) • 259, 287, 288
김성기(金聖基) • 175~207
김수태(金壽泰) • 437
김시(金禔) • 311
김신선(金神仙) • 104
김안 • 261
김안로(金安老) • 176, 177
김우문(金又門) • 382
김원행(金元行) • 21
김유기(金裕器) • 189
김윤조 • 259
김응환 • 310, 317
김일경(金一鏡) • 199
김장생(金長生) • 301
김정호(金正浩) • 45, 46, 52
김조순(金祖淳) • 267, 356
김종귀 • 254, 263, 268~273, 275, 276~280, 287, 291
김중려(重呂) • 189
김중열(金重說) • 198
김진규(金鎭圭) • 228
김진상(金鎭商) • 301, 321
김창업(金昌業) • 107, 184, 187, 190, 191, 201
김창집(金昌集) • 199

478 벽광나치오 · 한 가지 일에 미쳐 최고가 된 사람들

김창흡(金昌翕) • 301
김천석(金天碩) • 240
김천택(金天澤) • 187~189
김체건(金體乾) • 104, 421
김하정(金夏鼎) • 240
김한홍(金漢興) • 254, 267, 287
김홍도(金弘道) • 33, 59, 80, 145, 184, 310, 318, 320, 326
김휴신(金畦臣) • 202

| ㄴ |

나경훈(羅景勳) • 235
남경희(南景曦) • 302, 303, 310, 312, 313, 316
남공철(南公轍) • 63, 70, 72, 73, 74, 85, 381, 382, 384, 385, 391, 394
남병철(南秉哲) • 230
남원군(南原君) • 197, 206, 207
남유두(南有斗) • 381
남유용(南有容) • 201
남초부(南樵夫) • 381
노수신(盧守愼) • 311
노아(蘆兒) • 133
노위(老葦) • 168, 169
논개 • 133
뇌해청(雷海淸) • 201

| ㄷ |

다빈치, 레오나르도(da Vinci, Leonardo) • 19
단섬(丹蟾) • 128
달문(達文) • 408
덕원령(德源令) • 254, 257, 258, 272, 273, 279, 281~284
도연명(陶淵明) • 128, 344
동기창(董其昌) • 64~66
두보(杜甫) • 82, 390
두향(杜香) • 132

| ㅁ |

마쓰오 바쇼(松尾芭蕉) • 296
마쓰자키 간카이(松崎觀海) • 74
마테오리치(Matteo Ricci) • 22, 43, 296, 329
맹호연(孟浩然) • 314
모흥갑 • 175
목만중(睦萬中) • 302, 336, 353, 355
목호룡(睦虎龍) • 199~202, 206
문광도(文光道) • 42
문여가(文與可) • 81
문재봉(文再鳳) • 234, 235
문징명(文徵明) • 64

| ㅂ |

박광원(朴光源) • 159
박규수(朴珪壽) • 34, 36, 38, 40
박남(朴男) • 408
박도량(朴道亮) • 146
박만회(朴萬會) • 408, 409, 411
박명원(朴明源) • 157
박섬(朴暹) • 144
박연 • 175
박영철(朴榮喆) • 30
박우원(朴祐源) • 21
박제가(朴齊家) • 22~23, 52, 53, 99, 100, 102, 112, 116, 117, 129, 146, 212
박종 • 321
박종채(朴宗采) • 40
박지원(朴趾源) • 21, 36, 39, 40, 44, 48, 52, 53, 123, 156
박필순(朴弼淳) • 155, 158
박필심(朴必深) • 240
방응문(房應文) • 247
배경도(裵景度) • 156
백대붕 • 378
백아(伯牙) • 177

변상벽(卞相璧) • 88
변이진(卞爾珍) • 247
변흥세(卞興世) • 247
변흥평(卞興平) • 263, 272, 275, 285~287

| ㅅ |
사마천(司馬遷) • 308, 309
사진실 • 441
서광계(徐光啓) • 43
서극제(徐克悌) • 247
서명선(徐命善) • 33
서명응(徐命膺) • 41, 42, 245, 321
서위(徐渭) • 69, 385
서유구(徐有榘) • 87, 167, 211, 212
서유대 • 437
서유영(徐有英) • 142
서종벽(徐宗璧) • 156
서종화(徐宗華) • 409, 411
서천령(西川令) • 256, 258, 284
서평군(西平君) • 70, 71, 81, 222~227
서호수(徐浩修) • 41, 44
석개 • 175
섭덕휘(葉德輝) • 138~141
성대중(成大中) • 34, 101, 112, 124, 125, 129, 317, 328
성해응(成海應) • 34, 92
소동파(蘇東坡) • 84
소장형(邵長蘅) • 169
소철(蘇轍) • 309
송경운 • 175
송실솔 • 175
송이영(宋以穎) • 233, 249
송흥록 • 408
신경준(申景濬) • 46, 321, 323, 327
신광하(申光河) • 68, 75, 80, 93, 321, 325
신국빈(申國賓) • 117, 122, 307~309, 315, 325

신세창(愼世昌) • 341
신위(申緯) • 24
신유한(申維翰) • 299, 300, 303
신윤복 • 116
신익(申瀷) • 206
신환(申宦) • 272
심낙수(沈樂洙) • 21
심능숙(沈能淑) • 104~105, 416, 431, 442
심로숭(沈魯崇) • 29, 31, 348, 352, 391, 398, 400
심사득 • 435
심사정(沈師正) • 33, 79
심상규(沈象奎) • 167
심용(沈鏞) • 112

| ㅇ |
아극돈(阿克敦) • 431
안록산(安祿山) • 201
안습제(安習濟) • 361, 366
안정복(安鼎福) • 48
안진경(顔眞卿) • 82
양덕수(梁德壽) • 194
양익빈 • 263, 275
어득강(魚得江) • 143
어무적(魚無跡) • 378
오도자(吳道子) • 82
오세창(吳世昌) • 36, 37
오순(吳珣) • 204
오순백(吳順白) • 108
왕세기(王世基) • 181, 182, 196
왕안석(王安石) • 162
왕충(王充) • 138
운략(韻略) • 168
운심(雲心) • 99~133, 408
원굉도(袁宏道) • 385
월매(月梅) • 108

위료옹(魏了翁) • 169
유금(柳琴) • 26, 44, 85, 353, 355
유덕장(柳德章) • 33~34
유득공(柳得恭) • 24, 26, 27, 29, 108, 112, 113, 280, 341, 344, 349, 353~355, 381, 382, 424
유만주(兪晩柱) • 147, 148, 151, 162, 411
유매(柳禖) • 162
유명현(柳命賢) • 162
유몽인(柳夢寅) • 146, 256
유묵지(柳默之) • 34
유박(柳璞) • 335~367
유본학(柳本學) • 104, 259, 280, 288~290, 421
유언육(兪彦鍂) • 374
유언호(兪彦鎬) • 374, 376, 378, 381
유우춘 • 175
유찬홍(庾纘洪) • 254, 258, 272, 283, 285, 287
유척기(兪拓基) • 242
유한길(兪漢吉) • 156
유흥발(劉興發) • 233
유희(柳僖) • 52
윤곤(尹琨) • 21
윤기(尹愭) • 380, 391
윤덕희(尹德熙) • 34
윤명규(尹命圭) • 419
윤문동(尹文東) • 167
윤석중(尹錫中) • 341
윤순(尹淳) • 103, 124, 126~129
윤영(尹鍈) • 45
윤유(尹游) • 225
윤재덕(尹在德) • 33
윤춘년(尹春年) • 144, 152
윤치정(尹致定) • 167
윤행임(尹行恁) • 399
윤혁(尹㷜) • 156
윤홍임 • 254

이가원 • 39
이가환(李家煥) • 21, 30, 42, 42, 44, 60, 166, 338
이격(李格) • 41
이경무(李敬懋) • 130
이경억(李慶億) • 167
이경윤(李慶胤) • 186
이관상(李觀祥) • 100
이광사(李匡師) • 79
이규경(李圭景) • 45, 52, 64, 85, 196, 211, 236, 237, 264
이규상(李奎象) • 83, 85, 221, 222, 233
이기원(李箕元) • 108
이단전(李亶佃) • 89, 371~403
이덕관(李德觀) • 247
이덕리(李德履) • 228, 229
이덕무(李德懋) • 33, 41, 129, 381, 382, 383, 391, 392
이덕성(李德星) • 42
이득연(李得淵) • 423, 431
이마지(李馬智) • 175~178
이맹휴 • 42
이면승(李勉昇) • 131
이명기(李命基) • 128, 316, 412
이명오(李明五) • 163
이문조(李文藻) • 168, 169
이민철(李敏哲) • 217, 233, 249
이벽(李檗) • 41, 42, 44, 54
이봉환(李鳳煥) • 338
이븐 바투타(Ibn Baṭṭūtah) • 296
이서구(李書九) • 259~261, 272, 273, 277, 279, 382, 440
이세돌 • 261
이수량(李遂良) • 130
이승연 • 326
이연덕(李延德) • 245

찾아보기 **481**

이영유(李英裕) • 202
이옥(李鈺) • 103, 259, 263, 273, 275, 279, 280
이용휴(李用休) • 30, 32, 34, 42, 63, 295, 304, 312, 323, 325~327, 330, 331, 355, 371~374, 381
이운영(李運永) • 285
이원묵(李元默) • 196
이유원(李裕元) • 163
이윤보(李潤父) • 42, 43
이윤영(李胤永) • 156
이은(李溵) • 221
이은춘(李殷春) • 130

| ㅈ |

장승업(張承業) • 192
장영실 • 249
장욱(張旭) • 125~128
장지연(張志淵) • 254
장현(張鉉) • 189
장혼(張混) • 402
정광보(鄭光輔) • 299
정기동(鄭箕東) • 326, 327, 328
정내교(鄭來僑) • 180~182, 187, 199, 202
정두원(鄭斗源) • 230
정란(鄭瀾) • 295~333
정림(鄭霖) • 156
정몽주 • 237, 238
정박(鄭樸) • 266, 268, 273, 290
정범조 • 79, 353, 355
정상기(鄭尙驥) • 46, 144
정선 • 33, 59, 79, 337
정약용 • 34, 35, 52, 54, 69, 72, 142, 146, 150, 151, 166
정언체(鄭彦體) • 299
정연주(鄭演周) • 299
정우태(丁遇泰) • 248

정운경(鄭運經) • 20, 46
정운기(鄭運紀) • 20
정운붕(丁雲鵬) • 64, 65
정운유(鄭運維) • 20, 43~46
정운창 • 253~291
정인보(鄭寅普) • 43, 52~54
정일녕(鄭一寧) • 45
정일상 • 433
정지호(鄭之虎) • 299
정철조(鄭喆祚) • 19~55
정초부(鄭樵夫) • 401
정필녕(鄭必寧) • 20
정항령(鄭恒齡) • 43, 46
정현석(鄭顯奭) • 105, 106
정황(鄭榥) • 339
정효준(鄭孝俊) • 20
정후조(鄭厚祚) • 21, 41, 46
조남철 • 261
조병구(趙秉龜) • 167
조석철(趙錫喆) • 309
조수삼(趙秀三) • 142, 147, 152, 154, 160, 165, 168, 169, 170, 181, 182, 381, 391, 392, 393, 395, 401, 402, 414, 415, 425, 431, 442
조술도(趙述道) • 328
조신선(曺神仙) • 138~171
조엄 • 321
조영석(趙榮祏) • 88
조윤형(曹允亨) • 33
조재삼(趙在三) • 24
조태구(趙泰耉) • 217, 218
조항규(趙恒奎) • 341
조현명(趙顯命) • 125, 128, 240
조홍규(趙鴻逵) • 43
조훈현 • 261
조희룡(趙熙龍) • 61, 68, 69, 79, 142, 146, 170, 171, 273, 398, 400

주고사(朱瞽師) • 195, 203, 204, 206
주린(朱璘) • 155
주세근(朱世瑾) • 202
주영년(周永年) • 169
주의식(朱義植) • 189
주자(朱子) • 308
지석관(池錫觀) • 254
지우연(池遇淵) • 254
진도남(陳圖南) • 314

| ㅊ |

채제공(蔡濟恭) • 21, 34, 317, 326, 351, 353, 355
채지홍(蔡之洪) • 348
천수경(千壽慶) • 375
최기상(崔奇祥) • 272, 279, 285, 286, 287
최북(崔北) • 33, 59~95, 131, 297, 312, 315, 317, 325
최승희 • 99
최재륜(崔載輪) • 233
최천약(崔天若) • 211~249
최탁지(崔濯之) • 197
최태겸 • 435

| ㅌ |

탁문주(卓文周) • 419, 420, 423
탁문한(卓文漢) • 104, 105, 407~443
탁민수(卓敏秀) • 419, 420, 423

| ㅎ |

한유(韓愈) • 82
허균(許筠) • 162
허원(許遠) • 217
허필 • 317
호파(瓠巴) • 177
홍계희 • 42, 321
홍대용(洪大容) • 44, 45, 52
홍세태(洪世泰) • 378
홍수해(洪壽海) • 234, 235, 236
홍한주(洪翰周) • 167
황공망(黃公望) • 61
황엽(黃燁) • 45
황윤석(黃胤錫) • 21~23, 29, 42~48, 62, 79, 158, 159, 234, 235
황인기(黃仁紀) • 374, 378, 381, 391, 398, 401
황진이 • 175, 195, 196, 197, 206, 425
후지와라 가마타리 • 262

작품명

| ㄱ |

〈갑신완문(甲申完文)〉 • 440, 441
《강목》 • 159
〈거미(蜘蛛)〉 • 386
〈건들거리며 노는 사내(冶遊郞)〉 • 92
〈검무기(劍舞記)〉 • 100, 101, 112, 113
〈검무부(劍舞賦)〉 • 108, 113
〈견도(犬圖)〉 • 37
《경도잡지》 • 424
《고운당필기(古芸堂筆記)》 • 29, 381, 382
〈고조심방곡(古調心方曲)〉 • 194
〈공산무인도(空山無人圖)〉 • 84
〈공장질(工匠秩)〉 • 427
《과정록(過庭錄)》 • 40
〈관왕묘에서(題關王廟)〉 • 385, 386
〈광문자전(廣文者傳)〉 • 120
〈교방제보(敎坊諸譜)〉 • 106
《국장도감도청의궤》 • 428
《국장도감의궤》 • 429
〈귀거래사〉 • 125, 128

찾아보기 **483**

〈규장각도(奎章閣圖)〉• 145
《귤보(橘譜)》• 46
〈금강산 비홍교(金剛山飛虹橋)〉• 311
〈금강전경도(金剛全景圖)〉• 60, 75
《금계필담(錦溪筆談)》• 142, 154, 167
〈금곡의 백화암에 부친 상량문(金谷百花菴上梁文)〉• 353, 354
《금위영초등록》• 420
〈기객소전(碁客小傳)〉• 259, 260, 277
〈기려행려(騎驢行旅)〉• 297
〈기로세련계도(耆老世聯契圖)〉• 184
《기보(棋譜)》• 274
〈기생 운심의 집에서 광문이 춤을 구경하다(雲妓家廣文觀舞)〉• 123
〈기자전(碁者傳)〉• 281, 282
〈기하실 유금 선생이 지닌 단계연 노래(幾何室藏端硯歌)〉• 26
《기하원본(幾何原本)》• 42
〈김광택전(金光澤傳)〉• 104, 421
〈김성기전(金聖基傳)〉• 180, 181
〈김홍도전〉• 79

| ㄴ |

《낙하생고(洛下生藁)》• 87
〈남대문 밖에서 산대놀이를 구경하다(南城觀戲子)〉• 411
《낭옹신보(浪翁新譜)》• 178, 194, 195, 197
《노가재연행일기(老稼齋燕行日記)》• 107
《논어》• 74

| ㄷ |

〈단원도(檀園圖)〉• 317, 318
《단의빈예장도감청의궤(端懿嬪禮葬都監廳儀軌)》• 218
《담원문록(薝園文錄)》• 53
《담헌집(湛軒集)》• 52

《당송팔가문(唐宋八家文)》• 147
《대사례의궤(大射禮儀軌)》• 226
《동국문헌비고》• 46~48
《동국팔도지도(東國八道地圖)》• 46, 47
《동사일기(東笑日記)》• 216
《동야휘집(東野彙輯)》• 123
〈동여비고(東輿備攷)〉• 387
《동연보(東硯譜)》• 26
〈동파제구양문충논서구(東坡題歐陽文忠論書句)〉• 126~127

| ㅁ |

〈매농곡(梅鉤曲)〉• 358, 359
〈메추라기와 조〉• 86
《명기집략(明紀輯略)》• 155, 158
《명연전(名硯展)》• 30
〈묘향산소기〉• 100, 101
《무과방목》• 218
《문통(文通)》• 52

| ㅂ |

〈바둑에 능한 김석신에게 주는 글(贈善棋者金錫信序)〉• 259
〈반차도(班次圖)〉• 428
《방시한집(方是閒集)》• 399
〈백산보(白山譜)〉• 325
《병세재언록(幷世才彦錄)》• 25, 218, 221, 233, 237, 381
《병와가곡집(甁窩歌曲集)》• 178, 194
〈보허자(步虛子)〉• 194, 198
《본초강목》• 363
〈봄날에 이단전이 이르렀다(春日李佃至)〉• 391
〈봉사도(奉使圖)〉• 431
〈봉원사의 놀이를 기록하다(記奉元寺遊)〉• 267
〈부벽루연회도〉• 108
《북사(北史)》• 261

《북학의》• 146
《불후첩(不朽帖)》• 316, 317
《빈례총람(儐禮總覽)》• 438

| ㅅ |

《사기》• 309
〈삭대엽 평조 제일(平調 第一)〉• 194, 196
〈산수(山水)〉• 192
〈산행도(山行圖)〉• 310
《상두지(桑土志)》• 228, 229
《상시봉원도감의궤(上諡奉園都監儀軌)》• 240, 241
《서림청화(書林清話)》• 138, 141
〈서문장전(徐文長傳)〉• 385
《서상기(西廂記)》• 89
〈선상취소도(船上吹簫圖)〉• 186
《섬와잡저(蟾窩雜著)》• 76
《성호사설(星湖僿說)》• 52
《소학(小學)》• 152
《속선전(續仙傳)》• 63
《송남잡지(松南雜識)》• 24
〈송석원시사아회도(松石園詩社雅會圖)〉• 94
〈송왕형공이체시초(宋王荊公二體詩鈔)〉• 162
《수리정온(數理精蘊)》• 42
《수서잡지(修書雜志)》• 157
〈수성동(水聲洞)〉• 400
《수헌고(壽軒稿)》• 374
《수호전》• 89
〈순충전(純忠傳)〉• 21
《승정원일기》• 215~217, 413, 419, 433, 435, 439
〈신관도임연회도(新官到任宴會圖)〉• 108, 109
《실록》• 158
〈심산행려도(深山行旅圖)〉• 297
〈쌍검대무(雙劍對舞)〉• 116

| ㅇ |

《양화소록(養花小錄)》• 341, 346, 363
《어영청등록(御營廳謄錄)》• 439
《어우야담(於于野談)》• 256
《어은보(漁隱譜)》• 178, 179
《여와집(餘窩集)》• 302
《여지도(輿地圖)》• 45
《연려실기술(燃藜室記述)》• 33
《연석(燕石)》• 376
《연암도(燕巖圖)》• 39
《연암산장도(燕巖山莊圖)》• 36, 38, 39
《연암소설연구》• 39
〈영남으로 돌아가는 정란을 배웅하며 주는 글(送鄭瀾還嶺南序)〉• 302
《영미편(瀛尾編)》• 285
〈영산회상(靈山會上)〉• 202
《영재집(泠齋集)》• 113
《오주연문장전산고(五洲衍文長箋散稿)》• 45, 196, 236
〈오헌사고(寤軒私稿)〉• 267
《옥수기(玉樹記)》• 416
《옥인조성도감》• 219
〈옥호정도〉• 356
《와유첩(臥遊帖)》• 298
《완암집(浣巖集)》• 181
《용천담적기(龍泉談寂記)》• 176, 177
〈우경산수(雨景山水)〉• 204
《운벽필담(暈碧筆談)》• 50
《운보(韻補)》• 169
〈운산촌사도(雲山村舍圖)〉• 67
〈위기도(圍碁圖)〉• 264
〈유리창서사기(琉璃廠書肆記)〉• 168
〈유산기(遊山記)〉• 316
〈육서조생전(鬻書曺生傳)〉• 165
〈음아록(吟哦錄)〉• 267
〈응천교방죽지사(凝川教坊竹枝詞)〉• 119

찾아보기 **485**

《의례총람》• 440
《의상지(儀象志)》• 23, 217
《의소세손)묘소도감의궤》• 239
〈이단전의 시를 읽고〉• 384
〈이단전전(李亶佃傳)〉(황인기 저) • 374, 378, 401
〈이단전전〉(조수삼 저) • 395
《이수신편(理數新編)》• 43
〈이안와수석시회도(易安窩壽席詩會圖)〉• 339
〈이재난고〉• 42, 46, 159
〈이현정에게 주는 글〉• 206
〈이호산장도(梨湖山莊圖)〉• 38
〈이호산장도가(梨湖山莊圖歌)〉• 36, 38
〈인정전악기조성청의궤(仁政殿樂器造成廳儀軌)〉
 • 245, 246
〈일본에 가는 최북을 배웅하는 글(送崔北七七之日本序)〉• 76
《일사유사(逸士遺事)》• 254
《일성록》• 215, 413, 437, 440
《일수연어(一水然語)》• 374, 401
《임하필기(林下筆記)》• 163

| ㅈ |

〈자명종〉• 236
《자문시하인언(自問是何人言)》• 259, 260
《자저실기(自著實紀)》• 348, 398
《자치통감강목(資治通鑑綱目)》• 154
《자치통감훈의(資治通鑑訓義)》• 153
〈장백산도(長白山圖)〉• 322
《장암시집(莊菴詩集)》• 38
〈정란에게 준다(贈鄭幼觀瀾序)〉• 300
〈정봉한점(晶峰閒點)〉• 374
〈정석치 벼루에 부친 작은 글〉• 31
〈정석치의 그림 뒤에 부친 글〉• 34
〈정석치의 노래(鄭石癡歌)〉• 53
〈정운창전(鄭運昌傳)〉• 259, 260, 275
〈정일사의 산행도에 부치다(題鄭逸士山行圖)〉• 330
《정조실록》• 33, 438
〈정창해의 백두산 그림 뒤에 부친 글(題鄭滄海白頭山圖後)〉• 315
〈정창해의 청노새를 위한 노래〉• 313
〈정창해전(鄭滄海傳)〉• 302, 313
《조선왕조실록》• 215, 242
〈조어(釣魚)〉• 192
〈조침문〉• 211
《존숭도감의궤(尊崇都監儀軌)》• 217
〈지산초부전(芝山樵夫傳)〉• 381
〈지수염필(智水拈筆)〉• 167

| ㅊ |

〈책장수 조생전〉• 160, 161
〈천자문(千字文)〉• 138, 139
〈청구가요(靑丘歌謠)〉• 198
〈청구도(靑邱圖)〉• 45
〈청구영언(靑丘永言)〉• 189
〈청비록(淸脾錄)〉• 33
《청성잡기(靑城雜記)》• 101, 124, 129
〈초량왜관도(草梁倭館圖)〉• 216
〈촌구(村謳)〉• 358
〈최북의 그림에 대하여(崔北畵說)〉• 76
〈최북의 노래(崔北歌)〉• 75, 93
〈최칠칠전〉• 63, 70
〈추재기이〉• 181, 194, 414~416, 422, 424, 430
〈추재집(秋齋集)〉• 165, 170, 402
《춘추유고(春洲遺稿)》• 282
《치암집(癡庵集)》• 302
〈칠등귀독편(漆燈歸讀編)〉• 328

| ㅌ |

〈탁문한기실(卓文漢紀實)〉• 416, 419~421, 426, 429, 430

《탐라문견록(耽羅聞見錄)》• 20, 46
《태을암문집(太乙菴文集)》• 119, 315
《태평광기(太平廣記)》• 63
〈태평성시도(太平城市圖)〉• 342

| ㅍ |

《팔대가》• 159
〈평양감사향연도(平壤監司饗宴圖)〉• 108, 110
〈포옹(鮑翁)의 시에 화답하여 조신선에게 준다〉
  • 170
〈풍고집(楓皐集)〉• 267
〈풍악도(楓嶽圖)〉• 316
《풍요속선(風謠續選)》• 60, 89, 92, 374, 375, 388
〈필운상화(弼雲賞花)〉• 337

| ㅎ |

《하사고(霞思稿)》• 372, 373
《한고관외사(寒皐觀外史)》• 177
《현륭원행행절목》• 419
〈현정승집도(玄亭勝集圖)〉• 397
《혜환잡저(惠寰雜著)》• 330
《호산외기》• 164, 273
《홍진첩(興盡帖)》• 126~127
〈화목구등품제에 쓴 자서〉• 363
〈화목품제(花木品題)〉• 361
〈화암구곡(花菴九曲)〉• 358
〈화암기(花菴記)〉• 345~357
〈화암만어(花菴蔓語)〉• 358
《화암수록(花菴隨錄)》• 340, 341, 343, 346, 360, 367
〈환빈이 책을 사는 노래(奐彬買書行)〉• 139
〈후원아집도(後園雅集圖)〉• 265
《훈국등록(訓局謄錄)》• 435
《흠영(欽英)》• 32, 95, 147, 148, 162

벽광나치오 한 가지 일에 미쳐 최고가 된 사람들

지은이 | 안대회

1판 1쇄 발행일 2011년 3월 7일
1판 3쇄 발행일 2017년 7월 17일

발행인 | 김학원
경영인 | 이상용
편집주간 | 김민기 위원석 황서현
기획 | 문성환 박상경 임은선 김보희 최윤영 조은화 전두현 최인영 이보람 정민애 이효온
디자인 | 김태형 유주현 구현석 박인규 한예슬
마케팅 | 이한주 김창규 함근아
저자·독자 서비스 | 조다영 윤경희 이현주(humanist@humanistbooks.com)
스캔·출력 | 이희수 com.
용지 | 화인페이퍼
인쇄 | 청아문화사
제본 | 정민문화사

발행처 | (주)휴머니스트 출판그룹
출판등록 제313-2007-000007호(2007년 1월 5일)
주소 | (03965) 서울시 마포구 동교로23길 76(연남동)
전화 | 02-335-4422 팩스 | 02-334-3427
홈페이지 | www.humanistbooks.com

ⓒ 안대회, 2011
ISBN 978-89-5862-385-4 03900

만든 사람들

편집 | 남미은
디자인 | 민진기디자인
표지 손글씨 | 전순미
일러스트레이션 | 백남원(http://bnw-doodle.com)
문의 | 이효온(lho2001@humanistbooks.com)

■ 이 책은 2007년 휴머니스트에서 발행한 《조선의 프로페셔널》 개정판입니다.

· 이 책은 저작권법에 따라 보호받는 저작물이므로 무단전재와 무단복제를 금합니다.
· 이 책의 전부 또는 일부를 이용하려면 반드시 저자와 (주)휴머니스트 출판그룹의 동의를 받아야 합니다.